激荡三十年

中国企业
1978—2008
十年典藏版·上

吴晓波 著

中信出版集团·北京

图书在版编目（CIP）数据

激荡三十年：中国企业：1978—2008：全2册 /
吴晓波著 . --3 版 . -- 北京：中信出版社，2017.12（2024.10重印）
 ISBN 978-7-5086-8264-8

 I. ①激… II. ①吴… III. ①企业史 – 中国 – 1978-
2008 IV. ① F279.297.3

中国版本图书馆 CIP 数据核字（2017）第 255585 号

激荡三十年：中国企业 1978—2008

著　　者：吴晓波
出版发行：中信出版集团股份有限公司
　　　　　（北京市朝阳区东三环北路27号嘉铭中心　邮编 100020）
承　印　者：北京盛通印刷股份有限公司

开　　本：880mm×1230mm　1/32　　印　　张：26.25　　字　　数：680千字
版　　次：2017年12月第3版　　　　　印　　次：2024年10月第49次印刷
书　　号：ISBN 978-7-5086-8264-8
定　　价：116.00元（全2册）

版权所有·侵权必究
如有印刷、装订问题，本公司负责调换。
服务热线：400-600-8099
投稿邮箱：author@citicpub.com

总 序

"历史没有什么可以反对的"

1958年秋,时任团中央书记的胡耀邦到河南检查工作。一日,他到南阳卧龙岗武侯祠游览,见殿门两旁悬挂着这样一副对联:"心在朝廷,原无论先主后主;名高天下,何必辨襄阳南阳。"胡耀邦念罢此联后,对陪同人员说:"让我来改一改!"说完,他高声吟诵:"心在人民,原无论大事小事;利归天下,何必争多得少得。"

历史在此刻穿越。两代治国者对朝廷与忠臣、国家与人民的关系进行了不同境界的解读。

中国是世界上文字记录最为完备的国家,也是人口最多、疆域最广、中央集权时间最长的国家之一,如何长治久安,如何保持各个利益集团的均势,是历代治国者日日苦思之事。两千余年来,几乎所有的政治和经济变革均因此而生,而最终形成的制度模型也独步天下。

在过去的十多年里,我将生命中最好的时间都投注于中国企业历史的梳理与创作。在 2004 年到 2008 年，我创作并出版《激荡三十年》上、下卷，随后在 2009 年出版《跌荡一百年》上、下卷，在 2011 年年底出版《浩荡两千年》，在 2013 年 8 月出版《历代经济变革得失》，由此，完成了从公元前 7 世纪"管仲变法"到本轮经济改革的整体叙述。

2017 年年底，我完成《激荡十年，水大鱼大》，又对刚刚过去的十年企业史进行了记录和不无偏见的解读，在这期间，中国成为全球第二大经济体，它的强大引起了普遍的惊叹和恐惧。

就在我进行着这一个漫长的写作过程之际，我们的国家一直处在重要的变革时刻，四十年的改革开放让它重新回到了世界舞台的中央，而同时，种种的社会矛盾又让每个阶层的人们都有莫名的焦虑感和"受伤感"。物质充足与精神空虚、经济繁华与贫富悬殊、社会重建与利益博弈，这是一个充满了无限希望和矛盾重重的国家，你无法"离开"，你必须直面。

如果把当代放入两千余年的历史之中进行考察，你会惊讶地发现，正在发生的一切，竟似曾相遇，每一次经济变法，每一个繁华盛世，每一回改朝换代，都可以进行前后的印证和逻辑推导。我们正穿行在一条"历史的三峡"中，它漫长而曲折，沿途风景壮美，险滩时时出现，过往的经验及教训都投影在我们的行动和抉择之中。

我试图从经济变革和企业变迁的角度对正在发生的历史给予一种解释。在这一过程中，我们将一再地追问这些命题——中国的工商文明为什么早慧而晚熟？商人阶层在社会进步中到底扮演了怎样的角色？中国的政商关系为何如此僵硬而对立？市场经济体制最终将以怎样的方式全面建成？

我的所有写作都是为了——回答这些事关当代的问题。现在看来，它们有的已部分地找到了答案，有的则还在大雾中徘徊。费正清曾告诫他的学生说，"在中国的黄河上逆流行舟，你往往看到的是曲弯前行的船，而没有注意到那些在岸边拉纤的人们"。我记住了他的这句话，因此在我的著作中，有血肉、有悲喜的商业人物成了叙事的主角，在传统的中国史书上，他们从来都是被忽视和妖魔化的一群人。

即便走得再远，我对历史的所有好奇，也全部来自现今中国的困顿。因为我发现，中国的经济制度变革，若因循守旧，当然不行，而如果全盘照搬欧美，恐怕也难以成全，中国改革的全部难处和迷人之处，即在于此。所以，与历史修好，在过往的经验中寻找脉络，或许是解读和展望今日及未来中国的一条路径。能否在传统国情与普世规律之中探寻出一条中国式的现代化之路，实在是我们这代人的使命。

我不能保证所有的叙述都是历史"唯一的真相"。所谓的"历史"，其实都是基于事实的"二次建构"，书写者在价值观的支配之下，对事实进行逻辑性的铺陈和编织。我所能保证的是创作的诚意。20世纪60年代的"受难者"顾准在自己的晚年笔记中写道："我相信，人可以自己解决真善美的全部问题，哪一个问题的解决，也不需乞灵于上帝。"他因此进而说："历史没有什么可以反对的。"既然如此，那么，我们就必须拒绝任何形式的先验论，必须承认一切社会或经济模式的演进，都是多种因素——包括必然和偶然——综合作用的产物。

对于一个国家而言，任何一段历史，都是那个时期的国民的共同抉择。

是为总序。

吴晓波
2017年12月，杭州，大运河畔

题 记

当这个时代到来的时候，锐不可当。万物肆意生长，尘埃与曙光升腾，江河汇聚成川，无名山丘崛起为峰，天地一时，无比开阔。

——2006 年 1 月 29 日，中国春节。
写于 38 000 英尺高空，自华盛顿返回上海。

目 录

前　言　我对历史的本质始终迷惑不解 / IX

第一部　1978—1983
没有规则的骚动

1978　中国，回来了 / 003
1979　新的转机和闪闪的星斗 / 036
　　企业史人物 ｜ "傻子"年广久 ｜ / 060
　　企业史人物 ｜ "老板"袁庚 ｜ / 062
1980　告别浪漫的年代 / 066
　　企业史人物 ｜ 川人春先 ｜ / 084
1981　笼子与鸟 / 087
　　企业史人物 ｜ 难忘"任项" ｜ / 104
1982　春天并不浪漫 / 106
　　企业史人物 ｜ "大王"如蚁 ｜ / 124
1983　步鑫生年 / 127
　　企业史人物 ｜ 裁缝神话 ｜ / 151

第二部　1984—1992
被释放的精灵

1984　公司元年 / 157
1985　无度的狂欢 / 182
　　企业史人物 ｜ 两面雷宇 ｜ / 205
1986　一无所有的力量 / 207
　　企业史人物 ｜ 郑氏之死 ｜ / 226
　　企业史人物 ｜ 仁宝当家 ｜ / 228
1987　企业家年代 / 231
　　企业史人物 ｜"承包典范"马胜利 ｜ / 248
1988　资本的苏醒 / 250
　　企业史人物 ｜ 廿人沉浮 ｜ / 274
1989　"倒春寒" / 279
1990　乍热骤冷 / 298
1991　沧海一声笑 / 319
　　企业史人物 ｜ 牟氏幻觉 ｜ / 338
1992　春天的故事 / 342
　　企业史人物 ｜ 黄家"天使"｜ / 372

人物索引 / 375

前言

我对历史的本质始终迷惑不解

> 说来新鲜,我苦于没有英雄可写,
> 尽管当今之世,英雄是迭出不穷,
> 年年有,月月有,报刊上连篇累牍,
> 而后才又发现,他算不得真英雄。
> ——拜伦:《唐璜》[①],第一章第一节

一

1867年9月27日,列夫·托尔斯泰在给妻子的信中这样写道:"上帝赐予了我健康和宁静,我将以前人从没采用过的方式来描写博罗季诺会战。"当时他正在从事《伟大的劳动》一书的写作,这本书后来更名为传世不朽的《战争与和平》。2004年7月的

---

① [英]拜伦著,查良铮译,《唐璜》,北京:人民文学出版社,1998年版。

某日晚上，我也是在一次与妻子邵冰冰的 MSN 对话中提出写作 1978 年到 2008 年中国企业史的想法的，当时我正在哈佛大学肯尼迪政府学院做短期访问学者。

那个白天的下午，我与哈佛商学院和肯尼迪政府学院的一些教授、学生在景致优雅的查尔斯河畔有一场座谈，主题是中国公司的成长之路。由于来自不同的国家和学术背景，我们的讨论以中国公司为主题，却又不时地穿梭在美国、日本乃至欧洲和印度等不同的国家和制度空间里，在对比中互为参照，在论证中相与辩驳。而在这样的沟通中，我深感中国企业研究的薄弱，我们不但缺乏完整的案例库和可采信的数据系统，而且还没有形成一个系统化的历史沿革描述，关于中国公司的所有判断与结论往往建立在一些感性的、个人观察的，甚至是灵感性的基础之上，这已经成为国际沟通的巨大障碍。于是，如何为零碎的中国当代企业史留下一些东西，成为一个忽然凸现出来的课题。

当这个念头突然萌生出来的时候，连我自己都被吓了一跳。在当时，摆在我面前的工作选择已有很多项，而这无疑是最为艰巨且庞杂的。对于我个人的能力而言，这其实又是一项勉为其难的工程，我没有经受过历史学专业的训练，也不是经济学科班出身，虽然多年从事传媒工作的经历让我有机会接触到大量的事实，并在某些时刻亲历现场，虽然我也曾出版过近 10 部财经类著作，可是，要完成一次跨度长达 30 年的宏大叙事毕竟是一次前所未有的挑战，我的学术基础、掌握历史的经验、创作的技巧和方法论，甚至我的时间和体力等，都面临空前的考验。

但是，毕竟要有人去完成这一项工作。在哈佛大学查尔斯河畔的那个阳光和煦的午后，它如同一个巨大而沉默的使命凌空而降，庞然无声地站立在我的面前，俯看着我。在那场夹杂着英语与汉语的讨论中，我知道自己已无处可逃，未来四年的劳累似乎是命中注定。"我认为现在是开始为这项工作做准备的时候了。"我在 MSN 上热切地这样写道，在这个时刻，我突然能十分真切地感受到 100 多年前托尔斯泰写信时的那份舍我其谁的使命感、另辟蹊径的自信和即将开始一段充实工作的满足。

二

尽管任何一段历史都有它不可替代的独特性，可是，1978—2008年的中国，却是最不可能重复的。在一个拥有近13亿人口的大国里，僵化的计划经济体制日渐瓦解，一群小人物把中国变成了一个巨大的试验场，它在众目睽睽之下，以不可逆转的姿态向商业社会转轨。

在过去的20多年中，世景变迁的幅度之大往往让人恍若隔世。有很多事实在今天看来竟是如此的荒谬和不可思议，在1983年之前，政府明令不允许私人买汽车跑运输，一个今天已经消失的经济犯罪名词——"投机倒把"在当时是一项很严重的罪名。在江浙一带，你如果骑着自行车从这个村到另外一个村，而后座的筐里装了三只以上的鸡鸭，被发现的话，就算是投机倒把，要被抓去批斗，甚至坐牢。在温州地区，我们还找到了一份这样的材料，一位妇人因为投机倒把而被判处死刑。到20世纪80年代末，"买空卖空"还是一个恶劣名词，茅盾在小说《子夜》里生动描写过的那些商人给人们留下了太过深刻的印象。到1992年前后，商业银行对私营企业的贷款还规定不得超过5万元，否则就算是"违纪"。

整个20世纪80年代，在很多城市，到民营工厂上班是一件很丢脸的事情，而自己开一个小铺子做一点小生意，就会被蔑称为"个体户"，也就是一个"没有组织的人"，一个不受保护的体制外的流浪汉。这个社会印象一直要到"万元户"这个名词出现之后，才由蔑视变成暗暗地羡慕，再变成全社会的无度地称颂。20年前的国营和集体企业都是一些可怕的庞然大物，很多大型国有工厂几乎具备一切社会功能，"除了火葬场，什么都有"。一个工作岗位是很珍贵的，是可以"世袭"的，父亲在退休之后可以马上指定一个自己的子女顶替，企业对于一个家庭来说，重要得像"一个更大的家庭"。现在已经是富豪的宗庆后当年就是在乡下"插队落户"，为了回到城里，他恳请在一家区校办工厂上班的母亲提前退休，把这个岗位让给了自己。宗庆后骑着三轮车到各个学校的门口卖练习簿和铅笔，筹足了一点钱后他创办了娃哈哈儿童保健品厂，现在它已是中国最大的饮料公司。

刚才，我提到了"一群小人物"，也许没有别的称谓更适合这一群改造历史的人。他们从来没有想到，自己将在历史上扮演一个如此重要的角色。一位温州小官吏曾慨然地对我说："很多时候，改革是从违规开始的。"谁都听得出他这句话中所挥散着的清醒、无奈和决然，你可以反驳他，打击他，蔑视他，但你无法让他停止，因为，他几乎是在代替历史一字一句地讲出上述这句话。

从一开始，我就决定不用传统的教科书或历史书的方式来写作这部著作，我不想用冰冷的数字或模型淹没了人们在历史创造中的激情、喜悦、呐喊、苦恼和悲愤。其实，历史本来就应该是对人自身的描述，司马迁的《史记》在这方面是最好的借鉴，它应该是可以触摸的，是可以被感知的，它充满了血肉、运动和偶然性。

我想多写一点人的命运，我真的找到了一些很有趣的例子。

1978年，高考恢复，上百万青年如过江之鲫般涌向刚刚打开大门的大学，华南理工大学的无线电专业便招进了几十个年龄相差超过20岁以上的学生，其中三位是李东生、陈伟荣、黄宏生。十多年后，他们三人分别创办了TCL、康佳和创维，极盛之时，这三家公司的彩电产量之和占全国总产量的40%。

也是1978年前后，从湖南和四川的监狱里先后走出了两个当地口音很重的男人，他们一个叫杨曦光，一个叫牟其中，他们入狱是因为他们分别写了一个同题的万言书《中国往何处去》而被打成反革命。在向来崇尚忧国论道的湖南和四川，他们是公认的"地下青年思想家"，是时刻准备用热血去唤醒迷乱中的祖国的大好男儿。这是两个如此相似的男子。杨曦光出狱后就参加了全国高考并一举登榜，三年后他成为中国社会科学院的研究生，再两年考入美国普林斯顿大学经济学博士研究生，他后来改名杨小凯，成为中国经济学界的代表人物，他用模型、数据和十分尖利的思想在理性层面上一次又一次地拷问年轻时提出过的那个问题，在2004年，皈依基督教的他离开人世。而牟其中则走上了另外一条更为惊心动魄的道路，他出狱后当即借了300元，创办了一家小小的贸易公司，随后的10年里他通过"罐头换飞机"等手法迅速暴富，竟成为最早的"中国首富"之一，他的政治热情从来没有丧失过，反而在首富的光环下越来越浓烈，终而他在年过50之际再度入狱，至今还在武汉的监狱中日日读报，有时还写出一两封让人感慨万千的信件来[①]。

这样的关于命运的故事将贯穿在整部企业史中。在我看来，企业史从根本上来讲就是企业家创造历史的过程。只有通过细节式的历史素描，才可能让时空还原到它应有的错综复杂和莫测之中，让人的智慧光芒和魅力，以及他的自私、愚昧和错误，被日后的人们认真地记录和阅读。在1978年到2008年的中国商业圈出没着这样的一个族群：他们出身草莽，不无野蛮，性情漂移，坚忍而勇于博取。他们的浅薄使得他们处理任何商业问题都能够用最简洁的办法直指核心，他们的冷酷使得他们能够拨去一切道德的含情脉脉而回到利益关系的基本面，他们的不畏天命使得他们能够百无禁忌地去冲破一切的规则与准绳，他们的贪婪使得他们敢于采用一切的手法和编造最美丽的谎言。

他们其实并不陌生。在任何一个商业国家的财富积累初期都曾经出现过这样的人群，而且必然会出现这些人。我相信，财富会改造一个人，如同繁荣会改变一个民族一样。在书稿整理的某一个夜晚我甚至突然生发了一个很怪异的感慨：我很庆幸能生活在这个充满了变化和激情的大时代，但是说实话，我希望它快点过去。

---

① 2016年9月27日，牟其中出狱。——编者注

三

过去 20 多年里，中国市场上存在着三股力量：国营企业、民营企业、外资企业。在我看来，一部中国企业历史，基本上是这三种力量此消彼长、相互博弈的过程，它们的利益切割以及所形成的产业、资本格局，最终构成了中国经济成长的所有表象。

在很大程度上，民营经济的萌芽是一场意外，或者说是预料中的意外事件。当市场的大闸被小心翼翼地打开的时候，自由的水流就开始渗透了进来，一切都变得无法逆转，那些自由的水流是那么的弱小，却又是那么的肆意，它随风而行，遇石则弯，集涓为流，轰然成势，它是善于妥协的力量，但任何妥协都必须依照它浩荡前行的规律，它是建设和破坏的集大成者，当一切旧秩序被溃然推倒的时候，新的天地却也呈现出混乱无度的面貌。20 多年来，中国公司一直是在非规范化的市场氛围中成长起来的，数以百万计的民营企业在体制外壮大，在资源、市场、人才、政策、资金甚至地理区位都毫无优势的情况下实现了高速的成长，这种成长特征，决定了中国企业的草莽性和灰色性。

我将用相当多的篇幅记录著名跨国公司在中国的成长轨迹，它们是一股根本不可能被绕过的势力，在某种程度上，自它们进入中国市场的那一天起，它们便已经是中国企业，在将近 30 年的时间里，这些外国公司在中国的起伏得失本身又是一部很有借鉴价值的教案。在 20 世纪 80 年代初，最早进入中国的是以松下、索尼、东芝为代表的日本公司，松下幸之助是第一个访问中国的国际级企业家，而东芝在中央电视台的广告语"TOSHIBA，TOSHIBA，大家的东芝"让人至今难忘，这与当时日本公司在全球的强势是密不可分的。至今，在各项利益密集的领域，外资的力量及其经理人群体的智慧仍然深刻地影响着中国经济及政策的走向。

与此同时，我们必须清醒地看到，中国的商业变革是一场由国家亲自下场参与的公司博弈，在规律上存在着它的必然性与先天的不公平性。也许只有进行了全景式的解读后，我们才可能透过奇迹般的光芒，发现历史深处存在着的那些迷雾，譬如，国家在这次企业崛起运动中所扮演的角色是什么？为什么伟大的经济奇迹没有催生伟大的公司？中国企业的超越模式与其他超越型国家的差异在哪里？我们才可能在为经济增长率欣喜的同时，观察到另外一些同等重要却每每被忽视的命题，如社会公平的问题、环境保护的问题、对人的普遍尊重的问题。

在这种框架性结构之外，我还尝试论证，在商业史上，并不是发生的每一件事情都是必然的。如果当年联想的倪光南和柳传志没有反目成仇，联想有没有可能就走上另一条更具技术色彩的道路？如果张瑞敏和他的团队早早地成为海尔集团的资产控制者，也许就不会让海尔的资本结构如此繁杂，海尔的成长轨迹或许会更透明和清晰一些？如果没有1997年亚洲金融风暴的突然出现，中国政府很可能着力去培育日韩式的财团型大公司，那么，中国公司的成长版图会不会全然改变？

如果你认为这些设问并没有太大的意义，你可能就无法体味到历史的内在戏剧性。

我还将在日后的写作中证明，在这个至今充满神怪气质的地方，以下描述已经被一再地证实：任何被视为奇迹的事物，往往都很难延续，因为它来自一个超越了常规的历程，身处其中的人们，因此而获得巨大利益的人们，每每不可能摆脱那些让他们终生难忘的际遇，他们相信那就是命运，他们总希望每次都能红运高照，每次都能侥幸胜出，最后，所有的光荣往往都枯萎在自己的光环中。

任何貌似理所当然的神话，往往都是不可信的，越是无懈可击，往往就越值得怀疑。我们从来相信，事物的发展是粗劣的，是有锋芒和缺陷的。当一个商业故事以无比圆滑和生动的姿态出现在你面前的时候，你首先必须怀疑，而所有的怀疑，最终都会被证明是正确的，或者至少是值得的。

中国企业界是一个迷信奇迹的商业圈，但是30年的时间已经足以让这个圈子里的人们开始重新思考超常规所带来的各种效应。真相如水底之漂,迟早会浮出水面。我甚至相信,在企业界是存在"报应"的。

四

企业史写作使我开始整体地思考中国企业的成长历程。这是一个抽丝剥茧的过程,这过去的 30 年是如此的辉煌,特别对于沉默了百年的中华民族,它承载了太多人的光荣与梦想,它几乎是一代人共同成长的全部记忆。当我感觉疲惫的时候,我常常用沃尔特·李普曼的一段话来勉励自己,这位美国传媒史上最伟大的记者在他的 70 岁生日宴会上说:"我们以由表及里、由近及远的探求为己任,我们去推敲、去归纳、去想象和推测内部正在发生什么事情,它的昨天意味着什么,明天又可能意味着什么。在这里,我们所做的只是每个主权公民应该做的事情,只不过其他人没有时间和兴趣来做罢了。这就是我们的职业,一个不简单的职业。我们有权为之感到自豪,我们有权为之感到高兴,因为这是我们的工作。"

李普曼说得多好——因为这是我们的工作。

我想我是快乐的。自从 2004 年的夏天决定这次写作后,我便一直沉浸在调查、整理和创作的忙碌中,它耗去了我生命中精力最旺盛、思维最活跃的一大块时间。一个人要让自己快乐其实是一件不难的事,你只要给自己一个较长时间的目标,然后按部就班地去接近它,实现它。结果如何,在某种意义上可能是不重要的,重要的是,在这个过程中,你会非常的单纯和满足。

每当月夜,我便孤身闯入历史的迷雾。我的书屋正对着京杭大运河,河水从我窗下流过,向西三公里拐过一个弯,就是运河的起点处——拱宸桥。这一线河水向北蜿蜒,在日升月落间横贯整个华北平原,最后进入北京城,到积水潭、鼓楼一带戛然而止,710 年来,世事苍茫,却从来没能阻挡过它的无言流淌。20 多年前,杭州段运河清澈可见游鱼,20 多年来,楼宇日见林立，水体终而浑浊，现在，当地的政府突然又回过头来搞运河的治理，想要把它开发成夜游江南的一个景点去处。此刻，我正在写作这篇文字的时候，窗下正有运送物品的夜航船隆隆地驶过。据说过了今年，这些水泥船因为噪声太大影响两岸居民而不能在运河里夜行了。

我的思绪便常常在这种貌似相关实则相去万千的时空中游荡，法国人罗兰·巴特曾经说过一句很妙的话："我对不太可能发生的事，以及历史的本质始终迷惑不解。"写作当代史的快感和诡异，便全部在这里了。

第一部

1978—1983
没有规则的骚动

1978 / 中国，回来了

> 我流浪儿般地赤着双脚走来，
> 深感到途程上顽石棱角的坚硬，
> 再加上那一丛丛拦路的荆棘，
> 使我每一步都留下一道血痕。
>
> ——**食指：《热爱生命》，1978年**

1978年11月27日，中国科学院计算所34岁的工程技术员柳传志按时上班，走进办公室前他先到传达室拎了一把热水瓶，跟老保安开了几句玩笑，然后从写着自己名字的信格里取出了当日的《人民日报》，一般来说他整个上午都将在读报中度过。20多年后，他回忆说：

"记得1978年，我第一次在《人民日报》上看到一篇关于如何养牛的文章，让我激动不已。自打'文化大革命'以来，报纸一登就全是革命，全是斗争，全是社论。在当时养鸡、种菜全被看成是资本主义尾巴，是要被割掉的，而《人民日报》竟然登载养牛的文章,气候真是要变了!"

从现在查阅的资料看,日后创办了赫赫有名的联想集团的柳传志可能有点记忆上的差失。因为在已经泛黄的1978年的《人民日报》中,并没有如何养牛的文章,而有一篇科学养猪的新闻。在这天报纸的第三版上,有一篇长篇报道是《群众创造了加快养猪事业的经验》,上面细致地介绍了广西和北京通县如何提高养猪效益的新办法,如"交售一头可自宰一头""实行公有分养的新办法"等。柳传志看到的应该是这一篇新闻稿。

不过,是养牛还是养猪似乎并不重要,重要的是,举国之内,确有一批像柳传志这样的人"春江水暖鸭先知",他们在这个寒意料峭的早冬,感觉到了季节和时代的变迁。

在中国现代史上,1978年是一个十分微妙和关键的年代。尽管在此前两年,执行极左政治路线的"四人帮"已经被打倒,但是党和国家最高领导层中的某些人提出"两个凡是"的政治主张,在政治和经济两大领域实行意识形态化的治理。刚刚复出的老一辈领导人邓小平则试图利用自己的影响力推进中国的命运变革。

1978年1月14日,南京大学教师胡福明突然收到了一封信,写信人是《光明日报》编辑王强华。此前半年,胡曾经写了一篇文章投寄该报,在很久没有收到回复后,他已经对此不存幻想。王的突然来信让他非常意外。胡福明回忆说:"王强华在来信中寄来一份清样,那是《实践是检验真理的标准》的清样。信我还都保存着,大概意思是说,这篇文章的意思你要讲什么我们是清楚的,我们是要用它的,希望快点修改一下寄来。就是提了一条建议,希望把道理讲得完整一点,不要使人产生马克思主义过时了的感觉。从此以后,我们的稿子来来往往了好几个来回,我把修改的寄给他,他隔了几天把稿子修改了再寄给我。那么后来呢,又一封来信不同了,调子又变化了,让我要写得更鲜明一点,要更有针对性、要更有批判力,跟前面的调子又变化了。"

5月11日,《光明日报》刊登题为《实践是检验真理的唯一标准》的特约评论员文章。① 当日，新华社转发了这篇文章，第二天《人民日报》全文转载。这可以被视为当年度中国最重要的政治宣言。在文章结尾，作者勇敢地宣称："凡是有超越于实践并自奉为绝对的'禁区'的地方，就没有科学，就没有真正的马列主义、毛泽东思想，而只有蒙昧主义、唯心主义、文化专制主义。"文章的发表在当时沉闷窒息的中国社会引起了巨大反响，在思想较为保守的东北和上海等地，斥其"砍旗""违反中央精神和反对毛泽东思想"等讨伐之声隆隆四起。胡福明在看到报纸后，回家对妻子说："我已经有思想准备了，我准备要坐牢。"妻子说："我要么陪你一起坐牢，要么天天送饭到你出牢。"

5月19日，邓小平在接见文化部核心领导小组负责人时谈及此文，认为文章是符合马克思主义列宁主义的，后来他又在全军政治工作会议上再次以此文为题，严厉批评了教条主义，号召"打破精神枷锁，使我们的思想来一个大解放"，指出关于实践是检验真理唯一标准问题的讨论，是非常有必要的。

这场关于真理检验标准的大讨论影响了中国改革的整个进程。在思想基础上，它彻底摧毁了"两个凡是"的政治原则，倡导一种全新的实践主义理论。而在经济变革中，它试图建立一种全新的思想基础和商业伦理。直到30年后，我们仍然能够强烈地感受到这一思想对中国改革的影响。在之后的几年里，它与"以经济建设为中心"以及"稳定压倒一切"等政治格言一脉相通，分别从方法论、战略目标和成长边界三个方面进行了清晰的表述，从而构成了中国的改革文化和三大思想基石。可以说，日后中国企业及其他事业的发展，折冲百回，曲线前行，都以此为最根本的起点和边界。

这一年底，也就是柳传志读报后的20多天，具有历史转折意义的中国共产党第十一届三中全会在北京召开，在这次大会上，形成了以邓

---

① 胡福明，《实践是检验真理的唯一标准》，《光明日报》，1978年5月11日。

小平为核心的第二代中央领导集体。全会做出了将党的工作重点转移到社会主义现代化建设上来的决定。而就在全会召开前后,中共北京市委宣布"四·五"天安门运动①完全是革命行动。与此同时,中共中央为彭德怀、陶铸等在"文革"中蒙受冤屈的政治家平反并召开追悼会。此后两年中,全国300多万干部群众获得平反,55万"右派"得到改正,至此,"拨乱反正的历史任务"基本完成,中国的发展主轴自此全面转变。

在这一部企业史的前半段中,如果要有一个"主角"的话,那他就应该是邓小平。

客观地说,邓小平奠定了中国变革的思想基础,并在他掌控的时间里主导了整场变革的节奏。这个小个子的四川人有着惊人的坚忍和洞察一切的政治决断力。据与他亲近的人回忆,当面临重大决定时,他喜欢一个人坐在屋子里默默地抽熊猫牌香烟。当他做出某种决策后,却很少有人能够变更它。法国思想家、1927年诺贝尔文学奖获得者伯格森曾说:"说社会的进步是由于历史某个时期的社会思想条件自然而然发生的,这简直是无稽之谈。它实际只是在这个社会已经下定决心进行实验之后才一蹴而就的。这就是说,这个社会必须要自信,或无论怎样要允许自己受到震撼,而这种震撼始终是由某个人来赋予的。"邓小平无疑就是伯格森所谓的"某个人"。

1978年,是邓小平真正主导中国命运的元年。在该年3月召开的中国人民政治协商会议第五届全国委员会第一次会议上,他当选为政协主席。

在当上政协主席后,邓小平主持的第一个大会是随后召开的"全国科学大会"。在大会上,他出人意料地提出了"科学技术是生产力""知识分子是工人阶级的一部分"的论断。

---

① 1976年1月8日,周恩来总理去世,4月5日清明节前后,北京民众集合到天安门广场,在人民英雄纪念碑前敬献花圈、花篮,张贴传单,朗诵诗词,抒发对周总理的悼念之情,此类聚会迅速在全国范围内蔓延。"四人帮"把持的中央政治局认定"这次是反革命性质的反扑",予以了镇压。

在这个大会上，国家领导人承认，中国在许多方面落后于世界水平15~20年，同时提出了一个雄心勃勃的科学发展计划，确定了108个项目作为全国科技研究的攻关重点，而其目的是"到本世纪末赶上或超过世界水平"。

后来的历史证明，这一不切实的目标不可能实现。不过在当时它确乎让全中国为之一振，所有的人仿佛都听到了时代火车转换轨道的尖利声响。当年，共有6 000人参加了这次科学大会，其中仅有150多人在35岁以下。在大会的后排，坐着一位名叫任正非的33岁的青年人，他是解放军派来的代表，因为刚刚获得了全军技术成果一等奖而意外地得此殊荣，此刻他正在为父亲的平反以及自己能否入党而发愁，而他不会料到的是，再过10年他将漂泊到南方的深圳，以微不足道的两万元创办一家叫作华为的电子公司，然后，这家公司将以其严苛的军事化管理和犀利的低价战略迅速崛起，并让全世界的同行们深感头痛。

科学大会后，国家在科研和教育方面的改革速度明显加快了。4月，教育部决定恢复和增设55所高等院校，其中包括著名的暨南大学等。很快，恢复全国统一高考的消息传遍大江南北。

事实上，高考制度在此前的1977年已经部分恢复，而全国性高考的正式举行则是在1978年。从这年起，高校招生恢复全国统一考试，由教育部组织命题，各省、自治区、直辖市组织考试、评卷和在当地招生院校的录取工作。文科考政治、语文、数学、历史、地理和外语；理科考政治、语

▲ 1978年科学大会奖状

第一部　1978—1983　没有规则的骚动

▲ 1978年参加高考的学子

文、数学、物理、化学和外语。外语考试的语种为英、俄、日、法、德、西班牙、阿拉伯语，考试成绩暂不记入总分，作为录取的参考。没有学过上述语种的可以免试。报考外语院校或专业的，还须加试口语；外语笔试成绩记入总分，数学成绩作为参考。根据邓小平的批示，"在公布参加体检名单的同时，公布全体考生的各科考试成绩。公布的方法，由县（区）招生委员会通知考生所在单位分别转告本人"。公布考生成绩，是提高招生考试过程的公开、透明程度的重要举措，对于转变社会风气，杜绝"走后门"和徇私舞弊等不正之风，发挥了重大作用。

有数据显示，第一批报名参加高考的考生就多达580万，远远超过高校的招生计划。扩招成为全国上下一致的呼声。北京科技大学教育科学研究所所长毛祖桓回忆说："扩招也是临时决定的，当时一开始就让各个学校报，每个学校能招多少人，就这样报了一下，这么定了分数线。那年考得好的学生还比较多，因为是多少届的人压在一起来考大学，所以最后，我记得当时是林乎加当北京市市长，北京就率先扩招，原来比如说330分、340分才过线，后来就说300分以上都可以上大学，一下子就增加了至少是三分之一强、二分之一弱的样子，这个比例还是很大的。后来天津、上海等大城市跟进，造成了第二次扩招的态势。"

教育部公布的数据是，1978年全国高考610万人报考，录取40.2万人。

翻阅这一年"全国高等学校统一招生语文试卷",第一部分是给一段文字加上标点符号,而第一题就跟经济有关:

> 实现机械化要靠人的思想革命化有了革命化才有机械化机械化不是一口气吹出来的要经过一番艰苦奋战才能成功要把揭批四人帮的斗争进行到底要肃清他们的流毒促进人们的思想革命化一个软懒散的领导班子是挑不起这副重担的。

这是当时最主流的价值观:思想的解放和对左倾的、僵化教条主义的余毒肃清是经济进步最首要的前提。从这里,后来的人们可以发现,在1978年,追求经济成长是一个多么让人战战兢兢的事业。

龙门陡开,江鲫飞跃。积压了十多年的人才狂潮一旦喷涌,40多万人众里怎么可能没有龙虎之士。

在辽宁沈阳铁路局当工人的马蔚华考入吉林大学经济系国民经济管理专业,21年后他出任招商银行总行行长;杭州出生的张征宇考上了北京工业学院(后更名为北京理工大学),他一直读到博士毕业,1987年自创公司,后来做出第一代PDA掌上电脑"商务通";北京176中学的青年老师段永基考上北京航空学院(后更名为北京航空航天大学)的研究生,6年后参与创办了四通公司,后来成为北京中关村的风云人物;在四川,刘永行三兄弟参加了1977年的高考,都过了分数线,但是因为"出身成分"不好而没有被录取,兄弟三个一怒之下办起了一个小小的养殖场,20年后他们成为当时的"中国首富"。

跟全国所有的大学一样,广州的华南工学院(1988年更名为华南理工大学)也迎来了恢复高考后的第一批学生,无线电班的教室里济济一堂,学生们都用好奇的眼光打量彼此。他们中间年纪最大的已经40岁,最小的只有18岁,其中,三个年纪相近的同学很要好,最小的陈伟荣,来自广东罗定县,还有两个比他大一岁多的黄宏生和李东生分别来自海南五指山和广东惠州。他们的同学后来回忆说:"黄宏生最老成,是全班的老大哥，在学校里没少照顾他的学弟们。陈伟荣是穿着露出大脚趾的解放鞋走进教室的，他是班长，在校的四年时间他几乎全部泡在了图书馆。李东生是班上的学习委员，他性格很内向，平时不太爱和其他同学玩，特别是见到女生还会脸红，因此一些女同学毕业时还不太叫得清他的名字。"这三个人，日后分别创办了康佳、创维和TCL三家彩电公司。极盛之时，这三家公司的彩电产量占到全国总产量的40%。

当然，并不是所有的知识青年，都像段永基和李东生们那么幸运。

在湖南长沙，蹲了10年监狱的杨曦光回家了。他是在1968年2月，被作为重要"钦犯"而被捕入狱的，当年，21岁的他因为写了洋洋万言的《中国往何处去》，而被极左的"文革"领导人康生三次点名，判刑10年。出狱之后，杨曦光报考中国社会科学院研究生，虽有几名专家看中他的才能，但终因"政审"不合格，未能录取。直到两年后，经他四处上告奔波，时任中央书记处总书记的胡耀邦对他的冤案亲自批示中央组织部，杨曦光的问题要由法院依法处理，他才恢复了"政治的清白"。此后，他用乳名"杨小凯"再考社科院研究生，并终于成为当代中国最有人文批判精神的经济学家。（有意思的是，另一个也因为写了《中国往何处去》的四川万县人牟其中要等到1979年12月31日才能出狱。他没有去考大学，却办起了一个销售部，以后的十多年里，他由"中国首富"而成"中国首骗"。2004年，皈依基督教的杨小凯去世，牟其中则在1999年又被关进了监狱。）

在内蒙古，一个叫牛根生的青年遭遇父丧。他是一个苦孩子，出生一个月就从乡下被卖到了城里，据说仅值50元钱。他不知道自己姓什么，因为收养他的人是养牛的所以让他姓了牛，他的养父从抗美援朝结束后开始一共养了28年牛，他便是在牛群中长大的。那一年，养父去世了，牛根生抹干眼泪，接过牛鞭继续养牛。5年后，牛根生到了一家"回民奶制品厂"当刷瓶工，在那里他一干就是16年，然后便创办了蒙牛集团，它后来成了中国最大的奶制品公司。

在温州，13岁的南存辉因贫穷而不得不辍学，他成了一个走街串巷的补鞋匠，对那段日子他一生记忆深刻，"补鞋稍不留神，锥子就会深深地扎入手指中，鲜血顿时涌出。只好用片破纸包上伤口，含泪继续为客人补好鞋。那阵子，我每天赚的钱都比同行多，我凭的就是自己的速度快，修得用功一点，质量可靠一点"。6年后，这位修鞋匠在一个破屋子里建起了作坊式的开关厂。20年后，他创办的正泰集团成为中国最大的私营公司之一。

在南方小镇深圳，一位叫王石的27岁文学青年正枕着一本已经被翻烂的《大卫·科波菲尔》睡在建筑工地的竹棚里。他在后来的自传中写道：

"1978年4月的深圳，怒放的木棉花已经凋谢了。路轨旁抛扔着死猪，绿头苍蝇嗡嗡起舞；空气中弥漫着牲畜粪便和腐尸的混合臭气。我正在深圳笋岗北站检疫消毒库现场指导给排水工程施工。内地各省市通过铁路出口到香港的鲜活商品运到深圳，集中到笋岗北站编组检疫，再启运过罗湖桥。运输途中发病或死亡的牲畜、变质的水果蔬菜要在这里检验清除。

"我之所以到深圳，是由于1977年我从兰州铁道学院毕业时，被分配到广州铁路局工程五段，担任给排水技术员，工资每月42元。工程五段主要负责北至广东与湖南交界的坪石，南至深圳罗湖桥头路段××公里的沿线土建工程项目。在这一管辖路段，经常几个工程项目同时展开，1978年我们接手了笋岗北站消毒库项目。那个时代，深圳还属边防禁区，不是随便什么人就能来的。

"施工空暇去了趟沙头角：一条弯曲的石板窄街，路中间一块界碑，冷冷清清的。界碑不能越过，中方一侧仅有的两间店铺里摆放着极普通的日用杂货。

"笋岗北站施工现场十分简陋。睡觉休息的临时宿舍搭建在铁路边。三十几号人挤住在竹席搭建的工棚里。双层铁架床，我选择住在上铺，挂上蚊帐，钻进去，编制工程进程表、决算表，看书，睡觉。广东蚊子专欺负外省人，被叮咬的部位红肿起疙瘩，痒疼难忍。挂蚊帐防蚊叮，还防苍

第一部　1978—1983　没有规则的骚动

蝇的困扰；晾衣裳的绳子或灯绳上随时被苍蝇占据，密密麻麻的，让你浑身起鸡皮疙瘩。

"工作之余，我总会捧着一本书，在晚饭后独自一个人关在房间里做读书笔记，直至凌晨；节假日则去上英语课。一次周末，广州友谊剧院听音乐会：香港小提琴演奏家刘元生先生与广州乐团联袂演奏《梁祝》小提琴协奏曲。我太喜欢这首爱情至上的协奏曲，所以演出结束后还跑到后台向演奏者祝贺，刘先生送我一盘个人演奏的《梁祝》协奏曲录音带。当时怎么也想不到，刘先生会成为我到深圳创建万科的生意伙伴、上市之后的大股东之一。

"……工程继续着。我盼望尽早结束工程，远离与香港一河之隔的深圳。"①

1978年的中国企业是一幅怎样的景象？也许我们从外国人眼中能看得更真切一点。

1978年7月28日的《华盛顿邮报》上，刊登了记者杰伊·马修斯发表的一篇中国工厂观察记。不知道通过怎样的程序，他被破天荒地允许参观桂林的一家国营工厂。从这一年的夏天开始，中国各地似乎放宽了海外记者采访考察中国企业的审批。因而，在各家国际媒体上，人们读到了多篇充满陌生感的目击记。在这篇题为《尽管宣布要对工厂进行改革，工作仍然松松垮垮》的报道中，马修斯写道：

"同中国大多数工厂的情况一样，桂林丝厂的工人看来并不是干劲十足的。就业保障、退休金保证以及其他一些好处促使中学毕业生拼命挤进工厂去工作。因此，许多人都挤进了本来就已经过多的工人行列。生产线上工人过多使工人长时间地闲着。当我走进一个车间的时候，有三名女工

---

① 王石著，《道路与梦想：我与万科（1983—1999）》，北京：中信出版社，2014年版。

正在同旁边桌上的另外三名女工聊天。我一进去,她们就很快回到了自己的座位上,然后交叉着双手坐在那里,好奇地朝我张望。在我逗留的几分钟里,只有一个女工干了活,而没有一个女工说得清楚她们的生产定额是多少。

"中国工人把他们的工作看成是一种权利,而不是一种机会。工厂管理人员对于工人阶级中的成员不敢压制。在这种企业里,工人的身份是可以世袭的,当一名工人退休时,他或她可以送一个子女到这家工厂工作。桂林丝厂有2 500多名工人,从来没有解雇过一个人。

"这家工厂的革委会主任谢广之(音)告诉记者,去年,全厂85%以上的工人都增加了少量的工资,对很多人来说,是10到20年来第一次增加工资。由于几乎所有的工人都增加了工资,所以这次加工资没有起到明显的刺激作用。从今年开始,工厂开始对一些劳动好的工人给予少量的奖金,一季度的奖金不超过1.75美元。"

最后,马修斯断言,"这种松松垮垮的工作态度,仍然是妨碍这个世界上人口最多的国家实现现代化的一个主要障碍"。①

最具有戏剧性的企业考察出现在中国中部。一位日本记者在重庆炼钢厂发现了一台140多年前的机器。这家年产30万吨原钢的工厂,使用的机械设备全都是20世纪50年代之前的,其中,140多年前英国制造的蒸汽式轧钢机竟然还在使用。那位记者不敢相信自己的眼睛,他指着机器上的出厂标板问厂长:"这是不是把年代搞错了?"厂长回答:"没有错,因为质量好,所以一直在用。"

在1978年8月28日的《日本经济新闻》上,该报驻北京记者冈田发表了一篇题为《中国的飞机老是停航》的观察记:

"中国正在发展国内的交通事业,但是民航依然不可靠。首先是时刻

---

① [美]杰伊·马修斯,《尽管宣布要对工厂进行改革,工作仍然松松垮垮》,《华盛顿邮报》,1978年7月28日。

表不可信，在一角钱一份的中国民航时刻表上，就混杂着'幽灵班机'。例如，在时刻表第25页上写着每天有去哈尔滨的班机，早晨8点15分从北京起飞。但是，实际上星期四和星期日都没有班机。我到窗口问是什么理由。回答是：'哎呀，这是什么原因呢？大概是从什么时候改了吧。'乘上飞机后又怎么样呢？无法保证能按时飞到目的地。这次从北京去哈尔滨，起飞就晚了一个小时，在沈阳停留又耽搁了四小时，好不容易到长春转机，又宣布'因为哈尔滨在下雨，今天的班机取消'。只好在长春住了一夜，第二天竟还是'今天停航'。到了哈尔滨，我才知道原因，原来哈尔滨机场没有水泥地面的跑道，飞机是在草原上咕噜咕噜地滑行。难怪一下雨，就必须得停航了。"

同样是在8月，一位名叫伊莱·布罗德的美国房屋建造商参观了北京、广州等5个城市，他对合众国际社记者谈到了对中国的观感，"我看到了一个令人印象深刻的不发达国家"，"中国人用黏土和稻草做砖，但也使用一部分预制混凝土板来建房。中国的住房是原始的，建成后的质量很粗糙，但非常讲实用。往往一个两居室的房子里要住四代人，从80岁的曾祖母到小孩"。同时，伊莱·布罗德也感觉到了刚刚开始发生的变化："我所到之处，他们都在更换自来水管。一些新的工业区正开始建造，不过我没有看到什么控制污染的措施。"

《读卖新闻》驻香港记者松永二日也对中国企业的落后深为惊讶。这年6月，他参观了上海的一家集成电路工厂，他写道："日本的集成电路工厂干净得一点灰尘也没有。相比之下，上海这家工厂简直像是马路工厂。工厂方面说，产品一多半不合格，卖不出去。"他还观察到，长期的政治斗争，学校停止招生，使得中国工厂的基础人才极度空乏。他举例说，上海内燃机研究所的31名技师，平均年龄是56岁。

在上海闵行的一间机电工厂中，松永看到了一条标语，"看谁先到达目标"。这家工厂开始对超额完成指标的工人实行奖励，每月的奖金分成三元、五元和七元三个等级。松永问了一个问题："有没有送还奖金，仍然努力于社会主义建设的工人？"工厂负责人明确地回答："没有。"

在经历了这样一些观察之后，松永预言中国即将开始一场新的经济革命。在10月3日的一篇述评中，他直截了当地宣称，"进入建国30年的中国今后的课题是，实行高速经济增长政策，把中国建成一个强大的经济大国"。而中国正在采取的办法则是，"在再度复职的邓小平的领导下，设法加强同外国——以西方发达的工业国家为中心——的经济关系，在国内则推行讲究能力和效率的路线"。

松永试图用事实来证明他的观察，"中国的领导人已经意识到，靠上海那家老工厂是不可能迅速实现现代化的，因此必须下决心引进外国的先进技术。近来，中国加强同外国的经济关系的活动令人目瞪口呆。到今年9月为止，中国派出党政领导人到31个国家访问，并且接待了15个国家的政府领导人。而它们绝大多数是以前的敌人——西欧发达国家。不言而喻，这种门户开放政策的目的在于引进先进技术"。

应该说松永的观察是很精准的。1978年，除了主要领导人频频出访之外，中国政府还做了一些动作，它们在当时似乎并没有引发联想，然而在后来的研究者眼中却绝非巧合。这一年的7月3日，中国政府停止对越南的援助，13日又宣布停止对阿尔巴尼亚的一切技术和经济援助，10月23日，《中日和平友好条约》正式生效，12月16日，中美发布建交联合公报。

一疏一近，貌似毫不相干，其实却不难看出内在的某种抉择：摆脱意识形态的纠缠，以经济发展为主轴，悄悄向发达国家靠拢的发展主导型战略已经开始发酵。

在这一年的天安门国庆典礼上，出现了一个名叫李嘉诚的香港商人。他穿着一件紧身的蓝色中山装，不无局促地站在一大堆也同样穿着中山装的中央干部身边，天安门广场是那么的大，让这个从小岛上来的潮汕人很是不习惯。从11岁离开内地,这是他40年来第一次回乡,在几年前,他还是一个被内地媒体批评的万恶的资本家,现在他已经成了被尊重的客人。他自己可能也没有想到,再过20年,他将在距离天安门一公里远的地方盖起一个庞大的、超现代的东方广场。他是受到邓小平的亲自邀请,来参加国庆观礼的。来之前,他给自己定了"八字戒律"——"少出风头,不谈政治"。

回到香港,李嘉诚当即决定,在家乡潮州市捐建14栋"群众公寓",他在给家乡人的信中写道:"念及乡间民房缺乏之严重情况,颇为系怀。故有考虑对地方上该项计划予以适当的支持。"他要求家乡媒体不要对此做任何的宣传。有一个与此相关的细节是,两年后,"群众公寓"建成,搬进新房的人们将一副自撰的春联贴在了门上,曰:"翻身不忘共产党,幸福不忘李嘉诚。"此联很快被记者写成"内参"上报到中央,引起了一场不小的震动。李嘉诚不惹政治,却防不了政治来惹他。

在李嘉诚从香港来北京参加国庆典礼前的4个月,36岁的荣智健随身携带着简单行装和单程通行证,远离家人,告别妻儿,从北京来到了香港。到码头来迎接他的,是他的两个堂兄弟,荣智谦、荣智鑫。显赫百年的荣家第四代终于在一个潮湿的夏天又聚在了一起。

无锡荣家,兴于清末民初,靠办印染工厂起家,是江浙沿海一带显赫的商贾大户,最鼎盛时,荣家几乎掌控了中国纺织产业的大半壁江山。1949年之后,荣家一直是共产党的坚定拥护者,1953年,党中央有计划地实验公私合营计划,在荣家第三代掌门人荣毅仁的积极倡导下,他所持股的广州第二纺织厂成为全国第一家递交公私合营申请书的私营工厂,起了全国性的示范和宣传作用,毛泽东因此赞许荣家为"民族资本家的首户"。三年后,全国公私合营计划临近收尾,在全国政协二届二次会议上,荣毅仁作为工商界报喜队代表,向毛泽东、刘少奇等报喜,这一天标志着"全国范围内基本上完成了对资本主义工商业的改造,进入了社会主义社会"。1957年,41岁的荣毅仁当上了上海市副市长,后来还曾兼任纺织部副部长。

"文革"期间，荣毅仁靠边站，没少吃苦头，他的食指被红卫兵打断，好几年一直在全国工商联机关食堂的锅炉房运煤和打扫工商联机关的所有厕所。他的儿子荣智健被流放到四川凉山的一个水电站当抬土工。"四人帮"下台后，邓小平复出，荣毅仁也随即翻身，在1978年2月召开的五届政协会议上，邓小平被选为全国政协主席，荣毅仁当选为副主席。

政治上尽管重焕光芒，而荣家资产在内地却已分文不存。此时已回到北京的荣智健无所事事，他对科研和政治均无兴趣，于是南下香港成了最好的一个抉择，在那里，一群解放前逃亡在外的荣家子弟尽管不复祖辈的荣耀，却也依然固守家业。行前，荣毅仁盘算良久，记得当年他父亲在香港开办了数家纺织厂，其中的股息和分红30多年一直未动，荣智健在父亲的授意下一一结算，竟得一笔不菲的资金，这成了他闯荡香江的资本。世家子弟毕竟不比寻常，其起点自当高人一筹。12月，他与两个堂兄弟合股的爱卡电子厂开业了，总股本100万元港币，三人各占1/3股份，一开始的业务是将香港的廉价电子表、收音机、电子钟等向内地贩卖，在当时，获准"内地贩卖权"几乎是一个难以想象的特权。三年后，这家背景深厚的小电子厂被美国的Fitelec公司以1 200万美元高价收购。荣家财技一试即灵，果然非同凡响。荣智健日后资产曾一度攀上"中国首富"的宝座，其渊源由来当是从这个夏天开始的。

与只身闯香港的儿子相比，当上全国政协副主席的荣毅仁鏖战内地。他提笔向邓小平建议："从国外吸引资金，引进先进技术，似有必要设立国际信托投资公司，集中统一吸收国外投资，按照国家计划、投资人意愿，投入国家建设。"在荣毅仁的提案中，即将创办的公司名为中国国际信托投资公司，简称中信（CITIC）。此议当即得到邓小平的认可，其他领导人也颇为赞许。1979年，中信公司正式成立。在相当长一段时间里，它扮演了中国引进国际资本的中介角色。

在国内成功地掀起了"真理标准大讨论"的思想热浪之后，1978年10月22日，邓小平出访日本。在此次访问中，走访日本公司是他出行的重要事项之一。这位早年曾经留学法国，在印刷厂当过工人的中国领导人已经有半个世纪没有走进过资本主义的工厂了。这一次，他显然不仅仅是为了参观，而是在举手投足间一次次地表达出自己的深意。

他先是参观了东京的新日铁公司和日产汽车公司。在日产的一个汽车厂里，他真正领略了"现代化"的生产线。在大阪考察时，他专程去了松下电器公司的茨木工厂，在那里，翘首等待他的是另一位亚洲传奇人物，松下公司创始人、被尊称为"日本经营之神"的83岁的松下幸之助。

随行的新华社记者在报道中描述道：日本朋友向邓副总理介绍了松下电器公司生产各种电视机的概况。从1952年生产第一台电视机以来，截至1978年3月，这家公司已经生产了5 000万台电视机。邓副总理走进生产车间，参观了电视机组装生产线、自动插件装置以及检查成品等生产工序。离开车间后，邓副总理被邀请来到一间展览室，日本朋友向邓副总理介绍了陈列在这里的双画面电视、高速传真机、汉字编排装置、录像机、录像唱片、立体声唱机以及微波炉等产品。邓副总理在讲话中说，在中国四个现代化的发展过程中，电子工业、电子仪表和自动化等都是必需的。《中日和平友好条约》的签订和生效，使两国的友好合作可以更加广阔地在多方面进行下去。邓副总理应主人的要求，在这家工厂的纪念册上题词——"中日友好前程似锦"。

邓小平对松下的此次考察，给83岁高龄的松下幸之助留下深刻的印象，这促使老人开始思考松下公司的中国攻略。在第二年，松下幸之助飞访中国，成为访问新中国的第一位国际级企业家，松下公司与中国政府签订了《技术协作第一号》协议，向上海灯泡厂提供黑白显像管成套设备，通过国际交流基金向北京大学、复旦大学赠送价值1.2亿日元的设备，松下公司的北京事务所随之开设。松下公司的率先进入中国，起到了巨大的示范效应，其他日本公司蜂涌而至，在其后的10年间，日本公司成为第一批中国市场的外来拓荒者。

前日本驻华大使中江要介在《邓小平让中国富起来》的回忆文章中，记录了邓小平访日的另一个细节：中江在陪同途中问邓小平对日本的什么感兴趣，邓小平说中国老百姓冬天使用煤球，时常发生一氧化碳中毒的事情，他想知道日本有没有不产生一氧化碳的煤球。

访日之后，邓小平旋访新加坡。李光耀在《经济腾飞路：李光耀回忆录（1965—2000）》一书中回忆了这段经历。李光耀对邓小平印象深刻，以至在书中写道："邓小平是我所见过的领导人当中给我印象最深刻的一位。尽管他只有五英尺高，却是人中之杰。虽已年届74岁，在面对不愉快的现实时，他随时准备改变自己的想法。"①

出乎李光耀意料的是，邓小平对新加坡的经济制度表示出浓厚的兴趣。他在回忆录中写道："邓小平离开几个星期后，有人把北京《人民日报》刊登的有关新加坡的文章拿给我看。报道的路线改变了，纷纷把新加坡形容为一个花园城市。说这里的绿化、公共住房和旅游业都值得考察研究。我们不再是'美帝国主义的走狗'。邓小平在第二年的一次演讲中说：'我到新加坡去考察他们怎么利用外资。新加坡从外国人所设的工厂中获益。第一，外国企业根据净利所交的35%税额归国家所有；第二，劳动收入都归工人；第三，外国投资带动了服务业。这些都是国家的收入。'他在1978年所看到的新加坡，为中国人要争取的最基本的成就提供了一个参考标准。"②

这些细节，在1978年的新闻报道中被淹没，人们只关注和称颂邓小平出访的种种政治意义，却没有发现他其实已经在为中国日后的经济制度改革汲取经验。邓小平是一个深思而慎行的人，当他提出某一个主张的时

---

①② ［新加坡］李光耀著，《经济腾飞路：李光耀回忆录（1965—2000）》，北京：外文出版社，2001年版。

候,便表明他已经对此深思熟虑。在年底的一次中央工作会议上,邓小平突然提出了一个新的理论:"让一部分城市先富起来。"他当时一口气列举了十来个城市,第一个就是深圳。

当时在座做记录的经济学家于光远回忆说,邓小平提到的是"深圳",而不是人们常说的"宝安",还列举了为什么深圳可以先富起来的理由,可见邓小平注意深圳很久了,而且进行了深入的思考。1979年3月,深圳经济特区成立。

1978年年底,美国《时代周刊》将邓小平评为"年度人物"。这家在国际上影响重大的周刊用整整48页的系列文章介绍了年度人物邓小平和打开大门的中国,其开篇之作即《新中国的梦想家》(*Visions of a New China*)。

▲ 1978年《时代周刊》年度人物邓小平

1978年,中国最重大的经济事件并不发生在城市里,而是在一个偏僻、贫穷的小乡村。这在即将开始的30年里一点也不奇怪,因为日后更多改变中国、变革命运的事件都是没有预谋的,都是在很偏僻的地方、由一些很平凡的小人物所意外引爆的。

这年11月24日晚上,在安徽省凤阳县小岗生产队的一间破草屋里,18个衣衫老旧、面色饥黄的农民,借助一盏昏暗的煤油灯,面对一张契约,一个个神情紧张地按下血红的指印,并人人发誓:宁愿坐牢杀头,也要分田到户搞包干。这份后来存于中国革命博物馆的大包干契约，被认为是中国农村改革的"第一枪"。

在1978年以前，已经实行了20多年的人民公社制度把全国农民牢牢地拴在土地上，"大锅饭"的弊端毕现无疑，农业效率的低下到了让农民无法生存的地步。小岗村是远近闻名的"三靠村"——"吃粮靠返销，用钱靠救济，生产靠贷款"，每年秋收后几乎家家外出讨饭。1978年的安徽，从春季就出现了旱情，全省夏粮大减产。

▲凤阳县小岗村村民及包产到户契约

小岗村的农民在走投无路的情况下，被逼到了包产到户的这一条路上。包干制竟十分灵验，第二年小岗村就实现了大丰收，第一次向国家交了公粮，还了贷款。在当时的安徽省委书记万里的强力主持下，小岗村的大包干经验一夜之间在安徽全境遍地推广。此后，以"家庭联产承包责任制"命名的中国农村改革迅速蔓延全国，给中国农村带来了举世公认的变化。

包产到户的意义无疑是巨大的。它让中国农民摆脱了遏制劳动积极性的人民公社制度，从而解放了生产力，它的推广在根本上解决了中国的口粮产能问题。而在另一个方面，它让农民从土地的束缚中解放出来，在土地严重缺乏而观念较为领先的东南沿海地带，大量闲散人口开始逃离土

第一部 1978—1983 没有规则的骚动

地，他们很自然地转而进入工业制造领域寻找生存的机会，这群人的出现直接地诱发了乡镇企业的"意外崛起"。在某种意义上，中国民间公司的庞然生长，在逻辑根源上也可以从小岗村的那个冬夜开始追寻。

如果说小岗村的包干制是一场革命的话，那么，也是在1978年，距这里数百公里外的江苏省华西村则发生着另一场农村变革，与小岗村不同的是，它是从人民公社的肌体中变异过来的一种集体经济，它代表了另一类、在相当长的时间内受到政府认可，并也确实发展了生产力的民间公司模式。

华西村早在20世纪60年代就是"农业学大寨"的全国典型。吴仁宝在这个村里当了创纪录的48年的村党委书记，他既是一个农村基层政权的领导者，同时又是一个乡村公司的企业家，这双重的角色让他在很多时候游刃有余，也在另一些时候，遭遇终极难题。这种悲欣交集的命运将贯穿他整个的变革生涯。

当年，华西村成为全国闻名的"农业学大寨"样板大队，吴仁宝还因此当过所在的江阴县的县委书记，在江浙一带，华西村的地位和风光可比大寨，吴仁宝则赫然是"陈永贵式"的好干部。在1975年10月26日的《人民日报》上，新华社记者还曾用充满激情的笔触描写过华西村："华西大队认真学大寨十一年，过去粮食亩产超一吨，今年可达2 400斤……吴仁宝同志向自己提出了五项要求……四是百分之八十的力量用于抓农业，百分之十的地方财力用于农业机械化，把各行各业纳入以农业为基础的轨道，五是继续抓好六十四个先进大队，同时帮助六个后进公社赶上去。除此之外，还要建立一万人的理论队伍，一万人的科学技术队伍。他还向全省代表讲了改土治水、作物品种布局、秋肥造田、平整土地的规划，他把自己的蓝图编成了一首诗：九十万人民心向党，七十万亩田成方，六万山地换新装，五业发展六畜旺，社员人人喜洋洋。"

这样的报道充斥了一大串看上去确凿的、闪闪发光的数据，它曾经引得81岁的文学家叶圣陶激动不已，这位江阴人据此写了一首很长的赞

美诗,其中有"仁宝同志江阴众,英雄业绩维仔肩,更思举国数千县,孰不能如江阴焉"之句。而在事实上,吴仁宝在高调学大寨的同时,却又干着另一些"见不得人"的工作。早在1969年,他就抽调20人在村里偷偷办起了小五金厂。"当时可千万不能让外面知道,正是割资本主义尾巴的时候呢。"后来顶替吴仁宝担任华西村党委书记的他的第四个儿子吴协恩回忆说,"田里红旗飘飘、喇叭声声,检查的同志走了,我们转身也进了工厂。为什么冒险搞工业?因为种田实在挣不到钱。当时全村人拼死拼活,农业总产值24万元,而只用20个人办的小五金厂,三年后就达到了24万元的产值。"1978年,吴仁宝盘点过华西村的家底,共有固定资产100万元,银行存款100万元,另外还存有三年的口粮,这在全国的数千乡村中可谓富甲一时。在当时,一包烟的价格是0.2元,整个江阴县的工农业总产值也仅仅数亿元而已。

▲ 20世纪70年代初期,正在工厂干活的吴仁宝(右)和他的工友

就这样,吴仁宝用一种很特殊的方式改造着他的家乡。1978年12月8日,《人民日报》在头版头条的显赫位置再次报道了华西村,题目是《农民热爱这样的社会主义》,同时还配发了"本报评论员"文章《华西的经验说明了什么》,这是当年度这家"中国第一媒体"对全国乡村最高规格的报道。可是,在江苏省和江阴一带,华西村被嘲讽为"吹牛大队",还有一些人给中央写内参,告发"华西村是个假典型"。在这样的风波中,

吴仁宝奇迹般地躲过了暗箭,他的"江阴县委书记"在一次举报后被摘掉了,可他在华西村搞的那些小工厂却一直在地下运转。这些不受保护、偷偷摸摸的五金作坊成为日后燎原中国的乡镇集体企业的胚胎。

我们把视野放得辽阔一点便不难发现,在当时的中国,吴仁宝其实并不孤独。在北方,天津静海县蔡公庄的大邱庄,一个叫禹作敏的村党支部书记也在村里偷偷办起了一家冷轧带钢厂。大邱庄是远近闻名的穷村,当地有"宁吃三年糠,有女不嫁大邱庄"的民谣,谁也不会料到10年后这里竟会成为富甲一时的"天下第一村"。而在素来有工业传统的江浙一带,一批小工业作坊——没有人做过确凿的统计,如果我们用"上千个"这个概念应该不会太偏离事实——已经星星点点地冒了出来。在浙江,钱塘江畔的萧山县,鲁冠球创办的农机厂已经悄悄度过了它10周年的纪念日。

在这里,我们必须提醒读者一个事实:中国民营公司的成长从一开始就有两个源头,一是华西式的乡村基层政权及其集体企业组织,二是鲁冠球工厂式的自主创业型企业。在日后很长的时间里,吴仁宝和鲁冠球是中国乡镇企业最耀眼的"双子星座",但是他们的起点却相去甚远,前者始终依托在村级政府的肌体上,而后者的崛起则大半是个人创造。这种差异在一开始并不起眼,甚至在相当长的时期内,连他们自己都没有注意到这一点,"乡镇企业"一直是他们共用的一个概念,直到"企业产权"的归属成为一个问题时,他们的命运才开始向不同的方向飞奔,这自然是1990年之后的话题了。

萧山虽处鱼米之乡的江南,却是江沙冲击出来的小平原,人口众多而地力贫瘠,鲁冠球生来对种地毫无兴趣,他自小流浪乡里,先学打铁,后修自行车,25岁那年,他东借西凑4 000元,带着6个人办起了"宁围公社农机厂",并自任厂长。宁围是他出生地所在,在他将近50年的职业生涯中,这位日后著名的"中国企业常青树"把公司办到了大洋彼岸,自己却从来没有离开过这块土地。

鲁冠球办厂,可以说真是从一穷二白起家。工厂没有地方买原材料,他蹬着一辆破自行车每天过江到杭州城里，走街串巷地收废旧钢材，有时候就蜷在一些国营大工厂的门外一整天，有厂里不要的废钢管、旧铁线扔出来，就宝贝一样地捡回去。生产什么，也是有上顿没下顿，一开始做了一千把犁刀，跑去向农机公司推销，一进门就被赶了出来，因为他没有"经销指标"。那是一个铁桶般的计划经济年代，生产什么，购买什么，销售什么，都要国家下达指标，指标之外的物品流通便属"非法"。精明的鲁冠球东钻西闯，好不容易找到了一条活下来的缝隙，那就是为周边公社的农具提供配套生产，如饲料机上的榔头、打板，拖拉机上的尾轮叉，柴油机上的油嘴，要什么做什么。

到1978年，雪球慢慢滚大，鲁冠球的工厂竟已有400号人，年产值300余万元，厂门口挂着"宁围农机厂""宁围轴承厂""宁围链条厂""宁围失蜡铸钢厂"四块牌子，到这一年的秋天，他又挂上了"宁围万向节厂"。四周的农民恐怕没有几个弄得清楚失蜡铸钢、万向节到底是个什么东西。在后来人看来，从农作耕地到初级工业化之间，鲁冠球似乎已经在费力地搭建自己的企业基石。

让人尤为惊奇的是，只有初一文化水平、从来没有接触过任何企业管理知识的鲁冠球在很早就尝试着管理工厂的方法。在1969年建厂之际，他就实行了基本工资制，工人工资额固定，按月出勤结算发放。1971年，他提出了计件（时）工资制，根据工人的劳动量来分配他们的收入。直到七八年后，少数觉醒的国营工厂才小心翼翼地开始试验这种分配制度。"做工厂不能有什么就做什么，到了一定的时候就要小而专、小而精。"鲁冠球后来说，他从1978年开始考虑一些问题。如果这是事实的话，他可能是当时8亿中国农民中仅有的几个开始思考这些问题的人。这一年，在一些企业已经开始悄悄恢复基本工资加奖金的制度，有的还开始尝试计件制。9月，吴敬琏、周叔莲和汪海波发表长篇论文《建立和改进企业基金提成制度》，他们用经济学和政治学的混杂语言十分辛苦地论证，利润考核和提成制度是符合社会主义经济特征的，不是"资本主义的利润挂帅"，在结论上,他们很自然地将那些错误的观点归咎于林彪和"四人帮":"他们把两件不相干的事情混在一起,用心险恶地要把我们的企业都变成坐吃山空的官僚衙门。"①

1978年的冬天,北京的每一个清晨都给人寒冷的感觉。新华社记者在新闻稿中写道:灰白的太阳终于费力地钻出薄雾,把它那毫无热气的光线投射到这个巨大城市的每一个角落——拥挤的楼房、狭窄的棋盘式街道和蠕动的密集人群中。

如果说,邓小平在年末的访日颇有点"招商"意味的话,那么,欧美的企业主也明显嗅到了中国变革的气息。特别是早在1972年就与中国恢复了正常关系的超级大国美国,它那家最著名的公司——可口可乐公司很早就把它的临时办事机构设在了王府井街口的北京饭店里。当时在中国主管事务的是可口可乐亚太分部的一个叫亨达的美国中年人,接触过他的人都记得他有一头铁灰色的头发。12月17日,中美双方发表《中美建交联合公报》,宣布"中美双方商定,自1979年1月1日起,建立大使级外交关系"。第二天,亨达与中国粮油集团签署了一份合同,获准向中国出售第一批瓶装可口可乐。根据当时的协议,可口可乐公司获准以补偿贸易的方式及其他支付办法,向中国主要城市和游览区提供可口可乐制罐及罐装设备,在

▲ 1979年第一批到达中国的可口可乐

---

① 吴敬琏、周叔莲和汪海波,《建立和改进企业基金提成制度》,1978年9月。

中国设立专厂装罐装瓶,并在中国市场销售。在罐装厂建立之前,从1979年起,由中粮公司采用寄售的方式先行销售可口可乐饮料。合同是在外贸部大院(与北京饭店斜斜相望,仅隔着一条长安街)签订的。外贸部部长李强在批复中加了一条:"仅限于在涉外饭店、旅游商店出售。"尽管合作的姿态是审慎和小心翼翼的,但是可口可乐总部显然是非常满意的,因为几乎所有人都知道,水闸一经打开,就再也关不上了。

美国和可口可乐的速度让人嫉妒,似乎没有一个资本主义国家不对打开国门的中国感兴趣。当时的国际环境是,美国刚刚从越南战争中抽身,无力再干预其他地区事务,苏联也因为要插手阿富汗而无暇他顾,冷战局势处于低潮。在经济方面,西方国家刚刚从经济萧条中走出,空闲资金较多,急需扩大海外市场。4月,国务院主管经济的副总理谷牧率中国代表团出访欧洲各国,所到之处,官员和商人都表现了愿意同中国发展经济合作的强烈意向。在和法国总统德斯坦会谈时,法国驻华大使对谷牧说:"听说你们要搞120个大项目,我们法国很愿意有所贡献,给我们10个行不行?"在联邦德国,巴符州州长说可以贷款50亿美元给中国,马上可以签字;北威州则表示100亿美元也问题不大。这些资讯都刺激着中国领导人对引进持积极态度,因而形成了加快扩大对外引进的思想。[①]

6月22日,邓小平在同余秋里、谷牧等人的谈话中指出,同国外做生意可以做大一点,搞它500亿,形势不可错过,胆子大一点,步子也可以大一点。不要老是议论,看准了就干,从煤矿、有色、石油、电站、电子、军工、交通运输一直到饲料加工厂,都可以尽快开工。[②]一个不太为人所知的事实是,根据邓小平的这段讲话,中央政府曾经策划过一个庞大的10年引资计划,计划引进600亿美元的外资,大大扩大工业、农业、

---

① 可参考的数据是,1978年,中国外汇储备仅有1.67亿美元,聊胜于无。
② 此段谈话引自李正华所撰文章:《准备改革开放的一次重要会议》,《国史研究参阅资料》,总214期。

科学技术和武器产品的生产，其中包括了120个大型项目，如矿山、钢铁联合企业和石油化工设备。哈佛大学的中国问题专家费正清日后评论说："该目标不切实际，一年左右就不得不大幅度降低。许多与国外签订的合同被迫取消或推迟，因为中国缺乏付款能力。"这里隐藏着一个事实，那就是，在改革开放的初年，邓小平曾经尝试用"巨额资本密集投入"的方式来迅速地拯救中国经济，这仍然是一种强有力的国家经济运动，与毛泽东发动群众搞经济的方式不同，邓小平这一次是试图借用资本主义的钱来造"中国大厦"。不过，他的这个浪漫蓝图很快就被证明是行不通的。在发现这一计划无法实现的第一时间，邓小平就迅速地改变了战略，他开始把重点放在上万家国有企业的改造上，期望通过对它们的放权改造激发出生产的积极性，与此同时，他还在地理位置比较偏远、国有经济实力不强的南方进行特区试验，用窗口效应来吸纳国外资本和技术。

　　领导人的这种急迫心态，一层层地很快传染到了各级经济干部那里。中国第一次引进外资的热潮在这一年的下半年突然掀起。彭敏在他主编的《当代中国的基本建设》[①]一书中披露，1978年，全年签订了78亿美元的外资引进协议，而其中有一半左右金额是12月20日到年底的短短10天里抢签的合同。

　　1978年8月，主管汽车行业的第一机械工业部（以下简称"一机部"）向美国的通用、福特，日本的丰田、日产，法国的雷诺、雪铁龙，德国的奔驰、大众等著名企业发出邀请电，希望它们能够来考察中国市场。很快，反馈回来了：繁忙的丰田公司以正在和台湾洽商30万辆汽车项目为由婉拒，傲慢的奔驰公司则说不可能转让技术，除此之外其他公司都表示了兴趣。

　　第一个来的是美国通用汽车公司。10月21日，通用派出由汤姆斯·墨菲

[①] 彭敏主编，《当代中国的基本建设》（上、下两册），北京：中国社会科学出版社，1989年版。

带队的大型访问团来洽谈轿车和重型汽车项目。后来出任副总理的李岚清接待了他们，在这次洽谈中，墨菲第一次提出了"合资"的概念。他说："你们为什么只同我们谈技术引进，而不谈合资经营（joint venture）？"

李岚清后来对中央电视台记者回忆，尽管中方人员懂得一些英语，知道"joint"是"共同或共担"，"venture"是"风险"，连在一起似乎应当是"共担风险"，但对它的确切含义并不清楚。于是墨菲就让他手下的一位经理向中方人员详细介绍了"joint venture"的含义：就是双方共同投资，"合资经营"企业。这位经理还介绍了合资经营企业的好处，怎样搞合资经营，以及他们与南斯拉夫建立合资经营企业的经验等。

这位经理介绍以后，墨菲还补充说："简单地说，合资经营就是把我们的钱包放在一起，合资共同办个企业，要赚一起赚，要赔一起赔，是一种互利的合作方式。若要再说得通俗一点，合资经营就好比'结婚'，建立一个共同的'家庭'。"

听了这番介绍后，李岚清感到新鲜有趣，会后，李岚清当即将谈判做成简报，上报给国务院和中央政治局，邓小平批示：合资经营也可以谈。[1]

有了邓公的批示，一机部与通用的谈判进度立即加快。第二年的3月，一机部组团赴美与通用进行合资经营的谈判。但意外的是，通用的董事会最后竟否决了董事长墨菲的这个合资提议，通用进入中国的步伐戛然而止。这家全球最大的汽车公司要在将近20年后的1997年才在上海打下它的第一根桩。而彼时，德国大众已经在中国赚得盆满钵满了，那一年大众汽车的年销量已经达到50万辆。

几乎就在通用汽车董事会对中国说"不"的同时，一批德国汽车专家考察上海，他们开始与上海的领导人谈大众汽车合资的项目，这个谈判一直谈了整整10年。中国方面在谈判中唯一的坚持是：大众汽车必须国产

---

[1] 根据李岚清接受中央电视台《改革开放二十年》纪录片采访时的回忆。

化。当时随大众公司来华的一行人中，有一位德国《明镜》周刊的记者，他在考察了手工作坊一般落后的中国厂房后，略带嘲讽地说："大众汽车将在一个孤岛上生产，并且这里几乎没有任何配件供应商。中国车间里的葫芦吊、长板凳、橡皮榔头，都是我爷爷辈的生产方式。"当时，几乎每一个到现场考察的德国人都不相信上海汽车制造业能在短期内改变如此落后的现状。他们发现，在中国找不出一家零部件生产企业能与桑塔纳汽车配套，甚至没有一条生产线不需要改造。能用上的，只有轮胎、收音机、喇叭、车外天线和小标牌，而即使把这些零碎的东西全部加起来也只能占到零部件总量的2.7%。

尽管有抱怨和担忧，但是中国接纳世界和世界进入中国的热情却越点越热。

这一年，一切似乎都已经水到渠成：以邓小平为核心的领导层得到了管理国家的领导权；在随后的科学大会上确定了现代化建设的主旋律；在5月的"真理标准大讨论"中，启动了一场思想解放的运动，改革的思想取得了主导权；出访日本及一连串的外资谈判，让沉重的国门一点一点地打开；11月，北京市委宣布1976年的"天安门事件"是一场革命行动，"文革"期间受到迫害的革命家和群众得到承诺将很快平反。就这样，变革每天都在发生，中国的未来走向似乎日渐清晰，在年底的12月18日到22日，中国当代史上最重要的会议之一——中国共产党十一届三中全会召开了。

这次会议的唯一议题是，"把全党工作重点转移到社会主义现代化建设上来"。与此相关，全会决定停止使用"以阶级斗争为纲"和"在无产阶级专政下继续革命"的口号，重新确立了党的组织路线，反对突出宣传个人，审查和解决了历史上的一大批冤假错案和一些重要领导人的功过是非问题。这无疑是一次十分具有象征意义的会议，它意味着从此开始，"政治生活"已不再成为中国老百姓的主要生存方式。中国重新回到了世界和平竞争的大舞台上，这个经历了百年激荡的东方国家将以经济发展的方式走向更远的明天。因而，尽管在两年前，执行极左路线的"四人帮"已经被打倒，但是直到两年后的这一天，中国才真正进入到了"改革开放"的年代。①

在全会结束的两天后，一个具有象征意义的工程在上海开工了。12月24日，日后成为中国钢铁业支柱的宝钢公司在上海北郊的一片海滩上打下了第一根桩，国务院批准国家计委、建委等部门报告，决定从日本引进成套设备，在上海宝山新建一个年产铁650万吨、钢670万吨的大型钢铁厂，总投资214亿元，其中外汇48亿美元，国内投资70亿人民币。媒体对宝钢的定位是——"我国第一个新型的、现代化的大型钢铁基地"，很显然，它代表了当年度中国政府经济发展和引进外资的最大举措，举国上下对之的期盼可见一斑。

▲ 1978年12月24日，宝钢在上海北郊打下第一根桩

---

① 事实上，直到十一届三中全会前，很多政府高层官员仍然对中央的态度不甚明了，后来担任过国家经委主任的袁宝华回忆说，1978年12月初，他和政治家邓力群、经济学家马洪到日本访问，在记者招待会上，有记者问："袁先生，中国允许不允许外国去投资建厂？"他左问邓力群，邓闭眼不答；右盼马洪，马紧嘴摇头。最后他硬着头皮说："记者先生，你提的这个问题非常重要，我们要认真考虑。"第二日，转机回京，全会召开了。（中央电视台《改革开放二十年》解说词，作家出版社，1998年版。）

第一部 1978—1983 没有规则的骚动

1978年实在是一个如此遥远而模糊的从前。那一年，美国颁布了《破产改革法》，在此之前，即便是这个全球最大的经济体在企业破产方面也没有形成系统性的法律阐述（中国将在5年后出现第一家破产企业）。那一年，伟大的微软公司才刚刚两岁，比尔·盖茨决定给自己发工资，他鼓足了勇气对合伙人说，"我今年的年薪绝对不能太低，它应该是1.6万美元"。那一年，福特汽车公司的传奇总裁艾柯卡被亨利·福特出于嫉妒开除了，时年54岁的他转而受聘于濒临破产边缘的克莱斯勒公司，6年后他竟奇迹般地使其扭亏为盈，并将公司的年盈利提升至令人咋舌的24亿美元，他成了美国英雄，也成了中国企业家最早崇拜的偶像之一。那一年在美国芝加哥，世界上的第一个移动电话通信系统悄然开通了，很多人都不看好这项新技术，谁也没有想到这竟会是全球化信息时代的开端。

　　1978年的中国与世界，彼此是那么的陌生，而它们各自面对的生活和话题又是那么的遥远。当美国家庭的电视普及率已经超过70%的时候，在一向"不苟言笑"的《人民日报》上，才第一次出现了与电视机有关的漫画。7月，这家报纸上出现了第一个广告，从10月开始，还偶尔会刊登中央电视台的节目预报。政府呼吁人民要节俭办事，特别是看到废弃的水泥包装袋一定要把它回收利用起来。一个北京人到上海，发现当地的书店居然在"开架卖书"，他觉得十分新鲜，便给报社写信，希望在全国推广这种好办法。

　　"如果在1978年，我们就清楚地知道中国与世界的距离居然差那么远，我不知道我们是否还有追赶的勇气。"日后有人曾经这样小心翼翼地求证。

　　的确，你会发现，在一开始，中国与世界似乎生存在两个完全不相干的时空中，它们有完全不同的经济结构、思维方式、话语体系和发展脉络，要找出两者之间的相通点竟是那么的困难。但是渐渐地，你会发现它们开始出现奇妙的逼近，再逼近，许多年后，它们终于真正地融为一体，难分彼此。

1978年12月26日，西方的圣诞节期间——中国大概要再过15年才开始有人将此当作节日，第一批50名赴美留学的访问学者在夜幕中乘飞机离开了北京，他们年龄最小的32岁，最大的49岁，学期为两年。国务院副总理方毅特别在临行前接见了他们，全国科协主席周培源及教育部副部长李琦亲自到机场把他们送上了飞机。

这是一个开始。据英国《观察家报》披露，中国已请求在下一年度向加拿大、英国、法国、德国和日本分别派出500名留学生，而美国则被希望接纳5 000人。《观察家报》说："这些年轻人不仅将充分地接触英语，而且要接触一切民主政体下的东西，从炸鱼条到带脏字眼儿的政治评论。他们不久就会认识到，雨果和狄更斯早就死了，他们一直被灌输的那个景象悲惨的英国可能需要重新画了。而这一切，对他们，以及对刚刚打开国门的中国又意味着什么？"

很显然，这是一个真正的开始。

【链接】

"1978年以前的中国格局可能是最糟糕的局面。"美国耶鲁大学金融学教授陈志武这样评论说,它在某种意义上是经济学界的一个共识。

1978年之前的中国是十分纯粹的计划经济成长模型。在1952年前后,中国对私人资本进行了一次彻底的清理,所有的私人企业在这段时期内收归国有。此后直到1978年,中国境内所有的企业都为国营或集体所有制企业。所有的物资生产和分配全由国家来调控,当时的年度计划会议要开几个月,担任过国家计划委员会经济综合司司长的朱之鑫回忆说:"那时候搞计划可以说像骡马大会,非常的厉害。你比如说一个煤矿,我采掘多少煤,需要多少坑木要报上来,坑木怎么办呢?我又要去林业部门看它有多少木材,采集这个可以分给煤炭行业多少,然后再到铁路部门跑运输,就这样做计划。"很显然,这是一整套非常严密的计划生态链,它在一个高度集中、全面封闭的体系内运行,全国的企业就像一个个车间,国务院总理相当于厂长,计划委员会则是一个调度室,计划点菜,财政拨款,银行数钱,看上去是那么的井井有条。但是,这种计划经济对效率的排斥和漠视却已经是一件不需要来论证的事情了。

整个国家的产业布局以重工业为绝对优先。在1953—1979年期间,重工业增长相比于轻工业增长的领先系数达到1.47,甚至在一段时期竟高达6.00。出于政治目标和国家生存战略的需要,军工产业被放到了最首要的地位上,钢铁、石油等重工业则与之配套,因此,重工业的产品并非像正常经济的运行体制那样流入国民经济的扩大再生产循环之中,这直接造成了轻工业及国民生活必需品生产的严重短缺。人们购买粮食、日用品等都需要凭限制性的票据供应。

此外,全国企业的布局也很不合理。为了免于在战争中处于被动地位,工业企业并没有被放置在处于经济地理优势的沿海地区,而是采取了放置内地也就是大后方的策略。由于重要的工业企业都被设置在交通成本高昂的山区，并不计经济合理性而分散在广泛的地区，从而丧失了规模优势，使得经济效率非常低下。

在金融体系上，1978年前的中国，只有一家银行，没有保险公司及其他任何金融性企业，国营企业存款和财政存款之和为1 089.9亿元，占银行存款总额的83.8%。国家是储蓄主体，也是投资主体，因而不需要金融中介。国有固定资产投资主要来自财政拨款，银行贷款主要作为流动资金。

1978年以前，中国是一个封闭自守的经济体，与世界经济体系基本"绝缘"。高度集中的经济列车在运行了20多年后，终于在20世纪70年代末陷入了空前的泥潭。从1958年到1978年，20年间中国城镇居民人均收入增长不到4元，农民则不到2.6元，全社会的物资全面紧缺，企业活力荡然无存。

1979
新的转机和闪闪的星斗[①]

我的时代在背后，
突然敲响大鼓。

——北岛：《岗位》，1979年

1979年，一个在芝加哥大学研究制度经济学的

[①] 本章名取自北京诗人北岛发表在1979年3月《诗刊》上的一首诗歌《回答》，它用一种近乎决然、发泄的口吻喊出了一代人对陈旧体制的反抗。如德国哲学家尼采所说的，"上帝死了"，一个清新的，也即将混乱不堪的时代到来了。

"告诉你吧，世界／我——不——相——信！／纵使你脚下有一千名挑战者／那就把我算做第一千零一名。

我不相信天是蓝的／我不相信雷的回声／我不相信梦是假的／我不相信死无报应。

如果海洋注定要决堤／让所有的苦水注入我心中／如果陆地注定要上升／就让人类重新选择生存的峰顶。

新的转机和闪闪的星斗／正在缀满没有遮拦的天空／那是五千年的象形文字／那是未来人们凝视的眼睛。"

香港青年学者张五常①到广州游历。

他是一个很善于从细节里发现真理的人。在住的酒店里,他见到两个女工每天都在几百方尺大小的地上扫树叶,这似乎就是她们的全职工作;同时,修补墙上的一个小洞需要三个人——一个人拿着一盘灰泥,另一个人将灰泥往洞里涂,第三个人则在旁指着那个洞;早餐的供应只有一个小时,但在半小时之后,已经没有人工作,20多个年轻的女服务员聚在餐厅的一角,任意闲聊。一位土木工程师声称他知道有关送中国学生到美国念书的手续,但他供给的资料却完全与事实不符;即使是广州的高级官员,对签证与护照的分别也不清楚;被委派来与香港商人进行商务谈判的人"无知透顶",使一切洽商都白费力气;更有甚者,中国官员的职衔五花八门,外国人要凭干部的到场先后来辨别他们的官阶高低。

这位青年学者因而得出的结论是:"中国的现代化不管走哪一条路,都会遇上一个极大的障碍。以其他国家的标准来衡量,整个中国也找不到几个45岁以下,称得上是受过良好教育的人。结果就出现了一群散漫的劳动人口和无知的官员。在这方面所造成的障碍,会较一般人所说的外资外汇问题,远为严重。"②

1979年1月,56岁的香港商人霍英东开始与广东省政府接触,他提出要在广州盖一家五星级宾馆——白天鹅宾馆,他投资1 350万美元,由白天鹅宾馆再向银行贷款3 631万美元,合作期为15年(以后又延长5年),这是建国后第一家中外合资的高级酒店,也是第一家五星级酒店。后来当上了全国政协副主席的霍英东回忆说:"当时投资内地,就怕政策突变。那一年,首都机场出现了一幅体现少数民族节庆场面的壁画③,其中

---

① 张五常,香港经济学家,新制度经济学代表人物之一,毕业于美国加利福尼亚大学洛杉矶分校经济学系。他以《佃农理论》和《蜜蜂的神话》两篇文章享誉学界。
② 选自张五常写于1981年的文章——《中国会走向资本主义的道路吗?》。
③ 指北京新机场落成时的大型壁画《泼水节——生命赞歌》,作者为画家袁运生。

一个少女是裸体的,这在国内引起了很大一场争论。我每次到北京都要先看看这幅画还在不在,如果在,我的心就比较踏实。"

霍英东建酒店,首先面临的就是计划体制造成的物资短缺问题,"一个大宾馆,需要近10万种装修材料和用品,而当时内地几乎要什么没什么,连澡盆软塞都不生产,只好用热水瓶塞来替代。更要命的是,进口任何一点东西,都要去十来个部门盖一大串的红章"。后来,被折磨得"脱去人形"的霍英东终于想出了一个绝招,他先把开业请柬向北京、广东及港澳人士广为散发,将开业日子铁板钉钉地定死了,然后,他就拿着这份请柬到各个环节的主管部门去催办手续,这一招居然还生效了,工程进度大大加快。1983年2月,白天鹅宾馆正式开业,当日酒店拥进了一万多个市民。

跟霍英东相比,法国人皮尔·卡丹受到的欢迎程度似乎要更高一点,3月他来到了中国,他是第一位来到这里的国际级服装大师,这位兼具艺术家和商人双重气质的法国人率领12名服装模特在北京民族文化宫举办了一场服装表演会。

当日中国,涌动街头的还是一片"蓝色的海洋",当时的流行服装是有着肥大的袖口、带着油渍的棉大衣。然而,细心的人不难发现,爱俏爱美的姑娘们已经披起粉红色纱巾或在灰蓝色罩衣下摆露出花布内袄。有一张美联社记者拍到的照片保留到今天:皮尔·卡丹穿着一件黑色大衣,双手插在上衣口袋里走在北京的大街上,他的左前方一个拎着皱巴巴皮袋的老年农民转头好奇地张望这个长相奇异的洋人,他的帽子和对襟棉袄与皮尔·卡丹形成了鲜明的对比。

尽管很别扭,但是两个世界总算走到了一起。服装表演会的入场券被严格控制,只限于外贸界与服装界的官员与技术人员参与"内部观摩"。在北京民族文化宫临时搭起的一个"T"型台上,8名法国模特和4名日本模特的台风流畅自然,表现出一种随意性。穿梭往返的男女模特彼此眉目传情,勾肩搭背,表现出当时被中国人视为颇不庄重的亲密。

▲ 1983年3月，皮尔·卡丹走在北京的大街上

在后台更衣处，还发生了一件有趣的事情，细心的中国人扯了一块大篷布，把房间一分为二，原因是模特有男有女，表演服装又贴身，男女混杂，诸多不便。但皮尔·卡丹固执地要把篷布撤掉："我们一直是男女模特在一个房间里换衣服，这没有什么不方便的。作为一个服装设计师，要像外科医生一样，了解我的模特的形体。对不起，请把篷布拿掉，这是工作。"中方的接待人员面面相觑，最后还是听从了大师的意见，但这个细节作为"纪律"绝对不能走漏风声。

作为一个浪漫的艺术大师，皮尔·卡丹对他在中国大陆掀起的冲击波非常满意——从这一年到1994年，这个法国服装师前后来了中国20次。在此后的20年里，他一直为那次表演会感到万分的庆幸。因为在很长的一段时间里，"皮尔·卡丹"是中国消费者心目中知名度第一的外国服装品牌，它一度还成为高档服装和奢侈消费的代名词。"先入为主"的品牌效应，在它身上得到了最极致的体现。

1979年对中国来说，是经济细胞的复苏之年，各种现代经济的元素开始被一一启动和复用。

　　中国政府成立了外汇管理总局，全面管理人民币和外汇的交易业务；3月，中国企业管理协会成立，中国中央电视台则组建了广告部，20年后它将成为中国最强势的广告播出商。5月1日，北京烤鸭店的和平门分店开张了，它的建筑面积有1.5万平方米，餐厅使用面积近4 000平方米，内设各种规格宴会厅40余间，全店可接待2 000多位宾客同时就餐，是全世界最大的烤鸭店。而最新鲜的是，这个店恢复了"全聚德烤鸭店"的金字招牌，开业于清同治三年（1864年）的全聚德是老北京最有名的烤鸭店，在"文化大革命"期间它跟全国所有的老字号一样都被当成"四旧"给废弃掉了，现在，它的复出很清晰地传达了一个信号：老字号们都可以复活了。

　　在上海，一些老工商人士和部分境外公民以民间集资方式创建了一家叫"上海市工商办爱国建设公司"的企业，它后来被认定为中国第一家民营企业。第一家广告公司也在这个有着百年商业传统的城市出现，在3月15日的《文汇报》上刊出了第一个外国品牌的广告，捷足先登的是瑞士的雷达牌手表，同一天，雷达表还在上海电视台播出了第一个电视广告，由于时间和操作上的原因，这条广告片甚至是用英文解说，只是配上了中文字幕，虽然当时中国懂英文的人并不多，但是在三天内，到黄浦区商场询问这个品牌手表的消费者超过了700人。

　　在广州等地则出现了一些服务公司，旅游业也开始起步，报纸上开始讨论宾馆是不是也可以进行企业化管理。国民经济开始向轻工业转型，国务院出台了鼓励轻工业发展的文件，在税收、招工等六个方面进行适度的倾斜。在上海，一个钢铁厂把自己的厂房转让给了上海服装公司，国营企业之间的这种产权转让在当时是一则很轰动的新闻。

　　关于保险业是否应该恢复的讨论也被提上了日程，让人不可思议的是，从1959年到1979年期间，中国国内所有的保险业务都停办了，企业和家庭被认为不需要这种"资本主义的剥削工具"。到1980年，中国人民保险公司恢复成立，随后进入了长达6年的独家垄断时期，1986年才发放了第二张保险执照，要再过6年，外资保险公司才被允许进入。保险业的梯次开放进度，几乎是中国所有垄断型行业的缩影。

在国际上，已经有人在思考中国经济的崛起对世界到底意味着什么。

就在《时代周刊》《新闻周刊》还在为中国打开国门而大呼小叫的时候，一向严谨而不事声张的《经济学人》却已经在思考更深层面的事情了，它提出一个很有前瞻性的问题：中国的崛起会不会对现有的国际市场构成致命的冲击？要知道，这个问题在20年后才真正成为一个"问题"。从现有的资料看，《经济学人》是第一家提出这个疑问的媒体，就凭这一点，它称得上是真正的预言家。

在1979年3月3日发表的《中国有多少可以出口？》一文中，《经济学人》分析说："作为一个与美国和苏联类似的大陆型国家，中国的长期出口增长率可能维持在4%~5%，足够使中国在1990年前后成为中等规模的贸易国。中国拥有的是土地、能源、劳动力，而现在所缺少的是市场经济的经验和意识。"

《经济学人》大胆地预言，尽管从眼前看，中国需要大量的进口，这将刺激工业发达国家的生产，但是长远而言，"洪水猛兽般的中国出口品会成为必然"。

作者在文章中说：

"中国的出口增长可能更快吗？在原油方面，抑制扩张的最重要因素是供给，但他们在一段时间内可能还相当强势。利润取决于加工出口。目前南韩的人均出口额是中国内地的25倍，而中国的香港和台湾地区是大陆的100倍。中国在一些简单制造业领域已经开始市场化，比如纺织、鞋类、珠宝、玩具和旅行用具等。电子业和轻型机械工业不久就会跟上来。

"中国缺乏市场常识的障碍之一是，对市场需要怎样的产品、设计和质量规范缺乏经验。一个方法是从其他国家的经验中照搬,事实上中国已经开始这样做,它称之为'三来一补'。

"中国提供土地、能源、劳动力以及原材料,而国外提供设备、原始技术、管理和市场经验(比如有海外华人已经在中国内地建立了工厂,一年向中国香港出口200辆巴士车)。最终,最大的出口区是中国台湾。

"另一个大的障碍是贸易保护主义。美国人已经试图在同中国就纺织品问题进行'市场秩序安排'谈判。不过,中国处于极具议价能力的位置。它马上就会成为新的利润空间极大的供应商,同时还有新的、极具吸引力的市场。在不久的将来,洪水猛兽般的中国出口品会成为必然。中国大陆到1990年将翻4倍的出口额才比今天日本年出口额的1/3多一点(相当于今天韩国、中国台湾出口额总和的两倍多)。10年的高速增长,加上其所需要的原材料和原油,意味着中国将开始被视作同今天英国地位相当的中等贸易国家。西方应该努力忍受这一现实。"

这是当年度西方国家对中国经济复苏最具有远见的报道。

忙碌的邓小平在全世界寻找振兴中国企业的榜样。1月,他按原先的安排出访美国。邓小平结束访美后,2月7日抵达东京,同老朋友大平正芳在日本首相官邸会谈。

去美国访问,邓小平最重要的任务是政治性的。在佐治亚州的州长官邸,他与16位前来拜访他的州长共进晚宴。邓小平不厌其烦地介绍中国走向开放的政治和经济政策,希望中美正常外交关系得到美国人民的认同。而到日本去,他则带有更多的学习的意义。

在这里,我们也许可以简短地回顾一下1979年的世界。不夸张地说,那是一个不太平的年份。4月,巴基斯坦总统布托被处死;乌干达独裁者阿明被推翻并流亡国外。5月,美国发生244人死亡的大空难。8月,霍梅尼统治伊朗,为了报复美国支持伊朗旧国王,霍梅尼宣布石油禁运,油价从每桶15美元上涨至35美元，因此引起第二次石油危机[①]。9月，菲律宾总统马科斯因腐败和散布谣言罪被逮捕。10月，韩国总统朴正熙被射杀。11月，波利维亚发生政变。12月，苏联出兵阿富汗，联合国宣布对伊朗实行经济制裁。这些事件让20世纪70年代的最后一年充满了神经质般的紧张。

跟这些动荡的政治事件相比，在商业领域，全世界的话题却只有一个，那就是日本的崛起。这个"二战"的战败国以其倔强的国民性和现实的公司成长战略实现了一个不可思议的经济奇迹。1945年，盟军总司令道格拉斯·麦克阿瑟将军从菲律宾来到日本，他拒绝去皇宫会见裕仁天皇，而是要求后者到美国大使馆向他致意，他叼着烟斗对《芝加哥论坛报》的记者说："日本已经沦为第四流的国家，再也不可能东山再起、成为世界强国了。"1955年，中国的国民收入占世界的6.5%，而日本只有2.5%，到1960年，日本已经与中国并驾齐驱。日本复兴的象征性事件发生于1970年3月，当时，世界博览会在大阪举办，日本政府史无前例地拿出20亿美元举办这场空前的商品交易会，全球77个国家蜂拥而至，未来学派创始人之一赫尔曼·康恩首次在25年前麦克阿瑟发表过言论的《芝加哥论坛报》上预言："日本已经进入世界经济强国的行列，21世纪将是日本的世纪。"在整个70年代，日本是全球经济增长最快的国家。1979年7月，哈佛大学教授傅高义（Ezra F. Vogel）出版了他的成名之作《日本，世界第一》，这本书让全世界在整个80年代继续谈论日本。在国际市场上，日本产品——从家电、手表、照相机、汽车到半导体——几乎是风靡一时，举世无敌。而日本公司的管理经验成为全球企业家和政治家争相学习的榜样，后来创办了著名的甲骨文公司的美国人拉里·埃里森常常提起他在1979年聆听日本企业家演讲时所听到的一句话，那位日本人说："在

[①] 第一次石油危机是1973年中东战争，欧佩克（OPEC）成员国为制裁西方，联手削减石油出口量，石油价格从每桶3美元上涨到每桶12美元。

日本，我们认为低于100%的市场份额是不够的。我们相信只有我成功还不行，其他人必须失败。我们必须击败我们的竞争者。"[1] 在新加坡，高傲的李光耀总理要求政府、企业和学校都要学习日式管理，引入日本企业管理制度。譬如由政府举办日本式管理研讨会，延聘日本知名企业高阶主管到新加坡现身说法，大学管理教授们都要参加，做笔记，并作为教材的一部分。

在刚刚苏醒的中国，邓小平也把日本当作第一个学习的对象。时任外交部亚洲司日本处副处长的王效贤回忆说："小平这次到日本除了互换条约的批准书以外，他最重要的任务是要向日本去学习。我记得他在松下电器公司对松下幸之助老先生说，要搞四个现代化，没有电子工业不行，所以我要看你的工厂，而且希望你能够把日本的电子工业动员起来共同到中国去投资建厂，我们要向你们学习。"

几个月后的6月29日，松下幸之助[2]应邓小平的邀请访问中国，邓小平在接见他时又多次请教加强企业管理和电子工业发展方面的问题。他在

---

[1] 领导了战后日本经济重建的吉田茂首相在《激荡的百年史》中宣称："日本是一个充满冒险精神的民族，日本人的目光绝不狭隘，不会只局限于日本这个范围。"与此类似，日本企业家也同样有着"天下独尊、舍我其谁"的霸气，这种气质对建立于新教传统和欧洲骑士精神之上的欧美商业伦理造成了巨大的冲击，而缺乏协作性和共赢意识的全球竞争理念，是不是日后造成日本公司十分孤立并陷入十余年成长低迷的肇因，至今还未有共识。

[2] 1989年辞世的松下幸之助是中国企业家的第一个商业偶像。他从自行车店学徒开始，数十年成就一个商业帝国，这样的传奇很能够激励同样出身卑微的中国企业家。另外，松下提出了很多最基本的经营理念，譬如注重质量、培养人才、建立销售网络、为顾客提供服务等，他们都成为中国企业家的第一本教科书。海尔的张瑞敏回忆说："80年代初国内能找到的只是松下幸之助的那些大厚书，所以一开始在质量管理办法上，我借鉴的都是松下的东西。"华为的任正非在松下电工参观时看到，"不论是办公室，还是会议室，或是通道的墙上，随处都能看到一幅张贴画，画上是一艘即将撞上冰山的巨轮，下面写着：'能挽救这条船的，唯有你。'其危机意识可见一斑"。任因而写了一篇《北国之春》："在华为公司，我们的冬天意识是否那么强烈？是否传递到了基层？是否人人行动起来了？"

▲ 1979年6月29日，邓小平接见访华的松下幸之助

交谈中表示，中国需要真正地引进一些先进技术来带动提高，需要更多地向日本请教，中国的现代化只跟在别人后面走是不行的。

邓小平的这种谦逊姿态，无疑直接诱发了日本公司投资中国的热情。在中国的第一轮引资开放中，日本公司表现的扩张心最强，它们纷纷捷足先登，这也使得日本商品在中国风靡了整个80年代。在1979年，各种关于日本公司的合作、合资新闻层出不穷：上海金星电视机厂从日立公司引进彩色电视机生产线；长虹从松下公司引进了黑白电视机生产线；天津市计算机中心从富士通引进第一台电子计算机富士通F160；三洋公司在北京设立"三洋电机贸易株式会社北京办事处"。索尼公司创始人之一盛田昭夫还访问了中国[1]，在接受《读卖新闻》采访时他认为，任何面向中国的产品都应该要"简单、实用、便宜"。这是日本企业家第一次对他们的中国市场策略提出意见。

---

[1] 几乎同时，索尼公司发明了世界上第一台便携式音乐系统——TPS-L2型"随身听"（Walkman），它成为20世纪最受欢迎的电子商品之一，日本工程师从此展现出他们强大的技术开发能力。

与日本人相比，美国公司的动作就要慢一点。除了可口可乐，运通公司、伊士曼公司也在北京设立了代表处，IBM决定回到这个它已经离开了70多年的东方国家。这年秋天，一辆装载着"庞然大物"的重型卡车缓缓驶入沈阳鼓风机厂，车上令工人们异常好奇的"大家伙"，正是来自IBM的System/360高端服务器。除了上述公司，诸如摩托罗拉这样的大企业要等到1987年才转过脸来看到中国。而欧洲公司则在忙着抵挡日货浪潮，根本无力顾及东方。面对日本的经济挑战，美国总统卡特在1979年提出"要采取独自的政策提高国家的竞争力，振奋企业精神"，并第一次将知识产权战略提升到国家战略的层面。从此，利用长期积累的科技成果，巩固和加强知识产权优势，成为美国保持经济霸主地位的国家战略，其成效将在10年后开始全面呈现出来。

1979年，富有戏剧性的是，这一年，中国最著名的企业家是一个名叫乔光朴的虚构人物。

天津作家蒋子龙的中篇小说《乔厂长上任记》发表于1979年7月号的《人民文学》。这是一个平白无奇，却暗含玄意的小说名，它似乎预兆着某一种开始，某一股新力量的出现，某一个新时代的赫然登场。在后来的很多年里，人们都习惯用"乔厂长"来形容那些搞改革的人。

乔厂长的故事好像来自生活本身。有一家重型电机厂已经有两年半没有完成生产任务了，一个叫乔光朴的人打破沉寂毛遂自荐，他还当众立下了军令状，"不完成国家计划请求撤销党内外一切职务"。这个军令状现在听起来很有点莫名其妙，可是在当时却是对一个人最严重的惩罚。

乔厂长到任后，他的副手是厂里原来的造反派头头，在"文革"时曾经批斗过乔——将改革的对立面进行"政治符号化"这又是当时最流行的手法，于是他们的矛盾从一开始就出现了。这个工厂的情况当然非常的糟糕，工人没有积极性，干部之间矛盾重重，乔厂长不久就开始"放火"，他将全厂9 000多名职工推上了大考核、大评议的比赛场，留下精兵强将，把考核不合格的，组成服务大队替代农民工搞基建和运输。乔厂长还亲自出差去"搞外交"，去解决原材料、燃料和各关系户的协作问题。他的这些举措自然得罪了很多人，于是告状的、造反的、抹黑的事情连连发生，乔厂长却表现得十分勇敢，他大声嚷道："我不怕这一套，我当一天厂长，就得这么干！"

这显然是一部不可能流传太久的小说，它与时代扣得太紧，太有"改革样板戏"的特征。但是，它在当时却真是轰动一时。人们从乔厂长身上看到了一个敢于对企业负责任、敢于挑担子、敢于得罪人的企业领导者，看到了"假装工作"、沉乱如泥的局面被一下子打破后可能出现的新景象。"一定要改了，不改真的不行了"，这是无数人读完《乔厂长上任记》后的感慨，它曾经那么直接地激发了一代人改变自己命运的激情。

在现实生活中，最像乔厂长的人是首都钢铁公司的周冠五。

我们甚至可以说，周冠五看上去比乔厂长更像一个改革小说中的人物。他军人出身，由贵溪军分区的一个副参谋长转而筹建首钢（一开始叫石景山钢铁厂），大半辈子都扑在这个工厂里，1979年，在年近60之际却赶上一场宏大的变革。他仪表堂堂，声音洪亮，爱梳一个光亮的大背头，个性坚毅张扬，好做惊人事。有一年，首钢厂庆要在厂大门口塑一只钢鹰——这是当年中国企业的一个共同爱好，在厂门口塑一只展翅飞翔的鹰，这个爱好将一直持续到90年代中期。周冠五问："北京市目前塑的鹰最大个的是多少？"答："两米。"又问："全国呢？"答："6米。"周说："那好吧，我们来个12米的。"这个12米的超级大鹰一直蹲在首钢的东大门。

在上一年的十一届三中全会上，中央认为："现在我国经济管理体制的一个严重缺点是权力过于集中，应该有领导地大胆下放，让地方和工农业企业在国家统一计划的指导下有更多的经营管理自主权。"正是基于这一共识，扩大企业自主权成为国有企业改革的始发站，在此后的将近20年时间里，这一直是国有企业试图挣扎着焕发活力的改革主线。

1979年5月，国务院宣布，首都钢铁公司、天津自行车厂、上海柴油机厂等8家大型国企率先扩大企业自主权的试验。7月，扩大国营工业企业经营管理自主权、实行利润留成、开征固定资产税、提高折旧率和改进折旧费使用办法、实行流动资金全额信贷等5个文件一并发布，首钢等企业的改革举措成为举国关注的焦点。历史让周冠五在将近60岁之际一下子站到了时代的镁光灯下。

周冠五是那种舞台越大越亢奋的人，成为"试点"后，他迅速地提出了一个让人耳目一新的管理法——"三个百分百"：每个职工都必须百分之百地执行规章制度；出现违规违制，都要百分之百地登记上报；不管是否造成损失，对违制者要百分之百地扣除当月全部奖金。这个管理法在当时纪律涣散、动力全无的中国企业界确乎让人眼睛一亮，也很有震撼力。[①]首钢的生产秩序迅速恢复，工人的积极性被激发出来，于是产能年年上涨，改革似乎一夜成功。改革后的头三年，首钢利润净额年均增长45%，上缴国家利润年均增长34%，而到1989年，首钢实现利润年均增长依然保持13.5%，是当时全球钢铁公司年均利润增长率的2.4倍。首钢的业绩足以让全国产生幻觉，以为国有企业的痼疾在于内部管理无序和自主权不足，只要解决好这两个问题，它们是完全可以在产权不变革的前提下完成改造的，这种幻觉将一直持续到1997年。

回过来再说周冠五的改革。自主权的下放，意味着首钢与上级管理部门的职权关系的调整，周冠五不再是一个管理20万人，却只有权力签字改造一个厕所的厂长，他要掌控自己的命运。这里便直接触及国有企业管理者与资产所有者的权力调整，这是中国企业变革的重要命题之一。事实上，从改革的第一天起，这种权力调整便是在一种暧昧的、纠缠不清的情

[①] 一个可以参考的例子是，1984年，张瑞敏被委派去领导后来成为中国最著名企业的海尔公司，他出台的第一条厂规是，在厂区内不准随地大小便。

景下持续着的，博弈在既得利益集团内尖锐地进行着，在产权没有清晰的前提下，它将缠绵永续，无始无终。首钢无非是首例而已。

在自主权落实后，周冠五一直在做的事情便是设法理清企业与国家的关系。首先，他提出了承包制，"包死基数，确保上缴，超包全留，欠收自负"，这16个字堂堂正正，掷地有声，日后成为国有企业改革的标准阐述。在1979年前后，它的先进性毋庸置疑，但是它所无法解决的难题却也是那么明显，那就在最后四个字——"欠收自负"，当企业真正出现"欠收"的时候，它的体制和功能是否真的能够"自负"？这个问题在商品短缺的年代不会出现，它如同一处险恶的伏笔埋在国企改革的前路上，不动声色却无比致命。

在1979年之后的若干年，周冠五式的改革用一句话来说，就是不断地与国家讨价还价。在一个商品极端短缺的年代，在一个垄断性的重工行业，在需求日渐旺盛而企业内部机制渐渐改变的情况下，首钢的效益快速增长几乎是一种必然。于是，首钢越来越有钱，周冠五的声音越来越大，而有关部门对它的利润索取便也越来越大，首钢的上缴利润承包基数一开始为5%，后来上升到6.2%，再又上升到7%。双方矛盾在1986年终于激化，这年12月，北京市财政局下达通知，要求首钢补缴1.089 9亿元的利润。周冠五拒不执行，财政局于是通过银行强行扣掉首钢账上的2 500万元资金。此时已是全国改革人物的周冠五当即给国务院和邓小平写信，信内称："如果让我们缴出1亿元，正在施工的技术改造工程、住宅和福利设施工程只能立即停下来，职工按原包干和挂钩办法已拿到的工资奖金一部分要退回来，而且12月份职工的工资也无法支付。"其行文至此，已颇有要挟之意。一个月后，邓小平的批示下来了：首钢的承包办法一切不变。

这一段公案，在很多报告文学中被描述成周冠五与反对承包制的旧势力之间的较量，而从另外一个角度来看，却是国有资本集团内部两个不同利益群体的一次拉锯和争斗。这样的争斗在几乎所有的国有企业中都将出现。[1]

首钢与主管部门的矛盾是一个日渐扩大化的普遍现象。当企业自主权落实,本来被压抑着的生产积极性在短时间内就会被激发出来,产量便很快增长,但在这时,计划体制与企业内在冲动的矛盾就开始尖锐。比首钢改革更早的四川省第一批列入试点的重庆钢铁厂的厂长王宇光也有同样的经历:1979年前后,产量很快上去,新生产出来的钢材没两个月就堆满了工厂的仓库,可是国家物资储备部门下给重钢的收购指标已经用光了,而另一方面,想要钢材但没有计划指标的单位却在重钢门口排成了长队。一个厂门内外,里面因为胀死要停产,外面大声要货却不能给,厂长王宇光一咬牙,开门出货,重钢的钢材顿时一泄而出。计划部门很快察觉到重钢的"违规行为",1980年,国家计委、国家经委联合下文,认定"钢材自销违反国家有关规定,必须被坚决制止"。重钢的快活日子只过了几个月就戛然而止,王宇光吓出一身冷汗,"好在我们是试点企业,否则我就倒霉了"。

以首钢等8家试点企业为首,以"放权"为主题的国有企业改革在1979年正式拉开序幕。[2]

到1979年年底,全国的试点企业达到4 200家。我们即将看到,在未来的30年里,中国庞大的国有企业集团是如何被松绑、被打散、被扶持、被偏袒以及被肢解的,它们因规模的不同、行业的不同,以及际遇的

---

[1] 我们似乎可以用"周冠五模式"来描述国有企业当家人的命运轨迹:起而传奇,中则辉煌,晚年落寞。周冠五当了10多年的中国改革典型,其风光荣耀一时无二。1995年,周冠五之子、首钢国际公司总经理周北方卷入北京市前市长陈希同案,以涉嫌经济犯罪被捕,后来被判处无期徒刑,周冠五退休。此后,首钢的改革效应日渐减退。

[2] 海内外学者普遍将中国国有企业改革进程划分为三个阶段。第一阶段(1978—1993年):以放权让利为主线,探索国有企业改革目标模式阶段。第二阶段(1993—2001年):明确国有企业改革的目标,尝试探索建立现代企业制度阶段。第三阶段(2001年以后):改革国有资产管理新体制,建立健全现代产权制度,股份制成为公有制的主要实现形式阶段。

不同而有着迥异的命运轨迹，而贯穿始终的则是，作为这一部分资产的拥有者——中央及各级政府——如何竭尽全力地试图保全它们、壮大它们。从改革开始的第一天起，利益的博弈就开始了。先是被下放了权力的国有企业与管制了它们多年的政府之间的博弈，然后是这些企业背靠政府的政策支撑与"意外"兴起的民营公司的博弈，再到后来，跨国公司也进来"搅局"、"抢食"，于是，利益的格局变得越来越错综复杂。30年的中国的企业变革，看上去千头万绪，杂乱无章，国家政策貌似东摇西摆，效率低下，但是严格来说，其改革的利益诉求、战略目标则是非常的清晰，而且从第一天起就没有摇摆过。

国有企业改革的核心命题是什么？30年后，几乎所有学过经济学的人听到这个问题，都会很顺口地背诵出诺贝尔经济学奖获得者科斯在1959年写过的那句斩钉截铁的话："清楚界定的产权是市场交易的前提。"因而，国企改革的核心是产权制度改革。可是，从1978年开始的中国国有企业变革在很久以后才意识到这条规律，或者说才逐渐将改革的主轴扳转到这个方向上。在相当长的一段时间里，从决策者、学术界、企业界到普通的公众，大家都认为，国有企业的效率低下是可以靠"内部改造"来解决的。

当北方的周冠五们为了企业自主权在抗争的时候，在南方，另一群人则试图无中生有，创造一个新的经济王国。在邓小平的直接干预下，在高层被讨论了一段时间的"经济特区"悄然走向现实。一个叫袁庚的人走到了前台。

在中国百年企业史中，天字第一号大企业名叫"招商局"，它是清末重臣李鸿章于1872年奏请清廷创办的，李亲任招商局的第一任董事长，它跟江南制造局、纺织新局是清政府当年最大的三家国有企业，在晚清的洋务运动中，招商局的地位一时无二，李鸿章曾在《复刘仲良方伯》一信中得意地对人言："招商局实为开办洋务四十年来，最得手文字。"[①] 民国及

[①] 李鸿章，《复刘仲良方伯》，同治十二年（1873年）十一月十三日，《李鸿章全集·朋僚函稿》卷十三。

新中国后，招商局虽然职能多重变幻，已不复当日显赫，但是这个招牌却不可思议地保存了下来。到1979年，招商局的第二十九任董事长叫袁庚。

招商局当时在编制上隶属交通部，担任交通部外事局副局长的袁庚兼管着这个历史名声很大、现实权力很小的机构。袁庚身材魁梧、方脸大眼，一派军人气质。他早年随军南下，曾当过东江纵队的情报科长，在1944年盟军登陆中国东南沿海时提供过重要情报，后来参加了解放珠江三角洲的战役。1949年，当上了炮兵团长的袁庚率部解放了深圳，50年代初他随陈赓入越担任胡志明的抗法军事顾问，1955年出任中国驻雅加达总领事，"文化大革命"期间以"国际间谍罪"被关入北京秦城监狱达7年之久。"四人帮"被打倒后，袁庚重回人间。他到招商局不久，即提交了一份大胆的报告。

这份题为《关于充分利用香港招商局问题的请示》，是1978年10月9日以交通部的名义上报中共中央、国务院的，报告第一次提出了"适应国际市场的特点，走出门去搞调查，做买卖"的对外开放建议。数日后，袁庚正式提出了在深圳蛇口筹建蛇口工业开发区的构想，他提出："选定在临近香港的宝安蛇口公社境内建立工业区。这样既能利用国内较廉价的土地和劳动力，又便于利用国际的资金、先进技术和原料，把两者现有的有利条件充分利用并结合起来。"12月18日，也就是党的十一届三中全会在北京正式开幕的同时，交通部和广东省同意了袁庚的构想。1979年1月31日，上午10时，袁庚飞赴北京，在中南海当面向中央领导汇报。袁庚提出要给招商局一块工业用地，"当时我把所有的地图都带去了，说了招商局成立106年到现在几乎什么都没有，现在我希望国家能给我一块地方"。中央领导用笔在地图上一画，就把包括现在的宝安区到华侨城的七八十平方公里的地方都划了进去，说："袁庚，这个都给你。"袁庚吓了一跳，说："我怎么敢要这么多。"于是，中央领导用红铅笔在地图上轻轻一勾，笑着对袁庚说："那就给你这个半岛吧。"

这个半岛，便是日后的蛇口工业区。所谓"蛇口"，顾名思义便是半岛的一个延伸处。袁庚回忆说："办工业区之前，这里是海上偷渡香港的口子，经常有外逃人员被淹死后的浮尸漂上沙滩，这些荒野陈尸大多数是农村的年轻劳动力。"蛇口工业区的出现，从空想到行动，前后仅三个月，这一决策过程之简捷和快速，在当时的官僚体系内实属罕见。袁庚以一个副局级中层干部的身份直接推进中国第一个开发区的建立，也算得上是际遇奇妙。

蛇口工业区仅方圆2.14平方公里，袁庚却在这个螺蛳壳里做出了一个大道场。工业区一经批复，他的第一项工程就是移山填海兴建码头，招商局花了近一年时间建成600米的码头泊位，可停靠5 000吨以下的货船。这样，蛇口顿时具备起港运的功能，工业区与香港互通航班客轮，解决了货运交通的瓶颈。

袁庚办工业区，一没有被纳入国家计划，二没有财政拨款，但他争得了两个权力：一是可以自主审批500万美元以下的工业项目，二是被允许向外资银行举债。于是，他遍走香港，向港商和银行借贷，前后两年，招商局借进15亿元，这笔钱被用来平整土地、建设工业基础设施和生活设施，袁庚同时大大简化招商程序，外商到蛇口办公司，从土地、协议到招工，往往个把月便全部搞定。蛇口很快成为中国最开放的"工业区"，企业和人才纷涌而入，两年多时间，蛇口的企业已超过百家，一片海涂沙滩顿时热闹非常。在1979年的中国，蛇口和袁庚的出现，让铁幕般的计划经济被捅开了一个再也补不回去的大洞。在蛇口开发区筹建半年后，深圳特区开始建立。

现在，我们把目光放得更宽广一点。如果说，国有企业的效率低下是一个存在已久的老难题的话，那么，一个更让人胆战心惊的挑战在这年春天逼近到了眼前。

1979年2月，760万上山下乡的知青大军如潮水般地返回到他们当年出发的城市，一些小型的骚乱在各地此起彼伏，就业问题顿时成为中国第一个亟待解决的燃眉之急。10年前，由毛泽东发动的知青下乡运动风起云涌，中学生走出校门，打起背包到农村接受贫下中农的再教育，而今还是这些被称作"知青"的人群，经过整整10年上山下乡运动的洗礼，如同一群从梦中突然醒来的游走者，集体地逃回到城市来。数据显示，除了700多万人，尚有300万人还将在未来两年内陆续返城。他们要吃饭，他们要工作，他们要生存，这是一个精力旺盛、自认为被耽误青春、什么事都干得出来，却又没有什么事情可以让他们干的庞大族群。美国的《新闻周刊》在《邓小平能救中国吗？》一文中提问："我们看到了一个被唤醒的中国，但中国面对很多问题，'文革'破坏的生产秩序和工作环境，大量返城知青等。邓小平的问题是，如何在不变动中国的社会主义制度的情况下，拯救这一切。"

邓小平在第一时间做出决定。在上一年12月召开的十一届三中全会上，通过了两个农业文件，宣布解禁农村工商业，家庭副业和农村集贸市场得到认可。就在知青集体返城的当月，中共中央、国务院又迅速批转了第一个有关发展个体经济的报告："各地可根据市场需要，在取得有关业务主管部门同意后，批准一些有正式户口的闲散劳动力从事修理、服务和手工业者个体劳动。"全国的第一张个体户执照据说发给了温州的小贩章华妹。到这一年年底，全国批准开业的个体工商户约10万户。

面对汹涌的就业压力，最明智的做法莫过于"开闸放水"。中国经济民营化的必然性，在此刻毕露无遗，顺之则存，逆之则亡。

在法律和政策意义上，中国民营公司的合法性，是在此时被确定下来了。在两年后，它将遇到第一个考验，而它要构成一个完整的法律保护还要断断续续地进行20年。但是，新的故事真的开始了，尽管开始得不情不愿，磕磕绊绊。

在安徽芜湖，一个目不识丁、自称是"傻子"的小商贩给全中国的理论家出了一道天大的难题。

42岁的年广久在当地是一个微不足道的小人物，他是个文盲，7岁开始在街巷捡烟头挣钱，9岁做学徒经商，十几岁接过父亲的水果摊开始持家。1963年他因"投机倒把罪"①被判处有期徒刑一年，出狱后为了维持生活，年广久炒起了瓜子。他不知从哪里偷学了一门手艺，炒出来的瓜子竟非常好吃，一磕三瓣，清香满口，慢慢地出了名。这一年，他想给自己的瓜子起一个名字，想来想去突然想到，他的父亲被街坊称为"傻子"，他自小也被叫成"小傻子"，于是索性叫个"傻子瓜子"得了。

"傻子瓜子"的牌子一挂出，没想到因为特别竟引来一片叫好声，他的生意越来越兴旺，一天的瓜子可以卖出两三千斤，他便请来一些无业青年当帮手，这些人一个个多起来，到秋天，别人帮他一点数，居然有了12个，这下子捅出一个大娄子了。

年广久生意好，本来就让四周的人眼红，现在他请的雇工居然有了12个，有人马上联想到马克思在《资本论》中做出的那个著名论断："雇工到了8个就不是普通的个体经济，而是资本主义经济，是剥削。"②于是，"安徽出了一个叫年广久的资本家""年广久是剥削分子"的流言顿时传遍安徽。这场争论好像没有在当时的公开报纸上出现过，但是，在政府官员中却流传甚广："安徽有个年广久，炒瓜子雇用了12个人，算不算剥削？"这成了一道十分敏感的命题流转到全国各地，争论，辩护，讨伐，一场带有浓烈的意识形态特征的大辩论开始了。

很显然，在当时正统的政治经济学话语体系中，年广久的剥削性质是毋庸置疑的。马克思在《资本论》第一卷第三篇第九章《剩余价值率和剩

---

① 投机倒把，指"以买空卖空，囤积居奇，套购转卖等欺诈手段谋取暴利"。在计划经济年代，它被广泛运用于对个人经济交易行为的限制，因其定义边界含糊，所以有"投机倒把是个筐，什么罪都往里装"的说法。1987年9月，国务院发布《投机倒把行政处罚暂行条例》。1997年，《刑法》修订案中删除经济犯罪中的"投机倒把罪"。

② 马克思著，中共中央马克思恩格斯列宁斯大林著作编译局编译，《资本论》（第一卷），北京：人民出版社，2004年版。

余价值量》中，曾经明确地划分了"小业主"与"资本家"的界线，按他的计算，在当时（19世纪中叶），雇工8人以下，自己也和工人一样直接参加生产过程的，是"介于资本家和工人之间的中间人物，成了小业主"，而超过8人，则开始"占有工人的剩余价值"，是为资本家。在几乎所有的社会主义理论中，"七下八上"是一条铁定的界线。如今，年广久的瓜子工厂居然雇工12人，其性质几乎不言自明。

傻子是资本家，说了谁也不信，但用理论一套却还真是。在鲜活的现实面前，"经典"终于显出它的苍白和尴尬来。如果年广久的傻子瓜子应该被清除的话，那么，"家庭副业"怎么能够发展得起来？难道所有的工厂人数都必须控制在7个人之下？"傻子"出的这道难题，让全中国的理论家们争辩得面红耳赤。

事实上，在当时中国，年广久绝非孤例。对于刚刚开业的10万工商户来说，雇工数量是否应该限制，到底能不能超过8个，已经从一个抽象的理论问题直接衍变成了实际难题。在广东高要县，一个叫陈志雄的农民承包了105亩鱼塘，雇长工一人，临时工400个工日，当年获纯利一万多元，这在当地引起一阵激辩。在广州，一个叫高德良的个体户，下海创办"周生记太爷鸡"，做了不到半年就雇了6个帮工，被社会上指责是剥削，他很不服气，写了一封长信上书中央领导人，反映放开雇工等问题。1979年年底，任仲夷到广东任省委书记，发现广东的个体户相当多，雇工十几个、二十几个，甚至几百个的都有。这个问题到底怎么办？他也很苦恼，当时就要广东社科界"好好研究"。

这场大辩论要一直持续到1982年，年广久的瓜子工厂已经雇工105人，日产瓜子9 000公斤，赚的钱据说也过100万元了，关于"个体户到底雇几个人算是剥削"的争论却是尘埃未定。这时候，邓小平出来讲话了。在中共中央政治局的一次讨论会上，邓小平建议对私营企业采取"看一看"的方针，他当时便举到了年广久的例子。

年广久因邓公一言而名留中国改革史。而在对待民间企业的政策上，这仅仅是第一道撕开的小口子，一道很小很小的，却决定了中国企业命运的小口子。在政策上，真正去掉对雇工数量的限制，还要等到1987年，在那一年的中央"5号文件"中，私营企业的雇工人数才被彻底放开。

这一年，写出了《日本，世界第一》的美国人傅高义跑到了广东，他发现，一大批的小工厂正在这里悄悄地、大面积地兴起，它们的创办人竟绝大多数是当年的偷渡客，而他们办工厂的形式被当地人称为是"三来一补"。

所谓"三来一补"，指的是工厂的产品样式、原料和设备均由境外运来，生产出来的产品再以补偿贸易的方式出口，内地劳工和政府收取一定的加工费。全国第一家"三来一补"工厂是1978年8月创办于顺德县的大进制衣厂，第一年港商支付的加工费是80万港币。这种形式在珠江三角洲一带迅速蔓延开来。它依靠港商解决了原料、技术和市场渠道问题，成为南方工业兴起的主要模式。①

而有意思的是，这些创办工厂的港商大多数是当年的偷渡客。据傅高义的记录："东莞官员估计，与香港签订的合同中，约有50%是与原来的东莞居民签订的。很显然，广州的省政府与它下属的县级政府在对待偷渡客的问题上产生了微妙的差异。"这一年，广东省的报纸上充斥着打击偷渡客的各类新闻，12月，省政府还通过了一个《关于处理偷渡外逃的规定》，对偷渡未遂者的处罚相当严厉，而同时，在珠江三角洲的一些县市，地方官员则开始欢迎早年的偷渡客回乡办工厂。特别是在东莞、中山等县，大量的"三来一补"项目都是当年的逃港者回来办的。一位东莞干部对前来采访的傅高义说："10年前我的主要职责就是防止偷渡和拘扣偷渡犯，过去我们把他们当作坏人，但现在我们认为他们富有冒险精神，才能

---

① 就在大进制衣厂创办后的三个月，东南亚最大的毛纺制造商——香港永新企业有限公司的曹光彪在珠海创办了香洲毛纺厂，香港媒体在报道中第一次使用了"来料加工"和"补偿贸易"的新概念。

出众，与那些留下来的老实农民不一样。"①

为了提高政府的效率，也是在这一年，东莞县政府设立了一个叫作"对外加工装配办公室"的机构，宣称"一个窗口对外，一个图章办事"，港商在这里签一个合同，顶多个把小时，这在当时中国几乎是不可想象的事情。这个全国独一无二的机构一共设了10年，东莞的工厂数目年年猛增，从1978年到1991年，东莞引进外来资金17亿美元，为全国县级城市之冠。

在70年代的最后一个年份，中国人开始从革命的狂热中醒来，贫穷如一根芒刺穿透刚刚复活的肌肤，让人感觉疼痛。在南方的福建，一个叫舒婷的女诗人以更委婉的手法写出了人们对摆脱贫困的渴望：我是贫穷／我是悲哀／我是你祖祖辈辈／痛苦的希望呵／是"飞天"袖间／千百年来未落到地面的花朵／——祖国呵！②

《经济学人》在年终报道中统计说："在经过了20年的匮乏后，北京的各项指数开始疯长。1979年，中国制造了3.34亿条麻布口袋，8.5亿个

---

① 1963年，傅高义正式开始他对当代中国的研究历程。当时，傅高义未能获准进入中国内地，只能在香港通过收集广东的各种官方报纸、与从内地到香港的人们交谈等方式收集素材，1969年撰写《共产主义下的广州：一个省会的规划与政治(1949–1968)》。1987年，傅高义受广东省经济委员会官员的邀请，开始第二本中国研究的著作《先行一步：改革中的广东》的实地调研。

② 摘自舒婷创作于1980年的《祖国啊，我亲爱的祖国》。全诗内容为："我是你河上破旧的老水车，数百年来纺着疲惫的歌；是你额上熏黑的矿灯，照在你历史的隧洞里蜗行摸索；我是干瘪的稻穗；是失修的路基；是淤滩上的驳船／把纤绳深深／勒进你的肩膊；——祖国啊！ 我是贫困，我是悲哀。我是你祖祖辈辈痛苦的希望呵，是"飞天"袖间／千百年来未落到地面的花朵；——祖国啊！ 我是你簇新的理想，刚从神话的蛛网里挣脱；我是你雪被下古莲的胚芽；我是你挂着眼泪的笑涡；我是新刷出的雪白的起跑线；是绯红的黎明／正在喷薄；——祖国啊！ 我是你的十亿分之一，是你九百六十万平方的总和；你以伤痕累累的乳房／喂养了／迷惘的我、深思的我、沸腾的我；那就从我的血肉之躯上／去取得／你的富饶、你的荣光、你的自由；——祖国啊，我亲爱的祖国！"

白炽灯泡，18.6万辆摩托车，130万台的电视机产量更是比1978年增长了157%。根据国家统计局的数据，中国的通货膨胀率达到5.8%，因此中国政府承认一些人的实际收入事实上下降了，但是国有企业的工人和干部的收入平均增长达到了7.6%。"一位叫H·詹森的欧洲人回到了上海，35年前他在这个远东最大的殖民城市度过了童年，他的父亲是丹麦化学工程师，母亲是俄国人，如今他看到的上海是一个处处遗留着殖民地痕迹的城市。"在毛泽东发起'文化大革命'的上海，已经没有一张毛泽东画像，没有一个人提及政治。他们更感兴趣的是，商品、进口、美国人是否真的人人都有轿车。"

一个物质化的年代到来了。

1979年12月31日，方脸瘦高的四川万县人牟其中被释放出狱，四年前他因为写了一篇《中国往何处去》的长文而被打成反革命，据说最初已经内定为死刑，后来案子一拖再拖才没有真的判下来。这年下半年，四川开始清理"文革"的冤假错案，牟其中等人被宣布无罪释放。他没有回到县玻璃厂继续当他的烧炉工人，而是在出狱一个月后，向人借了300元钱，成立了一个"万县市江北贸易信托服务部"。这时候，他已经是将近40岁的人了，19岁那年，他曾经填过一阕《虞美人》，词曰："九人踏雾入山来，重登太白岩。一层断瓦一层草，不似当年风光一般好。垣颓柱斜庙已败，何须再徘徊。愿去瑶池取玉柱，莫道大好河山无人顾。"

好一个"莫道大好河山无人顾"，写得如此好词的牟某人终非池中物，他的一腔少年意气在政治理想上空掷二十载，现在却要一股脑儿地宣泄到商业大海中了。"牟其中的年代"果然很快就要到来了。

企业史人物 |"傻子"年广久 |

邓小平一共三次提到过这个安徽"傻子"。第一次是1982年,他让年广久一言成名。第二次是1987年。到1992年南方谈话期间,邓小平第三次提及年广久,可见这个"傻子"在邓公心目中的象征意义之大。

在被邓小平点名后,年广久的命运发生了戏剧性的变化,这个只会写五个字(分别是"年广久"和"同乙")的小贩被誉为"中国第一商贩"。在随后的十多年里,每逢改革风云变幻,他的际遇便会随之跌宕摇摆。

1986年春节前,傻子瓜子公司在全国率先搞起有奖销售,并以一辆上海牌轿车作为头等奖,三个月实现利润100万元,但好景不长,中央下文停止一切有奖销售活动,年广久阵脚大乱,公司血本无归。1989年年底,私营经济再度成为灰色名词,芜湖市突然对年广久的经济问题立案侦查,罪状是他在与芜湖郊区政府联营期间"贪污、挪用公款"。年广久是一个文盲,看不懂按会计制度制作的规范的账本,于是企业里的财务自是一本糊涂账。他说:我只要知道进腰包多少钱,出腰包多少钱就行了。这个案件一直拖了两年,1991年5月,芜湖市中院判决,年广久的经济问题不成立,却因犯有流氓罪,被判处有期徒刑三年,缓期三年。据年广久自己说,在法庭调查中,法官问他:你是否以解决工作为名,奸污过10名女工?他回答:不是10个,是12个。他后来对记者说:你给我凑足大满贯,我不如给你凑一打。1992年,邓小平在南方一点他的名,一个月后他就被宣布无罪释放。

年广久结婚四次。1987年,50岁的他同一个20出头的年轻女大学生第四次成亲,演出了一幕惊世骇俗的情感剧。在当时,他的婚姻成为人们鄙视暴发户的一个公证。年广久有了钱后,很希望邻里乡亲社会公众另眼看他。他想通过仗义疏财换取社会对他的尊重。在儿子上中学时,经班主任介绍,他准备给学校捐一笔奖学金,当学校就此进行讨论时,许多老师提出异议:给优秀学生颁发"傻子"奖学金,这不是往学校脸上抹黑吗?

年广久一直习惯于家庭作坊式的劳作,一直到50多岁,他都打着赤膊亲自上阵,在烧得通红的大铁锅前炒瓜子。当市场一大,他就忙不过来。瓜子不够卖时,他就到其他作坊收购,装入自己的包装袋,结果因为质量参差不齐而品牌大损。他的长子年金宝这样评价他的著名父亲:他当时之所以出名,是靠新闻炒起来的,十一届三中全会以后,全国都在找典型,碰巧让他撞上了。他个性天不怕、地不怕,得罪了很多人。作为"傻子"品牌的拥有者,他很不注意自己的言行,给品牌造成不少负面影响。

1998年,中国改革开放20周年之际,《南风窗》记者多方寻访,总算在芜湖市再次找到61岁的年广久,他们用下列文字描述这位当年的"中国第一商贩":他有些蓬乱的头发明显留着仓促起床的痕迹,一身藏蓝色的西装也不见平整挺括,被烟熏得发黄的手上留着长长的指甲,一枚硕大的金戒指在干瘦的手指上显得分外惹眼,消瘦的脸上透着市井生意人特有的精明。

年广久对自己的评价是:大错不犯,小错不断。而许多跟他有过往来的人则说他:小事精灵,大事糊涂。

年广久说他一生只感谢一个人,那就是邓小平。

这自然是他应该感谢的。[①]

[①] 冯平、袁泉,《中国商贩年广久》,《南风窗》,1999年第6期。

企业史人物 | "老板"袁庚

在蛇口，袁庚并不忌讳人家叫他"老板"，这种对资本家的称谓用在他的身上似乎挺恰当的。在前后15年时间里，他像老板一样掌控着蛇口的一切，他一手缔造了它，他像父亲一样地塑造着它身上的每一个器官，从规章制度到种在坡上的树，他一心想让自己的这个"儿子"与众不同、前程远大。在某一时刻，他好像还真的成功了。尽管在离开的时候，他没有带走任何东西，但是在灵魂上，他始终是蛇口的主人。

袁庚是中国企业史上某一群体的标本人物。

你很难分清楚，他是一个官员还是一个企业家，他的官衔是蛇口开发区管委会书记，是这个地区的最高行政长官，拥有着公共资源的支配权和政策的制定及执行权，特别是在蛇口这样的"试验区"，他几乎向中央讨到了可以下放的所有权柄。而同时，他又是一家国有控股公司的董事长，招商局在1979年只有不到一亿元的资产，而到他离开时已经是一家资产总值超过200亿元的超级公司。这一部分的资产增值，一方面可以被看成是改革和发展的结果，而在另一方面也无疑是垄断前提下的制度性产物——招商局拥有蛇口开发区的土地开发权。你很难用公平或不公平、合理或不合理来解读它，在某种意义上，它俨然就是历史本身。

老一辈的经济学家宦乡曾经说："袁庚之所以搞出个蛇口，就是因为他对中国的计划经济一窍不通、一无所知。"此言被传媒和袁庚本人一再引用，颇有"炫耀"之义。但是，在史家看来却未必是事实。蛇口的试验，绝非"无知者无畏"式的变革，文化学者余英时在《戊戌政变今读》中说："80年代出现了两股改革力量：一股是执行改革开放政策的党政干部，他们的处境和思路，很像清末自强派，是所谓'体制内'的改革者；另一股则来自知识分子，特别是青年学生。"[1]袁庚是前一类人的代表。炮

---

[1] 余英时，《戊戌政变今读》，《二十一世纪》，1998年2月号，总第45期。

兵团长出身的袁庚绝非不懂政治的"一介武夫",他应该是80年代初期中国共产党内制度变革派的标志性人物,从他创建蛇口工业区的第一天起,他就将之当成了社会改革的试验场,正如他自己后来说的。

一开始,蛇口就无比大胆地进行了干部体制、民主选举、舆论监督等方面的制度变革,蛇口被人热切关注在很大程度上因此而来。1980年3月28日,蛇口在中国第一个正式实行了干部、职员公开自由招聘制,率先打破了新中国31年的干部调配制。1983年2月9日,经来蛇口视察的胡耀邦总书记同意,蛇口开始试行群众直接选举干部、考评干部。1983年4月24日,蛇口第一届管委会15名干部,经民意推选产生候选人,再经2 000多人直接选举产生。从此,调入蛇口的各级干部,其原职务级别只记入档案,在蛇口实际工作待遇上一律无效,能当什么,拿多少工资,全靠民意选举。1986年,蛇口实行民主选举,有15%的人对袁庚投不信任票,有5名董事当场落选。蛇口实行干部一年一聘,每年民意考评不过半数者即要下岗,干部终身制、任命制在蛇口被彻底废除。

袁庚将蛇口搞成了当时中国最醒目的试验场,他把自己的职业生命全数押上,了无退却之意。有文献记录,当时的广东省委书记任仲夷曾几次动员袁庚担任深圳市市长,均被他坚决回绝。早已过了60岁退休界限的袁庚显然想在蛇口完成他所有的理想。

袁庚很善于以经济的高速成长来博取中央的支持,在这方面他可谓深谙中国为官之道。1982年,他让人做了一块很大的标语板,树在工业区管委会的门口,上面写着:"时间就是金钱,效率就是生命。"这句标语在一开始引起了广泛的争议,1984年,邓小平视察蛇口,袁庚在陪同汇报时十分"狡猾"地将了邓公一军,他用自问自答的语气说:"不知道这个口号犯不犯忌?我们冒的风险也不知道是否正确?我们不要求小平同志当场表态,只要求允许我们继续实践试验。"据说,袁庚一言至此,邓小平和在场的人都笑了起来。此后,这一标语风靡全国,成为当时最著名的改革经典语录。

第一部 1978—1983 没有规则的骚动

美国律法大师罗尔斯曾经说，建立在个人开明基础上的威权体制，如同"沙上之高楼"，一旦那个威权人物退位或影响力消退，它所具备的进步性便自然而然地消失了。袁庚和他的蛇口，正应验了这一论断。1992年，已经75岁高龄的袁庚交出了他管理了15年的蛇口，此后，蛇口迅速地褪去了它的先锋颜色，仅仅三五年后，便变得"无声无息"。1998年4月8日，《深圳商报》发表报道《蛇口怎么了》，文内历数了蛇口的种种衰退：房地产——不但表现出结构性需求实现障碍的矛盾，而且市场竞争愈演愈烈；石化业务——业务空间正在缩小；港运业务——蛇口港优势渐失，设备利用率和泊位利用率都不高，生产力过剩；投资服务业——不但新的招商引资难度大，而且区内部分生产企业外迁；商业贸易——全港业务大幅度萎缩，去年几乎全部呈亏损状态；制造业——门类多，规模小，科技含量低，没有过硬的拳头产品。而这些衰退的原因则是：在发展方向上，缺乏中长期战略，缺乏基本的行业发展目标；在企业管理上，简单粗放，没有形成现代化的管理机制，缺乏科学的计划考核机制、有效的监督控制机制、合理分配的激励机制；在精神状态上，失去了进取心，缺乏竞争意识……

此文轰动一时，虽言辞过于归纳武断，却也点出事实之部分。进入2000年之后，蛇口已全然沦为一般性的开发区，而招商局在"维新派"李鸿章创办107年之后，意外地又一次承担了中国商业进步的试验者角色，在英雄般的序幕后，再次因体制羁绊而中途退出前台。2004年6月，蛇口开发区被广东省政府正式下文撤销，袁庚苦心设计的所有制度一夜烟飞。

袁庚在晚年曾经有过一个喟叹。他说，他犯过一个历史性错误，让蛇口错过了另一种也许更有效率的成长模式。

他指的"错过"是，1981年，以香港首富李嘉诚、巨贾霍英东为首的13位香港企业家来蛇口参观，他们提出能否入股共同开发这块土地？当时，袁庚不假思索地一拱手说："谢谢诸公，我投放资金下去，还担心收不回来。不敢连累各位。"就这样"耍滑头"地婉拒了。

晚年袁庚的遗憾似乎是，如果当初允许李、霍的入股，蛇口将被彻底地资本化，或许会获得更大的经济活力。

这是一个十分具有寓意性的推演。它似乎表明，在20世纪80年代初期，最具改革精神的中国官员坚信，只要充分放权和锐意改革，自己是完全有能力搞好国有企业和振兴一方经济的。而到90年代末期，他们已经隐约感觉到，这种体制内的突围已经遭遇"极限"，或许唯有借助更为强大和自由的外来资本的"混血"，才可能构成进一步的推动。蛇口生而太早，因而不可能同时肩负两个时代的命题。

袁庚应该是在他离休前便意识到了他的那个"错误"。于是，他在任内的最后一项重要决定便是，排除众议让蛇口的三个下属公司走出体制外，实行股份化。这三个公司，一家是招商银行（它的前身是蛇口工业区内部结算中心），它后来居上，一跃成为中国第一高效率银行（在世界也排名第七）；一家是平安保险公司，它成为中国最具活力的保险机构，它的当家人是袁庚早年的行政科长马明哲，斯人后来竟成为"中国首富"；还有一家是南山（港口）开发公司。"如果把整个蛇口都如此放出体制外，今日蛇口又将如何？"这是晚年袁庚常常与人聊起的话题。

事实上，每一个强大的个人，当他面对顽固的制度性障碍的时候，依然会表现得那么软弱无力。当袁庚被派遣到蛇口的时候，他的领导者是希望靠他这个"强壮而精明"的武士"杀出一条血路来"。他确实完成了这个任务，而麻烦的是，他居然还想顺便完成另一项更重大的任务，在这个新开拓的土地上构筑与原来全然不同的制度，这显然已经超出了他的"使命"。于是，最后的落寞便已经命中注定。

袁庚1917年生于深圳——早年叫宝安，1949年，当上炮兵团长的他率部解放了贫穷的家乡，30年后，他用自己的方式再一次在经济上"解放"了这块土地。他的晚年一直居住在蛇口的海滨公寓内，窗外一眼可望到香港元朗，他的手边常放一本相册，里面全部是当年与邓小平等国家领导人的合影。日暮时分，一一翻过，竟恍如前尘隔世。

1980 / 告别浪漫的年代

> 我无法反抗墙,
> 只有反抗的愿望。
>
> 我首先必须反抗的是:
> 我对墙的妥协,
> 和对这个世界的不安全感。
>
> ——舒婷:《墙》,1980年

20世纪80年代的第一个春天,大江南北风调雨顺,举国都有一种抑制不住的喜悦。24岁的北京诗人顾城在《星星》诗刊上发表了他的成名作《一代人》,全诗很短,只有区区的两行,却如原子弹一样地引爆了整整一代人积压已久的情感:"黑夜给了我黑色的眼睛／我却用它寻找光明。"这是一种难以言说的情绪倾诉,个人意识的苏醒在这两行诗歌里毫不隐藏地显露出来。所有的人似乎都开始意识到,这将是一个不平静的开始。

为了让全国人民过好80年代的第一个春节，商业部在1月18日专门下发通知，要求各大城市敞开供应猪肉。在上一年，全国的生猪存栏新增800万头，每头生猪的平均毛重增加了12公斤，通知要求各地最好是"就地收购、就地屠宰、就地销售"。又过了几天，国务院下达文件，允许"鸡蛋可以季节性差价"，这意味着国家已经在尝试着用价格杠杆来协调市场，这样的通知和文件还将不厌其烦地下发十来年，没有人觉得很突兀，国家始终像一个大保姆，细心地照管着人民的衣食住行。

这年春天，最重大的政治事件是中共中央为前国家主席刘少奇平反了。在2月23日召开的中共十一届五中全会上，65岁的胡耀邦被推选为中共中央总书记，一批较年轻的干部被推上了重要领导岗位，其中包括前两年在安徽、四川强力推行联产承包责任制的万里等人。14年前被打成"叛徒、内奸、工贼"的刘少奇正式恢复了政治声誉，一大批因之而生的冤案一并平反。踌躇满志的邓小平在会上讲话说，在解决了政治路线和思想路线之后，今后的工作要着重研究经济体制改革。

邓小平显然想把全国人民的注意力都集中到经济体制的改革上去。到上一年年底，全国进行扩大自主权试点的国营企业已经有4 200个，1980年又发展到6 600个，约占全国预算内工业企业数的16%左右，产值和利润分别占60%和70%左右。在中央和各地政府眼中的重点国营企业基本上都已经装进了"试点"的大箩筐里。为了推进这项事关重大的改革，1月22日，国务院根据首钢等试点企业的经验，发布《国营工业企业利润留成试行办法》，允许扩大企业自主权的试点企业把原定的全额利润留成，改成"基数利润留成加增长利润留成"，但是，工业企业必须完成了产量、质量、利润、供货合同4项计划指标后，才能按核定和规定的留成比例，提取全部利润留成资金。到了2月，国家经委又发出通知，要求试点企业必须保证"国家多收、企业多留、职工多得"，这当然是一个听上去很美好，但执行起来很困难的要求。种种迹象表明，管制在一步步地松动，但中央希望一切都在计划的掌控中有序地进行。各地，新的变革新闻正层出不穷：年初，中国人民保险公司复出，国内保险业务被允许恢复；4月10日，中国民航北京管理局与香港中国航空食品公司合资，以558万元注册资本，创建"北京航空食品公司"，港人伍淑清担任港方常务理事。国家工商局为其颁发了中外合资企业001号营业执照，这便是中国政府第一家正式批准成立的中外合资企业。当时，北京航空食品公司的日配餐量只有640份，20年后，这个数字将上升到2.5万份。

跟这家小公司的中外合资相比起来，在南方，一个正开始艰难启动的计划听上去要庞大得多。

这个日后影响了中国开放走向的计划，便是在南方设立"经济特区"。

"特区"这个经济名词是中国人的一个新发明。据《深圳的斯芬克思之谜》一书记录，它的发明人也是邓小平。在上一年的4月，他与广东省委第一书记、省长习仲勋商讨开放事宜，提出在深圳建立一个新的开放区域，全力引进外来资本，实行特殊的经济政策，并且建议这个开放区域就叫"特区"。[①]

在邓小平提出"特区"这个概念的时候，袁庚已经奔赴南方去启动他的蛇口工业区了。"特区"一词既出，心领神会的习仲勋马上加快了开放的速度。很快，到7月15日，一个《中共中央、国务院批转广东省委、福建省委关于对外经济活动实行特殊政策和灵活措施的两个报告》就形成了，报告明确提出："在深圳、珠海和汕头试办出口特区。特区内允许华侨、港澳商人直接投资办厂，也允许某些外国厂商投资设厂，或同他们兴办合营企业和旅游事业……三个特区建设也要有步骤地进行，先重点抓好深圳市的建设。"

深圳特区的创办思路渐渐明确下来，它被明确定义为"经济特区"。

[①] 陈秉安、胡戈、梁兆松著，《深圳的斯芬克思之谜》，深圳：海天出版社，1991年版。

国家拿出3 000万元贷款，专供开发深圳经济特区——这个数字的微不足道与日后开发浦东相比，真不可同日而语，由此可见，特区在当时纯属试验性质，中央政府对之并不抱战略性期望。深圳由一个县级城市一跃而升格为正地级市。这回，特区的手笔还是要比袁庚的蛇口大很多。深圳市的总面积2 020平方公里，划为经济特区的总面积有327.5平方公里，东西长50余公里，南北平均宽度为6公里多。从飞机上鸟瞰特区全貌，仿佛是条狭长的海带漂浮在山脚下、大海边。其中可规划开发的有110平方公里。

面积大则大矣，却还是只有3 000万元的贷款——这点钱还不够搞2平方公里的三通一平。开发者百思之下唯有一计可施，那就是出租土地，用地金来换现金。这个想法，在当时国内可谓"大逆不道"。反对者的理由很简单：共产党的国土怎么可以出租给资本家？当时一位叫骆锦星的房地产局干部翻遍马列原著，终于在厚厚的《列宁全集》中查出列宁引用恩格斯的一段话来："……住宅、工厂等等，至少是在过渡时期未必会毫无代价地交给个人或协作社使用。同样，消灭土地私有制并不要求消灭地租，而是要求把地租——虽然是用改变过的形式——转交给社会。"①骆锦星查到这段话后一阵狂喜，当晚就奔去敲市委书记张勋甫的家门。据说，当时的深圳干部人人会背这段语录，有考察和质问者远道前来，他们就流利地背诵给那些人听。

深圳的第一块土地出租协议，便签订于1980年的1月1日。第一个吃螃蟹的香港商人名叫刘天竹，跟他谈生意的就是那个在《列宁全集》中找到了恩格斯原话的骆锦星。据骆日后回忆，当时的谈判对话是这样的，刘说："只要划出一块合适的地皮就行。由我组织设计，出钱盖房，在香港出售，赚得的钱中方得大头，我得小头。"骆说："东湖公园附近，可以

---

① 列宁著，中共中央马克思、恩格斯、列宁、斯大林著作编译局编译，《列宁全集》第三十一卷，北京：人民出版社，第68页。

第一部 1978—1983 没有规则的骚动

划出一块地方来，如何？"刘说："那好，所得利润，你拿七，我拿三。"骆摇摇头："你拿得太多了。"刘笑道："你拿八，我拿二，如何？"骆说："我拿八点五，余下的是你的！"刘说："我们初次打交道，往后要做的事还很多，这次就依你的！"这样的对话果然已经是在谈生意了。

刘天竹开发的这个楼盘叫"东湖丽苑"，第一期共有108套新房，他把房子的图纸设计出来后就开始在香港叫卖，仅三天，108套还在图纸上的房子就一售而空了。

"东湖丽苑"的一炮成功，让深圳人大大开窍，他们很快拿出新方案，提出了收取土地使用费的思路，每平方米收土地使用费4 500港币，这个地价仅相当于河对岸的香港的1/11。深圳用收进的数亿元钱削掉土丘、填平沟壑、开通公路，通电、通水、通邮政。从1980年至1985年的5年里，深圳实际利用外资12.8亿元，累计完成基建投资76.3亿元，建成了一大批新的能源、交通、通信等基础设施工程，初步形成了9个工业区，香港和国外商人纷纷涌进特区办厂、开公司。南风自此一路北上，开放之势再不可挡。

一个国家或一个人，最大的苦闷是，苦闷被压抑在心中而不得宣泄。在1980年，随着体制的松动和各种新事物的涌现，人们开始表达自己的情感，国家也在某种程度上默许这样的举动。在广东，戴厚英的小说《人啊，人》[①]引起轰动，这位后来被入室盗窃的小偷杀害在家中的女作家第一次用充满悲悯的笔调描写普通人的生活；表现爱情的《庐山恋》和《天云山传奇》更是让青年人像疯了一样地拥进电影院，女主角张瑜的每一套花衣服都引起姑娘们极大的好奇；刚刚复刊的《大众电影》杂志大胆地发表了一张英国电影《水晶鞋与玫瑰花》的剧照，照片是一对青年恋人激情接吻的镜头。

---

① 《人啊，人》是戴厚英的第二部长篇小说，花城出版社于1980年11月首次出版。

5月，发行量超过200万册的《中国青年》发表了一封署名为"普通女工潘晓"的长信《人生的路啊，怎么越走越窄……》。潘晓在信中说："时代在前进，可我触不到它有力的翅膀；也有人说，世上有一种宽广的、伟大的事业，可我不知道它在哪里。人生的路，怎么越走越窄……真的，我偷偷地去看过天主教堂的礼拜，我曾冒出过削发为尼的念头，甚至，我想到过去死……心里真是乱极了，矛盾极了。"

文章引起巨大的共鸣，同时也招致激烈攻击。于是，就人生道路问题，全中国展开了一场规模庞大的讨论，潘晓的名字轰动一时。大讨论一直持续到来年3月，致使《中国青年》达到它的最高发行量——369万册，仅是读者给杂志社和潘晓的来信，就超过6万封。①

这样的讨论，对一个封闭日久的社会无疑带有很大的颠覆性，它让人们开始怀疑现有生存状态的意义和价值，对未来的生活产生前所未有的憧憬和谋划，日后创办了中国最大的饮料公司之一的广东乐百氏集团创始人何伯权回忆说，当时是中山县小榄镇团委干部的他与一位女孩在一起热烈地讨论这个话题，正是"潘晓来信"让他重新审视和规划自己的人生，那个女孩后来成了他的妻子。

从潘晓现象大讨论中，人们体会到，开放与变革已经渐渐成为这个国家的主旋律，它的衍变路径将十分曲折，但是前行的方向却似乎已不可逆

---

① 大约一年后，人们才知道潘晓是纺织女工黄晓菊和北京经济学院学生潘祎的合名。黄晓菊只有初中文凭，在写出那封轰动一时的"潘晓来信"后，她从纺织厂调进了出版社，随后又凭借自学考进一家科研所。但是，当科研所发现黄晓菊竟是潘晓后，便解聘了她。此时，曾是潘晓崇拜者的丈夫也提出离婚。黄晓菊无奈之下，成了北京最早的一批服装摊主。80年代后期，她又南下独闯深圳淘金，后来成为拥有五家店铺的小老板。而潘祎是一个身高一米九的大男孩，因潘晓出名后，他办了退学手续，开始四处流浪，他住过火车站候车室、自制窝棚、大楼过道、立交桥底，在流浪乞讨两年后，他得到一份装卸工工作，每天扛上百个100多斤的大包，栖身在仓库。1984年，潘祎拿了货场的一块焊锡，被以"盗窃罪"判处三年半徒刑。出狱后，潘祎生活无着，四处跳槽，一度还在一家人才网站当过"职业咨询"栏目的主持。

转。到8月，一个被隐瞒了大半年的重大企业事故突然遭到处理，这无疑又成为当年最引人注目的新闻事件。

这个企业事故是发生于上一年11月24日的渤海2号钻井船翻沉事故。在那次恶性事件中，因为管理和指挥上的不当（当时的用词是"官僚主义"），造成72名石油工人的死亡。公布的材料显示，渤海2号钻井船从国外购买后，在7年时间里，很多技术资料和操作规程都没有被翻译过来，工人对科学操作根本没有概念，而上级则动不动搞"大会战"或"打擂比武"，"用过去搞政治运动中的某些不适当办法来搞生产建设"。在翻船事件发生后，各个管理层面又互相推诿以致延误了抢救时间，让70多个工人被活活冻死在海上。国务院以一种超乎寻常的高调来处理"渤海2号事件"，全国几乎所有的媒体都对此进行了声讨式的报道。石油部长被免职，主管石油的副总理、50年代大庆会战的功臣康世恩被公开处以记大过处分。在石油部的公开检讨中甚至还披露，"自1975年以来，海洋局曾经发生各类大小事故1 042起，其中重大事故33起，但是我们一直没有严肃对待"。

对"渤海2号事件"的高调处理，在当时是一个非同寻常的举动，它似乎在预告，过去那种动员式、政治运动式的经济工作方式已不适用。从长远看，这次"舆论大攻击"象征性地终结了"文革"时代的那些充满浪漫主义气息的经济发展理念，"人有多大胆、地有多大产""石油工人吼一吼，地球也要抖三抖"的口号渐渐淡出主流媒体，人们开始用科学和管理的思路来领导和治理自己的企业，当然，这仅仅是观念转变的开始，它还将经历十分漫长的过程，对于企业经营来说，知道科学与管理的重要性是一个问题，而什么是科学，如何掌握科学则是另一些更重要的问题。

在中国企业史上，渤海2号不是最严重的一起事故，但在当时却被"举国讨之"。除了国家要用严格的管理手段之外，更有媒体人和文化人的顺势跟进，新华社记者杨继绳在发给全国媒体采用的新闻通稿《渤海2号翻沉真相》中写道："在我们国家里就有这样一种不合理的制度：了解情况的人无权做决定,做决定的人又不了解情况。"① 而温和的女诗人舒婷则写作了传诵一时的《风暴过去之后》:"最后我衷心地希望/未来的诗人们/不再有这种无力的愤怒/当七十二双/长满海藻和红珊瑚的眼睛/紧紧盯住你的笔。"很显然,在 1980 年,"渤海 2 号事件"已经由一起企业事故演变成一场冲击观念和人文反思的事件。

跨国公司进入中国的步伐在悄悄地加快。1979 年年底,第一批 3 000 箱瓶装可口可乐由香港发往北京,发货方是香港五丰行。在经过了试探性的销售之后,美国方面进而提出向中粮公司赠送一条每分钟生产 300 瓶可口可乐的瓶装线,并达成了一项为期 10 年、授权中粮公司独家使用可口可乐商标,在中国大陆生产、销售产品的协议。

一个戏剧性的情节是,最初,中粮很希望第一条生产线设在上海正广和汽水厂,这是一家创办于 1864 年的老牌工厂。谁知道,这项提议竟遭到了上海方面坚决而强烈的抵制。有关报刊发表文章和群众来信,指责中粮此举是卖国主义、洋奴哲学,引进可口可乐就是引进了腐朽没落的资产阶级生活方式,就是打击民族工业。中粮公司只好转而退居北京丰台。由这条生产线上下来的可口可乐主要供应旅游饭店,但很快这一市场就饱和了。经国家商业部批准,1982 年年初,剩余的可口可乐开始在北京市场进行内销。

那些日后将彻底扭转中国公司命运的变化仍然在体制外艰难地萌芽。对于 1980 年的鲁冠球来说,这一年他获得的最大胜利是他第一次挤进了"计划"内的序列。这个事情在现在看来,可以算得上是一场"意外"。

年初,鲁冠球做了一个决定,他把挂在厂门口的七八块厂牌都一一

---

① 杨继绳,《渤海 2 号翻沉真相》,写于 1980 年 12 月,发表于《新观察》1981 年第一期。

撤了下来，最后只剩下一块"萧山万向节厂"。他是那种直觉很好的人——这几乎是所有草创企业家的共同天赋，在跌打滚爬了十来年之后，他决心今后只把精力投放到一个产品中，那就是汽车的易耗零配件"万向节"上。他自己兴冲冲地背着产品去参加行业交易会，结果被人轰了出来，因为除了国营工厂，别的企业都"一律不得入内"。鲁冠球当然不会就此甘心，他在会场门口偷偷地摆摊销售，他带去的万向节以低于国营工厂20%的价格出售因而受到欢迎，他像土拨鼠一样地悄悄扩大着自己的地盘。为了让制造出来的产品真正占领市场，鲁冠球表现出超乎常人的决心，这年夏天，安徽芜湖的一家客户寄来退货信，说是发给他们的万向节有部分出现了裂纹。鲁冠球当即组织30个人去全国各地的客户处盘查清货，结果竟背回来三万多套万向节。鲁冠球把全厂工人全部召集起来，然后自己第一个铁着脸背起装满废品的草包，朝宁围镇上的废品回收站走。这三万多套万向节被当作六分钱一斤的废铁全部卖掉，工厂因此损失43万元。这在当年几乎是一个天文数字。

鲁冠球的这次近乎传奇的行动，让他领导的乡镇企业开始具备起大工业的气质。[①] 当年，中国汽车工业总公司要确定三家万向节的定点生产工厂，在全国56家万向节生产厂中，萧山万向节厂是唯一的"集体所有制乡镇企业"，它原本连参与评选的机会都没有，但是鲁冠球四处运作，硬是让北京的专家评审组把它列入了参评的对象，最后竟通过了审定，成为三家定点工厂之一。这次定点的确定对于鲁冠球来说是决定性的。它让这家"身份低微"的企业开始被主流工厂认可。万向节是一个并不很大的行业，鲁冠球的胜利似乎预示着一种可能性，那就是体制外的民营企业有机

---

① 乡镇企业是一个中国式的企业名词。世界银行对乡镇企业（TVE）的定义是：被认为具有独特产权形式的企业，既不是国有制也不是私有制，而是地方政府和居民所有，其激励机制与私营企业相似，剩余仅在有限的阶层（稳定的社区及其政府、企业管理者）中分配，企业的自由参与、竞争、硬预算约束、地方政府恰当的财政积极性，这些特点造成了乡镇企业较高的发展速度和营运效率。

会凭着机制的灵活和技术上的优势在某些冷门的行业获得成功。"计划"看上去是那么的严密,却可能被灵活的"小家伙们"一举突破,这个道理将在日后一再地应验。①

跟竭力撕开"计划"口子的鲁冠球一样,在浙江南部的温州和广东潮汕、广东珠江三角洲一带,越来越多的乡土工厂展现出它们超乎寻常的活力。一位美国《新闻周刊》的记者去福建石狮和广东南海采访,他在发回去的报道中说:"石狮的小商品贸易和南海民间的小五金、小化工、小塑料、小纺织、小冶炼、小加工,像野草一般满世界疯长。"

▲鲁冠球

浙江的温州地处偏远,多年不通火车,交通极其不便,耕地更是稀少,人均只有两分多一点,因而这里的农民百年来有离开土地和外出求生的冲动。1979年之后,这里的乐清、苍南一带突发走私狂潮,一艘一艘的走私渔船把境外的服装、小家电、小五金等偷运进来,在一些偏僻的小码头形成走私交易市场。当地政府法不责众,只好睁一只眼闭一只眼。于是,这些走私货便成了"文革"后第一代稍成规模的商品集贸市场的重要来源之一,那些前来采购包括走私货在内的大胆商贩和背着这些商品出走

---

① 在1979年7月国务院公布的《关于发展社队企业若干问题的规定(试行草案)》中有一条:"城市工业根据生产发展的需要,参照社队可能承担的能力,可以有计划地把部分产品和零部件扩散给社队企业生产。"鲁冠球得以参评中选,是拜这一条规定所赐。

第一部 1978—1983 没有规则的骚动

兜售的温州人则成了改革初期的第一代商人。资料显示，到1980年前后，温州的个体工商户已经超过3 000个，在交易活跃的一些集镇，如乐清的柳市等地相继出现了一些专业的制造作坊，那些较有规模者在当地被冠以"大王"的称号，如电器大王胡金林、螺丝大王刘大源、矿灯大王程步青、线圈大王郑祥青等。这些人的资产在当时都已过10万元，生产的产品质量大抵可以与国营工厂有一拼。与鲁冠球不同的是，这些"大王"和他们的企业从一开始就是私人性质，除了温州和珠三角的少数地区，在当时国内几乎是不可想象的事情。

因走私而完成灰色的原始积累，是当年东南沿海乡土经济萌芽的重要推动因素，这一点始终未被学界注意到。1980年前后，全国走私最猖獗的地方，一是浙南温州、台州地区，二是广东的潮汕地区，它们也因而成为当时商品经济起步最快、民营经济最活跃的区域。新华社记者魏运亨曾这样描述福建沿海的走私景象：当时每天停泊和游弋于东沙岛海域的港台走私船达几十艘，前往交换私货的大陆走私船则多达上百艘。电子表和尼龙布料涨潮般涌进内地，黄金和银元则退潮般滚滚外流。成千上万的群众如

▲ 20世纪80年代初的温州市场

痴如狂，沿海城乡形成了好几个远近闻名的私货集散市场。

就在珠江三角洲和温州等地的"地下工厂"如杂草般纷生的时候，在中心城市或次中心城市，具有个体色彩的经济活动还显得那么的小心翼翼和寥若晨星。长期的计划经济，让人们已经习惯在一种格式化的、有纪律和有组织的环境中生活，一旦要他脱离那种惯性，往往需要极其巨大的外力或勇气。这也就是为什么在改革开放的初期，那些从事个体商业活动的人绝大多数来自社会底层，他们是失业者、返城人员、有刑事前科的人和低文化程度者，这些人被排挤在"温暖"的、有"保障"的体制之外，在无可奈何之际，被迫走上了经商和创业的道路。在乌鲁木齐，走投无路的16岁辍学少年唐万新跟随大哥唐万里办起了一家照相洗印店，谁也没有料到20多年后他会从这个偏远边城出发，打造出一个市值高达1 200亿元的德隆帝国。在北京，一个叫刘桂仙的中年妇人则意外地领走了全城的第一张个体餐馆执照。

刘桂仙是幼儿园的一个勤杂工，家里有5个孩子，因为实在生计维艰，便动起了开小饭铺的念头，她的餐馆开在东城区翠花胡同，取名悦宾餐馆。现在已经没有资料可以显示，为什么北京市会选中这个没有背景的妇女来开第一家个体餐馆。开业的第一天，区工商局局长专门跑来告诫刘桂仙："这可是上面批的第一家个体饭馆，你要好好开，千万别给政府抹了黑！"刘桂仙开店实在不容易，在当时，几乎所有的食品——粮食、油、鱼、肉、禽、蛋全都是凭票供应的，为了帮她弄到豆腐票、

▲北京第一家私人饭店悦宾餐馆的主人刘桂仙

猪肉票和粮票等，东城区动员了工商局、粮食局、饮食服务公司等部门，为悦宾餐馆特别开"小灶"。只有这样，刘桂仙的小餐馆才不至于关门大吉。因为是京城第一家个体餐店，每天都有很多外国记者来拍照采访，而提的问题都大体一律："这饭馆是你自己开的还是政府要你开的？""你担心自己将来挨批斗吗？""你挣了钱会不会被别人拿走？"

事实上，这些问题刘桂仙自己也很想找一个人问问清楚。第二年的大年三十，两个大人物来到了悦宾餐馆，陈慕华和姚依林两位副总理亲自来给她拜年。也就是从这时开始，一个新的身份名词开始在城市里流行：个体户。它指的是像刘桂仙这样的没有国家保障、自主创办小店小铺的人，它听上去似乎百味杂陈，有蔑视、有同情，也有小小的对"自由身"的暗慕。

作为全北京的第一家个体餐馆，刘桂仙的事业从来就没有走出过翠花胡同。30年后，人们依然可以在那条狭长而日渐衰旧的胡同里找到那家小小的、只放得下七八张八仙桌的餐馆。

1980年的中国离世界还是有点遥远。

4月14日的英国《卫报》刊登了一幅来自中国的新闻照片，那是上海的一家照相馆的橱窗，里面挂了一件西装，贴着一个牌子，牌子上面写着"这里出租西服"。这张照片似乎透露出一种机智的隐喻。而《新闻周刊》发表的另一幅新闻照片则有别样的意味：一个西方女游客在故宫参观，而走廊上则站满了参观她的中国游客。这实在是一种彼此陌生的好奇。

这一年，全国每人平均消费粮食428斤，比1952年增长8.2%，猪肉22.3斤，同比增长88.6%。全国共卖出了1.69亿双皮鞋，大概地说，也就是平均每10个人中有一个穿上了皮鞋。因为人口增长超过了房屋的建筑，全国每人居住面积为3.9平方米，比1952年还减少了0.6平方米。为了控制人口的持续增长，国务院组建了计划生育领导小组，第一次明确地提出"一对夫妇最好只生一个孩子"，很快这成为一条被长期严格执行的基本国

▲ 1980年，在故宫的中国游人不看国宝，不看大殿，久久围观外国游客

策。从这年的11月1日起，电视机终于被允许"敞开供应"，在此之前它是一个需要得到配额和批准才能购买的商品。到年底，全国人均用于购买日用商品的零售额为42.2元，其中，购买"四大件"——自行车、手表、缝纫机和电视机的比例由1952年的0.5%提高到24.5%，在当年，姑娘嫁人对男方最高的要求就是备齐了这"四大件"。

在国际上，日本经济还是一枝独秀。按国内生产总值来计算，在20世纪60年代中日两国基本相当，而到1980年，日本已经是中国的4倍。1980年年底，日本通产省宣布，该国的汽车产量首次突破1 000万辆大关，达1 104万辆，占世界汽车总产量的30%以上，一举击败美国成为"世界第一"。汽车是工业文明和现代国家竞争的标志性商品，为此，美国NBC电视台在黄金档时间播出了一个名为《日本能，我们为什么不能？》的电视专题片，时间长达两个小时，其主题是比较美国与日本的工业。NBC节目主持人说道：十来年前，日本人以制造伪劣产品昭著于世，"日本制造"一词成为取笑劣质产品的口头禅。但时至今日，"日本制造"已经是品质优秀的代名词，美国的年轻人现在以开日本的小跑车为荣。在当时的西方

第一部　1978—1983　没有规则的骚动

传媒界还流传着这样的一个故事：某日，一位彬彬有礼的日本人以学习英语为名，跑到一个美国家庭里居住。奇怪的是，他每天都在做笔记，美国人居家生活的各种细节，包括吃什么食物、看什么电视节目等，全在记录之列。三个月后，日本人走了。此后不久，丰田公司就推出了针对美国家庭需求而设计的价廉物美的旅行车，大受欢迎。该车的设计在每一个细节上都考虑了美国人的需要。更让美国人憋气的是，丰田公司还在报上刊登了他们对美国家庭的研究报告，并向那户人家致歉，同时表示感谢。

为了应对日本人的挑战，美国公司只好尝试着学习。被日本的复印机公司打得抬不起头来的施乐公司开始推行"标杆管理"，就是把生产经营的每一个环节都拆解出来，一一地与最强悍的竞争对手日本富士公司进行比较，从而找到改进的关键点。施乐的这项工程坚持了10年，终于在复印机领域击退了富士的进攻。

同样面临巨大压力的美国通用电气公司要换CEO了，临退休的雷金纳德·琼斯力排众议选中了杰克·韦尔奇。当时韦尔奇并不在继任候选人名单之列，因为他太年轻、太急躁，而且有点口吃。20年后全世界都相信这是一个多么伟大的选择。

这年的11月4日，好莱坞演员出身的罗纳德·里根当选美国第40任总统。他一上任就面临石油危机、美苏关系紧张、日本经济的崛起等挑战，谁也没有想到他后来会成为美国历史上最成功的总统之一。

12月8日，英国披头士乐队的偶像人物约翰·列侬在自家门口被崇拜者刺杀。这个从利物浦小酒吧里闯出来的颓废青年是摇滚史上最受欢迎的歌手，他和他的音乐一度被媒体认为是"青少年闹事起哄的原因"，而他的传奇人生在很多年后仍然被人津津乐道。如果要在中国找一个与他有点关联的人物的话，那么可以关注一下北京城的一个叫崔健的中学毕业生，当时他正待业在家，他最大的理想是考进北京歌舞团当一个小号手。在6年后他写出了颇有"列侬气质"的《一无所有》，因而成为日后中国最著名的摇滚歌手。列侬的去世似乎预示着富有浪漫气质的嬉皮士年代结束了，一个新的商业奢华周期如期而至。

全球商业界，还有一个值得记取的事件是，记者出身的美国未来学家阿尔文·托夫勒出版了轰动一时的《第三次浪潮》[①]，他将前工业社会、工业社会及后工业社会进行了重新的定义，指出它们创造财富的重要手段分别是土地、资本和信息。托夫勒发现，在美国和欧洲一些国家，现代服务业的就业人口已经超过工业劳动人口，成为新的领导型产业，他由此提出了以新技术革命为前提的"第三次浪潮"，这个观点极大地影响了人们的思考。此书于两年后引入中国，在非公开的范围里"内部发行"。

在约翰·列侬被刺杀的两周后，在北京的中国科学院的一个仓库门口，46岁的陈春先站在寒风中，与一个个骑着自行车前来的人热情地打招呼，来的人共有14个，每个人都相貌文弱，语调温和。他们都是中科院物理所、电子所和力学所的研究人员，这次他们都是被老陈"忽悠"来的。在这一天，他们将一起开办一件"大事情"。

这个"大事情"的首倡人就是陈春先。他是中科院出名的科学才子，他早年留学苏联，因成绩优异曾经受到过斯大林的接见。他的学科专项是十分前沿的核聚变，他建立了国内第一个托卡马克装置，并在合肥创建了中国的核聚变基地。1978年，中科院评聘第一批教授级研究员，全院只有10个名额，他和著名数学家陈景润一起上榜。在过去的两年里，他作为中国最重量级的科学家之一三次访问美国，而这三次考察却彻底地改变了他的人生。

陈春先去了著名的硅谷和波士顿128号公路，他深深为那两个地方高科技公司的繁荣而心动不已。报国心切的陈春先直觉地认为，中国也应该有自己的硅谷，让那些沉睡在实验室里的科技成果可以转化成有市场价值的商品。回国后，他多次在各种场合发言呼吁。在他的方案中，甚至已经

[①] 1983年3月，《第三次浪潮》中文版由北京的生活·读书·新知三联书店引进出版。

圈定了"中国硅谷"的地点，那就是他工作所在的中关村。

中关村是北京城北面的一个小村庄的名字。1949年以前，这里是一个有70户住家、276口人的自然小村，周边的坟地占了土地的30%多。1952年，中国科学院定址于此，再一年，燕京大学与北京大学合并，又在这个小村的北部形成了一个教研院区。日后，中关村一带先后建起了中科院的几个重点研究所和大面积的员工宿舍，成为科研人员聚集度很高的一个区域。在陈春先的心目中，"这里的人才密度绝不比旧金山和波士顿地区低，素质也并不差，我总觉得有很大的潜力没有挖出来"。

陈春先已经为他的这个设想激动了很久，第三次考察回国后，他终于决定从自己做起，来催生出中国的硅谷。在他的奔波下，北京科协成了他的支持者，这个力量弱小的协会借给了陈春先200元钱，并帮助他开设了一个公司账户。于是，在年关将近之际，陈春先在中关村的一个仓库办起了国内第一个民营科技实体——北京等离子体学会先进技术发展服务部。

陈春先的举措在中科院内部引起了不小的震动，但是在社会上，这是一个十分不起眼的事件。没有一个媒体对此进行报道，陈春先也不知道自己到底能走多远。这位中科院里思想最活跃的中年人彻底放弃了自己的科学家生涯，他将开始一段平庸而坎坷的企业家经历，日后他整天为业务而奔忙，甚至还曾经因为债务纠纷而被人两次绑架。他是一个失意的公司经营者。

可是，就是这个陈春先却以一人之力撬动了中国高科技产业。他为服务部所设定的经营原则后来成为中国民营高科技公司创办的共同规律，那就是：科技人员走出研究院所，遵循科技转化规律、市场经济规律，不要国家拨款，不占国家编制，自筹资金、

▲中关村先驱陈春先素描像

自负盈亏、自主经营、依法自主决策。在他被怀疑、辱骂和嘲笑的身后，一家又一家科技公司在中关村出生了。三年后，在没有国家任何投资的前提下，中关村赫然成为中国最著名的"电子一条街"，到1992年，这里的民营科技公司达到5 180家。

1980年的北京之冬十分寒冷，整个12月共下了5场鹅毛大雪，有报道说，这年冬天的降雪量是近20年来最大的一次。陈春先的服务部在开业的两个月后终于接到了第一单生意，海淀区一个街道小厂的厂长问上门兜售业务的核聚变科学家陈春先："你能帮我们解决一下电源上的问题吗？"陈春先愣了一下，然后说："当然能，你可以给多少钱？"①

---

① 与陈春先动议"中国硅谷"并在中关村创业的同时，台湾地区创建新竹科技园，试图打造"中国台湾硅谷"，为此，台湾当局成立了科技园管理局，制订科技园规划，设计发展框架，在资金筹集、人才训练、环境优化等方面出台了一系列优惠措施，并为入园创业者提供"一站式"快捷高效服务。据首任管理局局长何宜慈博士称，到1984年，新竹科技园已创办了70余家高科技企业，产值100亿元台币，一个东方"硅谷"的雏形初露端倪，到2000年，方圆6平方公里的新竹科技园，吸纳了300多家高科技企业落户，2000年总销售额达9 300多亿新台币。新竹科技园成为台湾高科技产业的孵化器。几乎同时起步的中关村与新竹科技园，两者命运相异，颇可对照研究。

企业史人物 | 川人春先 |

2004年8月9日,陈春先去世,两天前,他刚刚过了70岁的生日。即便是中关村的人,也没有几个还记得他的名字了。

1980年10月,中国最顶尖的核聚变专家、46岁的中国科学院物理所研究员陈春先从美国考察回来,这已经是他两年里第三次访问美国了,这几次出国让他印象最深的倒还不是美国同行的学术进步,而是那个国家在技术产业化上的扩散能力。他每次都会去两个地方,一是西部的硅谷,还有就是东部的波士顿"128号公路",走在那两条房屋低矮、丛木葱绿的狭长地带,他突然萌生了一股从来没有过的激情。陈春先是当时国内最有前途的新生代科学家,在1978年,中科院评聘了改革开放后的第一批教授级研究员,一共只有10人,陈春先与后来成为"时代偶像"的数学家陈景润一起在榜。而此次的硅谷之旅却彻底地改变了他的人生。

回国后,他向上级写报告提出,中国应该建设自己的"硅谷",他写道:"美国高速度发展的原因在于技术转化为产品特别快,科学家和工程师有一种强烈的创业精神,总是急于把自己的发明、专有技术和知识变成产品,自己去借钱,合股开工厂。"陈春先的脑子里也已经有了"中国硅谷"的具体地点,那就是中科院、北京大学等聚集所在的中关村。他认为:"我们在中关村工作了20多年,这里的人才密度绝不比旧金山和波士顿地区低,素质也并不差,我总觉得有很大的潜力没有挖出来。"

如果仅仅是这样写写报告、讲讲话,倒也罢了,陈春先却是想真的把自己当成试验品全部地投进去。在回国后的两个月里,他狂热地四处呼吁,向各个部门写报告提建议,终于在回国的两个月后,北京市科协认可了他的这个想法,同意借给他200元钱,在银行开一个账户。12月23日,在美国硅谷传奇的鼓舞下,陈春先在中关村一个仓库的一角办起了国内第一个民营科技实体——北京等离子体学会先进技术发展服务部。跟陈春先一起跳进商海的还有中科院物理所、电子所、力学所的14个科研人员。日后,中关村成为中国最重要的科研产品集散地,陈春先无疑是先驱人物。

中关村要真正热闹起来,还要等三到四年。在陈春先办服务部的当时,却引起中科院内外很大的震动,几乎所有的人都认为他不务正业。这时,出身巴蜀的陈春先表现出川人特有的倔强,他骑着自行车四处去跑业务,这位研究艰深的核聚变技术的科学家不得不为15个人的生存做"稻粱谋"。在创业的第一年,他的服务部有了两万多元的收入,这在当时不算是一个小数目,陈春先因而给大家每人每月发了15元的津贴。这件事在清贫的中科院里顿时掀起轩然大波,告状的人愤愤地说,陈春先搞歪门邪道,居然自己给自己长了两级工资。到1983年,陈春先签订了27个合同,与海淀区的四个集体所有制的小工厂建立了技术协作的关系,还帮助海淀区创建了海淀新技术实验厂和三个技术服务机构。渐渐地,在中关村一带出现了零星的技术小公司。在媒体的报道下,陈春先的实践引起了上层的关注,当时主管经济工作的胡启立、方毅都做了批示,对他大为褒扬。在这些举措的触动下,海淀区放宽了中关村办公司的政策,1984年,四通、信通、科海及日后非常著名的联想公司相继诞生,"中关村电子一条街"初具规模。

陈春先的研究方向是高深的核聚变,他参与创建了中国第一个核聚变基地,在中科院物理所建立了国内第一个托卡马克装置。而在中关村,他的这些专业几乎都派不上用场。从1980年以后,陈春先基本上放弃了学术研究。他把服务部改组成华夏硅谷公司,只要有生意上门他都乐此不疲地去谈判。他的公司做过的最大一笔业务是帮助一家美国公司做数据录入,他为此聘用了100多个大学生,1 000个字符挣0.4元,如果顺利,一年可以得到30万美元的收入,但是这个业务后来也半途流产了。

陈春先显然不是一个优秀的经营者,在他的首倡下,中关村日渐规模膨胀,而他的公司却始终萎靡不大,与联想、方正、同方等后起之秀不可同日而语。十多年来,他多次卷入经济纠纷,甚至还先后两次遭人绑架。

他对人感慨说:"思想活跃也好,能悟出潜在的增值地方也罢,都不等于能够办好公司。相反,办好公司的企业家大都是搞营销、搞金融,有很强管理能力的人,而不是真正的科学家。我不是一个成功的企业家,这一点没有什么好回避的。"

陈春先晚年成为一个"历史人物",平日无人记挂,到了某些纪念日则有媒体上门采访一二。很多人以为,他当年若一直在实验室工作,将成一个伟大的科学家。而他自己则说了下述的一段话:"我觉得每一代人只能做他当时认为最重要的事。人活着总要做点事,做了这件,也许就要放弃那一件。我做事从不后悔,即使做了较为愚蠢的事,也不后悔,因为时间总是在往前走的。"

陈春先是一个倔强的四川成都人。他很应该被人长久地纪念。

互联网上有一个专门的陈春先纪念网站 http://www.chenchunxian.com/。[①] 除了几个知情人,那是一个几乎被彻底遗忘的网站。

---

① 该网站由于长期无人照料,已于2008年关闭。——编者注

1981 / 笼子与鸟

> 中国可能选择的道路,各种事件必须流经的渠道,比我们能够轻易想象到的更窄。
>
> ——费正清:《美国与中国》[①],1981年

谁也没有想到,改革的局势会在年初就急转直下。

查尔斯·艾布拉姆斯是第一个感受到这股寒流的美国商人。就在上一年的《财富》杂志,他还被描述为"去中国淘金的新美国梦的成功代表者"。这位时年57岁的纽约不动产交易商在中国成立了一家贸易公司,在拜访了中国40余次后,他得出结论说,中国就像一个巨大的公司。他得到了中国很多官员的热情接待,他从他们那里得到了数家国有企业的白皮书,甚至包括一些价值上千万的初步订单合同。因为这些合同,他还成功地从纽约的股市上募集了

---

① [美]费正清著,孙瑞芹、陈泽宪译,《美国与中国》,北京:商务印书馆,1971年版。

2 500万美元的资金。

可是在第二年的《财富》上,艾布拉姆斯则更成了另一则坏消息中的倒霉蛋。报道称,"北京最近大规模暂停了很多主要产业的合同,这一行为挫伤了很多中国公司,也让很多试图在这里赚钱并开始动作的美国公司蒙受损失"。而艾布拉姆斯就是其中的首当其冲者,他拿到的很多订单合同一夜之间变成废纸。

三年前成为中国第一家改革试点企业的首钢是国营企业中最早受到冲击的企业之一。在过去的两年多时间里,首钢的利润净额平均每年增长45.32%,上缴利润和税金平均每年增长27.91%,企业呈现出兴旺的迹象。然而,麻烦事很快出现了。4月,国家经委、财政部、物资总局、冶金部等8个单位联合发出通知,对全国钢铁实行严格限产,首钢的减产任务是36万吨,占上一年度总产钢量的9%。厂长周冠五不得不下令将投产不久的二号高炉停产。

憋气的事情还不止这一件,就在限产任务下达的同时,北京市副市长张彭又赶到首钢,他带来了市里的指令:由于政府财政紧张,作为北京市工业企业的"带头兵",首钢今年的上缴利润要力保达到2.7亿元,比上年增长9.3%。周冠五拿着纸和笔算给市长听:"把首钢的全部家底都抖出来,满打满算利润最多2.65亿元,都缴上去了,企业留成一分没有,职工的福利更飞到天上去了。"可是,张彭也很坦白地说:"今年市里日子过不下去,就是要给你们加加压。"

日子突然会过不下去,这是很多人没有想到的。

经过将近三年的改革,中国在政治上完成了一次"洗礼",改革成为舞台上的主流,通过对"四人帮"的公开审判更是让全民对左倾思想深恶痛绝[1]。在农村,起灶于安徽凤阳的联产承包责任制开始大面积普及,农民

---

[1] 1980年11月,最高人民法院特别法庭对"四人帮"集团的10名主犯进行了终审判决,此次审判通过电视向全国进行了转播。

的生产积极性被极大地调动起来；在城市，国有企业的改革试点面越扩越广，在零售商业领域出现了零星的个体经济。按当时很多观察家的话说，"是建国以来少有的很好的经济形势"。而与此相伴，中央财政却出现了严重的困难。最显著的标志是1979年、1980年两年连续出现巨额财政赤字，据《中国经济年鉴（1981）》披露的数据，1979年赤字170余亿元，1980年120余亿元。到1980年物价稳不住了，商品价格上涨6%，其中城市上涨8.1%，农村上涨4.4%。

究其原因，财政危机在很大程度上是变革过程中所带来的。为了改善工人和农民的生活水平，在过去的三年里，中央出台了一系列的政策，包括职工提薪、奖金发放、安置就业、政策退赔、农产品提价以及扩大企业和地方财权等，使财政支出大幅增加。与此同时，经济的复苏势必带动基础建设的复兴，各地的基建规模不断扩大，渐渐到了预算无法控制的地步。而国有企业的放权让利改革一方面让中央财政的收入少了一大块，另一方面，这一改革的总体成效又实在让人不能满意。1980年年底，胡耀邦敦派中央办公厅专门组织了一个调查组对四川、安徽、浙江的扩大企业自

▲先富起来的农民买回价值520元的12英寸黑白电视机，引来邻居们的羡慕

主权试点进行调查，拿出来的调查报告《经济体制改革的开端——四川、安徽、浙江扩大企业自主权试点调查报告》称：试点改革情况不容乐观，一方面，放权仍然有限，在企业留利、原材料供应、劳动管理体制、工资制度、计划外生产等方面企业权力还很小，对搞活企业的作用有限。另一方面，集中管理的价格体制和不合理比价，使各工业部门利润水平相差悬殊，最为典型的是，成本利润率石油行业比煤炭行业高出100倍，造成苦乐不均、不公平竞争和相互攀比。调查组还发现，在没有预算硬约束的制度下，试点企业出现"截留税利，乱摊成本，滥发奖金和补贴"等行为，放权让利改革效应递减。财政分级管理使地方利益强化，"少数地区已经开始出现'割据'的苗头，不但上下争利，而且阻碍经济的横向联系"。在城乡之间、地区之间争夺原料、重复建设、盲目生产、以小挤大、以落后挤先进的混乱现象也有所发展。对外经济交往中也出现了多头对外、自相竞争、"肥水落入他人田"的现象。针对这一现状，邓小平及时提出了警示。[①]

在这样的情形下，中国改革开放后的第一次宏观调控在1978年后的第三个年头开始了。

邓小平的思路非常清晰：一保中央财政，采取紧急刹车的措施，全面压缩计划外投资，借用地方财政存款、向企业和地方政府发行国库券、暂时冻结企业存在银行的自有资金、紧缩银行贷款。1981年的基建投资比上年减少126亿元，积累率回落到28.3%，让全年赤字控制在35亿元以内。这些措施直接造成的结果就是各地的投资热度大减，与国外谈判的项目

[①] 粗放式经营以及技术上的差距使得国营企业的经济效率十分低落。1980年，印度生产100万美元的产值只要耗费中国的40%的能源，巴西则为中国的25%，而其他发展中国家，如埃及和韩国两国生产100万美元的产值其能源消耗也只有中国的一半，南斯拉夫为中国的35%。这种能源消耗性的发展模式，是中国企业成长的十分明显的特征。

——搁浅,于是出现了本章开头《财富》所描写的那些景象。其二则是力保国有企业。

关于如何力保国有企业,发生了争议。在国有企业试点效应递减这个问题上,当时经济界出现了两种应对的声音。以当时参与改革总体规划的经济学家薛暮桥为代表的推进派认为,放权让利改革有局限性,主张把改革的重点放到"物价管理体制改革"和"流通渠道的改革"方面去,逐步取消行政定价制度,建立商品市场和金融市场。他在16年后出版的回忆录中说,如果当初按他的思路推进,中国经济改革将少走很多弯路。而另一种意见则认为,国有企业的改革"必须加强集中统一","最后的落脚点是中央集中统一",有人因而提出了"笼子与鸟"的理论,大意是说,企业是一只鸟,不能老是绑着它的翅膀,要让它自由地飞,但是,国有经济体系则是一个大笼子,鸟再怎么飞,也不应该飞出这个笼子。这些论述最终说服了中央决策层,"笼子与鸟"理论统治了未来整个80年代的企业改革思路,国有企业的改革成为一场"笼子里的变革"。

由这一理论出发,来看待1981年的局势,其结论便非常容易得出了:国有企业的变革必须在稳定和中央的控制下循序渐进,怎么改可以"摸着石头过河"[①],走一步看一步。而当务之急,是整治那些不听指挥、无法控制的"笼子外的鸟",正是它们扰乱了整个经济局势。

中央的这一判断,是很能够得到国有企业们的呼应的。很快,在各地的媒体和内部报告上出现了大量的声音,都是控诉那些计划外的小工厂如何与规范的国营企业争夺原材料,如何扰乱市场秩序,如何让国有企业蒙受巨大损失的。总而言之,试点企业搞不好,都是笼子外的野鸟们惹的祸。

---

① "摸着石头过河"是中国企业变革最生动的表述之一,它最早出现在1981年10月国务院批转的《关于实行工业生产经济责任制若干问题的意见》中,《意见》称"实行经济责任制,目前还处在探索阶段,要摸着石头过河"。

对形势的判断及由此而产生的方向性决策，直接造成改革政策上的大拐弯。

事实上，在1981年年初之前，政策的方向还是朝着鼓励个体经济的路线上推进的。

在1980年6月召开的全国劳动就业工作会议上，中央仍然提出"鼓励和扶持个体经济适当发展，不同经济形式可同台竞争，一切守法个体劳动者都应受社会尊重"。在9月的省市区第一书记座谈会上，还提出允许"要求从事个体经营的农村手工业者、小商贩在与生产队签订合同后，持证外出劳动和经营"。10月，国务院发布《关于开展和保护社会主义竞争的暂行规定》，提出"允许和提倡各种经济形式之间、各个企业之间发挥所长，开展竞争"。但是到1981年，口径出现了大转变。

1981年1月，国务院两次发出紧急文件"打击投机倒把"，先是在7日发文《加强市场管理、打击投机倒把和走私活动的指示》，规定"个人（包括私人合伙）未经工商行政管理部门批准，不准贩卖工业品"、"农村社队集体，可以贩运本社队和附近社队完成国家收购任务和履行议购合同后多余的、国家不收购的二、三类农副产品。不准贩卖一类农产品"、"不允许私人购买汽车、拖拉机、机动船等大型运输工具从事贩运"。继而，在30日，国务院又发文《关于调整农村社队企业工商税收负担的若干规定》，明确指出"为限制同大中型先进企业争原料，将社队企业在开办初期免征工商税和工商所得税二至三年的规定，改为根据不同情况区别对待……凡同大的先进企业争原料，盈利较多的社队企业，不论是新办或原有企业，一律照章征收工商所得税"。这两个文件口气严厉，措施细密，并都被要求在各大媒体的头版头条进行刊登报道。一时间，"打击投机倒把"成为当年度最重要的经济运动。

国务院的这两个严厉的文件（它们要到1986年7月才被国务院正式废止），如果从政策面来解读却并非是"空穴来风"，为此就必须再次提及

1979年7月国务院公布的《关于发展社队企业若干问题的规定（试行草案）》。通过这种文件上的比对，我们可以看出，在80年代初期，中央层对民营企业，特别是对萌芽于农村的乡镇企业的角色与作用的定位。

从总体上来看，《关于发展社队企业若干问题的规定（试行草案）》是鼓励社队企业的创办和发展的，规定还提出了很具体的指导方向。然而在章程的细节上，却可以清晰地看出计划经济的痕迹，从发展的战略思想上更可以看出，中央发展社队企业主要还是为了解决农村问题。在这个规定的第二章"发展方针"中，便明确规定：社队企业必须坚持社会主义方向，积极生产社会所需要的产品，主要为农业生产服务，为人民生活服务，也要为大工业、为出口服务。发展社队企业必须因地制宜，根据当地资源条件和社会需要，由小到大，由低级到高级。不搞"无米之炊"，不搞生产能力过剩的加工业，不与先进的大工业企业争原料和动力，不破坏国家资源。

在上述条文中，"主要为农业生产服务"指定了社队企业的产业方向和产品方向，而"不与先进的大工业企业争原料和动力"则限定了社队企业成长的半径。因而，当经过将近两年的发展，社队企业突然在笼子外蓬勃成长，并开始在某些领域与笼子内的国营企业争夺市场和原材料的时候，规定中的这些限定条款便被启动了。

"1981年的日子很难过。"很多年后，萧山的鲁冠球回忆说，钢材提价1.3倍，煤提价5倍，成本持续上涨，而与此同时，原先签订的一些订货合同都被中止了，理由只有一个，"根据上级的规定，我们不能再进乡镇企业的产品"。鲁冠球想到大学里去要一个大学生，当时全厂数百人只有一个高中生，更不要说工程师了。大学分配办的人像见到了外星人一样地看着他："你是不是来错地方了？"

在天津大邱庄，正把一家冷轧带钢厂办得红红火火的禹作敏也遭到了来自上面的压力，他的钢厂摆明了是在与国营企业争夺原材料，而生产出来的钢则又扰乱了钢材的计划市场，是此次运动第一个要打击的。很快，县里派来了清查组。于是，戏剧性的一幕出现了，首先是强悍的禹作敏对清查组十分抗拒。清查组成员对他说"你没做亏心事，不怕鬼敲门"，十分具备语言天赋的禹作敏当即反驳说："尽管没做亏心事，但是鬼老在你门前敲，日子能好过吗？"在他的带头下，大邱庄村民对清查组的态度可想而知，每天都有老头子拎着棍子来质问清查组："我们刚过了几天好日子，你们就来了，我们挨饿的时候你们怎么不来？"还有小伙子也来"轰炸"："我们打光棍多年，刚找上对象，你们一来就散了，这

▲ 大批返城知青，摆摊卖大碗茶。1981年，北京故宫午门前一瞥

媳妇要是找不上你们得负责！"清查组陷入了不堪其扰的"人民战争"，最后在大邱庄实在住不下去了，只好搬到乡里去。

这样的斗争与角力，在各地此起彼伏地进行着。对于像鲁冠球和禹作敏这些从乡土里冒出来的工厂，政府的态度已经十分清晰：请你们继续在当地发展，为方圆十几公里的农民提供必需的劳动农具，并解决农村闲置人口的就业问题，除此之外，千万不要到城里——或者说笼子里来抢食。为了让本来就被返城知青搞得就业压力很大的城市不受农村人口的"骚扰"，12月30日，国务院更是下达通知，"严格控制农村劳动力进城做工，控制农业人口转为非农业人口"。

这一系列的措施，在客观上造成了两个事实，一方面，它有效地控制

了宏观经济的方向,避免了因过热而可能出现的种种动荡和不安定,另一方面,它也使刚刚萌芽的乡镇企业遭受到了第一次寒流,几乎所有在1980年前后创办的企业在1981年度的经济指标都是下滑或停滞的。

对宏观经济的调整,不仅仅是经济政策上的变化,更涉及意识形态上的争论。原本就对宽松政策颇不以为然的人们找到了攻击的武器。而他们攻击的第一个目标物,就是刚刚在南部方兴未艾的特区。

广东省委第一书记任仲夷是压力最大的一位。年初,中央召开工作会议,通知全国各省区首脑必须全部到席,会议的中心议题是讨论国民经济的调整,会议期间,有人散发一封由4个青年人写给中央领导的关于经济调整的来信。信中提出了"缓改革,抑需求,重调整,舍发展"12字方针,其言辞凿凿,句句都向特区飞去。性情刚直的任仲夷面对这一挑战当然无从躲避,他在会上发言:

"信的出发点是好的,但药方下得不对。什么叫'缓改革'?这正是由于过去思想保守,不肯和不敢进行改革,改革的步子太慢,才在经济上出现了许多的问题。'抑需求'?社会的需求、人民群众对物质、文化需求的不断增长是必然的和正常的,只能逐步地积极地去解决,逐步地去满足,特别在当时情况下,不应当再强调抑制群众的需求。对绝大多数群众来说,他们的生活已经够苦的了,对他们的需求,不能再去抑制了。调整是必要的,但'舍发展'就不对了。中央对广东实行特殊政策、灵活措施,办特区,就是希望广东先走一步,发展得快一点。如果按照'12字方针'办,特别是要'缓改革''舍发展',广东怎么能先行一步呢?"

任仲夷的这番话,与会议的基调并不吻合,有的甚至背道而驰。很多年后任仲夷对前来访谈这段历史的记者说:"广东杀开一条血路,要承受巨大的压力。当时广东改革开放既要探索,又要面对一些不解甚至指责。广东省委坚定不移地廓清错误认识,坚持对外开放。"他回粤之后,只是在调整上做了一些"文章",特区和与此相关的开放政策均未有大的变动。

第一部 1978—1983 没有规则的骚动 095

跟任仲夷相比，刚刚在福建主政不久的项南处境还要微妙。年过花甲的项南于1980年秋天被派到福建任省委书记，他带给福建的礼物是，中央把厦门列为第一批对外开放的沿海城市。项南行事向来霹雳，给多年萎靡的福建吹进一股新风，在对外开放上，项南的动作不比任仲夷小，他主政不久便向中央要特殊政策：在目前条件下，福建对华侨和外国资本的吸引力不如广东，更不如香港、澳门。因此，福建应该采取比广东、港澳更加优惠、更具有吸引力的政策。具体说，有"三个要干"，即：外商和我们双方都有利的，我们要干；外商有利，我方无利也无害的，我们要干；外商有利，我方吃点小亏，但能解决我们的就业等问题的，我们也要干。请国务院在原则上予以认可。1981年6月，福建同日本日立公司合资兴办的福建日立电视机有限公司正式开始生产，这是当年度唯一在中国开工的中外合资公司。在投产前，国内舆论已是一片紧缩，关于这家公司该不该建设的讨论从福建一直吵到了北京，有人将之定性为"殖民地性质的厂子"。福建省政府一度已经决定让这家公司暂时"停一下"，看一看政治风向后再说，唯有项南独排众议，坚持"该上就上"。日本《读卖新闻》在两年后回顾此事时说，"项南用他的官帽为福建日立公司的投产剪彩"。

在发展民营经济问题上，项南也比同时代的官员要开明很多，他是少数在1981年就看到了乡镇企业广阔前途的官员之一。他说："福建2 500万人究竟怎么才能很快富起来？农业、工业都不能很快见效，那么出路何在呢？出路就在发展社队企业上，大搞多种经营。社队企业是我们希望之所在。"当种种刹车声四起的时候，项南又在各种场合公开表态："社队企业究竟是上还是下？我说是上，要坚决地上，勇敢地上，要排除一切阻力往前冲！""要把乡镇企业看得比亲儿子还要亲！"

正是在项南以及任仲夷等人的顽强坚持下，在此次宏观调控中，特区和华南经济没有受到致命的冲击，终而使这些省份成为日后民营经济最活跃的地区之一。

1981年，几乎没有什么新开工项目的报道。即便是那几个前两年动工的大项目也在这时遭到了前所未见的质疑。《纽约时报》刊登了一篇《上海真的需要钢铁吗？》的报道，文章称："最近中国《人民日报》上发表文章批评了由于计划和管理决策的不当，造成了刚刚在武汉建成的钢铁厂产量下跌了25%。不过文章最主要的内容是批评即将在上海动工的、将建成年产量600万吨的钢铁厂计划。该计划是1978年中国政府最野心勃勃的计划之一。中国钢铁部门的一位官员代表透露，这些批评使得该项目很难顺利推行。"另外，据德国的媒体披露，中方还中止了向德国购买轧钢厂的价值10亿马克的合同。

对宝钢项目的争议，最终因邓小平的一锤定音而虚惊一场。

这一年，唯一称得上"大手笔"的要算是荣毅仁在1978年创办的中信公司，这位"中国第一红色资本家"、全国政协副主席总算挖到了第一个"大金矿"。

在过去的两年多里，60多岁的荣毅仁每天领着70多岁的董事李文杰一起接见各路外宾。从1979年到1981年，全公司共接待外商6 000多人次，他还请来了前美国国务卿基辛格当中信的顾问，然而使尽浑身解数，中信谈成的项目却只有不足挂齿的三四个。一日，荣毅仁与出身世商的中信董事王兼士聊天，突然想到"借地方上的项目发行债券来集资"的点子。当过十多年纺织部副部长的荣毅仁记起，江苏有家仪征化纤工程，原来是国家22个重点工程的大项目，设计能力为年产化纤原料50万吨，相当于全国化纤的总产量，总投资10亿元，因资金不足正准备下马，中信正可以接手过来。荣毅仁想到了举债集资的办法，他向国务院提议，通过向国外发行债券来救活仪征工程。"新中国向来有一个引以自豪的记录，那就是既无内债，又无外债。荣老要向外国人借钱，首先在意识形态上过不去。"《荣氏父子》的作者陈冠任记录了当时的争议，很多人跑去向国务院告中信的状。"社会主义向资本主义借钱，这搞的是哪门子的经济？中信到底想要干什么？"①

如果要在政治层面上讨论，荣毅仁肯定是占不到任何便宜的，何况当时的整个气候一点也不利于他的这个动议。好在人脉深厚的他很快谋求到了主要领导者的支持，国务院同意中信在日本发行100亿元的私募债券。

荣毅仁在半年多时间里马不停蹄地完成了所有的前期工作，毫不夸张地说，他个人的信用和政治身份成了此次募资最重要的担保。在1982年1月，中信债券发行成功，日本30家金融机构认购了这个期限为12年、年利率为8.7%的债券。三年后，仪征化纤第一期工程建成投产。中信的做法被称为是"仪征模式"，而经此一役，荣毅仁和中信终于找到了感觉。"资本回来了。"荣毅仁后来对美国记者一言以蔽之。

在对外发行债券的同时，中信公司大胆地开拓租赁业务。1981年，中信与北京机电公司、日本一家公司共同筹建租赁公司，为北京市的"北京"和"首都"两家出租汽车公司从日本租赁汽车各200辆，中信公司帮助出租车公司解决外汇问题，汽车公司则付人民币。尽管这一计划初提出时被一些人指责为变相进口，但在不到两年时间，两家出租公司所租赁来的汽车就赚回了所付的全部资金。自此以后，租赁业务在中信大张其帜，甚至发展成为其一大重要的业务系统。该系统包括：中国国际租赁有限公司，与外资合作经营的中国东方租赁有限公司，中信实业银行的租赁部等。

1981年，中国报纸上出现频率最高的两个词是"三产"和"停薪留职"。

所谓"三产"，就是国营企业在主业受阻后，开展的自救式商业行动，譬如，把原来的工厂围墙敲掉，租给个体户开店，或者把闲置的卡车组织起来，搞一个运输公司，再或者，厂长们利用各自的门道，去搞一些贸易

---

① 陈冠任著，《荣氏父子》，北京：东方出版社，2005年2月版。

性生意。

对"三产"的积极提倡,从日后的实践来看,无疑是一个后遗症很大的权宜之计。它不可能解决国有企业已有的效率低下难题,反而倒像是把最需要解决的困难(比如提高企业的劳动效率、增强产品的市场竞争力等)放到一边,国营企业因此逐渐失去它们在各自行业中的领先优势。

▲ 国营餐馆难抵私有餐饮业的竞争,生意清冷

通过"三产"和"停薪留职"所带来的人员分流固然可以让迫在眉睫的冗员难题得到暂时的缓解,但是从根本上造成了国有企业内部的人心涣散,没有人愿意再老老实实地专注于自己的工作岗位,企业的核心能力被轻易地放置在一边。所有的人在8小时内都懒懒散散,下班之后却如鱼入水,十分活跃。如一位经济学家所观察到的:"工作单位"的工人一般都缺乏进取心,懒惰怠慢,要睡三小时的午觉。但在家里,这些人却会忙于养鸡或制造家具或其他工艺,以留作自用或出售给朋友和亲友。[1]

---

[1] 出自张五常写于1981年的《中国会走向资本主义的道路吗?》。

第一部 1978—1983 没有规则的骚动

从年份上来说，1981年对中国来说的确不能算是一个很好的年份。无论是改革还是开放，都不像两年前人们想象的那么简单：只要打开国门，就是一片坦途。被寄予厚望的国有企业改革首战即遇胶着，中央财政吃紧，思想再度混乱，而老天似乎也不肯照顾，从年初开始中原地带就爆发旱涝，7月四川发大水，数千人死亡，50万人无家可归。美国《时代周刊》在《洪水和饥荒》一文中披露"北京第一次向国际社会求助"。文章说："中国这个世界上人口最多的国家正在遭受自1976年唐山大地震以来最严重的自然灾害，洪涝和干旱。主要受灾地区包括河北、山西、山东等。中国政府31年来第一次呼吁国际社会的援助。同时，中国和联合国官员都在努力控制事件严重性的披露。"[①] 而《经济学人》在一语双关的标题"中国这个瓷器店中的公牛"（Chinese Bullina China Shop）下也写道："外汇储备吃紧，国内通货膨胀严重，石油产量瓶颈、出口下降，对稀有能源资源的严重依赖使中国经济发生了严重问题，大量的投资削减损害了很多重大项目和国外供应商，其中包括上海宝钢、南京石化、北京石化等。"

相对来说，《财富》似乎要乐观一点。在秋天，《财富》记者约翰·鲁西走进华北平原，用眼睛向世界报道他看到的事实："一个金秋的早晨，我们一行开着丰田车，行驶在河南郑州的白杨树大道上。河南是中国中部的一个省，40年前我曾来到这里短暂工作，那时的河南，时而干旱，时而洪涝，到处灾民。今天的河南已经发生了很大的变化，其中最令人吃惊的是其觉醒的企业意识。舆论对自由企业的倾斜已经使这种势头不可逆转，这将有助于中国在各个方面同西方公司进行合作，并进而促使中国成为更为活跃的贸易伙伴。"用鲁西的话说，"尽管很缓慢，但是中国真的在朝好的方向变化着"。

透过这些外国人的观察，我们似乎可以触摸到1981年中国的紧张脉

---

① 3月，国际货币基金组织承诺予以中国4.5亿美元融资。这是中国第一次向国际组织贷款。

搏。全世界都在盯着这个刚刚苏醒的东方巨人，猜测它会不会在稍遇挫折后便又昏睡过去。

随着日本和亚洲的崛起，全球公司版图开始重写。1970年名列世界500强的公司到1981年已有1/3消失。新上台的美国总统里根抛弃了凯恩斯主义，决定用更为市场化的手段和宽松的财政管制来激活低迷的美国经济。那些不可一世的大公司也开始艰难地转型，新一代、更具竞争和创新精神的企业家走到了前台。通用电气公司新上任的CEO杰克·韦尔奇前去洛杉矶边上的一个小城市拜访当世最知名的管理学家彼得·德鲁克，求教应该如何整合上千家下属公司，德鲁克教了他一个小招式："你手下的公司有没有价值，你只要看有没有人愿意花钱来买它就是。"回去后，韦尔奇就提出了"第一第二"战略：通用旗下各公司如果不能成为行业第一或第二，就将被清除出局。在英特尔公司，总裁格鲁夫开始构筑高度组织化和整体化的公司架构，他甚至提出了"唯有偏执狂才能生存"的理念。

在新技术层面上，1981年是一个令人兴奋的年份。8月13日，IBM公司向世界展示了第一台PC5150电脑，并创建了行业标准，这一天意味着世界进入了个人电脑时代，IBM将统治这个市场直到1994年。

这一年，中国的青少年忽然得到一种新玩具——魔方。这是一个立方体的塑料玩具，6个面有6种颜色，每个面都由9个小正方体组成，看谁能用最短的时间，把6个面调成相同的颜色。在课堂、家庭和马路上，你到处可以看到为此绞尽脑汁的人们。在某种意义上，此时的中国经济也很像是一个魔方：出路明明是有的，但是，现实就是有点乱，让人理不出一个头绪。

由于整个政策面的收紧，1981年也自然成了外资进入中国的低潮年。只有一些零星的合资报道见诸报端。可口可乐在广州开设了它的第二个瓶装厂。而在老对手进入中国两年后，百事可乐也来到了中国。当时百事可

▲ 去深圳、去广州，是当年青年的创业梦想

乐在中国的商务代表李文富骑着一辆自行车跨过罗湖桥到了深圳，与深圳经济特区联系合资事宜。谈判几乎没费什么劲，双方一拍即合，百事公司出资60%，深圳方面出资40%，在深圳兴建了百事可乐灌装厂。一年之后，这个占地1.3万多平方米的工厂就正式投产了。当时的雇员只有110人。

德国西门子也想要试水中国，不过做法显然要谨慎很多，它没有在中国贸然开分公司或投资建厂，而是以非正式的办事处的形式悄悄开展业务。时年33岁的贝殷思从香港被派到了北京，后来出任西门子中国区总裁的他幽默地说："之前我在香港曾经拿望远镜看过北京，但是从来没来过，也不知道北京什么样子。"因为公司尚未在中国注册，所以贝殷思不能直接做生意，也不能去工厂直接见客户。每天早上，他就去北京动物园附近、二里沟的谈判大厦，那里面有一个柜台，柜台里有很多信封给各个不同的公司。如果有西门子的信封，他就把它打开，里面就有各种不同商品的需求，要西门子提供报价，然后他就把这些信息转给西门子的香港公司，由他们提供具体的报价和商品目录，接下来，贝殷思才能继续谈判。这些谈判主要都是在二里沟进行，谈判对象是中国的机械进出口公司和一些军区医院，需要设备的工厂其实都不了解如何跟贝殷思打交道。贝殷思的业务做得很不错，第一年就谈成了大约5 000万马克的生意，三年后，西门子的全球总裁卡斯克博士来到了北京，从那时开始，西门子才算是真正地进入了中国。

在芝加哥大学，一位长期观察中国问题的学者发表了一篇论文，题目是《中国会走向资本主义的道路吗？》[1]。他认为："中国最后必会走上近乎私有企业制度的道路。邓小平显然是为了现代化的所需而坚持大开中国的门户——引进科技知识、外汇和资金。从国外逐渐吸纳的知识将有助于降低一般有关经济制度的资讯费用……今日在中国掌权的务实派显然相信，只要有足够的资金及技术，之前的一切经济失误都是可以克服过来的。"

他进而大胆地写道："我推测中国假以时日将会采纳一种近似私有权的产权结构……我可以推断，在未来，劳工、生产工具、机器、建筑物，甚至土地，将会有若干程度的私有使用权及转让权。"这位学者在论文的注脚中还说：即使将来中国容许资源的转让及私有使用权，中国可能也永远不会以"资本主义"或"私有产权"等名词来形容其经济制度。十多年后人们发现，他说对了一半，到2000年前后"私有产权"成为一个被公开运用的名词。[2]

这些声音很大胆，他因此在日后的中国名声大噪。不过在1981年，他显得很孤单，紧缩的空气依然弥漫在整个国家上空，报纸每天在连篇累牍地报道各地整治"投机倒把"的新闻，很多人都隐隐预感到了，更严厉的打击可能即将开始了。

---

[1] 该文作者为张五常。
[2] 出自张五常写于1981年的《中国会走向资本主义的道路吗？》。

企业史人物 | 难忘"任项" |

中国改革开放初期,颇有一些地方大员领风气之先,锐意改革无畏进取。在农村联产承包责任制上,有安徽万里,当时有"要吃米,找万里"的民间歌谣。而在对外开放上,则有广东任仲夷和福建项南。

任仲夷、项南均是在花甲之后才被委以地方要任的,他们的前后任期均不过5年,却在粤闽两地烙下最深刻的印记。

任仲夷66岁从辽宁调职到广东省任第一书记,不久即被人封了个绰号——"任你胡来"。据记载,"私营经济"一词便是任仲夷第一个公开提出的,他到广东后发现,当地的个体户已相当多,雇工上百人的都有,他便要求广东社科界着手研究"这算不算剥削",当时一个叫郑炎潮的研究生即把自己的论文《社会主义初级阶段的私营经济》寄给他,任仲夷很兴奋,认为论文为决策提供了重要依据,他批示说:个体经济蓬勃发展是不可阻挡的趋势,只能扶持不能压制,得为它正名,就叫"私营经济",让它发展壮大。任仲夷办深圳特区和蛇口工业区,给袁庚等人很大的政府权限,任之自由成长。有官员批评说"特区除了国旗是红色的以外,已经没有社会主义的味道了"。某省一位官员在参观完深圳后回家伏床痛哭,说:"辛辛苦苦几十年,一夜回到解放前。"在紧缩空气浓烈的1982年,中共中央书记处研究室还编写了一份《旧中国租界的由来》的材料,并附上了一位当时中央领导人的批示:"此件发全国各省市。对于经济特区,要警惕这类问题。"任仲夷当时如履薄冰,他日后坦承:"若非邓公支持,我早就过不了关。"

项南经历与任仲夷相似。他出身于革命世家。父亲项与年是闽西最早的中共党员,母亲坐牢,叔叔被杀,中共元老习仲勋赞誉是"满门忠烈"。他早年在团中央工作,1958年就被打成"反革命",直到21年后的1979年5月,中共中央才批准撤销《关于项南错误的决议》及原处分的决定。1981年,他南下主政福建。据说他坐火车赴任,随行只带一位秘书,以至接驾的福建干部无所适从。项南到福建，大行变革之道，先是全面推广"包产到户"，解放农村生产力，继而向邓小平建言，扩大厦门特区范围，他还承担责任，拍板向科威特借来低息贷款兴建厦门国际机场。他是最早看到乡镇企业战略意义的高层官员，并公开宣称："要把乡镇企业看得比亲儿子还要亲！"在1984年，他更是积极鼓动国有企业厂长呼吁放权，一手策划了福建厂长的《松绑公开信》。他为政亲民，去贫困山区调查，十几日连日奔波竟"形同丐民"。1981年到任不久，《福建日报》公布了两个经济犯罪案件，他专门起草了一个社论，从头到尾只有134个字："有些案件为什么长期处理不下去？今天本报又公布了两个重要案件。坏人受到揭露处理，这很好。有些问题群众看得很清楚，干部也有很多议论，问题的性质已经非常明白，但是就是处理不下去，而且长期处理不下去。为什么？一是自己屁股有屎；二是派性作怪；三是软弱无能。你这个单位的问题长期处理不下去，算哪一条，不妨想一想。"此文一出，连《基督教科学箴言报》也注意到了，称福建出了一个"清新的官员"。

"任项"风格，对华南经济的复苏和开放起了决定性的作用，因而后世有"任、项二人以一己之力推动粤、闽发展"的公论。而令人扼腕的是，两人结局却均不太妙。

任仲夷在广东干了5年，年年风雨飘摇，还多次向中央写检讨书，1985年，他退居二线。

项南却没能"平安着陆"。1986年，受他一手扶持的闽南晋江地区爆发"假药案"，受此波及，他被中央罢职，成为改革开放后第一位因经济事件受免职处分的封疆大员。

1997年11月，项南去世。有人为他写传记，书名曰《敬畏人民》[①]。
2005年11月，任仲夷去世。

---

① 胡少安著，《敬畏人民——项南传》，香港：香港天地图书有限公司，2004年版。

1982 / 春天并不浪漫

风太大了，风，
在我身后，
一片灰砂，
染黄了雪白的云层。

我播下了心，
它会萌芽吗？
会，完全可能。

——顾城：《我耕耘》，1982年

从年初开始，胡金林就预感到要大祸临头了。

乐清县"打击投机倒把工作组"是1月进驻柳市镇的，胡金林第一个被叫去谈话。"你大致说一下你是怎么做生意的？有没有老实缴税呀？"组长是他熟人的熟人，所以讯问起来的口气好像并不太严重。胡金林说自己做生意是怎么辛苦、怎么合法、怎么受客户欢迎。

30岁出头的他是柳市镇上第一批做电器元件生意的，先是做量具、标准件的小生意，后来开了一间"向阳五金电器门市部"，除了销售还做一些简单的加工制作。他的电器原料都是通过各种法子从国营企业流出来的，生产出来的产品也是卖给上海、宁波一带的国营企业，到1981年，他的营业额已有120万元，是远近有名的老板了。当时，柳市镇的小电器行业已渐渐成规模，大大小小的电器作坊有300家左右，胡金林是最出名的一个，因而被称为"电机大王"。

　　被约谈的第二天清早，胡金林主动找到工作组，他带去一皮袋的现钞，有6万元，算是补缴了17个月的税款。他以为这样总可以过关了吧。过了春节，柳市的空气好像还是很凝重，大街上开始挂横幅，"严厉打击经济领域的犯罪行为"，已经有三四年没有响过的大喇叭又轰轰地叫了起来，每天都有口吻很强硬的社论之类的在播出。胡金林看看苗头还是不对，索性把门市部的卷闸门一拉了事，不做生意了，他带上新婚不久的妻子去全国各地旅游散心。

　　两周后回柳市，朋友们再见到他都很吃惊："我们还以为你不会回来了。"胡金林这才明白，事情看来不会那么快就结束了。税务部门把一张白纸红章的文件贴在他的门市部水泥柱上，通知他今后的营业税要上调，从前些年的0.35%连补带罚增加到6%，如果有问题不上报，被查出后再追罚两倍。又过了一个月，镇上突然派人来找他，话只冷冷地说了一句："你从现在开始不得外出，必须随叫随到，等候处理。"从各种渠道传来的消息都证明，工作组已经开始在整理他的材料。

　　胡金林的日子变得动荡不安，每天他都在四处打听上面的动静。到了7月，柳市镇上一些有名的工商户都被叫到工作组去过了，有几个进去就没有再出来。胡金林知道，暴风雨要来了，一日黄昏，一个镇干部骑着自行车路过他家门口，突然停下来小声地对他说："不行啦，要下大雨啦！"然后就迅速地骑走。胡金林转身往屋里奔，从抽屉里拽出早就准备好的500斤粮票、2 000元现金和各种证件，连妻子也没有告别一声就仓皇地逃

第一部　1978—1983　没有规则的骚动

出了柳市镇。

当夜12点，警车呼啸着停在他家门口。扑了一个空。

两个月后，胡金林遭到公安部的全国通缉，罪名是"投机倒把"、"严重扰乱经济秩序"。与他同时遭此命运的还有7个柳市工商户，分别是"线圈大王"郑祥青、"目录大王"叶建华、"螺丝大王"刘大源、"矿灯大王"程步青、"合同大王"李方平、"电器大王"郑元忠和"旧货大王"王迈仟。此7人加上胡金林，合称"八大王"，是为轰动全国的"八大王事件"。自上一年开始整治经济秩序以来，针对一地一个团伙的定点式打击，这是第一起。这8人从生意规模上看，都可谓微不足道，胡金林、郑元忠算是其中做得最大的，年营业额不过百万元而已，刘大源、程步青等人不过是开了一个螺丝和矿灯门市部，而叶建华、王迈仟、李方平等更无非是帮上述几个人做一点产品目录和二手电器倒卖。这些人之所以会被列为重大经济犯罪分子、全国重点打击对象，一是其标本性和群体性，二则是因为温州的缘故。在当年，温州的个体工商企业已超过10万，约占全国总数的1/10，而奔波各地的经销员更多达30万人，已蔚然成为一支让各地国营企业头痛不已的"蝗虫部队"。正是在这样的背景下，对"八大王"的高调处理，便很有超出经济上的意味了。

在日后的两年多时间里，"八大王事件"一直如一块乌云般笼罩在温州和浙江上空。温州市工业在1980年的增速为31.5%，到1982年却下滑为−1.7%，其后三年一直徘徊不前。

而被当成全国重大典型的"八大王"的命运也各有乖舛。最早被逮住的是22岁的程步青，乐清县专门召开公审大会，他被五花大绑押上台，接受群众的批斗和唾骂，然后宣布判刑4年。在全国公安的协力严办下，叶建华、郑祥青、李方平和王迈仟相继落网被判刑。郑元忠潜逃在外，后被看守所收容，在里面关押了186天。胡金林从上海、北京流窜到东北，甚至在当年土匪猖獗、著名小说《林海雪原》中的座山雕老巢——夹皮沟躲了很长一段时间，直到两年后的1985年1月15日，他以为风头已过悄悄溜回柳市，当夜就被警察捕获。第二天，乐清县广播站报道："全国经济要犯、八大王之首胡金林抓获归案。"胡金林在监狱里被关在重刑犯单间里，他已彻底绝望，做好了判重刑乃至被枪毙的准备，谁知道66天后，4个公安人员来到他的面前，宣布他被无罪释放。唯一逃脱惩罚的是"螺丝大王"刘大源，在整整三年里，他像老鼠一样地四处躲藏，有时候身无分文只好到垃圾箱里翻拣东西吃，等他再次回到柳市，人枯形瘦，相熟亲朋竟有大半不敢相认。

"八大王事件"是1982年经济整肃运动的冰山一角。1月11日和4月13日，国务院两次下发严厉文件，"对严重破坏经济的罪犯，不管是什么人，不管他属于哪个单位，不论他的职务高低，都要铁面无私，执法如山，不允许有丝毫例外，更不允许任何人袒护、说情、包庇。如有违反，一律要追究责任"。到这一年年底，全国立案各种经济犯罪16.4万件，结案8.6万件，判刑3万人，追缴款项3.2亿元。

对柳市"八大王"的高调讨伐，令全国民营企业噤若寒蝉，再也不敢公然与国营企业抢原料和"扰乱市场秩序"了。与此同时，另一个发生在武汉的案件则展现出另一个领域里的争抢，那就是民营力量已经把手伸向国营企业内部的科技人员，开始与国营企业争抢技术和人才，这当然也是不被容忍的。

1982年的春节，武汉工程师韩庆生是在监狱中度过的，他入狱的罪名是"技术投机倒把罪"。

前一年，国营一八一厂的韩庆生和另外三个工程师为武汉的一家乡镇企业九峰农机厂设计了两套生产污水净化器的图纸，还编写了两万多字的产品技术说明，这家农机厂本来已经濒临倒闭，却因为韩庆生们的帮助而起死回生，当年就实现了五万元的利润。农机厂的厂长黄从良很感谢这些工程师，到年底发给4个人每人600元。就是这600元把韩庆生送进了监狱，一八一厂的有关领导知晓此事后当即向公安局告发，韩庆生被判有

第一部　1978—1983　没有规则的骚动

罪，罪名就是利用国家技术牟取私利，是为"技术投机倒把罪"，一审判决入狱300天，用韩庆生的话说，"相当于两块钱坐一天牢"。

在当时中国，向民营企业偷偷输送技术的绝不只有一个韩庆生，当时国内科技人员号称有800万名，其中1/3闲置无事。新兴的乡镇企业则人才短缺，急需科技人员，于是，便有很多国营企业的工程师在周末被乡镇企业主接走，偷偷地到这些工厂帮忙进行科研。当时有个专用名词来称呼这群人，叫作"星期日工程师"，也就是星期一到星期六为国营企业工作，到了星期日就被接到城外的乡镇企业，为那里的工厂提供技术帮助。韩庆生正是这个人群中不起眼的一个。因为他是全国第一个因此被判刑的技术人员而广受关注，成为当年度的一起标志性事件。

据当时报纸记载，3月2日，韩庆生和他的律师杨霞第一次出庭辩护，参加旁听的就有300多人，大部分是与韩庆生类似的知识分子。法庭辩护整整进行了一天，公诉人说一段，辩护人说一段，一共辩了10轮，这在当时的司法界已是罕见的透明，当杨霞发言时，因辩辞动人几次被听众鼓掌打断。当年8月，武汉市武昌区法院宣判韩庆生无罪，公诉人再向上级中院申诉，12月，中级人民法院改判韩庆生罪名成立。当日，韩庆生的家人带着申诉状坐火车去北京上访。

事件至此，韩庆生案引起举国关注。当时在知识分子和科技人员中影响很大的北京《光明日报》专门为此开展了讨论，读者信件像雪片一样飞进报社。由于当时法律的不健全，在此案的处理上基本没有是非可言，唯执法者和当政者的考量为依据。韩案被报纸公开讨论，一时舆论鼎沸，全国的科技人员大多对法院判决不以为然，中央领导人亲自过问案件进展，事件在此后突然峰回路转——这样的戏剧性情节在此后的企业史中将一再发生——1983年2月3日晚上10点，武汉市市长带着判决书和退还的600元来到韩庆生家中道歉。

韩庆生事件的喜剧性落幕，并不意味着类似事件已成定论。在今后的若干年内，国营机构里的科技人员能否外出兼职依然是一个纠缠不清的话题，1985年前后，上海太平洋被单厂一个叫郑鸿坚的助理工程师还因为业余兼职而被判刑、关进大牢。直到1988年1月18日，国务院专门下达了文件，称"允许科技干部兼职"，至此，这个争论才总算尘埃落定，而事实上，在那时，民营企业聘用科技人员已是一个十分普遍和自然的现象。一个十分可笑和耐人寻味的事情是，在关于科技人员能否出卖技术的讨论中，从来没有人认真地从职务专利的法律角度来讨论这个事情，尽管国家在1980年就成立了专利局，通过了《专利法》。①

"八大王事件"和"韩庆生事件"均在当年轰动一时，以后来者的角度来解读：国家是在动用政府机器对体制外的资本力量进行遏制，这样的制度性遏制将在今后的20年时间里持续发生，这不是某一个人的决策行为，而是整个中国企业变革的逻辑使然。从中国改革的第一个年份起，依资产身份的不同来制定不同的政策便成为一个不容置疑的战略，在很多时候，它甚至成了一种改革价值观。在1981年，当国营企业改革推进乏力，而刚刚萌芽的民营力量开始形成一股经济力量的时候，对前者的保护和对后者的遏制便成了一种本能性的政策反应。

必须指出的是，经济整肃让民营经济遭遇第一次寒流，大大地延缓了它的成长势头，特别是先发的浙南和珠江三角洲地区承受巨大的冲击和压力。很多年后，有记者问任仲夷："主政广东工作期间有无失误？"任坦言："人哪能没失误，1982年差点过不了关。"

"过不了关"的原因，从表面上看，是华南地区走私蔚然成风。当时广东不少县市的走私出现了"渔民不打渔、工人不做工、农民不种地、学生不上学"，一窝蜂地在公路沿线、街头巷尾兜售走私货的现象。很难有确切的数据证明这些走私到底涉及多大的商品流通量和交易金额，不过，它确实是很多人原始积累的方式。通过这种非法、不无血腥的"公众走私

---

① 《专利法》的正式实施是从1985年4月1日开始的。

运动"，华南（包括广东东部的潮汕地区和浙江南部沿海的温州、台州地区）率先取得了企业发展的资金和产品流，不少后来创办了工厂的企业家在当时都有"逃港"和走私的经历。针对这一现状，1982年1月，中央发出紧急通知，要求严打走私贩私活动。2月，中央书记处召开广东、福建两省座谈会，专题研究打击走私贩私、贪污受贿问题。胡耀邦总书记主持会议，会议气氛极其严肃，对走私的研究很快转变成对开放的批判，会上有人说："这场斗争是资产阶级又一次向我们的猖狂进攻。"有人说："广东这样发展下去不出三个月就得垮台。"还有人说："宁可让经济上受损失，也要把这场斗争进行到底！"

主政广东的任仲夷在压力下被迫写了平生的第一张检讨书，然而，他仍然提出"排污不排外"，已经推行的开放政策不能收回。他的一时坚持，守住了特区开放的阵地。不久后，广东出台新的地方法规，把开放持续推进。深圳开始向香港和澳门商人发放多次出入境的证件，免除了进出关的麻烦，同时允许外资工厂拥有聘用和解雇工人的权力。特区的土地租赁也走向制度化，每平方米的工业用地年租金为10~30元，商业用地的年租金为70~300元，平均比香港低了90%左右。《南华早报》在社论中说，"这是让所有香港商人梦寐以求的"。而美国的《商业周刊》则评论，"广东省的政策表明，自1949年以来，外国人第一次被允许在中国长期租用土地、自定工资和解雇工人"。似乎是为了呼应任仲夷的开放决心，这年10月，蛇口开发区主任袁庚让手下做了一块很大的标语板，树在工业区管委会的门口，上面写着，"时间就是金钱，效率就是生命"。这句标语在一开始引起了广泛的争议，但很快它成为中国改革的一个经典。

新政策的出台及任、袁等地方官员的开明，使得香港商人成为第一批投资内地的外来资本群体。《经济学人》在一篇观察稿中写道："在深圳投资的客商十有八九是从内地移居香港或者澳门的中国人，它们比西方投资者更容易适应中国模糊的法律。考虑到香港的前景，他们中的许多人把在这块地方投资当作赌博……然而这些华人投资者仍旧小心谨慎。深圳将近

70%的外资投资都集中在办公楼、宾馆以及其他旅游设施上，仅仅只有7.3%是投资于工业项目。"

与香港商人的踊跃相比，欧美企业则要谨慎得多。《纽约时报》记者的观察是："迄今为止，美国和欧洲的大投资商还在回避这些经济特区。工人未受过训练，不按期交货，不按期启运，管理人员和技术人员缺乏，在合法权利问题上变化无常，在中国国内市场的销路有限等，使欧美的大投资商不敢贸然行事。"到这一年底，深圳最大的工业投资项目是百事可乐的工厂，总投资额为550万美元。

如果说南方的特区开放步履维艰的话，那么，全国范围的国有企业改革则更是乏善可陈。原本以为，只要把在农村改革中一试就灵的"承包制"拿到企业改革中来就可以了，谁知道，后者的复杂程度远远大于以个体生产为主的农村经济，中国企业变革开始陷入经济学家高尚全所总结出的"一统就死，一死就叫，一叫就放，一放就乱，一乱就统"的轮回中。1982年1月，中共中央做出《关于国营工业企业进行全面整顿的决定》，提出用两三年时间，对所有国营工业企业进行整顿。内容有五项：整顿和完善经济责任制；整顿和加强劳动纪律；整顿财经纪律；整顿劳动组织；整顿和建设领导班子。列入第一批整顿的企业共9 150个，其中大中型骨干企业1 834个。国家统计局在年终报告中承认，本

▲ 1982年的《经济学人》杂志上，反映当时在中国办一个企业需要办理很多审批手续的漫画

年度的生产、建设和流通领域中经济效益差的状况没有明显改善，固定资产投资增加过多，战线过长，存在着计划外项目挤计划内项目的现象。在国家计划建成投产的 80 个大中型项目中，有 33 个没有建成，计划建成投产的 80 个单项工程中，有 24 个没有建成。其中，唯一的亮点是上海郊区的宝钢终于在重重争论中"飘出了第一缕淡淡的青烟"。

事实上，围绕宝钢的种种风波和争议从 1980 年就开始了。这一年的 8 月 22 日，新华社罕见地播发了一条新闻稿，严厉批评宝钢下属的一个"电力分指挥部"违反财经纪律，擅自动用外汇，进口属于高级消费品的小轿车和旅行车各 4 辆。在其后的一些评论中，宝钢被影射是"浪费与赤字经济"的典型，在"一切经济都是政治"的舆论环境中，几乎所有的人都从中嗅到了某种不寻常的意味。伦敦的《经济学人》杂志在这个月的"中国评论"中透露说："中国钢铁工业的副总负责人在上海告诉日本钢铁公司的经理，外界的批评已经让工程很难再向前推进。许多人认为，中国拥有大量的廉价非熟练劳动力，在这种情况下，建造只需要少量熟练工人的资本密集型工业工程是疯狂的。"9 月，在第五届人大第三次会议上，一些全国人大代表就宝钢的问题向冶金工业部提出质询，问题包括"这项

▲ 1982 年上海石化总厂涤纶厂短丝车间生产线

工程究竟要花多少投资，工厂建成后能出多少产品，建设这么一个厂在经济上是否合算，工厂的选址是否恰当，工程的质量如何"等，冶金工业部部长唐克对此进行了一一回答，他承认宝钢建设中有几点教训，如"冶金部对量力而行的原则考虑不够；上马仓促，没有进行详细的可行性研究，没有请各方面的专家进行论证，准备工作有许多欠缺的地方；如果有比较充裕的准备时间，可再节约一些外汇。在资金使用上也存在一些浪费现象，买了一些不该买的东西"。新华社对这一质询进行了公开的报道，很显然，有人希望通过让事态公开化的方式迫使这个项目流产或被推延。

1981年8月，在宏观经济日趋紧缩的大背景下，中方决定中止向日本公司购买成套设备的4个合同，并为此支付了相当于合同总金额11%左右的补偿费。到第二年的3月，宝钢向德国公司购买设备的巨额协议也被要求推迟三年"交货"，这些举措在国际舆论中溅起轩然大波，它被视为中国经济"紧急刹车"的重要标志事件。在邓小平的支持下，宝钢的建设终于没有"喊停"，到1982年8月，第一批两座巨型熔炉正式宣告投产，这个时间比原定计划延迟了大约10个月。它们将年产钢铁300万吨，占当时全国钢铁产能的1/10。媒体报道："一个现代化钢铁联合企业的雏形已经呈现在人们的眼前。首尾长达一公里的初轧厂，翠绿色的钢结构厂房已经大部分完工，两台有四层楼高的初轧机，像一对孪生兄弟般挺拔地站在坚实的地基上。远处发电厂两百米高的大烟囱里，正飘着淡淡的青烟。"

紧缩的空气让所有在中国投资的外资公司也同样感受到了压力。

一马当先的日本企业继续在中国开疆拓土。三洋公司已经一口气开出了5家工厂，传奇企业家井植熏亲赴中国考察，它生产的彩电、录音机、洗衣机和冰箱将很快铺遍中国的各大商场；本田公司与中国最大的摩托车工厂——重庆的嘉陵机器制造厂签订了合作生产五万辆摩托车的合同；三菱汽车与北京卡车制造厂的谈判也在顺利进行中。不过，种种迹象表明，中国政府在大力欢迎这些电器公司的同时，也对它们即将带来的产业冲击产生了忧虑。《日本经济新闻》在5月发表的《中国以耐用消费品为中心，加强贸易保护》一文指出，由于日本耐用消费品大量涌入中国，造成了中国国内企业的压力，大量商品积压，工厂发展艰难，因此"保护民族工业"的呼声已经响起，中国政府将开展一系列针对性的贸易保护措施。这家报纸还列举了10种可能受到保护的耐用消费品，包括汽车、电视机、手表、自行车、照相机、电冰箱、洗衣机等。

似乎是为了印证日本报纸的观点，8月17日，国务院发出《关于加强对广东、福建两省进口商品管理和制止私货内流的暂行规定》，规定汽车、电视机、电冰箱等17种经批准的进口商品只准在省内销售，不准销往外市。不过，这样的规定由于其操作性的缺乏，事实上很难被严格地贯彻下去。

跟决心在中国市场上大有收获的日本企业一样，已经在中国开设工厂的可口可乐开始了它漫长而愉快的征服中国消费者的旅程。似乎在起初，中国人并不喜欢那类似止咳糖浆的味道。此时，可口可乐公司又让人们见识了什么叫商品促销。每当周末，可口可乐的职员就举着标有可口可乐商

▲天津国营无线电厂的"北京牌"彩色电视机装配线

标的彩色气球,在北京的各大商场推销,五角钱买一瓶可乐,送一个气球或一双带包装的筷子,一时间人潮如涌。日后搞营销研究的人认为,这是中国现代市场上第一次卖场促销活动。

这种促销活动引起了很大的震动,北京的一些报纸杂志立刻发表文章,抨击可口可乐。称这种做法"侵入中国,引进了资本主义经营方式";一家日报还在内参上登出文章——《"可口"未必"可乐"》,文章列举了可口可乐进入中国的数条罪状。很快,上面来了指令:可口可乐被严格地限制在外国人圈子中销售,"不准卖给中国人一瓶"。

这个禁令执行了将近一年,让美国人很是沮丧,后来,经过中国合作方的再三争取,它才又获准恢复内销。不过也有让美国人暗喜不已的现象,在南方的广州,一些追求时髦的小青年把铁罐包装上的"可口可乐"商标剪下来,贴在自行车的前把手或后轮护皮上,俨然是一辆"可口可乐牌自行车"。很显然,来自西方的文化输入比商品还要早一步。

在其他方面,尽管紧缩的空气让人担忧,但还是有越来越多的公司来到中国。吸引它们的原因几乎都是相同的:便宜的劳动力、广袤的消费市场。

1982年3月,北美最大的运动鞋公司Nike急急忙忙地在福建开出第四个工厂,那时候,它被翻译成"乃基",生产出的所有运动鞋全部出口海外,直到几年后,当它开始内销中国市场的时候,才改名为"耐克"。

让人记忆深刻的是,乃基鞋的生产线全部是从临近的韩国和中国台湾工厂拆运过来的"二手货",产业梯级转移的特征从一开始就非常明显。香港《大公报》的报道说:"乃基之所以转入中国内地生产,主要的原因就是那里的劳动力比韩国和中国台湾便宜得多。"到年底,乃基开在天津和上海的三家工厂将生产150万双运动鞋,公司董事长菲尔·奈特希望,到1985年,中国区的产量能够占到乃基鞋总产量的29%,即1 800万双。中国成为一个"全球工厂"的命运似乎在很早就被定义下来了。

瑞典的Ericsson公司与北京电信部门的通信设备合作谈判也有了成

果,它将在北京安装7 500门程控电话,在此之前,中国所有电话都是陈旧的拨号式的,这个合同价值700万港币。跟Nike一样,它当时被翻译成技术色彩很浓的"易利讯公司",直到后来它开始销售手机时才改成更有亲和力的"爱立信"。当时中国的电话普及率只有0.43%,全国10亿人口,仅200万部电话——也就是说每500人有一部电话,而北京和上海就集中了40万部,另外,全国只有12座城市能够打国际长途电话。4月访问香港的公司董事长欧廷深对记者说:"每当我一想到这些数字,就会激动得睡不着觉。"

当然,并不是一切合作都会像童话那样的美妙,在商业活动中,文化和观念上的冲突从来就没有停歇过。法国雷米·马丹公司在天津成立了中外合资的王朝葡萄酒厂。法方经理对前来访问的《华盛顿邮报》记者抱怨说:"我们不得不告诉他们的第一件事情是,请不要在酒厂里随地吐痰。"而中方则觉得法国人实在太挑剔:"他们不习惯在中国工作,一停电,就大发脾气。"在项目谈判之初,法方承诺大量收购当地葡萄,然而,当农民喜滋滋地把葡萄挑到厂门口的时候,有一半以上遭到了拒绝。愤怒的农民把葡萄全部倒在酒厂门口,酒厂的中方合作者当然也十分不满,"如果葡萄含糖量不到18%,他们就不买,我们从未听说过这种事情"。最后解决的办法是,法国人公布了收购的标准和条件,并大幅提高合格葡萄的收购价格。

除了投资与合作,日后将愈演愈烈的贸易摩擦已经初露端倪。到年底,中国的纺织品出口增幅迅猛,在北美、日本市场,中国大陆货已经超过了之前一直领先的台湾货。在当年的出口贸易中,纺织品占到出口总值的32%,中美开始就纺织品贸易展开拉锯战式的谈判。同时,对于其他商品的制裁也开始了,11月,美国国际贸易委员会裁定,中国的蘑菇罐头损害了美国的蘑菇业,这是从公开媒体上看到的第一例针对中国商品的反倾销案。

11月24日,关税及贸易总协定部长级会议在日内瓦召开,在这次常规性年会上，来了一位特殊的客人——中国外经贸部派了一个司长前来观摩。法新社当即敏感地意识到，"中国试图成为这个国际贸易组织的一员，他此次前来的目的显然是想了解加入该组织的程序问题"。关贸总协定组织成立于第二次世界大战后的1946年，是布雷顿森林协定中的一部分，它与同时成立的国际货币基金组织和世界银行被认为是全球最重要的三大国际经济组织。中国要加入该组织，将获得最惠国的待遇，但首先必须承诺开放国内市场。在此后相当长的时间里，能否及何时加入该组织，成为中国融入全球经济大家庭的最重要的标志性事件。

1982年，物质生活的改善似乎超出了人们原先那点卑微的奢望。城市商场里出现越来越多的家用电器，三年前才开始在中国制造的洗衣机到年底已经达到200万台的产量，电视机总量达到1 000万台，电冰箱的需求量也呈井喷式的成长。在几年前，新婚家庭的三大件是"自行车、缝纫机、手表"，而现在已经变成了"新三大件"：电视机、洗衣机和电冰箱。对家电的需求直接引爆了其后长达十多年的中国家电热，由于这些产品的技术要求并不高，使得那些先觉醒起来的企业——包括国营公司中的弱小者及民营企业——寻找到了发展的缝隙，一些日后将风光一时的家电公司都将在这两年内一一登台亮相。

不过在这一年，中国最紧俏而奇异的商品，还不是松下电视、东芝冰箱或可口可乐，而是吉林省长春市的君子兰。

已经无法考据，这种造型高挑、气味淡雅的观赏植物为什么会一夜之间身价百倍，而这股疯狂的"君子兰风"为什么又会发生在向来商品意识淡薄的东三省。

长春人向来有栽种君子兰的风俗，但从来没有人把它看得很金贵。疯狂是从街巷中的小道消息先开始的，在此前的一年，一些"有人靠君子兰发财了"的传闻已经隐约弥漫在长春的大街小巷，据说，一个商贩养的君子兰被什么外商看中，出价一万美元买走；据说，一位港商要用一辆"世界上公认的超豪华高级皇冠轿车"来换一盆名叫"凤冠"的君子兰,结果被主人郭凤仪——一家花卉公司的经理给当场拒绝了;据说,一个老头养了几株珍贵的君子兰品种,死活不让人看,但是某夜被人偷走,结果气得立马断气;据说,有个人从沈阳长途开车来到长春偷花,得手后连夜返回,最后在仓皇逃窜中车翻人亡……这样的故事每天都在翻新、在制造、在发酵,每一个都有名有姓,有鼻子有眼。与此同时,长春当地的媒体也推波助澜,连篇累牍地发表文章说君子兰好,品格高雅,花中君子,放在家里能够清新家中的空气,养人容颜,有益健康,等等。就这样,原本几元钱一盆的花卉一日一日地扶摇直上,几百元、几千元、上万元,而当时,一般工人的工资仅三四十元左右,如果养出一盆君子兰,倒手卖出成百上千元,无疑是发了大财。于是,在炒卖预期的推动下,君子兰疯了。

到1982年,满城疯魔君子兰,这株秀气小巧的植物成为长春人生活的唯一主题。它的价格一涨再涨,倒手赚钱者大有人在。年初,市面上出现了5万元一盆的君子兰,很快,10万元的也出现了,到9月,在城里最热闹的红旗街花市上,最贵的一盆叫价竟达15万元!这几乎是所有长春人一辈子都没有看到过的金钱数字。就这样,一种除了观赏别无他用的植物在开放之初的东北无比诡异地诱发了一场经济泡沫。

这个泡沫还将持续两年,1983年,长春市政府做出了《有关君子兰交易的若干规定》。为一种花草的买卖专门以政府名义做出规定,举国这是第一例。《规定》要求:"卖花要限价,一株成龄君子兰不得超过500元,小苗不得超过5元。同时还规定,除了按交易额征收8%的营业税之外,一次交易额超过5 000元以上的,税率要加成,超过万元以上的,还要加倍。"这份规定不但没有起到抑制作用,反倒像是往烈火中浇了一盆油,君子兰价格再被催涨。1984年10月,长春市人民代表大会正式通过决议,把君子兰定为"市花",号召全体市民:"家家户户养君子兰,至少要栽三株到五株,不种君子兰,愧为长春人!"至此,疯狂到达顶峰却也迅速转入疲态。由于投机过于剧烈,引发种种社会动荡,尤其可怕的是,很多企业单位动用公款投资君子兰,成为疯狂背后最强劲的动力。终于在下一年的6月1日,长春市政府迫于各方压力发布了《关于君子兰市场管理的补充规定》,明文规定,"机关、企业和事业单位不得用公款买君子兰;在职职工和共产党员,不得从事君子兰的倒买倒卖活动,对于屡教不改的要给予纪律处分,直至开除公职和党籍"。此规定一出,君子兰风戛然而止,花价一落千丈,再无波澜,只留下一地捧着花盆的市民欲哭无泪。

长春君子兰事件在当年并非孤例。1982年前后,江浙一带也曾爆发过五针松(一种观赏型松树盆景)的炒卖事件,其疯魔状况也毫不逊色。这些现象颇似17世纪荷兰发生的郁金香事件。[①] 它可以被看作贫穷日久的底层民众对财富渴求的一次妖魔式释放。"潘多拉的盒子"真的被打开了。

客观地说,1982年宏观经济的紧缩,并没有造成意识形态上的全面回流,它所表现出的种种粗暴是一个习惯于用行政手段和思路解决经济波动问题的政府,在面对新环境时缺乏市场经济管理能力的体现。在中央决策层,改革依然是主流的力量,一些重大的变革在继续推进中。

这一年的一月,在邓小平和胡耀邦等人的力主下,国务院宣布精简机构,这是新中国成立后该机构规模最大的一次缩减,在国际上引起了广泛的好评。用日本《东京新闻》的评论说"官越大,减的越多",其中,副总理减少了八成,部长级减少了七成,司局级减少了五成,其余减少了1/3,部委从52个减少到41个。外电乐观地认为,"国务院做出了一个新典范,如果全国各省市起而仿效,中国的机构臃肿之症将可以治好一半"。在3月8日,国务院宣布增加一个经济体制改革委员会,这个机构成为中国体制改革的探索者,它的权力将日渐增大,一度握有股票上市等审批权,直到1998年3月被撤销前,它一直是最显赫和位高权重的经济主管

[①] 1630年前后,荷兰发生郁金香的疯狂炒卖,其风席卷整个欧洲。最疯狂的时候,郁金香的价格一月之内可翻100倍,一支郁金香可换4吨小麦、4头牛或12只羊。这是商业史上有记录的第一次泡沫事件。

机构。

9月，中国共产党第十二次代表大会开幕，会上最重要的政治议题是，确定了"建设有中国特色的社会主义"的国家战略。邓小平在中共十二大的开幕式上致辞，第一次提出"把马克思主义的普遍真理同我国的具体实际结合起来，走自己的路，建设有中国特色的社会主义，这就是我们总结长期历史经验得出来的基本结论"，换句话说是，中国已下决心放弃高度集中的"苏联计划经济模式"，开始以"计划经济为主、市场调节为辅"的经济体制改革。①

与这一战略相关的是，会上被选为中共中央总书记的胡耀邦明确提出了经济发展的目标，"到本世纪末，力争使全国工农业总产值翻两番"。与1978年全国科学大会上提出的那个浪漫蓝图相比，这个目标明显要务实和可执行得多，它在相当长的时期里激励着这个国家里的每一个人，它让全民看到了一个依稀可见的希望。日后发展的事实是，到1995年，全国GDP提前5年比1980年翻了两番。

这一年的秋天，一个叫梁伯强的青年从香港又潜回到了老家——广东省中山县的小榄镇。两年前的一个深夜，18岁的他和三个好朋友从中山小林农场的八一大堤跃入冰冷的海水，冒着生命危险偷渡到了对岸的澳门。这两年里，他在香港和澳门四处打工，先在码头扛大包的牛仔裤，后在家具工厂描摹山水花鸟和古代仕女，他住在满是偷渡客、娼妓和毒贩的工棚里，整日提心吊胆。听家乡来的人说，现在国内做生意机会多起来了，于是，他把辛苦攒下的3万港币绑在腰上，又悄悄回到了小榄镇。没有一家国营单位愿意接受他，原来工作过的工厂一度同意接纳他，但条件是要他在全厂职工面前悔过自新，并要挂上"叛国投敌"的牌子，念自己的检讨

---

① 关于经济体制的目标模式，经历了五次转变：1949—1977年为计划经济；1978—1983年，提出了"计划经济为主、市场调节为辅"的改革思想；1984—1987年，提出了"有计划的商品经济"理论；1987—1992年，提出了"计划与市场相结合的社会主义商品经济"理论；1992年以后，正式提出社会主义市场经济理论。

书。梁伯强有点失望了，他只好选择去菜市场当菜贩子。那时候，由晓光作词、施光南作曲的《在希望的田野上》非常流行："我们的家乡，在希望的田野上，炊烟在新建的住房上飘荡，小河在美丽的村庄旁流淌。一片冬麦，一片高粱，十里荷塘，十里果香。"梁伯强每天就哼着这首欢快的歌曲在焦急地等待自己的机遇。不久后，他将用扛大包和描家具攒下的3万元钱办起自己的工厂——这在3年前是根本不可能的事情，20年后他成为中国的"指甲钳大王"，产品占据全国60%的份额。

在当时的中山小榄，乃至中国沿海各地，到处游荡着"梁伯强"，他们是中国田野上无数朵渴望致富的漫漫野花。尽管受到遏制，体制外力量还在上升的通道里，到1982年年底，全国工商户已达101万家，与1979年底的10万户相比，整整增长了10倍。春天真的已经到了，尽管没有歌曲里唱的那么浪漫。

企业史人物 |"大王"如蚁 |

历史中的人物，大体可以分为两类，一类是大人物，一类是小人物，大人物决定了历史的走向，小人物体现了历史的真实。温州"八大王"当然该归入小人物，他们被举国通缉的时候，没有一个人的资产超过50万元，在事件之后，他们也大多平凡无奇，重回芸芸众生。

原本以为要被杀头的胡金林，心惊胆战地进牢又懵懵懂懂地被放了出来。获得自由身不久，他就筹划办一个轧钢厂。"温州没有轧钢厂，乐清更没有，现在基本建设急需钢材，我要办一个轧钢厂！"说这段话的时候，他早已忘记了三年前他正是因为与国营企业争夺原材料才遭到打击的，商人从来是经济动物，要他们眼睁睁地看着商业机会从手指缝中溜走而无动于衷，似乎比杀他们的头还难。那个只有4.5亩地的私人轧钢厂办到1988年就难以为继，胡金林远走上海、深圳做生意，最远的地方到过新疆的柴达木盆地，他说："报纸上说，西部开发是21世纪的曙光，我马上想到可以去撞撞运气。"在撞了一鼻子灰回来后，胡金林重拾旧业，开始生产和经销"交流接触器"，这时候柳市的低压电器已赫然成势，胡金林在这里早已算不上什么"大王"了。

"线圈大王"郑祥青当年被抓进去就有点黑色幽默。某日，"打击经济犯罪工作组"车过柳市，看见一幢三层楼高的小白楼颇为醒目，组员们就在车上议论："这户人家不搞资本主义，能有钱盖这样的楼吗？"第二天，楼主郑祥青就成了重点清查对象，工作组抄家时在院子里发现一大堆废弃的电机线圈，他就被指控为"生产伪劣线圈牟取暴利"，"线圈大王"的名号由此圈定。郑祥青被关押半年后放回，将近七八年不敢出门做任何生意。后来他迷上了刚刚时兴起来的电脑，在柳市镇上开过一个小小的电脑培训班。

唯一没有被逮住的"螺丝大王"刘大源倒一直在做螺丝生意。他开在镇上最热闹的前市街的"大源螺丝店"在很多年后成了记者前来拍照的改革样板。他最自豪的事情是:"80年代,我店里的螺丝可是最全的,那时,上海标准件公司都才只有两万多种,我有四万多种呢!"后来,国营的上海标准件公司真的被刘大源们冲垮了。

"目录大王"叶建华原本是个拍照个体户,某日,胡金林找到他,请他给自己的电机产品拍一个产品目录,叶受此启发,便专门给柳市镇上的企业拍目录。他很有点推销头脑,在目录册上他都会标上产品的名称和基本数据,还分别标明了"国家价"和"柳市价",那些对电器一窍不通的经销员跑到各地,一拿出这个目录册就一目了然了。他做这个生意,竟名列"八大王"之一而被判刑关了一年半。出狱后,叶建华再不敢干这生意,于是开照相馆、开广告公司、开汽车修理厂,"目录大王"终成前尘旧事。

年纪最轻却坐牢时间最长的是"矿灯大王"程步青,他被公审判刑后,举家在柳市已无法立足,其父母兄妹被迫流离他乡。程步青出狱后,便去了上海做生意,后不知所终。"合同大王"李方平跟程的遭遇很相近,他被关了四个月后放回,从此远走上海,后来侨居加拿大。"旧货大王"王迈仟,在1995年病死于肝癌,时年50岁。

"八大王"中,日后稍有成就的是"电器大王"郑元忠。他被全国通缉后亡命天涯,在1983年9月终于被公安捕获,第二年的3月无罪释放。出狱后,他重操旧业,办了一家开关厂。20世纪90年代初,不惑之年的郑元忠又到温州大学读国际贸易专业,成了温州大学年纪最大的学生。毕业后,他突然转做服装行业,创办"庄吉"服装有限公司,并请动香港明星吕良伟做品牌代言,这家公司后来成为温州服饰业中较成规模的一家。日后评选"温州改革风云人物",郑元忠便总是以"八大王"的代表而名列其中。

"八大王事件"在1982年前后举国知名,臭不可闻,一度压得温州民营企业抬不起头。1984年,时任温州市委书记的袁芳烈深感,"八大王案不翻,温州经济搞活无望"。他组织联合调查组,对全部案卷进行复查,

第一部 1978—1983 没有规则的骚动

得出结论是,"除了一些轻微的偷漏税外,'八大王'的所作所为符合中央精神"。

沧海横流,历史从来浩荡向前。"八大王"身份渺小,命运如蚁,举重若轻的"符合中央精神"六个字似乎已算是还了他们一个公道。①

---

① 谁是"八大王",日后有多个版本。《经济观察报》首席记者仲伟志提供过另外一份名录:"螺丝大王"刘大源、"电器大王"胡金林、"矿灯大王"程步青、"目录大王"叶建华、"翻砂大王"吴师濂、"线圈大王"郑祥青、"胶木大王"陈银松、"旧货大王"王迈仟。

1983

步鑫生年

万里长城永不倒，

千里黄河水滔滔，

江山秀丽，叠彩峰岭，

问我国家哪像染病？

——香港电视剧《霍元甲》主题歌，1983年

1月3日，全中国的第一家超级市场在北京市海淀区开业，它只有200平方米，一次挤进100个顾客就会转不过身，它只出售蔬菜和肉食两种商品，而且比不远处的菜市场贵5%~40%。绝大多数的北京人好奇地进来转一圈，马上就吐着舌头逃出去了，购买者几乎都是外国人，他们抱怨包装袋上只有价格而没有商品名称和质量，所以常常会把鸡肉当成猪肉买走。

也是在1月，一家开办于伦敦的"亚洲与中东投资有限公司"设立了一笔总额为1 000万美元的"中国投资资本基金"。据《亚洲华尔街日报》的

报道称，这是第一笔专为中国设立的投资基金，它将被平均分成100份，投入到"有发展潜力的、新建的或现有的中型工业企业中"。这条新闻被《参考消息》转载，不过好像没有引起任何人的注意。在当时，"投资基金"实在是一个太陌生而遥远的名词。

改革开放5年来，一切似乎没有按预定中的进行，在农村一试就灵的"承包制"在企业改革中成效不彰，在计划管理体制中运行多年的行政部门和国营企业似乎都不习惯用市场的方式来改变自己，跨国资本对中国的投资兴趣好像也不如想象中的那么大，倒是南方的香港同胞表现得非常积极，不过从总量上来说，实在难以让打过淮海战役、指挥过百万雄师过长江的邓公感到解渴。体制外力量的纷涌而起，是意料外的事情，但到底它能长多大、会把中国引向何方，却还要边走边看。

过去的两年多里，年广久和陈志雄们雇用8人以上帮工算不算违法的争论一直没有停下来过，马克思的经典论述谁也不敢违背，但现实却好像膨胀的气球眼看着要爆炸，邓小平显然也注意到了这个问题，在双方争辩不下的时候，大家都希望他能给个明确的说法。在一份关于如何处置私营业主超出规定多请帮工的请示报告上，邓小平用潦草的笔迹写下了自己的意见："放两年再看。"根据他的这个指示，中共中央当即对此提出了三不原则："不宜提倡，不要公开宣传，也不要急于取缔。"再过两年，此事又被递交上来，邓小平的意见还是"再看看"。再看了两年，直到1987年的中共中央"5号文件"中，对雇工数量的限制才被去掉了，"三不原则"改成了16字方针："允许存在，加强管理，兴利抑弊，逐步引导。"而在那时，私营业主雇用大量劳动力的现象已经比比皆是，在舆论上也已经没有任何的争议了。

从这个细节就可以看出邓小平领导这场艰巨变革的战略思路：摸着石头往前走，不争论，也不做政策上的明确界定，让最终发生的事实来定义前行的方向。这种改革思维使中国变成了一个巨大的经济试验场和冒险乐园，所有的激情和野心都被无限地激发出来，从社会底层喷发出来的火浆终于让大地熊熊燃烧，只要有利于经济的发展和财富的累积，一切都似乎百无禁忌，中国社会的道德底线和法制底线一次次地受到挑战和冲击，公共价值观念变得越来越世俗化和物质化。

在1983年的1月，所有的这一切都刚刚开始。12日，邓小平在一次谈话中指出，要允许一部分人先富起来。在今后的很多年里，他一再地提到"要让一部分人先富起来"，这成为他最著名的改革格言之一。它也跟"摸着石头过河""不管白猫、黑猫，抓住老鼠就是好猫"[①]等名言一起构成了邓式变革的思想基础。

那部分先富起来的人，很多是体制外的小人物。10多年后，他们将成为这个国家的财富阶层，不过在那一年，他们还在贫贱中胆怯地摸索。

刚过了春节，四川新津县农业局刚刚分配进来的大学生陈育新突然提出辞职，更让人不可思议的是，他要求到农村去做专业户。这在小县城里掀起了轩然大波。

陈育新原名叫刘永美，他有两个哥哥刘永言、刘永行，和一个弟弟刘永好，刘家四兄弟在新津是出了名的有出息，他们当时都在不错的工厂和机关单位里上班。老三突然要辞职，还是去当农民，这让所有人百思不得其解，县委书记钟广林打算亲自找这位全县第一个辞职的干部谈一次话。陈育新的态度很坚决，钟也不好太反对，最后语重心长地要求他："小陈呀，你去了农村，广阔天地，要好好发挥你学到的知识，起码带富10个农户，10个。"

陈育新的心思只有刘家四兄弟自己知道。这四个血气方刚、在当地颇有见识的青年人早已不耐烦在暮气沉沉的事业机关里老此终生了，他们合

---

① 根据《邓小平文选》（第一卷）1962年7月7日共青团三届七中全会的讲话《怎样恢复农业生产》，原文为："刘伯承同志经常讲一句四川话：'黄猫、黑猫，只要捉住老鼠，就是好猫。'这是说的打仗。"后来在民间逐渐流传为"不管白猫、黑猫，抓住老鼠就是好猫"，本书保留了民间流传的说法。——编者注

计好了，要办一家电子工厂。他们连第一个产品——双声道音响也研制出来了，偷偷拿到县里的商场门口一放，居然音效还不错。当时，在城市里根本不允许私人办企业，唯一的可能是到农村去办社队企业。于是，商量的结果是，对无线电最精通的老三先辞职，到郊区的古家村办一个社队企业，其他三兄弟再分头辞职加入。当时，连工厂的名字都想好了，他们很崇拜大发明家爱迪生，他的公司叫作GE，刘家兄弟的工厂就叫"新异"。

陈育新背着铺盖进了古家村，几周后，拿着村里同意开办新异电子厂的报告到县里去审批，居然被一口拒绝。原因是："你们没有资金，没有工程师，瞎胡闹什么！"

办电子厂的路就这样莫名地被堵死了。陈育新号啕大哭，重病一场。但日子还要过下去，四兄弟再合计，决定只能在农村生意里找出路了。当时，农田已经分包到户，农民生活渐渐好起来，养殖业开始露出发展的苗头。刘家兄弟觉得搞一个良种场一定不错。

就这样，日后将成为中国首富的刘家兄弟办起了平生第一个实业：育新良种场。那已经是1983年的秋天了，刘永言卖掉了家里唯一的一块手表，刘永行卖掉了自行车，四兄弟一共凑了1 000多元钱，陈育新把自己家的房子改做了孵化室，他和妻子搬到了临近一个幼儿园的小单间里。一个充满传奇和曲折的家族创业史就这样简陋地开始了。一年后，一个叫尹志国的人骗走了2 000只小鸡，差点让良种场破产。幸好在这时，刘永言看到了一条新闻，朝鲜的国家领导人金日成送给中国一批鹌鹑，报上说它是"会下金蛋的鸟"。他很是心动，听说附近的灌县有鹌鹑卖，便急急地赶去买回50只大鹌鹑和200个种蛋。因为他把钱都花光了，最后是扛着一大笼子鹌鹑和种蛋走了几十里路才回到新津的。

说鹌鹑会下"金蛋"，是因为它的产蛋率高，一只雌鹌鹑几乎每天都可以下一个蛋。刘家兄弟一计算，平均下一个蛋的饲料成本大约是两到三分钱，而当时一个蛋可以卖五到六分钱，利润差不多有一倍那么高。而且，鹌鹑小，不占地方，容易大规模养殖。于是，他们把良种场的重点转到了鹌鹑的养殖上,四兄弟在农技和无线电上各有擅长,搞起事业又是一样的搏命,他们的良种场当然比别人要好不少。为了提高产蛋率,陈育新和刘永好琢磨出了电孵技术,刘永行则每天背着鹌鹑蛋去新津附近的县镇兜售,因为每天走的路很多,使得他幼小时受过伤的左腿旧伤复发,最终落下了微瘸的后遗症。很快,他们在鹌鹑养殖上赚到了钱。到年底,刘家买了一台14英寸的彩电,让四乡邻里羡慕不已。

▲刘家兄弟创办的鹌鹑场。后立者为刘永好

在新津,养鹌鹑渐成风尚,数年后,这里成了全国最大的鹌鹑养殖基地,养殖户竟超过10万人,刘家兄弟也掘到了他们的"第一桶金"。便在这时,他们又敏捷地转到了另一个行业中。在鹌鹑养殖中,他们试验出了一个饲料配方,随着养殖户的日渐增多,饲料成了最紧缺的商品,刘家兄弟当即开出了一个饲料工厂,它被起名为"希望",后来成为中国最大的饲料集团。当时,整个成都地区,只有一家国营饲料工厂,在体制上根本不是刘家兄弟的对手,由鹌鹑饲料进而生产需求量更大的猪饲料,到1987年前后,刘家兄弟已经悄悄聚起了上千万元的资本。他们可能是改革开放后,第一个靠产业发展完成千万级资本积累的家族。据《希望永行:成为首富的短路径》一书,刘永好说:"如果我们一直待在机关里,到今天最多是科级干部,如果我们一直做鹌鹑,到今天可能是衣食无忧的小老板,如果我们后来不做猪饲料,也可能是几个中等工厂的中老板。"[1]

当刘家兄弟不亦乐乎地养鹌鹑的时候,在同省的万县,已经出狱三年

---

[1] 郑作时著,《希望永行:成为首富的短路径》,北京:中信出版社,2007年版。

多的牟其中又被抓进了监狱,这次他犯的是"投机倒把"罪。

牟其中办的中德江北贸易服务部这些年一直没有起色,只能做一些小本的藤椅生意。这年初,他发现一种由上海工厂生产的"555"牌座钟在市场上很好销,大凡结婚的青年都会添置一个。他当即找到重庆一家半停产的军工企业,请他们仿制一万个"555"牌座钟,每个25元。然后他赶到上海,把仿制钟以32元的价格卖给一家贸易公司。这样一倒手,他赚了足足7万元。这在当时,无疑是一笔很大的生意,对牟其中来说,更大的意义在于他看到了跨区域流通的巨大空间,原本就对实业制造和经营管理毫无兴趣的他从此疯狂地迷恋上了空手腾挪的"智慧产业",开始他充满传奇和荒诞气质的"首富生涯"。

不过在这一次,他还要经受一次磨炼。他的倒卖新闻在万县当地一时广为流传。9月,万县工商局以投机倒把罪名将牟其中及7名员工收押,当时的《万县日报》如此报道这一事件:万县市个体经营户"中德商店",打着百货、五金零售的招牌,采取各种非法手段,内外勾结,大量套购国家统购统销物资,买空卖空,投机倒把,牟取暴利。

郁闷之极的牟其中将在一个潮湿污浊的牢房里被关足整整一年,这期间他唯一做的事情是写了一份情深意切的《入党申请书》。到下一年的9月,他才被不了了之地释放出来。

几乎就在牟其中因投机倒把罪被再次投进监狱的同时,在南方的深圳,那个喜欢拿《大卫·科波菲尔》当枕头的王石也正在干同样的事情,不过他却没有遭到同样的厄运。

在当了几年工人和政府公务员之后,不安分的王石终于下决心去深圳实现自己的梦想。一日,他在蛇口街头闲逛,望见路北一侧耸立着几个高大的白铁皮金属罐,那是刚刚进来办饲料厂的泰国正大集团的玉米储藏仓。这些玉米产自美国、泰国和中国东北,经香港再转运到深圳。王石楞楞地闯进了正大的饲料厂,找到一个管事的问:"你们为什么不直接从东北进玉米,而要从香港转呢？"回答是："我们也想呀。但是，中国的运输要指标，我们是一家外国公司，根本不知道该找谁要车皮，这件事我们解决不了。"

王石一拍胸脯："我解决运输工具，铁路、海运都没有问题，我拉来的玉米你们要吗？"

就这样，他通过关系找到了广东省海运局，双方一拍即合。王石当起了玉米中间商。从1983年4月到12月，短短不到一年的时候，他赚了300多万。然后，他拿着这300多万的玉米款成立了以主营进口专业视频器材的"现代科教仪器展销中心"，而这便是日后中国最著名的房地产公司万科的前身。很多年后，当王石遇上四川希望的刘永好时戏称：如果当时不是我转行，这"饲料大王"的名分可就是我的了。

被抓进去的牟其中和发玉米财的王石，在当时有一个共同的、贬大于褒的民间称谓，叫"倒爷"。

在80年代初，随着经济的日渐恢复和民众购买能力的复苏，物资（包括消费品和生产原料）全面短缺。与此同时，控制在国家手中的流通渠道则仍然低效而僵化，这在农村市场上直接诱发了沿海农村小商品及专业市场的发育，而在城市市场，则形成了一个介于合法与非法之间的地下流通势力，这些被称为"倒爷"的人，有的具有超强的商品嗅觉和运作能力，有的则有可依靠的裙带背景，他们在国家统购统销的流通体制外建立了一个庞大而繁杂的物流网络，从中牟取差价利益。在今后的几年内，"倒爷"之风将愈演愈烈，绵延长达十余年，他们利用关系滋生腐败、倒卖批文、一夜暴富及对流通秩序的肆意破坏在公众心目中形成了极其恶劣的形象，以致到了人人切齿、个个喊打的地步。然而在客观上，这些"倒爷"如蚂蚁啃堤，最终把僵硬的计划流通体系摧毁得遍体鳞伤，从而以一种十分灰色而非法的方式协助重建了中国的市场流通和资源配置。他们是经济转轨期里必然出现的经济寄生物。

在1983年前后，中国的第一批"倒爷"出现在北京和深圳。前者是政策资源和权钱交易的中心，后者则有一个宽松的商业氛围和对外开放

▲ 商业"入侵"中国城乡的每一个角落

的窗口效应。这时的深圳,已经渐渐显露出改革先行的凹地优势,出乎任仲夷、袁庚等人预料的是,这个"窗口"并未如设计中的那样吸引巨额的外资投入,相反,倒是成为"卖全国、买全国"的"大基地",一些内陆省份的政府纷纷到这里开设贸易公司,以此为"窗口",利用深圳的优惠政策,进行货物的倒卖流通。香港亚洲研究中心的陈文鸿博士在一项研究中发现,当初袁庚等人提出的四个深圳发展目标,到1983年都已经渐渐偏离:"产品以出口为主",实际进口大于出口4.84亿美元;"引进以先进技术为主",但引进的主要是中国香港、日本的被淘汰不用的设备;"投资以外资为主",实际上外资只占投资的30%,而且绝大部分是港资;"结构以工业为主",当年深圳工业生产总值为7.2亿元,而社会零售商品总额为12.5亿元,做生意赚的钱比工业多得多。一本描写深圳早期崛起的作品《深圳的斯芬克思之谜》中记录说:"贷款发财的热情高得惊人,贷了款挂出招牌成立这公司那公司,深圳街头每天炮竹响个不断,得不到控制的贷款如脱缰野马,已超出深圳存款余额20多亿元,弄得只好到中央和其他省市、自治区去借资金……"①

---

① 陈秉安、胡戈、梁兆松著,《深圳的斯芬克思之谜》,深圳:海天出版社,1991年版。

这一状况在日后的几年内并没有改变，在外国人看来，深圳的投资条件并非像原先承诺的那么好，美国《财富》4月号上便刊登了一篇观察稿，抱怨："深圳的治理，机构重叠，缺乏商业经验。一位投资者说，在许多国家只要一个电话就能解决的问题，在深圳需要很长时间和官方讨论。这里仍然是中国。"但是，在内陆和其他省份看来，深圳的政策环境已经好到不能再好了，越来越多人像王石一样跑到这里来找机会，越来越多的商品和资金向这里流动。在1979年，深圳最主要的银行深圳建设银行，存款只有381万元，到1983年，它已经有了7.19亿元。在深圳建设的前10年中，国有资产增长到250亿元，来自银行的贷款就有180亿元，而其中的绝大部分是从内陆地区以各种正规或灰色的方式融通过来的。在这个意义上，深圳的奇迹不是靠吸引外资而产生的，而是全国人民"倒"出来的。广东学者何博传在《山坳上的中国：问题、困境、痛苦的选择》[1]一书中曾经描写过一个"倒卖"的实例：一些上海人跑到深圳买了一把折叠伞，发现竟是从上海运去香港，又转回深圳的。上海人很高兴，说是比在上海买少花了几块钱，深圳人也高兴，说赚了几块钱；香港百货公司也高兴，同样说赚了几块钱，真不知谁见鬼了！[2]

面对流通环节的活跃和"混乱"现象，中央政府陷入两难境地。

---

[1] 何博传著，《山坳上的中国：问题、困境、痛苦的选择》，贵阳：贵州人民出版社，1989年版。

[2] 流通领域的异常活跃及自由主义倾向，是80年代中前期财富分配和积累的最主要手段。在那时，民营资本还非常弱小，无力大规模生产商品，外资公司则进入迟疑，所以绝大多数的社会商品仍然是由国营工厂生产和制造出来的。但是，这些企业却深受体制之困，不能在采购、定价和销售上有自主权，这便给了"倒爷"们以及形形色色的贸易公司以最大的生存空间。

检讨整个80年代的国营企业改革，我们发现，在推动企业改革的重点上出现了战略性偏差：国有资本的拥有者把重点放在了内部管理制度的变革上，而事实上，当时最大的变化则发生在商品流通的环节。

一方面，"倒爷"和形形色色的民间贸易公司扰乱了商品流通的计划体系，造成乱涨价和通货膨胀。所以，在这一年里，北京为此一再下文，7月，国务院和中纪委联合下发紧急通知，严厉要求"坚决制止乱涨价、乱摊派两股歪风"。10月，这两个机构又下发通知，要求"坚决制止农业生产资料供应中的违法乱纪活动"。这两个通知在客观上取得的效果是，对于有背景的"倒爷"来说，虽有威慑却根本无法禁止，对于那些"老实听话"的国营企业来说，使得它们不敢自作主张，龟缩到计划体制的框框内。新创刊的《经济参考》便在7月22日的头版头条刊登了一篇耐人寻味的新闻：上海第五钢铁厂向镇江冶炼厂采购一批钼铁，后者要求价格比国家定价高28%，并称如果五厂不能接受，自有其他钢厂愿意按这个价格要货。五厂没有办法只好按此采购，而自己在销售钢材的时候也被迫"涨价"。被指"乱涨价"的镇江厂也自有难处，如果按国家定价，则必亏无疑，因此涨价也是迫不得已。这一新闻透露出来的信息是，刚性的计划定价已经在日渐市场化的环境中陷入结构性困局。

另一方面，松动价格管制、开放部分商品的定价权已成为大势所趋。在此之前，全中国所有的商品，从大型机械到针头线脑，都是由国家计划定价的，任何企业不得有一点的自主权。这种状况显然无法维持，因此，国家不得不开始逐步放开了小商品的价格，在1982年9月和1983年9月，国务院先后两次放开了共510种小商品的价格，同时还允许同类产品有5%~15%的"质量差价"，那些被授予金质、银质奖的优质产品还有另外更大的定价空间，其中，金质奖产品加价不超过15%，银质奖不超过10%，优质产品不超过5%。

小商品价格的放开与松动，为货物的流通和民营企业的崛起带来了可能性。在以后的描述中，你将看到，中国第一代民营企业的出现与小商品的流通与制造密切相关，正是在这些不起眼的、为大中型国营企业不屑一顾的领域里，精灵般活跃的民间资本完成了自己的原始积累。

现在，我们就要把目光转移到浙江中部和南部的一些穷乡僻壤。日后的人们很难想象，为什么在那些不通铁路、没有工厂、资源匮乏、知识素质也不高的地方，会孕生出中国商品的集散地。

在1980年之前，很少有人知道义乌这个小县城，它地处浙中盆地，三面环山，狭窄的街巷，低矮的木屋，全县28万劳动力，剩余劳力达15万人，人均年收入88元。近百年来，义乌最出名的是"敲糖换毛"，这里生产红糖，同时土地贫瘠，为了提高粮食产量，地方有鸡毛肥田的习惯，俗称"塞毛"，为了收集鸡毛，农民们便于冬春农闲季节肩挑糖货担，手摇拨浪鼓，走村串乡"敲糖换毛"。为了多点收益，糖担里每每会放一些妇女所需的针线脂粉、笄网木梳。这群"敲糖帮"大概有万把人，百年未绝，成了浙中一带"天生"的农家商贩。1978年前后，在义乌县城东部的廿三里乡、福田乡出现了自发的乡间集市，10多副货担在那里设摊，出售各色针头线脑、自制的鸡毛掸子、板刷等。又过两年，这些货郎进了县城稠城镇，一副担子摆下来，附近马上冒出两三副，然后更多。小摊位蜿蜒而行，吆喝声渐成声浪，不久就发展到了两百多摊。当地县政府不知道如何管理和处置这些"敲糖帮"，于是便发出《小百货敲糖换取鸡毛什肥临时许可证》，算是默许了这些商贩的存在。

到1982年年底，全县的《临时许可证》不知不觉已经发出了7 000份，稠城镇上的商贩也超过了300摊，所交易的商品大大超出了"鸡毛什肥"的规定范畴。有人便开始给省里写信，惊报"义乌出现了

▲ 1983年发行的国库券

第一部　1978—1983　没有规则的骚动　　137

资本主义的小温床"。彼时担任县委书记的谢高华面临巨大压力。

谢高华是个瘦削矮小的中年人，1.65米不到，顶多90来斤，走在马路上，像是一朵棉花在飘。但是，就是这朵"棉花"却做出了他一生中最倔强的决定，1982年11月，他宣布正式开放"稠城镇小商品市场"，并宣布"四个允许"：允许农民经商，允许从事长途贩运，允许开放城乡市场，允许多渠道竞争。四条之中，"允许从事长途贩运"明显与中央文件相背离，其余三条也无法律依据可循。谢高华把小商品市场的第一张营业执照发给了一个叫冯爱晴的农村妇女，她后来成了全国新闻人物。1983年7月，义乌县政府投资58万元，建造起一个占地220亩的摊棚式市场，场内全部是水泥地面，钢架玻璃瓦，这是当时中国最先进的专业市场。

胆大包天的谢高华在义乌挖出的这个"政策凹地"，迅速地产生了积聚效应。到年底，有个叫朱恒兴的有心人做了一个统计，义乌的市场摊户增加到1 050个，日均交易人数为6 000人，其中六成以上是外地人，以温州和台州为主，上市商品多达3 000多种，本地产工业品约占1/3，其余大多来自省内乡镇企业及江苏、广东一带的产品，而销往地多为长江以北及云贵等省份。很明显，一个跨越省界、辐射全国的市场网在当时已显雏形。与此同时，商品物流也带动了义乌家庭工厂的发展，很多商贩在市场里摆摊，在家里搞家庭工厂，所谓"前店后厂"的模式油然而生。

"货多价廉款式新"，义乌的名声以令人难以置信的速度在中国农村传播，这里很快出现了来自天南地北的商贩。1984年年底，上海《文汇报》记者沈吉庆听熟人说，在浙江有个叫义乌的地方，一种新颖小商品或新技术只要在国内的城市商场一出现，没过多久，人们就可以在那里的市场上找到。他便饶有兴致地赶到了义乌，后来他写出一篇《小山沟里的大市场》，这是义乌第一次被媒体发现。沈吉庆看到，在小商品市场周围活跃着上万名商贩和2 000多家家庭工厂，而义乌人的技术都是商贩们从全国各地带来的，塑料加工是从广州学来的，针织工艺是从绍兴、嘉兴引进的，童鞋制作是从温州移植来的。他还讲了一个很生动的故事：年初，有位商贩听说在城市里太阳帽的生意非常好，就特地赶到杭州去买一顶回来，钻研了三天，就仿制出了一模一样的太阳帽，价格还比城里的低了一半。半年后，义乌市场上加工经营太阳帽的商户就达到3 000家，成了全国最大的太阳帽产销中心。

义乌的发展模式①，几乎是80年代中国民营经济成长的标本：一个专业市场的出现，构筑出一张辐射农村及中小城镇的商品网络，在物流需求的诱发下，周边冒出数以千计的家庭工厂，最终形成"前店后厂"、"双轮驱动"的初级产业格局。在中国改革的前10多年，任何产业基础、政策扶持、人文素养乃至地理区位等方面的客观条件，都无法与当地的改革创新意识相匹敌，往往，一地观念的解放与否是它有没有可能发展起来的唯一条件。那些工业基础雄厚、地理位置优越的城市地区，如东北、华北及上海等地，由于计划经济色彩浓厚，政府管治能力健全，民众对体制的依赖度较高，民营资本难有萌芽的机会，倒是天偏地远、国有经济薄弱的边穷地区，如珠江三角洲、闽南和浙江中南部一带，却意外地具备了自谋生路的勇气和可能。

义乌小商品市场里，来自温州的商贩是最主要的一群。事实上，在义乌崛起之前，温州的专业市场已经发育到了相当的程度。

跟义乌相比，温州是一个更具传奇色彩的地名。在中国当代改革史上，温州可被视为"圣地"。这里诞生了第一批工商个体户、第一批专业市场、第一批私人公司，这里也因而承受了巨大的政治和意识形态上的压力，每一次观念交锋之际，这里都成为千夫所指的众矢之的。在上一年开

---

① 义乌日后成为全球最大的小商品市场，到2006年，该地年交易小商品超300亿美元，4万余商位、日客流量20万人次，6 000余家中外名企总经销、总代理，8 000余外商常驻义乌。

始的治理整顿中，温州已经成了被重点关注的对象，"八大王事件"的发生并非偶然。整治一度让纷乱热闹的温州经济突然降温，不过潜伏在民间的水流却从未断绝过。

在1983年前后，温州的家庭工业有10余万户，从业人员40万人，常年有10万人奔波于全国各地，推销产品和采购原料，后来有人用"四千精神"来形容这"10万购销大军"的艰辛：历经千辛万苦，说尽千言万语，跑遍千山万水，想尽千方百计。在这些购销员的四海奔忙和穿针引线下，乐清、苍南等县日渐形成了400多个商品交易的集散地，其中一些稍具规模的便被好事者通称为"温州十大专业市场"，这些市场的交易商品均为日用小商品和生产性原料，如纽扣、塑料编织袋、塑胶鞋、低压电器、皮革、铝塑标识，等等。

而最让人惊奇的是，这些市场偏偏都不在交通的要道和城镇中心，全数在交通十分不便捷的山谷或水湾乡村，前往交易的耗时费力都很大。譬如，乐清的桥头纽扣市场，兴起在一个距离杭温国道约3.5公里的山窝窝里，自1979年出现直到20年后日渐衰落，它都没有搬离原址或离国道稍稍近一点。

苍南宜山的再生纺织品市场更是交通不便，新华社记者胡宏伟记录了他当年去宜山采访时的"行路图"：早晨从县城灵溪出发，坐着中巴车在乡间路上颠簸了差不多两个小时后，眼前淌着一条不知名的小河。登船，两岸山峦十分清丽，没有顶棚、狭长得像条龙舟的小船在弯弯的河道拐过来又拐过去。上岸，只见成串的农民"的士"（这是一种小型的柴油三卡，限定载客6人，实际常常达10多人，有的干脆蜘蛛般半个人吊在车外）极热切地揽客，嘭嘭作响的柴油发动机让你心跳得别扭。又是一条小河，又是一段对生意人来说无暇顾及的风光之旅。下午，当你觉得似乎有点饿过了头的时候，宜山镇也就到了。宜山当时已有纺织机上万台，从业人员6.7万，4个专业乡，58个专业村，7个专业市场，每年流进该地的腈纶边角料达1.7万吨,有人计算过,按一节车皮载重20吨计,共需850个车皮。①

如此巨量的原料,再加上每年上千万件的再生腈纶衣裤,由这个极不便捷的地方贩进运出,而经营者却不思迁移,这种现象让后人读来非常费解。一位叫张仁寿的温州研究者曾用"边区效应"来解读:"温州十大市场大多坐落在水陆交通都不是很便利的地方,唯一合理的解释只能是,在那些地方,'左'的思潮相对薄弱,计划经济的束缚相对较弱,否则,这些市场很可能在兴旺之前就遭取缔。中国改革的经验证明,对旧体制的最初突破,往往发生在旧体制最疏于防范的地方。"此论可谓点中要害。由此可佐证当时温州商人的处境之凶险,改革先行者的狡黠与酸楚大抵都在这里了。②

到这一年底,温州的专业市场经验受到中央高层的关注。在11月29日的全国农村工作会议上,副总理万里对宜山的再生纺织业大加赞赏,建议与会者都可以去参观参观。他的讲话传回到温州,当地官员立即开会,大小喇叭广为传播,总算让一年前因"八大王事件"形成的阴霾稍稍散去些许。

发生在流通领域的这些变革,在当时的中国大地上寥若晨星,尽管无比活跃,却还并没有显现出它对计划体制的革命性冲击。商品供应的短缺特征,使得决策者仍然认为,国营企业的病症主要出在内部管理的僵硬和

---

① 胡宏伟、吴晓波著,《温州悬念》,杭州:浙江人民出版社,2002年1月版。
② 与温州形成对比的是,中国最大的商业城市上海。它是计划经济色彩最浓、政府管控最严的城市,直到20世纪90年代初,当地的私营企业仍然成长乏力。据1992年1月18日的《中华工商时报》报道,在1991年,上海市财办印下发287号文件,明确规定上海私营企业的产品"一律不得进入南京路、淮海路的大店名店",该市2 195家私营企业无一户获准与外国公司合资,理由是"上海尚无先例"。上海的银行规定,"对私营企业一律不贷款",信用社也只能以有价证券做抵押,或要有实力的国营企业担保才能贷款,但数额在3 000元以下。

第一部 1978—1983 没有规则的骚动

低效率上。所以，全部的注意力和政策制定便集中在这些方面。

当时的国营企业聚集了中国几乎所有的资产和精锐人才，它是中国渐进式改革的主角，在某种意义上，它的成长形态和改革路径决定了中国改革的性质和命运。在当时全球范围内，所有社会主义国家都面临国营事业的改革难题，匈牙利经济学家亚诺什·科尔内在两年前出版了《短缺经济学》①，他对国营企业的运行模式及特征进行了理论上的解剖，针对普遍存在于社会主义国家的企业效率低下及商品短缺现象，科尔内指出其根源不在于"政策的失误"，而在于使企业预算约束软化的社会经济关系和制度条件。这是一个非常致命的判断，其言下之意便是，必须改变现有的社会制度条件才可能让国营企业的活力获得焕发，而不仅仅是寄希望于中央政策的调整或企业内部管理的变革。这个思想在东欧和苏联获得了强烈的反响，并最终成为那些国家选择激进的"休克式疗法"的理论依据。在中国，科尔内的理论也早早地传了进来，他的结论显然无法获得认同，不过，他的非均衡理论及分析方法却极大地启蒙了中国的经济学者。

第一轮国营企业改革的现状表明，如果没有利益分配上的明确界定，即便企业的生产积极性被暂时地释放了出来，它与上级行政主管部门的矛盾也不会得到缓解，而且可能愈演愈烈，首钢与北京市财政局之间的那场纠纷事件在全国各地正不断地上演。同时，由于缺乏预算的约束力，企业的投资冲动会盲目膨胀，在过去的几年里，基础建设和计划外的项目之所以会越来越大，到了难以控制的地步，就是因为没有人需要对投资的后果负责，先把蛋糕做大，分了再说，至于如何收摊子，那是"国家的事情"。于是，为了解决这个症结，中央政府决定从税制改革下手。

6月，国务院批转了财政部《关于国营企业利改税试行办法》，同意把执行多年的利润上缴方式，改成有比例的纳税制。有盈利的国营大中

---

① 《短缺经济学》（上卷、下卷）中文版于1986年6月由经济科学出版社首次引进出版。

型企业均根据实现的利润，按 55% 的税率缴纳所得税。企业的留利部分，再根据不同情况分别采取递增包干上缴、固定比例上缴、缴纳调节税、定额包干上缴等办法，上缴国家财政。国营小型企业则试行八级超额累进税制，缴纳所得税后，由企业自负盈亏。

"利改税"是国营企业向现代公司治理制度改革的第一个重要举措。它把企业从"父爱式"的大包大揽中解放了出来，尽管这个"解放"才刚刚开始，而且"父亲"的所得仍然是"大头"。从日后的执行情况看，"利改税"在客观上调动了企业的积极性，部分地缓解了企业与主管部门的紧张关系，不过，潜藏的问题仍然很多，包括税种过于单一，难以发挥税收调节经济的杠杆作用；税后利润的分配仍然比较复杂，且具有任意性等。

更重要的是，它没有涉及企业一旦出现风险和亏损时，责任如何界定。国营经济还是一个"大锅饭"，"利改税"只是部分地解决了企业与主管部门抢饭吃的问题。

▲ 1983 年 4 月 1 日，第一辆上海桑塔纳轿车组装成功

在税制改革的同时，中央政府也小心翼翼地开始做一些其他方面的调整和开放尝试。

首先是，根据企业的规模"把好果子收上来，把烂果子扔下去"，从这一年起，凡是中央投资兴建的大中型企业收入，都归中央财政，中央与地方共同投资兴建的大中型企业收入，按比例分配。中小企业，特别是县办工业企业的亏损，由原来中央负担 80%，地方财政负担 20%，改为中央

与地方各负担一半。这种收入划分和"亏损下放",在主观上当然是中央政府"卸包袱"的做法,不过在客观上,倒为日后很多濒临亏损的中小国营企业的创新与改革意外地预留了空间。

其次,在对外开放方面也日渐放松尺度。那几年来,中国政府在外资引进方面一直令人失望。《亚洲华尔街日报》透露的数据是,在1980年和1981年,中国分别兴建了20个合资企业,而1982年则只有8个。6月的《经济学人》不留情面地批评了中国的外资引进工作,它在题为《中外合资企业的官样文章》的文章中写道:"中国的合资企业法很失败。自从这项法规1979年出台以来,中国官方批准了105家合资企业,引进外资约2亿美元。去年,只有不到10项新交易签署,大多数合资企业都停留在照相室等小规模项目上,对现代化进程没有太大帮助。"这样的批评声让人无话可说,正如它所提供的数据,2亿美元的引资成绩离三年前制定的"五年内吸引100亿美元"的目标实在相去很远。

9月,久唤不出的《中外合资经营企业法实施条例》终于出台,它对外资公司在中国的合资及经营活动进行了明确的规定,这个开明而积极的姿态受到了国际社会的欢迎。美国的3M公司应该是最早感受到这种变化的外资公司之一,它的代表到中国来谈判,希望建立一个全资的生产绝缘体的制造工厂,他提出了一个"三不原则":不搞合资,不转让技术,产品不出口。这在一年前,在中国是根本行不通的。然而,这一次,进行谈判的上海投资信托公司却没有马上拒绝,中方委婉地提出,可否先搞一个试验项目,等到中央政府允许外国公司搞单一所有制的公司时,就把股权全部转让出来。

很显然,国家希望让改革的步子迈得更快一点。自两年前开始的治理整顿,固然起到了遏制经济过热的效果,但是也挫伤了各地改革的积极性。到1983年秋天之后,如何振奋全国人心,唤起改革的热情,让舆论的重心再次回到发展的主轴上成为主政者最大的课题。在这样的大背景下，浙江北部小县城里的一个裁缝出身的厂长走到了时代的镁光灯下。

11月16日，浙江海盐县衬衫总厂厂长步鑫生一早去上班，他打开报纸，突然满脸通红，眼皮乱跳——在头版头条的位置上，他赫然看到了自己的名字。这篇题为《一个有独创精神的厂长——步鑫生》的长篇通讯当日登在了所有中国党报的头版。在没有任何心理准备的情况下，步鑫生成为当年度最耀眼的企业英雄。

夏天，一个叫童宝根的新华社浙江分社记者曾经前来海盐县武原镇采访，步鑫生小心翼翼地接待了他。童记者在厂里转了两天，还找了一些人座谈。在海盐县里，步鑫生是一个不太讨上级喜欢的人，他从三年前当上厂长后，就开始在厂里按自己的想法搞改革，一些不太勤快的工人被他克扣工资，甚至还开除了两个人。他在厂里搞奖金制度，打破"铁饭碗"和"大锅饭"，提出"上不封顶，下不保底"，这很是让一些老工人不满意，时不时的总是有一些告状信写到县里和省里，让他日子很不好过。不过，由于他管理抓得紧，工厂效益不错，生产出的衬衫品种和花样也比较多，所以在上海、杭州一些城市还很受欢迎。童记者离开后，再没有回音，他也没有挂在心上。

童宝根回到杭州，觉得步鑫生这个人很有趣，于是写了一篇《一个有独创精神的厂长——步鑫生》，他对这篇报道心里也没有底，就先试着发了内参——这是新华社一个很独特的新闻产品，它不用于公开发表，而是供中央领导人"内部参考"。谁也没有想到，11月6日，总书记胡耀邦会从成堆的"内参"中挑出这篇报道，写下了一段批示，认为步鑫生的经验可以使广大企业领导干部从中受到教益。十日后，新华社便将童宝根的通讯向全国报纸发了"通稿"，胡耀邦的批示以"编者按"的方式同时发出。

让人感兴趣的是，童宝根的通讯和"编者按"并没有让步鑫生一下子成为全国典型。也许是一些人对"编者按"的背景不了解，在12月的《浙江工人报》上发表了一篇针锋相对的新闻稿《我们需要什么样的独创精神》，指责步鑫生专断独行，开除了厂工会主席，发行量上百万的上

第一部 1978—1983 没有规则的骚动　　145

海《报刊文摘》转载了这篇报道,就这样,步鑫生从一开始就成了一个有争议的企业家。很快,一个联合调查组进驻了海盐。调查的结果是,步鑫生是一个有缺点和弱点的改革家,他很像苏联卫国战争时期的一个红军将领夏伯阳,此人脾气暴烈,小错不断,但骁勇善战,以他的事迹拍成的电影《夏伯阳》在中国放映后一直很受中国观众的喜欢。胡耀邦又在这个调查报告上写了批示,认为应当抓住这个活榜样,来推动经济建设和整党工作。步鑫生争议一槌定音,1984年2月,新华社播发了浙江省委支持步鑫生改革创新精神的报道,并且配发了"中共中央整党工作指导委员会办公室"的上千字长篇按语。

步鑫生被选中为典型,有很偶然的戏剧性因素,却也似乎有必然性。当时国内,通过强有力的行政力量,经济过热现象已被控制,治理整顿接近尾声,在邓小平等人看来,重新启动发展的列车,恢复人们的改革热情又成了当务之急,而在国有大型企业中确乎已经找不出有说服力的"学习榜样",相对而言,受调控影响较小的中小国营或集体企业倒是有一些亮点,特别是那些与日用消费品市场联系比较紧密的企业,其效益并没有受到太大的影响。就这样,企业规模不大的衬衫厂及其有小缺点的经营者便"意料之外、情理之中"地脱颖而出了。在新华社两次大篇幅报道,尤其是"中共中央整党工作指导委员会办公室"的按语出现后,全国各主要新闻单位"闻风而动","步鑫生热"平地而起,仅新华社一家在一个多月里就刊发了27篇报道,共计字数3.4万字,各路参观团、考察团涌进小小的海盐县城,中央各机关、各省市纷纷邀请步鑫生去做报告,他被全国政协选为"特邀委员",他用过的裁布剪刀被收入中国历史博物馆。

在一些新闻记者的帮助下,步鑫生很快发明了一些朗朗上口的"改革顺口溜":分配原则是"日算月结,实超实奖,实欠实赔,奖优罚劣",生产方针是"人无我有,人有我创,人赶我转",管理思想是"生产上要紧,管理上要严",经营思路是"靠牌子吃饭能传代、靠关系吃饭要垮台""谁砸我的牌子,我就砸谁的饭碗""治厂不严、不逼,办不出立足坚稳的企业。不管、不紧，到头来，工厂倒闭，大家都受害"。这些朴素而容易传诵的改革格言迅速传遍全国，成为许多企业挂在厂内的标语口号和企业精神。步鑫生的这些观念对于无数白手起步的民营企业主来说算得上是一堂最最生动的启蒙课，日后，很多在那个时期创业的企业家都回忆说，正是步鑫生的这些话让他们第一次接受了市场化商业文化的洗礼。

"步鑫生神话"渐渐生成，他成了一个管理专家、经营大师。美联社记者在1984年5月20日的一篇新闻中生动地描述说："他的工人威胁要杀他，他的妻子由于过度担忧终于病倒而住进精神病院。但是，浙江海盐衬衫总厂厂长步鑫生先生，顶住了压力，成为中国改革浪潮中的一名佼佼者。这位52岁的裁缝的儿子，在昨天会见西方记者时，讲述了他同'吃大锅饭'的平均主义战斗的经过。"这样的形象无疑是高大、勇敢和受人拥戴的，是那个时代所一再期待和呼唤的，至于它是不是步鑫生的真实面目则似乎是不重要的。

萧山的鲁冠球日后还清晰地记得他去海盐参观的情形：通往海盐武原镇的沙石路上车水马龙，挤满了前去"参观学习"的人们，当时的步厂长炙手可热，据称，连厅局级干部要见一下他都很难，我们的面包车还没进厂门，就被门卫拦下了："步厂长今天很忙，下次吧。"好说歹说，最后他同意我们的车子绕厂区开一圈，这样也算是学习过了。在厂区里，我碰到两位熟悉的《浙江日报》记者，在他们的引见下，步厂长终于同意见我们一面。他是一个说话很生动的人，很会做比喻。他说了15分钟，我们就退了出去，后面又有一拨人进来了。

"步鑫生热"在1983年年底到1984年年初的出现，让国内沉闷多时的改革氛围为之一振。中央的政策也从"调整、改革、整顿、提高"的八字方针悄然变成了"改革、开拓、创新"的新提法。在对步鑫生的学习运动中，扩大企业自主权、推行厂长负责制、打破"铁饭碗"和"大锅饭"等被搁置起来的改革理念再次成了主旋律。

1983年，如果我们把此时的中国放到全球的背景下来观察，将会发现，尽管已经进入到了改革的第六个年头，但是我们离世界的中心舞台还是那么的遥远。

　　日本仍然是全球经济的主角。这一年，后来写出了《第五项修炼》的管理学家彼得·圣吉去福特汽车公司调研，他惊奇地发现，尽管日本公司蚕食了福特在美国的很大一块市场份额，但是福特的管理人员仍然坚持地认为他们被击败的主要原因还是"日本的劳动力太便宜了"。而在圣吉看来，日本汽车最大的创新是"精益生产"和"零库存"。戴维·加文发表在9月号《哈佛商业评论》上的论文《处于危险中的质量》更是证实了这个判断，他在论文中披露了一个让人很吃惊的数据：根据他对所有美国和日本空调生产商的研究，日本公司的平均装配线差错率比美国公司低70倍，最差日本公司的故障率也要比最优的美国制造商故障率的一半还要低；在旷工率方面，美国公司平均为3.1%，而日本公司则为零。很显然，这些年日本的崛起不是偶然的原因，他们在制造线上的严谨和苛刻得到了回报。从戴维·加文及很多经济学者的调研来看，美国要在质量、现场管理和成本上战胜日本人几乎是不可能的事情——最多也就打一个平手。这是一个让人近乎绝望的结论。美国的企业家还将在这种绝望中沉浸多年，直到7年后他们才在信息产业重新找回自信和优势。

　　在华人经济中，中国台湾的企业开始发生令人羡慕的转型。王永庆在他的台塑工厂尝试电脑化作业，因而大大地提高了生产效率，台湾的电子代工产业开始萌芽。一个叫郭台铭的中专生在前一年创办"鸿海精密工业股份有限公司"，他决定重新"定义"电子产业，在日后的回忆录中他说："当全世界的电子业者都把电脑业称为新技术行业的时候，我则认为它的规模制造能力将体现在模具技术上。"就是靠着成熟的模具技术，鸿海迅速切入连接器领域，22年后，鸿海成为全球最大的电脑配件生产商，全世界每五台电脑就有一台在使用鸿海的产品，郭台铭也因此成为台湾首富。

　　唯一一个在全球商业界让人刮目相看的中国人，是一个名叫王安的华裔企业家。他在这一年成为全美的商业英雄。1949年,王安发明了世界上的第一片"存储磁芯",几年后,他创办王安实验室(Wang Labortories),从此替代IBM公司成为计算机领域的领跑者,到1983年,王安公司的营业额猛增至15亿美元,位居全美电脑公司第七位。在《福布斯》杂志的富人排行榜上,他的个人财富达到20亿美元,为全球第五富翁及华人首富。很多年后,比尔·盖茨说:"如果王安能完成他的第二次战略转折的话,世界上可能没有今日的微软公司,我可能就在某个地方成了一位数学家,或一位律师。"王安是第一位全球意义上的华人企业家,但是,他又是一个老派的东方人,他不相信华尔街和美国公司制度,他说:"我不主张开放投资,因为我是公司的创始人,我要保持我对公司的完全控制权,使我的子女能有机会证明他们有没有经营公司的能力。"[①] 同时,他对苹果公司在PC机上的努力不屑一顾,他认为搞个人电脑是"闻所未闻的荒唐事"。两年后,他就为这段话付出了代价,IBM和苹果公司的个人电脑开始风靡,王安公司在1985年陷入亏损,他出版了一本名为《教训》的自传,直到1990年他去世时,王安公司已经不值一提。

1983年便是这样的一个年份:计划经济的闸门已经被撬开,民间的力量如涌出地面的小涓流正四处漫游,致富的渴望日渐成为全民共同的理想。让人稍稍有点不安的是,尽管几乎所有的人都已经清楚地明白改革是唯一出路,但是没有一个人知道未来的中国和我们的生活将变成一副怎样的模样。

5月,中国最好的话剧团北京人艺将阿瑟·米勒创作于1949年的《推销员之死》搬上舞台,这是"文化大革命"后第一部在中国上演的外国戏剧。由英若诚扮演的主人公威利·洛曼每天都要带着两只特大号的样品箱开车去四处推销。他已经50多岁,筋疲力尽,仍为贷款所迫,不能休息。

[①] 王安著,《教训》,北京:生活·读书·新知三联书店,1986年版。

黄金时代已经过去,他所面对的,是失业、压力和一败涂地的人生。最终,洛曼在落寞中结束了自己的生命。

对1983年的中国观众来说,或许能够感受阿瑟·米勒所带来的艺术享受,却无法真正切身地体会人物的内心挣扎。若干年后,当商业的幽灵渗透到中国社会的每一个细胞的时候,人们才可能真正体会到威利·洛曼式的悲凉。

企业史人物 | 裁缝神话 |

将1983年比作"步鑫生年",似乎不为过。自1978年以来的30年中,步鑫生所"享受"的宣传待遇无出其右,其铺天盖地之势,有人将之与当年对焦裕禄和雷锋的宣传相比。不过三人最大的差别是,对焦、雷两人的学习运动都是在其去世之后发动的,所以他们已不会犯错误,而步鑫生则不同。

在80年代初的政治生活氛围中,当一个人被中央指定为典型之后,他就很容易被"偶像化"。本来就桀骜不驯、缺乏政治训练的步鑫生在这样的热浪中很快迷失了自己,他像英雄一样地被邀请到全国各地做巡回演讲,在鲜花和掌声中,他开始说一些连自己也听不太懂的话,他向军队讲军事改革,向文艺界讲文艺改革,向经济学家讲中国的改革大势。那本来就是一个刚刚从意识形态的僵硬体制中苏醒过来的国家,人们习惯于上级给自己提供一个学习的典型,而他往往是无所不知、无所不能、人格与智慧均趋完美的"高大全",步鑫生不幸陷入了这样的偶像陷阱之中。

既然是"神话",所有的上级部门当然希望它持续放出光芒,不断地提供经验让全国人民学习。衬衫厂原本以款式和花样取胜,而这种优势很难被稳固下来,于是,在领导和专家们的谋划下,一个"步鑫生服装生产托拉斯"的创意油然而生,裁缝出身的"步典型"当然对"托拉斯"一词闻所未闻,好在有领导们的推波助澜。很快,在专家们的建议下,步鑫生提出新上一个西装厂和一个印染厂,使面料、衬衫、西装、领带实现"一条龙"生产。他的设想立刻得到了上级部门的热烈支持,在当时,对步鑫生的支持就是对改革的支持,没人敢怠慢。他的项目没有经过可行性论证就得到了批准,并且从一开始的年产8万套增加到30万套的规模——应该说,耀眼的典型光环确实让步鑫生获得了一个别人根本不敢奢望的发展机遇。不过,他显然并不懂得如何掌握。在日后的一次访谈中,他对人说:"当时我有一个错觉,既然是党中央把我树为了典型,肯定是不会让我倒掉的,有什么事情是办不成的呢?"

这种想法让步鑫生在后来的两年多时间里,渐行渐远。有一次,他去外地做报告,一个建筑承包商要求承建西装车间,他爽然承诺。当厂里的助手对此人资质提出疑问时,他火冒三丈:"是你说了算,还是我说了算?"谁知这个承包商真是个骗子,车间盖到第二层就出了质量问题,不得不炸掉重建。又一次,上海郊区的一家领带厂聘请步鑫生当顾问,他慷慨应允买进13万条领带,为这个厂解决"困难"。而这时,他的工厂里也正积压着十多万条领带,一年多后,他无力付款只好赖账。对方把海盐衬衫厂告到法院,最后用一辆运货的大卡车抵债了事。

海盐衬衫总厂到1985年就难以为继,西装厂项目久拖未成,原本就缺乏决断力和沟通能力的步鑫生束手无策,而上级领导似乎也找不出好的治厂良策。改革典型与市场化的裂缝越来越大。到1987年,工厂亏损444万元,这对于一些县级小厂来说,已经是一个天文数字。步鑫生被送到浙江大学去学习企业管理,省里还免去了工厂的一切税赋。步伐已乱的步鑫生此时表现得毫无章法,在西装厂的项目未有了断的情况下,他突然又提出要建一个牛仔布厂,对外加工的服装每套成本7元多,他只收加工费3元多。他听说X光复印很流行,便又兴办了一个复印社,结果效益全无。到山穷水尽之际,他又出了一个奇招,宣称武原镇上的居民谁出1 000元,就可以进厂当工人,结果还真凑起了一笔数额不小的钱,可是生产出来的西装却销路糟糕,只好就地削价叫卖,结果镇上的"喝茶老爹、打渔翁和杀猪郎"都穿上了步氏西装。到1987年11月,海盐衬衫总厂负债1 014.48万元,亏损268.84万元,而这个厂的资产总额仅1 007.03万元。资不抵债,实际上已经破产。1988年1月,浙江省一个调查组在职工中做民意测验,96%的职工认为步鑫生不能胜任,1月15日,他被免去厂长职务。

这自然再成轰动新闻。统一配发的新闻消息稿的标题很长——《粗暴专横、讳疾忌医。步鑫生被免职。债台高筑的海盐衬衫总厂正招聘经营者》，记者严厉地写道："步鑫生在成绩、荣誉面前不能自持，骄傲自满、粗暴专横，特别是不重视学习党的方针政策，现代化管理知识贫乏，导致企业管理紊乱，亏损严重，资不抵债……步鑫生讳疾忌医、至今仍不觉悟，辜负了党和人民的期望。"①

那个把步鑫生推向全中国的新华社记者童宝根又发表了《步鑫生沉浮录》，对之进行多方面的解剖。有意思的是，一向与新华社步调一致的《人民日报》此次唱起反调，它发表了《一人沉浮，千夫评说》②的文章，对步鑫生的被免职及相关报道提出责难。很快，这场笔墨官司演变成人们对"改革典型"的反思，步鑫生的沉浮让人清晰地看到，过去那种树典型的政治化做法根本不适应市场化的要求，它不仅使"典型"自身陷入疯魔，也让当政者非常尴尬。自此之后，宣传部门对企业家典型的宣传便显得小心翼翼起来，这倒可以算是"步鑫生神话"的一个始料未及的遗产。

免职后的步鑫生，如敝屣被弃。他出走浙江，到北京办厂三月，不成，再北漂辽宁盘锦，后来，甚至还去过俄罗斯。很快，他被人淡忘。1990年7月，曾去衬衫厂参观过、后来与步颇有交情的鲁冠球得知步鑫生心力交瘁，旧病复发，正一人孤居北京，便派人北上，并写去一张便条："事已到此，病有医治，事有人为，老天会怜惜，不必多虑。望你有时间南行一趟。"9月，怀揣一叠医院发票的步鑫生到萧山，他对年幼10岁的鲁咸然道："咱们是靠办厂子吃饭的，离了这一点，真的一钱不值。"鲁冠球后来说，这句话如刀削斧凿，深深刻在了他的潜意识中。此后两年多，鲁冠球按月给步鑫生寄去500元的生活费，直到他四处漂泊，失去音讯。

1993年，年过60岁的步鑫生被一个名叫张斌的26岁青年人邀到秦皇岛创办以他名字命名的步鑫生制衣公司，此时的"步鑫生"已成一个时

---

① 值得一提的是《粗暴专横、讳疾忌医。步鑫生被免职。债台高筑的海盐衬衫总厂正招聘经营者》的作者正是当年写出《一个有独创精神的厂长——步鑫生》通讯稿的新华社记者童宝根。

② 高海浩，《一人沉浮，千夫评说》，《人民日报》，1988年1月27日。

而唤起人们某种追忆的历史名词。步鑫生最后一次出现在公开场合,是1998年11月,他以步鑫生集团有限公司总裁的身份,去马来西亚的吉隆坡参加了亚太经济合作会议的工商界高峰会。据说他为自己的集团设计了一个经营口号"有私奉献,好高务实"。

1999年,步鑫生和"海盐衬衫厂的兴衰"被编成一个1 300字的案例出现在当年度"清华大学MBA考前辅导班管理模拟试题"上,三年后,这所大学的一位管理学教授说:"步鑫生的那个管理案例,我们快要淘汰了。毕竟,离现在太远了。最近几年,我们的案例库更新很快。"

"最后的神话"光芒褪尽,凝成一枚虽不甘心却终被淡忘的"改革化石"。

第二部

1984—1992
被释放的精灵

1984 / **公司元年**

"我们都下海吧。"

——民间说法，1984

在科学史、艺术史和商业史上，当一个流派或国家正处于鼎盛的上升期时，便会在某一年份集束式地诞生一批伟大的人物或公司。这个现象很难用十分理性的逻辑来推导，它大概就是历史内在的戏剧性吧。

在美国企业史上，这个伟大年份是1886年。这一年，纽约的图书推销员大卫·麦可尼在推销《莎士比亚选集》时惊喜地发现，他随书赠送的香水备受顾客的青睐，于是他用莎士比亚故乡一条河流的名字"Avon"（雅芳）为名，创建了雅芳香水公司；这一年，"可口可乐"诞生于亚特兰大，它的第一瓶形状"怪异"的产品被推向市场；这一年，大名鼎鼎的乔治·伊斯曼研制出第一架自动照相机，并给它取名"柯达"；全球大宗邮购与零售业的始祖西尔斯·罗巴克也在这一年创立，直到1992年前，它一直身居全球零售业霸主地位。花旗集团在这一年诞生，它后来成为全球最大的银行机构；强生公司也在这一年成立，它一开始制造医药诊断产品，后来才生产出畅销全球的润肤露、香波和邦迪创可贴。如果再加上卡尔·奔驰在德国发明出世界公认的第一辆汽车，那么，在1886年出现的这些公司名字，竟可以勾勒出其后100年的世界公司成长线。

在中国企业史上，这个伟大的年份便是1984年。日后很多驰骋一时的公司均诞生在这一年，后来，人们将之称为中国现代公司的元年。

1984年的特殊气质，在元旦刚过不久就散发了出来。除了出国，一直坐镇北京的邓小平突然决定到南方看看。此刻的国内，由高密度宣传步鑫生改革而煽动起来的改革热情已日益高涨，但是，举国四望，有哪个地区的改革是过去几年里最有成效，也最值得大书特书的呢？邓小平把目光放到了预先没有列入中央规划、后来也没有得到中央财政特别扶持，而此刻正饱受争议之苦的深圳特区身上。

邓小平一生有过两次著名的南下，一次是1984年，一次是1992年，它们对中国经济的风向变动都起到了决定作用，"邓小平南巡"这个说法从来没有在正式的公文中出现过，但是它却在民间和媒体上被广为采用，它寄托了人们对邓公的尊重和期望。

据后来的研究者发现，邓小平的这次南下事先并没有明确的目的，也没有带着政策宣示的责任，但是它所逼发出来的改革热情却出乎所有人的预料。在此前的一年多时间里，对深圳的各种非议、指责正沸沸扬扬，北方一家党报发表了一篇题为《旧中国租界的由来》[①]的长文，影射深圳特区

---

① 1982年上半年，国内某家颇有影响的报纸，以醒目的标题，公开刊登了《旧中国租界的由来》一文。这篇文章从旧中国租界的形成谈起，借古讽今，其寓意是显而易见的。按照文章作者的观点，租界的设立，完全是帝国主义利用当时封建官僚的愚昧无知、腐朽透顶而使用欺诈的手段逐步形成的。

是新的"租界",其后又有文章提醒,要警惕中国出现新买办和李鸿章式的人物。很多来深圳参观的老干部视特区为异端,惊呼"深圳除了五星红旗还在,社会主义已经看不见了","特区姓'资'不姓'社'了"。

1月24日,邓小平抵达深圳,特区的党委书记梁湘指着挂在墙上的深圳地图,介绍了特区开发建设的情况,称1983年的工农业总产值比上一年翻了一番,比办特区前的1979年增长了10倍。备受压力的梁湘很想得到邓小平明确的支持态度,便说:"办特区是您老人家倡议的,是党中央的决策,深圳人民早就盼望您来看看,好让您放心,希望得到您的指示和支持。"但邓小平没有发表意见。

其后数日,邓小平马不停蹄遍走特区,一路上他不讲话,不表态,参观时也很沉默,不露声色。到蛇口工业区时,袁庚汇报说,他们提出"时间就是金钱,效率就是生命"作为整个工业区的口号。机灵的袁庚用自问自答的语气说:"不知道这个口号犯不犯忌?我们冒的风险也不知道是否正确?我们不要求小平同志当场表态,只要求允许我们继续实践试验。"此言一出,全场大笑。邓小平在深圳的表现,可谓意味深长,他用行动表

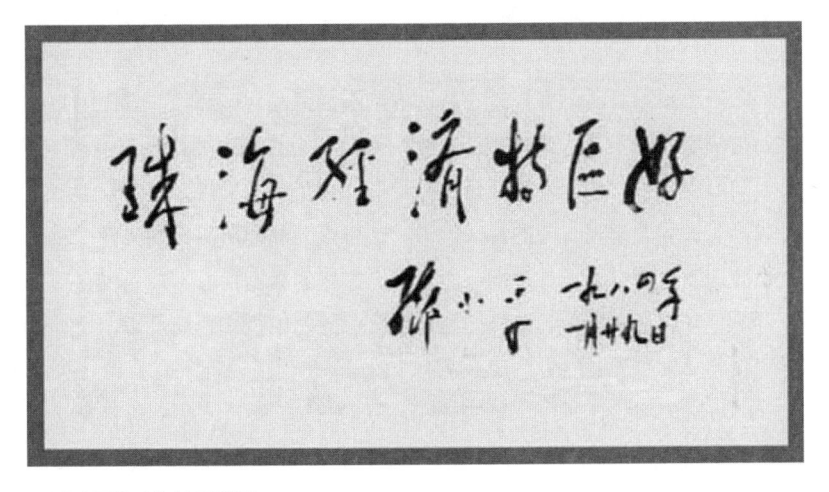

▲ 邓小平为珠海特区题词

明了自己支持的态度，却又在言辞上留下空白。27日，他离开深圳前往另一个特区珠海，在这里他一反在深圳时的沉默态度，写下"珠海经济特区好"的题词，算是给特区经济下了结论。2月1日，已经回到广州的邓小平，在广东省和深圳特区领导的再三暗示和恳请下，写下"深圳的发展和经验证明，我们建立经济特区的政策是正确的"，并在最后的落款上，特意把时间写为"1984年1月26日"，表明还在深圳时已经有这个评价。

邓小平的南方视察举措，以新闻的方式传播全国，关于特区的争论至此告一段落。在他离开广东后的第二个月，中共中央做出重大决定，宣布"向外国投资者开放14个沿海城市和海南岛"。中国的对外开放由点及面，最终形成了沿海全境开放的格局。

1月24日，正在欢快地倒卖玉米的王石骑着自行车途经深圳国贸大厦，突然看到很多警车、警察和聚集的人群，一打听，原来是邓小平到大厦顶层俯瞰特区全貌，公安局正在清理现场。他在后来回忆说："我好像感到干大事情的时候到了。"

5月，"深圳现代科教仪器展销中心"成立，这便是万科的前身，王石当上了经理。根据当时的特区政策，进口特区的国外产品不能销售到特区外，但不限制特区外客户把在特区内购买的商品运出特区。展销中心的业务与倒卖玉米没有大的区别：先收内地需货企业货款的25%作为定金，然后向港商订货，按同样比例付款给港商，待货到深圳后，买方付清余款提货。买卖的关键是，收的是人民币，支付给港商的是港币或美元，展销中心的利润就来自获取外币的能力。要开这样的展销中心，首先要有进口许可证，其次要联系到具有外汇出口创汇份额的单位，也就是说，没有一定的政府背景和公关能力是开不成这种公司的。

王石日后举例说明公司是怎么赚钱的：这年秋天，一个叫王春堂的北京人来深圳，宣称手头有3 000万美元的出口外汇留成，换汇比率为1美元兑换人民币3.7元。所谓"外汇留成"并非现金，而是一种"配额指标",它应该属于某个大型国营外贸公司,最终以非常灰色的方式转移到了有官家后台的"倒爷"手上。当时的市场汇价是1美元兑换4.2元人民币,王石向王春堂预定了1 000万美元的"外汇留成",然后他从中国银行"顺利"贷到2 000万元人民币,凑足3 700万元汇给王春堂。一倒手,展销中心赚到兑换差价500万元。

这样的换汇倒卖看来比倒卖玉米还要痛快,在当时的深圳与北京之间,早已形成了这样一条资源输送的地下通道,源源不断的国家配额和公共利益以各种形式被贩卖到南方,它们游离在法律的边缘地带,促成了某些个人和公司的暴富。王石的展销中心在这种游戏中扮演的是终端洗钱的角色,他从北京调来外汇指标,联系好进货和出货的港商与国内企业,通过货物的进口销售把汇率差价"清洗"成流通差价。

让人惊奇的是,尽管这种换汇游戏十分活跃,但是国家法律却始终视而不见,没有对此进行必要的界定与规范,甚至在行为性质上都含混不清,留下极大的斡旋和模糊空间。根据王石的回忆,在1984年前后,全国各地政府掀起一个办公设施改造的热浪,大量的进口设备都是从深圳流入的,许多公司在这次进口热中赚得盆满钵满,其中一些贸易公司还租用军队货机空运北京,以运输交货速度的优势形成竞争之势。1985年年初,王石卷入一起4 000万美元的调汇案中,此案的业务方式与上述过程丝毫不差,只因利益分配不均,受到中央部门的关注,便成了全国几大逃汇案之一。由于涉及军方公司,中纪委和军纪委分别派出两个调查组南下调查。根据当时的法律,何

▲深圳现代科教仪器展销中心成立会上的王石

谓"逃汇"几乎没有条文上的清晰解释，展销中心参与的倒汇业务均有正规手续，从银行汇款到进口批文一应俱全，最后调查组无法确定这种行为是否违法，只好把重点放在这些调汇合同过程中有无行贿受贿行为。按王石日后的回忆，"随着时间推移，案件淡化了"。

我们必须说，这时候的王石和他的公司还不是人们日后所熟知的那家房地产公司，它还在悄悄地聚集自己的原始积累，不管它是白色的还是灰色的。

在山东青岛，35岁的张瑞敏被派到一家濒临倒闭的电器厂当厂长。他是所谓的"老三届"，中学毕业之后就进入工厂当工人，后来又调进青岛市家电公司工作。他当时对管理根本就没什么认识，在他的印象中，"所有干的事都可能是假的"，"上级假装给工人发工资，工人假装工作"。有一年，他还在工厂当工人，全国开始轰轰烈烈地搞一个"推广华罗庚的优选法"运动，工人那时对"推广"感到很新鲜，有的也想在实践中搞一些，但它并不是一个可以立竿见影的东西。由于当时上级要求"必须马上出成果"，结果贯彻没几天就开始统计"成果"了，后来还组成了一个锣鼓队到车间里去宣传有多少多少项成果。当时工人就感到像演戏、开玩笑一样。

对这种形式主义已经深恶痛绝的张瑞敏，当然不喜欢自己管理的工厂还在这条老路子上继续走下去。他去的这家"青岛日用电器厂"是一个年份久远的烂摊子，它早年是一个手工业生产合作社，后来过渡成集体性质的合作工厂。在很多年里，它生产过电动机、电葫芦、民用吹风机、小台扇等，最近几年则开始生产一种名为"白鹤"的洗衣机，由于外观粗糙，质量低劣，一直打不开销路，工厂的资产与债务相抵还亏空147万元。在张瑞敏上任前，一年之内已经换了三个厂长，当时他是家电公司的副经理，如果他再不去，就没人去了。很多年后，他回忆说："欢迎我的是53张请调报告，上班8点钟来，9点钟就走人，10点钟时随便在大院里扔一个手榴弹也炸不死人。到厂里就只有一条烂泥路，下雨必须要用绳子把鞋绑起来，不然就被烂泥拖走了。"①

为了整治工厂，张瑞敏上任后就制定了13条规章制度，其中第一条是"不准在车间随地大小便"。后人读到这里，大概都会笑到喷饭，但是在当时却是一件很严肃的事情，在很多国营工厂里，随地大小便是一个不被禁止并司空见惯的行为。张瑞敏的制度贴出半年多后，随地大便的人没有了，但是小便的却还没能马上杜绝。其他制度包括"不准迟到、早退"、"不准在工作时间喝酒"、"车间内不准吸烟"和"不准哄抢工厂物资"。为了执行最后一条，张瑞敏有一天把车间门窗全都大开着，布置人在周围观察有没有人再来拿东西，没料到第二天上午就有一个人大摇大摆地扛走一箱原料，中午张瑞敏就贴出布告开除此人。这件事情后，全厂工人才相信，这回新厂长好像是动真格的了。②

张瑞敏上任后的第一个决策就是，退出洗衣机市场转而生产电冰箱。他是12月初报到的，当月工厂的牌子就被更换为"青岛电冰箱总厂"。他在家电公司当副经理的时候，曾经被派到德国去考察，当地一家冰箱公司利勃海尔（Liebherr）有意愿向中国输出制造技术和设备合同，张瑞敏抓住这件事不放，向青岛市和北京的轻工部再三要求，终于被允许引进利勃海尔的技术，成为轻工部确定的最后一个定点生产厂。转产和引进技术的决定对这家资不抵债的小工厂的意义将很快显现出来，它后来一次次更名，最后定名为"海尔"，都可以从这里找到衍变的痕迹。

张瑞敏作为伟大企业家的魅力将在下一年散发出来，某日，有个朋友到张瑞敏那里买台冰箱，但挑了很多台都存在着这样那样的毛病。朋友走后，张瑞敏把库房里的400多台冰箱全部检查了一遍，结果发现有76台

---

① 胡泳著，《张瑞敏谈管理》，杭州：浙江人民出版社，2007年版。

② 有意思的是，直到很多年后，对员工进行最基本的行为规范仍然是中国新兴公司的任务之一。2005年年底，当时国内最大的网络游戏公司盛大网络开展内部行为整顿，创始人陈天桥在《论"新文化运动"》中规定员工"不得在白墙上弹烟灰，不得用公司打印纸打印与工作无关的文件，不得蹭加班饭"。

第二部　1984—1992　被释放的精灵

冰箱都不同程度地存在问题。面对这种情况，有人提议把这些冰箱以低价格处理给职工。把残次品低价格处理是很多生产厂家都采用的"好办法"，都认为这样既有益职工又有利企业。但张瑞敏不这么认为。他一声令下，76台冰箱被砸成了废铁。当时，一台冰箱的价格是800多元，相当于一个职工两年的工资，很多职工砸冰箱时都心疼得流下了眼泪。"张瑞敏砸冰箱"成为这家日后中国最大的家电公司的第一个传奇，它跟几年前鲁冠球把40多万元的次品当废品卖掉的故事如出一辙，表明了出现于商品短缺时期的第一代企业家的自我蜕变正是从质量意识的觉醒开始的。

1984年的中关村开始初显繁荣景象。在上一年，新创刊的《经济日报》对陈春先进行了连续的报道，他被塑造成一个勇敢的"弄潮儿"，他的实践证明走出实验室的科技人员将大有作为。于是，在这种声音的鼓动下，一批批的科技人员跳进了商品经济的大海。在此前的一年，科海、京海等公司已经相继出现，而到第二年，四通、信通和联想等公司又先后建立。

▲ 1984年，"中关村电子一条街"景象

冬天，柳传志决定告别每天读报的清闲如水的生活。他出身书香门第，外祖父当过军阀孙传芳的财政部长，父亲是共产党最早的金融家之一。这一年，柳传志刚好40岁，对于这位外表文雅内心却十分躁动的上海人来说，他深深知道"四十不惑"对一个中国男人意味着什么。少年柳传志的理想是当一名空军飞行员，在中学毕业后，他充满信心地报考空校却最终落选，这成为他人生中的第一次挫败。后来，他考进西安一所军事电子工程学院，读的学科是雷达。毕业后，他辗转半个中国，甚至在广东一个农场种过水稻，在1970年，他被分配到了中国科学院计算所。

计算所是当时最权威的计算机研究专业机构，中国发射的原子弹和人造卫星所需要的计算机均由这个研究所参与研制。在这个拥有1 500名研究人员的科研机构里，柳传志一直默默无闻，跟他的很多同事相比，他缺少科学家的天赋和沉静心。他的职务是磁记录技术工程师，事实上他对此毫无兴趣。当年进入该所，完全是为了找到一个机会携妻牵女回到父母身边。在这个计算所工作的14年里，他始终对科学研究提不起兴趣来，倒是对中国每天正在发生的一切充满了兴趣，他常常和几个要好的同事躲在一个空房子里讨论林彪的坠机事件、"四人帮"的猖獗、毛泽东为什么要选择华国锋当接班人等，跟沉闷的计算机相比，这些政治话题才能让他满脸通红，激动不已。

1984年的中国科学院正处在膨胀和转型的边缘，在过去的几年里，各种名目的研究所层出不穷，已达到123个之多，而所开展的各项研究却似乎离国际水平越来越远。计算所举全所之力，花了8年时间研制的大型计算机"757工程"宣告完成了，并获得中科院"重大科技成果一等奖"，但是它拥有的每秒千万次的运算速度与国际水准相比已令人汗颜，而其以军事为目标的研究思路更是得不到市场的响应。它从诞生的第一天起就成了"弃儿"。"757工程"的尴尬命运让计算所走到了原有发展路径的尽头，来自军事部门的研究计划停止后，再也没有任何资金从上面拨下来了，何去何从的问号摆在这家吃惯了行政拨款的清高的科研所面前。于是在这一

第二部　1984—1992　被释放的精灵

年，所长，也是中国第一代自己培养的计算机专家曾茂朝带头组建了信通计算机公司，另外一位所领导、科技处处长王树和，则发起成立了新技术发展公司，一直郁郁不得志的柳传志被选中担任主管日常经营工作的副经理。在计算所里，他的学术才能从来没有显现出来，但是他的管理才干却得到了同事们的认可，对于经营工作，中国的科技人员从来缺乏自信和热情，柳传志却正好相反。在上任前，中科院副院长周光召找柳传志谈话，问他对公司有什么打算，他信誓旦旦地说："将来我们要成为一家年产值200万元的大公司。"

▲创业时的柳传志

　　柳传志的这家公司诞生在一间20平方米、分成里外间的小平房里，这里原来是计算所的传达室。很多年后，在中国，它常常与惠普的那个著名的斯坦福车库被相提并论。柳传志后来回忆说："它的位置在计算所西大门的东边，房子是砖头砌起来的，外面是深灰色的，里面被隔成两间，水泥地面，石灰墙壁，房子里没有写字台也没有电脑。外屋有两个长条凳，沿墙角一字排开，里屋有两张三屉桌，桌子条凳都不用花钱买，是人家不要的破东西。"[1] 全公司有11个人，全数超过了40岁，唯一的技术专家是另一个副经理张祖祥。

　　当柳传志下海的时候，中关村已经有40家科技企业，并在北京城里拥有了"电子一条街"的名声。

　　在当时的中关村，最出名的是陈春先，而最知名的公司是"两通两

---

[1] 凌志军著，《联想风云》，北京：中信出版社，2005年1月版。

海"，信通、四通、京海、科海，它们的创办人无一例外都是中科院的科研人员。在知识分子成堆的中关村，这是一群个性张扬的另类，京海的创建人王洪德是计算所的工程师，在给中科院的报告中，他毅然决然地写道："无论什么方式，调走，聘请走，辞职走，开除走，只要能出去，都行。"而创办了四通公司的万润南，则到处张扬自己是"民办企业"和"无上级主管"。跟这些创业者相比，那时还默默无闻的柳传志则显得要低调得多，善于借力和妥协的个性让他比其他的人都要走得远。从一开始，柳传志就没有完全割断公司与计算所之间的"母子关系"，他不但不想那么做，甚至在很多时候更希望强化这种若即若离的血缘关系。当时，公司的启动资金是计算所拨给的20万元，联想的资产性质是"国有企业"，王树和、柳传志等人的任命都要获得中国科学院的批准，公司的员工可以在计算所内继续享有在专业技术职务和工资方面晋级的权利，公司可以无偿使用计算所的研究成果，甚至可以使用所内的办公室、电话及所有资源。在将近10年的时间里，公司从银行贷款，全部以中科院计算所为"合同的申请借款单位"，又以中科院开发局为"担保单位"，这自然解决了早期的资金来源问题。在充分享受了国有资源的同时，柳传志则在财务、人事和经营决策方面，享有相当的自主权。这是一种十分混杂的状态，似乎没有人想把它理清楚，只有当联想日后逐渐

▲日后中国最大的电脑公司——联想，创办于此

第二部　1984—1992　被释放的精灵

壮大之后，它的资产归属才变得敏感了起来。从本质上来说，这是一个脐带连着母体的新婴儿。

在公司创办的头几个月里，柳传志并没有显现出他后来那种运筹帷幄的领导才能，背靠着中国最权威的计算机研究机构，他却找不到一个可运作的项目，每天他骑着自行车在北京城里像无头苍蝇一样地乱闯。他先是在计算所的大门旁边摆摊兜售电子表和旱冰鞋，然后又批发过运动裤衩和电冰箱。如果说三年前陈春先办起中关村第一家公司时，还心怀打造"中国硅谷"的理想，那么，此时的柳传志满脑子在想的却是如何赚钱养活公司里的十几号人。有一回，他听说江西有个女人手上有大批的彩电，只要购进一倒手每台可以赚上1 000元，便急忙派人汇款过去，谁知道那竟是一个骗局，计算所拨给他的20万元开办费，一下子就被骗走了14万元。跟20多年前报考空校落榜相比，柳传志这一次的挫败感更为切肤，要知道那时候，计算所的高级教授月工资不到200元，柳传志的工资则只有105元。

柳传志早期的"倒爷"生涯就这样黯然地落幕了。公司真正赚到的第一笔"大钱"，来自每天被柳传志们抱怨和不满的中国科学院。1985年年初，中科院购买了500台IBM计算机，其中的验收、维修和培训业务交给了公司，从而带来70万元的服务费。也正是通过这个业务，柳传志跟刚刚成立的IBM公司中国代表处搭上了线，成为后者在中国的主要代理公司，为IBM做销售代理成为日后联想公司最重要的利润来源，这一渊源可以一直延续到20年后联想以16亿美元收购IBM的PC事业部。

对柳传志来说，另一个最重要的成果是，他说服了中科院出名的计算机专家倪光南加盟他的公司，担任总工程师的职务，这是在1985年的春天。倪光南是中国汉字信息处理的开路者，跟热情外向的柳传志不同，他性情专注，不修边幅，拥有科学家的天赋。《联想为什么》[①]的作者陈惠湘描述说，柳在和人聊天的时候总是海阔天空，而倪则喜欢用技术性很强的

---

① 陈惠湘著，《联想为什么》，北京：北京大学出版社，1997年版。

难题来考问对方。20世纪80年代以来，个人计算机的市场已经日渐苏醒，IBM的计算机如潮水一样涌了进来，一台比286型还要低档的"PC/XT"机型进入中国的口岸价就达两万元，而到中关村一倒手就要四万元，而这些昂贵的计算机又无法识别汉字和中文操作系统，于是，开发适合中国市场的"汉字系统"便成了当务之急的科研项目。[①]当时，国内已经有很多人在从事这一研发，包括后来到深圳搞得风生水起的史玉柱等人。这些"汉字系统"（它又被形象地通称为"汉卡"）的原理和运作过程大同小异，而倪光南的与众不同之处是，他发明了"联想功能"，倪氏汉卡利用中国文字中词组和同音字的特性，建立起自己的汉字识别体系，与其他汉卡技术相比，它把两字词组的重复率降低50%，三字词组降低98%，四字以上的词组几乎没有重复，这对于计算机的汉字输入技术来说，无疑是一个划时代的进步。[②]1985年年初，倪光南已经完成了这项技术的所有研究，并将之命名为"联想式汉字系统"。柳传志也正是听说了这个消息，才迫不及待地找上了倪光南。在当时，中科院的另一家名声更大的公司信通也瞄上了倪光南，不过，最终还是被柳传志捷足先登了。柳说服倪的理由只有一条："我保证把你的一切研究成果都变成产品。"对于一位充满济世情怀的中国科学家来说，这大概是最直指内心的诱惑了。

倪光南的加盟彻底改变了公司的航向，他的联想I型汉卡当年就销售了300万元，"联想"最终还成了这家公司的新的名称。需要留存的一个事实是，倪光南的研究成果从实质上来说是属于中科院的，它被柳传志以零的价格转移到了自己的公司中。

---

① 早期中关村的著名企业，崛起和受人关注都与计算机的汉字处理技术及产品有关，其中联想是联想汉卡，北大方正是激光照排，四通是汉字打印机。

② 中文输入系统的开发是华人公司在电脑领域的一个突破口，在1978年，施正荣创办的台湾宏碁就开发出"仓颉输入法"，推出了第一部自制产品"天龙中文电脑"，获得台湾产品设计最高荣誉奖。1982年，宏碁推出全世界第一台中英文个人电脑"小教授二号"。

第二部　1984—1992　被释放的精灵

尽管很多年后，王石的万科、张瑞敏的海尔与柳传志的联想如日中天，成为中国最著名的"标杆型企业"，不过在1984年，中国最值得称道的公司还不是它们，而是一家诞生于广东三水县的饮料工厂。

3月，三水县酒厂厂长李经纬突然把眼光瞄准了8月即将在美国洛杉矶举办的第23届奥运会。他得到信息，国家体委将在6月开会决定中国代表团的指定饮料是什么。而此刻，他手上有一种还没有投放市场，甚至连包装罐和商标都没有确定下来的新饮料。

▲一手缔造了健力宝神话的李经纬画像

李经纬这年45岁，他幼年丧父，少年亡母，打小在孤儿院里长大，成年后他当上了三水县体委的副主任，1973年，受人排挤被发配到县里的酒厂当厂长。那是一个只有几口米酒缸的作坊工厂，李经纬去后苦心经营，竟被他开发出一条啤酒生产线，生产出的强力啤酒在当地渐渐站住了脚跟。1983年，李经纬去广州出差，在街边买了一瓶易拉罐装的可口可乐，这是他平生第一次喝到这种饮料，也就是在这时，他突然萌发了做饮料的念头。那时，随着可口可乐在中心城市的日渐风靡，一些小型的饮料工厂已经在各地冒了出来，有些甚至直接冠上了"可乐"的名号，出现在四川成都的天府可乐是第一个国产可乐饮料，随后河南出现了少林可乐，杭州出现了西湖可乐，资料显示，当时国内的各类饮料工厂已经超过2 000家。体委干部出身的李经纬很"天才"地想到了运动饮料。一个偶然的机会，他听说广东体育科学研究所的研究员欧阳孝研发出一种"能让运动员迅速恢复体力，而普通人也能喝"的饮料，便找上门去要求合作。在欧阳孝的主持下，一种橙黄色的饮料水被开发了出来，它有一个很拗口的名称——"促超量恢复合剂运动饮料",实际上,它是一种含碱电解质饮料。

当年的三水酒厂,一年利润不过几万元,李经纬敢于把目光直接盯向奥运会,实在是胆识过人。4月,亚洲足联将在广州开一个会议,李经纬想把饮料带到这个会上去,这样就有机会接触到国家体委的人。而这时,连饮料的品牌叫什么,商标是怎样的,到底采用何种包装,都还没有一个影子。那时的厂里已经有一个叫"肆江"的品牌,但是李经纬却不满意,他苦思冥想出了一个新的名字——"健力宝",听上去朗朗上口,还很有"保健"的暗示。为了设计商标,参与产品开发的陈新金医生自告奋勇,请自己喜爱书法的哥哥将"健力宝"三个字写在一张宣纸上,李经纬又请县里的广告公司设计出一个由中国书法与英文字母相结合的商标图形,这个新商标在1984年的中国商品中如石破天惊:"J"字顶头的点像个球体,是球类运动的象征,下半部由三条曲线并列组成,像三条跑道,是田径运动的象征。从整体来看,那个字的形状又如一个做着屈体收腹姿态的体操或跳水运动员。整个商标体现了健力宝与体育运动的血脉关系。它在当时陈旧、雷同的中国商品中简直算得上是鹤立鸡群。

李经纬另一个大胆的举措是提出用易拉罐包装健力宝,在当时的消费者眼中,易拉罐无疑是高档饮料的代名词,那时国内尚无一家易拉罐生产企业,三水酒厂更不可能有这样的罐装线,李经纬四处奔波,最后竟说动深圳的百事可乐公司同意为他生产代工。就这样,在一番手忙脚乱之后,200箱光鲜亮丽的健力宝准时出现在了亚足联的广州会议上,引起了一阵惊叫。6月,健力宝毫无争议地成为中国奥运代表团的首选饮料,跟所有的参评饮料相比,它是唯一的罐装品,品牌形象与体育运动天然有关,而且口感、色泽和质量均无可挑剔。

8月,洛杉矶奥运会开幕,它是有史以来规模最大的奥运会,也是第一次由民间举办并产生了盈利的奥运会。中国代表团在此次运动会上凭借许海峰的射击实现了金牌"零的突破",最终夺得15枚金牌,金牌数仅次于美国、罗马尼亚、联邦德国,位居第四。奥运会上的成功,极大地激发了全民的热情和民族自豪感,而作为中国代表团的首选饮料,健力宝也获得了不可想象的关注。

在8月7日的女排决赛上,已经成为民族英雄的中国女排姑娘以勇不可当之势,直落三局,击败东道主美国队,实现了"三连冠"的鸿鹄伟业,这在当年度是一件举国沸腾的盛事。在11日的《东京新闻》上,记者发表了一篇花边新闻稿《靠"魔水"快速进击?》,他好奇地发现女排运动员在比赛中一直在喝一种他从没有看到过的饮料——事实上,健力宝在当时除了供给中国代表团,连在国内市场上也几乎没有任何的销量,于是便猜测"中国运动员取得了15块奥运金牌,可能是喝了具有某种神奇功效的新型运动饮品(健力宝)的缘故"。很显然,这是一篇信手写出的、没有经过任何采访与核实的新闻稿。中国运动员成绩大幅度提升在国际上引起过很多的猜测,这无非是其中还算友好和调侃的一种。没有想到,一位随团采访的《羊城晚报》记者看到了这篇新闻,他将之妙手改写成"中国魔水"风靡洛杉矶,当这条"出国转内销式"的新闻在晚报上刊出后,居然被迅速广泛转载,"中国魔水"与"东方魔女"(对中国女排的昵称)交相辉映,在早已沸腾的奥运热上再添一份充满了神秘气息的骄傲,它实在非常吻合一个刚刚回到国际舞台的东方民族的心理满足。健力宝一夜而为天下知。

李经纬就这样交上了好运。1984年,健力宝的年销售额为345万元,第二年就飞蹿到1 650万元,再一年达到1.3亿元,此后15年间,它一直是"民族饮料第一品牌"。在最紧俏的时候,三水县到处是全国各地前来拉货的大卡车,一车皮健力宝的批条就被炒到了两万元。健力宝的崛起,意味着中国饮料市场的春天到来。同时,受其刺激,在珠江三角洲一带相继冒出无数大大小小的饮料工厂和食品、保健品工厂,"珠江水"和"广东粮"北伐内陆的时代开始了。

不夸张地说,1984年是属于珠江三角洲的。邓小平的南方视察以及深圳等地的示范效应，在这一年终于发酵。无数胸怀野心的青年人如孔雀东南飞，纷纷奔赴此地。

浙江大学数学系毕业生史玉柱，在安徽省统计局的办公室里编写了第一个统计系统软件，他发誓要做中国的IBM，不久后，他将南下深圳书写一段高亢而悲壮的生涯；同样也是浙江大学毕业的段永平愤然离开分配单位北京电子管厂，他发誓自己以后再也不会在国营工厂里上班，因为那里"人人都觉得能干，却什么都不干"，他也将坐着火车到珠江三角洲去了；赵新先，军医大学的教授带着自己的"三九胃泰"在深圳笔架山下开始新的事业；在惠州，从华南理工大学毕业的李东生在一个简陋的农机仓库开辟自己的工厂，他与香港人合作生产录音磁带，这便是日后赫赫有名的家电公司TCL。

在广东顺德的容桂镇，只有小学四年级学历的潘宁以零件代模具，用汽水瓶做试验品，凭借手锤、手锉等简陋工具、万能表等简单测试仪器，在十分简陋的条件下打造出了中国第一台双门电冰箱，那一天雷雨交加，他独自一人冲进大雨中号啕大哭。10月，珠江冰箱厂成立，冰箱的品牌是"容声"，潘宁出任厂长，这便是在后来统治了中国家电业十几年的科龙公司的前身。潘宁造冰箱，在技术上靠的是北京雪花冰箱厂的支援，在资金上则是由镇政府出了9万元的试制费，所以，这家工厂成了"乡镇集体企业"，这一产权归属最终决定了科龙和潘宁的悲情命运。①②

---

① 1984年3月2日，国务院正式发出通知，将社队企业改称为"乡镇企业"，作为一个新的、独立的企业形态，乡镇企业第一次浮出了水面。据有关资料显示，当年中国的乡镇企业实际已发展到165万家，拥有劳动力3 848万人。

② 两个补充细节：潘宁到北京当时最著名的西单商场推销冰箱，一位科员问："容声是咋回事？是啥级别的？"潘宁说："我们是乡镇企业。"那位科员当即下逐客令。1986年，潘宁请香港影视明星汪明荃代言冰箱广告，因为汪是全国人大代表，广告要播出需请示上级，报告打上去，如石沉大海，所以在很长一段时间里，这则广告只能在地方电视台播出，上不了中央电视台。

第二部　1984—1992　被释放的精灵

在1984年诞生的这些公司，在今后将相继散发出它们的光芒，不过在那时，它们还非常的幼小，并没有引起人们的关注。它们都没有太多资源，创业者看上去与常人无异，分散在一些偏僻的地区和角落，它们所从事的产业大多与人们的日常需求相关，这也是企业能够迅速成长的前提。跟那些拥有大量设备、技术、人才和资本的老牌国营企业相比，它们在任何一个方面都微不足道，唯一有的，只是自由。

当时，这些公司在性质上也算是"国有"或"集体所有"，不过由于新创办——如联想、万科等，或濒临破产——如海尔、健力宝，所以并不在政府部门的关注对象之列，相应地便也拥有了一定的自主权。而正是这点可怜的自主权让它们显得与众不同，在一切都需要"计划"的时代，它们是少数能够掌握自己命运的人。

如果说，张瑞敏、柳传志们的困难是找不到项目和方向，而那些手拥资源的老牌国营企业却为不得自由而苦恼。这几乎是一种宿命，在体制逐渐市场化的过程中，那些老企业将被消耗得精疲力竭，它们的优势和积累日渐老化、消失，最终被时代所淘汰。年初，邓小平在南方的行动让举国上下感觉到了进一步扩大改革的决心，很快，在各个领域，突破性事件频频发生，停滞了两年多的变革列车再次快速启动。3月24日，福建国有骨干企业55位厂长的呼吁书《请给我们松绑》在《福建日报》全文刊登，这成为当年度最具轰动性的企业事件。

事情的经过是这样的：3月23日，福建省的55位厂长、经理齐聚福州，参加"福建省厂长经理研究会"的成立大会，会议期间，厂长经理们的抱怨之声不断，"现行体制的条条框框捆住了我们手脚，企业只有压力，没有动力，更谈不上活力"，于是在黄文麟等人的带头下，厂长们以"请给我们松绑"为题联名向省委书记项南、省长胡平写了一封信。

这是一份言辞恳切、表述谨慎的公开信，厂长们在信中写道："我们认为放权不能只限于上层部门之间的权力转移，更重要的是要把权力落实到基层企业。为此,我们怀揣冒昧,大胆地向你们伸手要权。我们知道目前体制要大改还不可能,但给我们松绑,给点必要的权力是可以做到的。"55位厂长、经理具体要求"松绑"的权力被分成五点,主要有三条:一是人事权,企业干部管理除工厂正职由上级任命,副职由厂长提名、上级考核任命,其余干部通通由企业自行任免,上面不得干预。干部制度破除"终身制"和"铁交椅",实行职务浮动,真正做到能上能下,能"干"能"工"。二是财权,企业提取的奖励基金由企业自己支配使用,有关部门不得干涉。奖金随着税利增减而浮动,不封顶,不保底。企业内部可根据自己的实际情况,实行诸如浮动工资、浮动升级、职务补贴、岗位补贴等多种形式的工资制度和奖惩办法。三是企业自营权,在完成国家计划指标的情况下,企业自己组织原材料所增产的产品,允许企业自销和开展协作,价格允许"高进高出","低来低去"。

日后披露的史料显示,这封"公开信"并不完全是厂长们的自发行为,信件的主要起草人黄文麟当时是福建省经济委员会的副主任,也就是主管该省企业改革的主要官员之一。在某种意义上,"公开信"其实是福建官员借厂长经理之口,唱出的一台"松绑双簧戏"。事实上,自"松绑信"后的20多年间,中国企业家再也没有以集体的、有组织的方式开展过权益争取的行动。

黄文麟的这个异乎寻常的戏剧性行动,在当时显然得到了省委书记项南的默许和鼓励。黄将公开信在会议当日就直送到了项南的办公桌上,后者一收到信,立即批转给了《福建日报》,还提笔替报社写好了"编者按"。第二天,公开信便在日报的头版头条刊出。当日,福建省委组织部就拿着报纸组织研究,决定在企业人事任免、干部制度改革、厂长权力等三方面,给企业"松绑放权",其他的主管部门也纷纷下文,表态"不当新'婆婆',坚决搞改革,支持'松绑放权'"。一周后,北京的《人民日报》在第二版头条显著位置,报道了55位厂长、经理呼吁"松绑放权"的消息,还配发了相关的"编者按",对福建省有关部门重视呼吁大加赞赏。

至此，全国报纸纷纷转载、评论，"松绑"新闻演变成了一场全国性的事件。在企业史上，它是中国企业家第一次就经营者的自主权向资本方——政府部门提出公开的呼吁，它之所以会滚雷般地引发全国性的轰动，实在是因为这种声音已经被压抑得太久太久了。尽管它的产生其实带有很强的政府操作的色彩，不过在实际的效果上确实对全国的企业改革起到了强力催化的效应。"公开信"带有强烈的时代气息，它第一次明确提出了"实行厂长（经理）负责制"的议题，呼吁通过扩大权力调动企业经营者的积极性。这一呼声很快成为一种共识。5月10日，国务院顺势颁发《关于进一步扩大国营工业企业自主权的暂行规定》，不久后又做出《关于城市经济体制改革的若干决定》，直到两年后，国务院发文全面推行《厂长经理责任制》，明确规定全民所有制工业企业的厂长（经理）是一厂之长，是企业法人代表，对企业负有全面责任，处于中心地位，起中心作用。

▲ "松绑"呼吁信发表后，全国主要媒体的强烈反响

"松绑新闻"是国营企业改革史上的一个标志性事件，"公开信"发表的3月24日还一度被命名为"中国企业家活动日"。此后，国营企业家们还将为自主权的全面落实抗争十多年。2004年，在"松绑公开信"发表20年之际，有记者追访当年的55个企业，结果发现，其中1/3破产，1/3被民营或外资公司兼并，还有1/3处境艰难。公开信的参与者之一、福州阀门总厂的原厂长陈一正对来访者说："我常常问自己，当时要的权用好了吗？"

随着宏观调控的松动，外资进入中国的热情又被点燃了。松下幸之助又一次来到了中国，这时候的他已经是一个头带光环的传奇人物了，在整个 20 世纪 80 年代，他的管理思想一直受到顶礼膜拜。而松下来中国，并非仅仅是为了传播他的思想，更多的是为了推销他的那些刚刚从日本工厂淘汰下来的彩电生产线设备。这一年，青岛的海信、四川的长虹和广东的康佳相继引进了松下的彩电生产线，到 1985 年前后，中国一共引进了 105 条日本的彩电生产线，日本企业成为第一批在中国赚到钱的跨国企业，而那些引进了生产线的中国企业也迅速崛起。在一个消费日渐苏醒的国家，生产的能力和设备的先进性往往是最强大的竞争力。

1983 年，在上海，第一家进入中国的跨国汽车公司结出了硕果，德国大众的桑塔纳汽车组装成功。1984 年，上海大众汽车公司宣布奠基，德国总理科尔和中国总理李鹏都出席了盛大的奠基仪式。而在同一年，中国第一辆自己设计和生产的汽车品牌——"红旗牌"轿车悄悄停产了，这款轿车当时是在周恩来总理的亲自主持下研发出来的，它的出现曾经极大地激发了中国人的民族自豪感，被认为是中国走向工业现代化的"里程碑"。在 1984 年，我们无法从当年的报纸上找到这一条新闻，因为它实在带有太强的、意味深长的寓意性，没有人希望放大其中的任何含义。

一些新的合资公司也纷纷成立了。在北京，新创办的四通与日本三井株式会社达成协议，开发中文文字处理机，这款被定名为"四通 2400"的打字机在随后几年内将风靡全国；在南京，南汽与意大利的依维柯签约，开始生产该品牌的汽车；在上海，邮电部门与阿尔卡特集团联合创办了上海贝尔电话设备公司，这是中国第一个研制生产程控电话交换机的中外合资企业。

1984 年，是一个充满着暗示和悬念的年份。早在 1949 年，英国著名政治讽刺作家乔治·奥威尔（George Orwell）创作了一部虚幻预言小说，书名为《1984》。小说中的主人公温斯顿·史密斯在虚幻中的 1984 年生活

第二部　1984—1992　被释放的精灵

在一个叫欧什尼亚的极权专制国家。

  当1984年真的到来的时候，世界并没有像奥威尔描写的那么恐怖。相反，市场的力量似乎占据上风，里根－撒切尔主义大行其道。在全球商业世界里，也跟剧烈变化中的中国一样，正进入一个重新洗牌的年份。一些传统意义上的大公司或被分拆，或陷入困境，而新的产业正萌芽待放，新的公司英雄已呼之欲出。

  当年度世界最轰动的企业新闻，是AT&T（美国电话电报公司）被分拆。这家由电话发明人亚历山大·贝尔创立的公司曾经是"美国的象征"，它一度是世界上最大的企业，在20世纪80年代初，公司的总资产达到1500亿美元，年销售收入700亿美元，约占美国国民生产总值的2%，到1984年，公司雇员总数达到100万人，股东逾300万。长期的垄断经营，使这家伟大的公司变成泥足巨人。当时，日本生产的松下电话机售价仅20美元，而AT&T的电话机制造成本就要20美元，维修费用更高达60美元。从1月1日起，贝尔公司分布在全美各地的22家子公司被分拆重组为7家独立运营的公司。这是一项具有标志意义的事件，它一举打破了美国电信业的长期垄断，也为AT&T公司这个巨人松了绑。从长远看，它彻底激活了电子业务的成长，为互联网技术的突破提供了广阔的市场空间。我们之所以要在一部中国企业史中，以一定的篇幅来描述这段历史，是因为它对今后中国国营企业，特别是那些垄断性公司的改革提供了借鉴。在随后的篇幅中，我们也将描写这些公司的渐进式改造。当我们评估其得失时，AT&T无疑是一个很值得参照的案例。

  与AT&T被分拆几乎同等重大的事件是，这一年的1月24日，苹果电脑公司发布了麦金托什（Macintosh）家用电脑，这一天后来被《时代周刊》杂志评价为个人电脑大众化普及的第一日。在此前的1976年，苹果就推出了首台个人电脑，而IBM公司并未给予重视，觉得那不过是电脑业余爱好者的玩意儿。但在1981年夏天IBM突然以IBM PC重拳出击，并以其备受企业信赖的品牌推动PC市场迅速成长。而此刻，苹果推出充满个性的麦金托什电脑，并投入了巨额广告，它真正激活了全球的家庭电脑市场。富有创意的苹果总裁史蒂夫·乔布斯用一则充满暗示的电视广告描述了这个时代的到来：一排排面无表情，机器人似的光头男子走进一个阴森森的大厅，坐在那里接受一个从巨大屏幕上映出的"大哥"模样的人的训话。这时一个手握三尺铁锤，身材健美的女子冲进了大厅，她在一片惊愕的目光中把"大哥"训话的屏幕砸得粉碎。这时云开雾散，光芒四射，一个庄严的声音伴随着屏幕上映出的文字："1984年1月24日，苹果电脑将推出麦金托什，你会明白为什么1984年不会是小说中的1984年。"

在得州大学奥斯汀分校，19岁的一年级医学系学生迈克尔·戴尔看到了乔布斯的这则令人印象深刻的电脑广告，这直接刺激了他的创业欲望，在过去的一年多时间里，他常常逃课，躲在寝室里痴迷地组装电脑。乔布斯的广告让他确信，电脑这一工具将极大地改变人们工作的方式，而且成本将逐渐降低。他决定马上开办自己的戴尔电脑公司，他对闻讯坐飞机前来劝阻的父母说："我想跟IBM竞争。"戴尔的竞争办法当然不是去另外建一个IBM——他只有1 000美元的创业资金，这位天才的商人将用一个简单的问题来开展事业，那就是："如何改进购买电脑的过程？"他的答案是：把电脑直接销售到使用者手上，去除零售商的利润抽取环节，把这些省下来的钱返还给消费者。把19岁的戴尔与40岁的柳传志做一个对比，是一件有趣的事情，他们在开创事业的第一天都遇到了IBM，前者的思路是通过直销的方式全面颠覆已有的电脑销售模式，后者则成了电脑巨人在中国的一个渠道代理商。

在西雅图，已经创业9年、在软件产业奠定了自己地位的微软公司年轻总裁比尔·盖茨也看到了乔布斯的广告，他兴奋地对《流行科学》的记者说："如果乔布斯无法取得成功，市场将被PC占据。不过我们对苹果机非常狂热，如果它可以达到生产目标，我们预计1984年半数的微软零售收入将和麦金托什相关。"①也就在此后不久,他为自己的公司设定了那个著名而伟大的理想:"让每一张办公桌,每一个家庭都摆上电脑。"

受到感召的不仅仅有戴尔和盖茨,在旧金山,一对名叫桑迪和伦纳德的夫妻用5美元注册了思科系统公司,他们正在研究一种叫路由器的新产品,这个白色的小盒子可以让多台电脑互相通信和共享信息,正是这个革命性的产品让日后的互联网浪潮成为可能。

戴尔和思科的出现,基本上代表了日后新技术公司的两种成长路径:独一无二的商业渠道模式,或高度垄断的核心技术优势。由此我们可以看到,中国公司与美国公司之间的距离,并不在于创始资本的大小,而在于各自对产业成长的视野和理解的差距。

1984年,是一个骚动而热烈的年份。"我们都下海吧",所有的年轻或不太年轻的人们都在用这样的话语互相试探和鼓励。新中国成立后共有三次下海经商浪潮,这是第一次,其后两次发生在1987年和1993年。经过将近6年的酝酿和鼓动,"全民经商热"终于降临,当时在北方便流传着这样的顺口溜——"十亿人民九亿倒,还有一亿在寻找"。根据《中国青年报》做的一份调查,当年最受欢迎的职业排序前三名依次是:出租车司机、个体户、厨师,而最后的三个选项分别是科学家、医生、教师。"修大脑的不如剃头的""搞导弹的不如卖茶叶蛋的",是当时社会的流传语。

在这一年的最后,还是让我们用那个即将成为中国第一个"首富"的四川人来结尾。

8月,牟其中第二次出狱了,这次他被关了11个月,罪名仍然是"莫须有"。他是8月31日被放出来的,9月18日,他就匆匆召开了中德复业恳谈会,10月5日,将中德商店升格为中德贸易公司,很快又升级为中德实业开发总公司。数年后,他的公司再度更名为南德,而他将1984年作

---

① 这段话被发表在《流行科学》1984年3月刊上。

为公司的创始年。

在自己的新办公室里,他挂了一幅《好猫图》,三只活泼、灵巧的小猫姿态各异地聚在一起,它暗喻着"不管白猫、黑猫,抓住老鼠就是好猫",上端横幅写着"走自己的路,建设中国式的社会主义"。这很像一个政治理想,而不是商业上的理念。在这一年的最后一个季度里,他一直在忙不停地注册公司,他办了一个"中德企业管理夜校",想把它办成一个培养商海巨子、企业家的摇篮;他组建"小三峡旅游开发股份有限公司",想要成立董事会,并发行股票;他还注册了中德服装工业公司、中德竹编工艺厂、中德造船厂、中德霓虹灯装潢美术公司、商品房建筑公司。座钟倒卖的成功让他自视为商业上的天才,仿佛天下生意均靠他神指一点便会金山成堆,善于天马行空而惰于落实执行的商业性格在这个时候已经毕现无疑了。

到年底,他的每一个项目都半途夭折,不了了之,不过这并没有让他产生挫折感,他只是觉得万县这个弹丸之地实在太小了。第二年的开春,他将要去重庆,去北京,去一个更辽阔的天地,那里才能为打造他的商业帝国,舒展梦想的翅膀。

1985 / 无度的狂欢

> 跟着感觉走，
> 紧抓住梦的手，
> 脚步越来越轻越来越快活。
>
> ——苏芮：《跟着感觉走》，1985年

从1984年6月起，孤悬海外、百年寂寥的海南岛突然成了一块骚动的热土，全中国嗅觉敏感的商人都夹着钱包往那里赶，一场百年一遇的金钱狂欢正在那里上演，大戏将持续半年，最终以悲剧落幕。

海南岛那时还隶属于广东省，1984年1月，邓小平南方视察之后，中央即决定开放沿海14座城市，比邻香港和深圳的海南理所当然地成为开放的重点区域。当时的海南行政区党委书记、公署主任雷宇"激动得夜不能寐"。他后来回忆说，当时他算过一个细账："海南岛要发展，必须要有原始积累，靠什么呢？靠中央？很重要，但不够。靠外援？不可能。

有一快捷的办法是自己'草船借箭'。"①

雷宇的"借箭计",便是把中央给的特殊政策转化成真金白银。早在1983年4月,中共中央国务院曾经批转过一个文件,《加快海南岛开发建设问题讨论纪要》,其中指出:"海南行政区可以根据需要,批准进口工农业生产资料,用于生产建设;可以使用地方留成外汇,进口若干海南市场短缺的消费品(包括国家控制进出口的商品)。"不过,这个《纪要》又明文规定"上列进出口物资和商品只限于海南行政区内使用和销售,不得向行政区外转销"。雷宇的"借箭计"则把后面的这段文字给轻描淡写地"忽略"了。事实上,在当时的深圳,靠进口国家控制商品来赚钱的公司比比皆是。②

为了又快又多地利用政策,完成原始积累,雷宇和他的部属们很自然地想到了汽车,跟进口一些小家电、办公设备等相比,它无疑是利润最丰厚、也是内陆市场最欢迎的一个重量级商品。当时雷宇的算盘是,"进口1.3万辆转卖到内地,赚两个亿就行了"。

出乎他意料的是,闸门一开,事态迅速地变得不可收拾。1984年的海南,是一个官贫民穷的偏远之地,当时全岛的财政收入只有2.856亿元,用雷宇的话说,"连开工资都不够,当时的公社改成乡和镇要挂牌子,有的公社连挂牌子的钱都没有,征兵写标语买宣传纸的钱都没有,这是真的"。③ 而如今,弄到一张批文,倒卖一辆汽车就可以赚个上万元,这对

---

① 朱建国,《今日雷宇》,《南风窗》,1999年7月。

② 雷宇日后抗辩说,1984年7月,国家工商局市场司一位副司长在全国一个会议上,宣布广东、福建两省进口汽车可以销往省外。然而,这仅是个人说法,并无文件依据。

③ 朱建国,《雷宇"失踪"之谜——重评"海南汽车事件"》,http://zhujianguo.blogchina.com/466536.html。

于海南人来说,无疑是在家门口挖到了一口大油井。① 一时间,全岛陷入疯魔,人人争跑批文,个个倒卖汽车,连雷宇日后都无奈地承认:"连幼儿园都来搞汽车批文,因为批文可以变钱,跑到外省卖批文,外地没有批文,海南岛可以有批文啊,他转手之间把这些批文给别人,那不就赚钱了吗?"

这年夏天,海南岛几乎人人都在谈论汽车。随便到哪间茶楼、饭馆、旅馆、商店、机关、工厂、学校、报社,直至幼儿园、托儿所,听得人头昏脑涨的一个词,就是"汽车"。日后有一篇报告文学描写过一个细节:"这天早上,一位在机关扫地倒茶的阿婶,扳着手指,给在门口收邮件报纸的阿伯算账,进口一辆12座的日本面包车,只需四五千美元;进口一辆日本超豪华皇冠只需5 700美元。以美元和人民币牌价比率1∶2.8计算,打了关税,还是有100%,甚至200%的惊人利润。两个人越算越欢喜,因为他们刚刚搞到了一张进口汽车批文。"

在1984年上半年,海南的进口汽车才2 000多辆,到7月,区政府一下子批准了1.3万辆汽车进口,比上半年的月平均数高出36倍。黑市外汇变得公开化了,价格疯狂飙升,美元和人民币的比率成了1∶4.4,甚至到了1∶6。人们带着大包小包的人民币,涌到珠江三角洲换港币。深圳、北京等地的一些人也从海南的政策中嗅到了金矿的气味。当时其他地方进口家用电器、汽车、摩托车及零配件等,都要直接由国务院审批,但海南岛却拥有自己进口的特权,谁都判断得出其中的利益空间,于是,"到海南去倒汽车"成了那时最诱人的商机。

一场史无前例的汽车大狂潮,在这个贫穷的孤岛上正式启动了。区直属的94个单位,有88个着了魔似地卷入了汽车狂潮中。在党政机关的影

---

① 雷宇曾描述1982年前后的华南乡村:"当时海南根本没有任何商品意识,海南人拿鸡蛋、水果到村头巷尾、榕树底下来卖,人是躲在别的地方,不敢去收钱,等你拿了东西将钞票压在他的筐底下,人走了他才敢收起来,他觉得要人家的钱不好意思,但没有钱又不行。"谁也没有料到,仅仅数年,铜钱滚至,淳朴尽失。

响下,全岛各行各业都气粗胆壮地做起汽车买卖。仅半年,全岛便出现了872家公司,个个直奔汽车而去。

那是一个酷热难当的夏天,汽车像潮水般涌进海南岛,全部停在海口市内外,密密层层,一望无际,在阳光下五彩缤纷,闪闪发亮,形成了一个蔚为壮观的场景。工商局积极为来自全国各地的买家办理"罚款放行"手续,只消罚款四五千元,盖上一枚公章,这辆汽车就可以堂而皇之地装船出岛了。在这中间,贪污、行贿、受贿、套汇,所有作奸犯科的活动均在阳光下公然进行。事后清查,在短短半年里,海南一共签了8.9万辆汽车进口的放行批文,对外订货7万多辆,已经开出信用证5万多辆。进口用汇总额高达3亿美元。

9月,海南大量进口汽车引起中央关注,国务院派人前来调查,海南行政区政府的上报材料与实际情况大有出入:"第一,海南进口的所有汽车,都是在岛内销售的(所有汽车发票上都盖着'只限岛内使用'和'不许出岛'的字样,这是事实)。第二,目前已经到货的车,不足1.5万辆(这也是事实,但上报材料没有提及已经发货,正朝着海南破浪而来的那几万辆汽车)。第三,海南对进口物资的管理,十分严格,一律不准出岛,违者要受处分。"就在行政区政府上报这份材料的同时,成千上万的日本汽车,正在海口市的港口源源不断地卸下。从9月25日至10月10日,海南至少又批准了8 900多辆汽车进口。11月25日,雷宇在一份致国务院特区办的电报中仍称:"到目前为止,海南岛进口的汽车全部都是在岛内销售的。"

汽车并不是钻石,成千上万地进口、出岛,却让全天下的人都视若无物,这未免太过猖狂。到年底,国务院特区办已经不再相信海南的报告。12月,雷宇被召到广州,省政府明确命令他停止汽车进口。至此,狂潮才戛然消歇。1985年年初,由中纪委、中央军委、最高人民法院、最高人民检察院、国家审计署、海关总署、国务院特区办,以及省委、省府等机构102人组成的庞大调查组,进驻海南。1985年7月31日,新华社播发通

电《严肃处理海南岛大量进口和倒卖汽车等物资的严重违法乱纪》,称:

"中共海南区党委、海南区政府的一些主要领导干部在1984年1月1日至1985年3月5日的一年多时间里,采取炒卖外汇和滥借贷款等错误做法,先后批准进口8.9万多辆汽车,已到货7.9万多辆,还有电视机、录像机、摩托车等大量物资,并进行倒卖。这是我国实行对外开放以来的一个重大事件。海南行政区党委和某些负责人违背中央关于开发海南的方针,从局部利益出发,钻政策的空子,滥用中央给予的自主权。这一严重违法乱纪行为,冲击了国家计划,干扰了市场秩序,破坏了外汇管理条例和信贷政策,败坏了党风和社会风气,不仅给国家造成很大的损害,也给海南的开发建设增加了困难,延缓了海南岛开发建设的进程。"

不久后公布的调查数据显示,在一年时间里,海南非法高价从全国21个省市及中央15个单位炒买外汇5.7亿美元,各公司用于进口的贷款累计42.1亿元,比1984年海南工农业总产值还多10亿元。除了汽车之外,还进口了286万台电视机、25.2万台录像机。

雷宇被撤职,后转任广东一个农业县的副书记。行政区委常委、组织部长林桃森于一年后被以"投机倒把"罪判处无期徒刑。一直过了很多年,人们仍然可以在大江南北的道路上看到一些挂着"粤字"牌照的高档走私车,它们都是当年海南案的遗物。

在中国改革史和企业史上,"海南汽车倒卖事件"带有很强的"寓言性",一个地区为了发展经济,令制度的许多欠缺渐渐跟不上经济发展的需求,中国改革的渐进特征日益明显,开始进入漫长的灰色地带。

根据何博传在《山坳上的中国:问题、困境、痛苦的选择》中披露的数据,1985年中国进口汽车等于1950—1979年进口汽车的总数。[①] 海南事件后,利用政策空子,倒卖走私进口汽车的现象一直没有被真正制止,

---

① 何博传著,《山坳上的中国:问题、困境、痛苦的选择》,贵阳:贵州人民出版社,1989年版。

其后续余波一直延续到2000年的厦门远华赖昌星走私案。从1983年到1987年，各地政府动用外汇大量进口汽车，数额高达160亿美元，相当于当时两个美国克莱斯勒汽车公司的固定资产净值。

其他商品的进口倒卖也同样没有停止过。1988年1月到9月，通过海关进口的录像机为2万台左右，而实际流入国内的在33万台以上。新华社记者去北京最大的两家国营商场调查，其销售的录像机绝大多数是从广东贩来的走私货，有的已是二手货甚至三手货。再以彩色相纸为例，1989年上半年，五个特区就引进4 000万美元，占全国消费量的1/3，其中80%以上通过灰色渠道流入内地。1988年，根据海关统计的全国进口消费品价值为13亿美元，新华社日后的评论是："任何一个有判断力的读者到市场上转一圈都会回来说：不对头，再翻一番也不止。"1995年，通过外贸正常渠道进来的进口彩电为54.9万台，而市场实际的销售量为500万台。

放在年度观察的角度来看，疯狂的海南汽车事件并不是一个孤立的事例，相反，在当时的全国各地，一个与之相比毫不逊色的设备引进热正如火如荼地进行着。

从上一年开始，大量的生产线便开始陆续涌了进来。中国沿海无疑正在成为国际产业转移的下游地带，对于跨国公司和中国来说，这似乎都是一种明智的选择。成百上千条彩电线、冰箱线、洗衣机线和录像机线正日以继夜地抓紧安装，很快，中国家电业的"战国年代"就要到来了。速度成了最重要的指标，在天津，曾创下22天引进一条德国摩托车生产线的纪录，它被当成是先进的事迹广为传播。

正如英国的《金融时报》在1985年2月27日的一篇报道中所评论的："在全中国，即使是很小的工厂，也在寻找外国合资者，以帮助它们实现企业现代化。中国人现在比5年前要有组织得多，消息也灵通得多。"而10月的美国《新闻周刊》在《中国人搜寻有用的旧设备》一文中，更是生

▲广东一家引进国外良种奶牛和先进设备的奶牛厂

动地描述说:"一批工程师、技术员和包装工来到了法国的工业城市瓦尔蒙,他们夜以继日地工作,把已经破产的博克内克特冰箱厂的设备尽数拆去,5 000吨设备装上了轮船、飞机和火车,启程运往天津,在那里的一家工厂里它们将被重新组装成一条每天生产2 000台新冰箱的生产线。类似的情况比比皆是。在整个欧洲,中国的代表团手中拿着想要物品的清单,到处搜寻二手的工厂设备,这已经是一种趋势。对欧洲的公司来说,这些设备如果不卖,要么被毁掉要么闲置不用,中国是一个极有吸引力的贸易伙伴——因为它总是付现金。"华裔经济学家黄亚生后来的研究表明,"大量的日本投资方使用了二手机器,日本企业不能使用这些机器在其国内赢利了"。一位长期在中国工作的联合国高级顾问威廉·韩丁在一本名为《大逆转:中国的私有化1979—1989》的书中披露说:"1985年前后,知情人士说很多不良贸易正在进行着。如果一个外国公司不能使政府接受合同购买它们的产品,它们可以下到省市级的单位完成未果的交易。就这样它们卖给了中国大量劣质设备和过时技术。由于对高技术的狂热,任何称为高技术的东西都能卖得很好,即使它根本没有任何技术含量或者中国本来就有了更好的技术。"[1]

---

① [美]威廉·韩丁著,《大逆转:中国的私有化1979—1989》,纽约:每月评论出版社,1990年出版。

发生在全国各地的设备引进热潮，对后来的中国公司发展产生了巨大的影响力。它让很多设备陈旧、缺乏产品竞争力的老企业迅速复活，得以用最快的速度进入正在爆炸中的消费品市场，我们将看到，那些日后驰骋一时的明星公司都是当年生产线引进的积极者。根据《经济日报》的报道，这一年在北京市场上受欢迎的冰箱品牌有广州的万宝、苏州的香雪海、嘉兴的益友、天津的冰峰；洗衣机则有上海的水仙、广州的五羊、大连的波浪、杭州的金鱼、武汉的荷花、长春的君子兰、宝鸡的双鸥。它们是中国家电业的第一批名牌产品，无一例外的是，它们都是最早引进了国外生产线的国营企业。

与此同时，没有规划和秩序的引进热也造成了极大的浪费和行业管制上的失控。

其问题之一，是贪大求洋，不符合国情。武汉一家轧钢厂引进上千万美元的设备，因动力问题无法解决长期闲置；四川花8亿元从日本引进了一整套维尼龙生产设备，建成后发现天然气供应无法解决，就算把重庆钢厂的天然气全部移过去也不够维持一半设备的开工；大庆化肥厂引进一条美国生产线，将原有职工1 520人精简到315人，其后管理问题层出不穷，技工素质无法保证专业协作，两年后不得不"改回去"。

其二，盲目引进，利用率低下。根据《光明日报》的报道，1987年，武汉市对引进工作进行普查，发现全市87家企业共有911台设备，价值5 100万元，长时间空置，有的连包装箱都没有打开。1987年12月15日的美国《商业周刊》估计，中国工厂的闲置设备价值约200亿元，其中相当部分为两年前的引进设备。

其三，成套设备偏多，技术性引进少。根据当时学者的统计，在引进热中，成套设备占80%，单项设备占17%，而被当作目标之首的技术引进则只占3%。很多设备引进后，其生产所需的零部件和设备维护等仍然全部依赖外国公司。

其四，重复引进，缺乏规划。1985年前后，上海共引进12条彩电生产线，两年后，只有7条在运转，其余的全都闲置报废。此类现象，在各行业和地区比比皆是。当年5月17日的《经济参考报》便在头版头条刊出中国汽车工业公司的一份调查结果，《汽车工业盲目布点重复引进情况严重》，根据这家行业管理公司的测算，到1990年全国的汽车年销量在90万辆左右，而从目前的引进情况看，届时的全国年产量将达到200万辆，此外还存在盲目引进散件组装整车、同一技术多家引进、引进项目纷繁重复、互不协作配套等现象，有的地区为了便于自行批准上项目，还采取了化整为零的办法，使一些大项目分批上马，导致了引进失控的局面。

在引进热中，泥石俱下的事情常常发生。青海省通过香港的一家贸易公司，从意大利和联邦德国引进了一套混凝土输送泵，结果发现竟是30年前的旧设备，整套设备除了标牌是新的之外，其他部件都已磨损不堪。8月的上海《文汇报》便刊登了一则让人啼笑皆非的新闻，在题为《"洋豆腐"为何无人问津》报道中，记者写道：6月下旬，闸北豆制品厂花160万元从日本引进了一套盒装豆腐生产线，原本希望它能丰富豆腐品种，增加市场供应量，谁知道，流水线安装一个多月后，烦恼接踵而来。首先是豆腐成本太高，菜市场一袋豆腐只卖一毛钱，他们的成本就要四毛；其次是保质有问题，用传统工艺做的豆腐变质后大不了发酸、起孔，这种日本豆腐一变质就成一包水；再者是流水线备件太昂贵，出一个小事故，单是给日本打个电报，至少也要20元钱。记者最后无奈地说，看来这次是交了一笔昂贵的学费。

从1985年到1987年，全国各地共引进115条彩电生产线、73条冰箱生产线、15条复印机生产线、35条铝型材加工生产线、22条集成电路生产线、6条浮法玻璃生产线，仅广东一省，便引进21条西装生产线、18条饮料灌装线、22条食品面包生产线、12条家具生产线。其中最典型的引进案例是，9个省市一起向意大利梅洛尼公司引进了9条同一型号的"阿里斯顿"电冰箱生产线，每条生产线的价格均为3 000万元，年生产能力30万台。一时间，中国先后产生了合肥美菱、牡丹江北冰洋、南京伯乐、上海远东、景德镇华意、重庆五洲、宝鸡长岭、兰州长风和中意冰箱"阿里斯顿九兄弟"。在其后的家电抢购热中,这些企业都风光一时,成为当地的利税大户,极盛时,"九兄弟"的产量占到全国冰箱总产量的1/3。而10年后,8家凋零,仅美菱一枝尚存。

1985年的引进热在日后遭到了批评。大规模的引进热浪,使得外汇消耗巨大,到年底,全国的贸易逆差达到创纪录的137.8亿美元,相当于出口总额的52%。不过客观地说,这次失控的引进热对中国轻工产业的更新换代及消费品市场的启动,产生了巨大的效应。这个时候的中国公司,就好像一个青春期的少年冲进一片正在疯长中的草地,你听得到他的骨骼与青草一起向上生长的声音,过度的精力和热情挥霍似乎是不可避免的。

在大量引进的同时,根据《商业周刊》的观察,中国在这一年还开始尝试着对外投资。11月的报道披露:"中国开始向海外投资。第一站是香港,其投资达60亿美元,占在香港的外来投资的第三位。中国国际信托投资公司和两家美国企业在华盛顿州购买了一片价值3 500万~4 000万美元的森林,用于获取建造中国房屋的木料。这是中国在美国的第一笔直接投资。"

不过在开始,对外投资好像并不太顺利,《新闻周刊》举了两个在港投资失败的例子:"两家北京背景的公司——中国银行和中国资源公司花了2 280万美元购买了Conic公司34.8%的股份。之后,中方向董事局派遣了官员。数月后,Conic的股票停牌,因为该公司的主席把他价值1 000万美元的股票都卖给了中方,并且在他个人的控制下从Conic贷款了2 780万美元。另外一件事情是一家中资公司起先宣布花1.2亿美元购买8栋在建的公寓楼,但是随后又宣布放弃。这一行为导致了股市的下跌,公司失去了信用。"

这些新闻,在很多年后读来一点都不让人觉得新鲜,不过在1985年前后,世界还是观察到了一个封闭良久的社会主义国家尝试着参与国际资本游戏的努力,尽管这种努力显得有点笨拙。

几乎就在海南汽车案被中央点名制止的同时，国内还爆发了另一起重大的经济事件，在广东毗邻的福建省出现了晋江假药案，它直接导致了省委书记项南的黯然落马。

晋江制造假药的乡镇企业共有57家，其中45家集中在陈埭镇，而这个镇正是省委书记项南扶植起来的典型，它是福建第一个工农业产值超过一亿元的乡镇，被誉为"福建一枝花"。从1980年开始，当地的食品工厂开始兴起，为了追求暴利，渐渐地便转向了药品生产，当地的私营业主通过各级医药公司打进"公费医疗"这个特定的消费渠道。它们用低劣的银耳加上白糖，制成"降压冲剂""理肺冲剂""益肝灵冲剂"等假药，牟取不当利润。新华社记者在后来的报道中称："假药厂大部分是农民集资合办的，他们没有制药技术人员，没有质量监测机构，也没有任何现代意义上的制药设备，使用的全部是简陋的炉灶、铁锅、竹器等原始工具，厂房则多为农村的旧民居，苍蝇乱飞，垃圾成堆，包装桌上积满灰尘。这类药厂是怎么取得合法地位的呢？手续倒是很简单，只要到村、镇挂个户头，村镇抽取产品销售额的1%~2%，就可以得到银行账号和公章了。"

成本低廉的假药通过高额回扣的方式冲进公费医疗体系，自然带来令人称羡的企业效益，而当地政府为了经济发展又听之任之。到1985年年初，晋江假药已成汹涌之势，连镇工商所也办起了保健饮料厂，生产销售假药。为了以更安全和合法的身份生产假药，晋江人还想出了联营工厂的方法，它们与厦门、陕西的一些濒临困境的国营工厂合作，以办分厂或合股的名义伪造批文，生产假药。当欲望之门被打开之后，如果没有法律的制约，富有想象力的邪恶便会像野草一样肆意地疯长。

1985年6月16日，《人民日报》发表了一篇爆炸性的新闻报道《触目惊心的福建晋江假药案》，对晋江制售假药的情况和原因进行了披露，称当地假药工厂生产100多种假药，总数10万多箱，销售额3 500多万元，参与制售假药者1 000多人，此外还伪造卫生行政部门的药品审批文号105个，私自印刷税务发票。此后，有关部门持续清查，媒体持续跟进曝光，举国一时鼎沸，晋江成为"假药"和"骗子"的同义词，以致后来很长一段时间，当地人外出经商只说自己是泉州人，而不敢提"晋江"两字。在这场打假风暴中，项南受到牵累，辞职下台。

从晋江假药案开始，在广袤的中国农村，有意识、有组织、大规模地制造假劣产品，在今后20年的时间里仍将持续地蔓延，从来没有根绝。它成为很多地方摆脱贫困的捷径，成为地方政府振兴当地经济的绝招，在晋江假药工厂中，相当一部分的创办人和经营者是当地的乡镇干部，这个特征在今后也将一再地呈现。中国基层社会那种流传千年的淳朴的商业道德，从这时开始正在可怕地逐步沦失。①

晋江假药案和海南汽车走私案，让1985年的中国充满了诡异的气息。一方面，经济开放和企业改革日渐成为全民的共识，新的变革正在各个领域得到鼓励和尝试，珠三角、苏南和温州等地的民间资本正呈方兴未艾之势。加快投资、加快发展再度成为国家的主题，宏观经济在沉寂数年后再度出现趋热的迹象。另一方面，全民性的物质欲望被猛然地激发出来，摆脱贫困成为至高无上的公共理想，在这个目标之下，对制度和道德的漠视受到默许，这同时也给那些保守的势力提供了攻击的机会。

从宏观的角度来看，1985年的中国经济再趋过热。这与当时中央的货币政策有关，在上一年10月计划1985年信贷规模时，国务院公布以当年年底数字为下一年的借款基数。于是，各专业银行为争信贷基数而

---

① 发生在中国乡村的制造假劣事件，一个共同的特征是区域性作案，也就是某一个乡村的农民集体参与到制假造劣的活动中，所有的人都清楚地知道，他们的做法将产生怎样的后果，将会给社会和消费者带来怎样的伤害，但是，出于利益上的需要，每个人都将最起码的道德制约抛诸脑后，某些基层政府甚至成为这种集体犯案的保护伞和牟利共犯。曾有记者问一位造假乡村的干部："你们知道这种行为是犯法和不道德的吗？"那个干练的乡长指着身后一幢幢正在建造中的农民新房，坚定地说："我觉得，天底下最大的道德，就是让我贫困的家乡富裕起来。"

第二部　1984—1992　被释放的精灵

突击放款，结果国家信贷基金猛增，银行日夜印钞票，后来宣布多印了80亿元，要知道，在1983年，全国的货币投放总量才只有90.66亿元。

企业的不断创建与消费需求的增多，使得生产资料的短缺现象越来越严重。需要指出的是，中国从改革开放的第一天起，就一直处在一种资源缺短的状态中，这是30年来唯一没有改变过的状态。而对这种状态的政策对应，便可以看出这场改革的成长轨迹和内在的逻辑性。跟那些无缝不钻的民营公司相比，国营企业争夺生产资料的主动性和能力显然要弱得多，于是，国务院的智囊们便创造性地想出了一个"价格双轨制"的办法来。1985年年初，国家宣布取消对企业计划外自销产品价格的限制，宣告生产资料的"价格双轨制"正式形成。①

双轨制的意思是，一种生产资料存在两种价格，一种是国家掌控的"计划内价格"，一种是市场化的"计划外价格"，后者的成本要远远大于前者。这种扭曲的价格体制，其目的便是为了保护国营企业在原材料采购上的优势。同时，国家还可以根据市场的需求量来不断地调整计划内商品

---

① 从公开的资料看，1985年5月初，经济学家宦乡在一个题为"中国面对未来"的研讨会上，首次提出"我国新经济体制可能是一种双轨制"。他认为，"在今后相当长的时间内会出现集权经济体制与分权经济体制并存的时期"。这一思想得到了决策层的欣赏，也成为"双轨制"的理论基础。

对于"价格双轨制"的历史评价，经济学界存在争议。有的人认为"双轨制"使得国家机会主义制度化，并造成了大面积的贪污腐化。而张五常则认为这是一个"成功"的做法，理由是反问式的：如果不实行双轨制，就只有两种选择：一是继续计划单轨；一是按照休克疗法直接进入市场单轨。前者没有效率已是确凿的事实；但是后者却会造成很大混乱，而且事实上引起了很多困难。原因首先在于，市场开放以后，原有经济格局并不能马上改变，大量的国有企业仍然存在垄断，那么垄断者会利用其特权抬高价格，造成市场混乱；其次，市场一开放，原来经济当中的很多经济链条就会断开，使经济增长剧烈下滑。相比之下，双轨制一方面保留了计划价格，同时放开了一部分市场。虽然确实滋生了很多贪污的机会，但是这种制度让非国有经济得到了投资发展的机会，得到了出售产品的机会。

与计划外商品的销售比重,比如在1985年前后,钢材的计划内与计划外比重为78∶22,煤炭为92∶8,石油为83∶17,水泥为64∶36,食品类为73∶27,服装类为59∶41,耐用消费品为48∶52。从这些比重中可以看到,国家对原材料的控制力度远远大于对日用消费商品的控制。"双轨制"带有鲜明的计划经济特征,它在抑制价格暴涨、通货膨胀方面起到了一定的作用,却也在相当长的时间内,成为困扰民营企业成长的根本性难题。

江苏著名的乡镇企业无锡红豆集团的周耀庭回忆说:"红豆发展起来,国家从来没有给过一公斤的柴油,一公斤的棉纱,从来没有任何计划内的原料。1985年、1986年前后,纺织企业原料极其紧张,不少工厂都断餐了,我们企业做外贸没有棉纱,想到无锡市的部门去争取一些。回答当然是没有,因为你们是乡镇企业,不可能给一公斤棉纱。我讲,国营企业是老大哥,我们乡镇企业是小弟弟,小弟弟向老大哥学习,能不能让纺织公司给我们一点儿棉纱?部门的干部回答我说:你乡镇企业是小弟弟吗?称不上的。"

这段对话让周耀庭铭骨难忘,20年后,在接受中央电视台《改革开放二十年》专题采访时,他对着镜头说:"国营企业是老大哥,乡镇企业不是小弟弟,乡镇企业是私生子。那个时候,我们乡镇企业得到的是私生子的待遇。"

"私生子"的说法,难听了一点,但却是一个明摆着的事实。为了严格执行双轨制,保护体制内的国营企业,3月,国务院还发出一个严厉的禁令:重要生产资料和紧俏耐用消费品的批发业务,只能由国营单位经营,不准套购就地转手加价倒卖,不准倒卖计划供应票证,不准任意提价,不准以任何形式索取额外收入,对投机倒把者,要坚决制止严厉打击。

如此明确而峻厉的禁令,能吓着一些胆小的,却丝毫不能遏制那些背景强硬的冒险者,相反,倒使冒险的利润空间变得越来越大。后来发生的现实便是,"价格双轨制"直接滋养了"倒爷经济"的繁荣,那些有政府背景和资源的人或公司,按国家计划价格将紧俏生产资料买进,又按照市场价格将之卖出,赚取差价。《经济日报》曾报道这样一个实例:国营的内蒙古赤峰金属材料公司从一家铝锌矿以每吨 3 714 元的计划内价格购得 500 吨铝锭,然后以每吨 6 500 元的价格就地倒卖给广东公司,后者再将之倒卖三次,价格提高到每吨 7 000 元,最后仍由金属材料公司买回,调拨给国营的赤峰电线厂。铝锭原地不动,从中倒腾的倒爷们赚个了大饱,国营的矿厂、金属材料公司和电线厂无一例外地都成了买单人。

正是由于倒爷们的猖獗和"法眼通天",使得各种国家统配物资以各种形式,通过各种渠道流向市场,国家指令性计划彻底失去了严肃性。在执行"价格双轨制"的年份里,国家统配物资从来没有完成向国家供货的合同,那些规规矩矩、遵守国家调控计划的国营企业反倒成为最大的受害者。在这个意义上,得益于这种畸形价格制度的"倒爷"阶层是压垮计划经济的最后一根稻草。

据估算,双轨制给中国经济带来的直接损失每年至少在 11 000 亿元以上,占 GDP 的 9%,与不少年份的中国经济增长速度基本持平。据学者胡和立的研究报告显示,仅在 1988 年,全国控制商品的价差总额就超过 1 500 亿元,加上银行贷款的利差和进口所用牌价外汇的汇差,三项合计价差达 3 500 亿元以上,约占当年国民收入的 30%,其中 70% 左右流入私人的腰包。[①]

尽管享受到了"价格双轨制"的保护,国营企业仍然在体制内挣扎,这真是一个从经营活动到心态观念都备受煎熬的过程。

那些在计划经济下形成的"正统观念"正受到来自市场的严峻挑战,所有的人都觉得不习惯。多年以来,宣传系统一直在宣导"工人是工厂的

[①] 胡和立,《1988 年我国租金价值的估算》,《经济体制比较》,1989 年 05 期。

主人翁"以及"企业是党领导下的工人组织",而刚刚开始推行的厂长责任制则让这些不容挑战的理念面临尴尬。11月的《工人日报》刊登了一篇报道,题为《一个锐意改革的厂长之苦恼》:一年前,岩石到"名盈实亏"的长春卷烟厂任厂长,他管理严格,经营得法,当年就实现利润1 200万元,成为全省的盈利冠军,然而他严苛的工作方式却遭到习惯于温情管理和平均主义的工人们的抵抗,数十份投诉岩石"多拿奖金"和"任人唯亲"的告状信发到各个上级部门,前后7个调查组进厂调查。报纸为岩石辩护说,他的工资只比普通工人高两级,大概每月多十多元钱,而他任用干部都是经过上级部门审核批准过的。①

几乎与此同时,《人民日报》则刊登了一篇来自另一个国营工厂的长篇报道《厂长哥哥》。在这家位于内蒙古的东胜中药厂里,记者李仁臣问工人:"你在心里是怎样评价你们厂长呢?"工人动情地说:"他是我们的厂长哥哥。"这家工厂的厂长张明瑞待工人如手足,是一个大好人式的厂长,他的理想就是让这家工厂变成一个互亲互爱的大家庭。他的名言是"老辈人我敬如父母,平辈人我亲如兄妹,晚辈人我爱如子女","他也训过工人,但很快就扪心自责,主动请被训的人原谅自己的过错"。

很显然,在严苛的岩石与仁慈的张明瑞之间,全社会的观念都如钟摆般地剧烈摇摆,商业内在的冷血特征已经越来越清晰地呈现出它的本色,只不过所有的人都不习惯,甚至不愿意承认。

另一个剪理不清的观念是,在一个国营企业里,到底是厂长说了算,还是党委书记说了算。在改革之前,这根本不是一个问题,书记是工厂毋庸置疑的领导者。但是在新的治理结构中,厂长成为企业经营的第一责任人,他是否应该继续接受书记的领导?这个问题涉及政治敏感,有关的争论一直在遮遮掩掩中进行了十多年,从"党委领导下的厂长负责制",到

---

① 刘凤翔、高欣、杨凤仪,《一个锐意改革的厂长之苦恼》,《工人日报》,1985年11月25日。

"书记、厂长双核心制",再到厂长全面负责制,拖泥带水,纠缠不清,一直要到1998年前后,随着《公司法》的出台,现代企业制度开始被普遍地接受,这个问题才不了了之。①

8月3日,沈阳的三家国营企业收到了《破产警戒通告》,这是新中国成立以来的第一例。沈阳市政府将之办成了一个盛大的新闻发布会,沈阳第三农机厂、五金铸造厂和防爆器械厂被选中做了试点,市政府特意做了三个黄色封皮的《破产警戒通告》——取意于足球比赛的黄牌警告,交到三个颤抖抖的厂长手上。一年后的同一天,防爆器械厂成了第一个牺牲者,它从即日起被宣告破产倒闭。美国《时代周刊》就此撰文评论:"一个在西方并不罕见的现象,成千上万的工人被警告说他们的公司陷入了困境,他们的工作也将保不住。这种现象不是在底特律或里昂或曼彻斯特,而是在中国东北部的沈阳。"日本记者在报道中称:"沈阳发生了超过8级的改革地震,中国的'铁饭碗'真的要被打碎了!"4个月后,中国的《企业破产法》草案在北京人大会议上正式通过试行。

对于绝大多数的国营企业厂长来说,如何加强企业管理,提高生产效率,是一个亟待破解的难题。

一个名叫艾柯卡的美国企业家替代松下幸之助成为新的偶像。他原来是福特汽车公司的总裁,在为福特卖命20多年后,因为个性与董事长亨利·福特不合而被扫地出门,那时他已经54岁。心有不甘的艾柯卡转而投靠正处危机之中的克莱斯勒公司任总经理,用三年时间就使其扭亏为盈,再用三年将公司的年盈利提升至24亿美元,他成为全美最炙手可热的"扭亏之神",《时代周刊》恭维他是"说一句话,全美国都洗耳恭听"的人。这一年,他的《艾柯卡自传》出版,在北美销售150万册,这本书在第一

---

① 1985年前后,一位中央领导人曾经用"大事不糊涂,小事不纠缠"来界定书记在企业中的职责,这种说法固然生动,但在具体的工作中却根本无法执行。

时间被翻译到了中国,迅速得到正饱受亏损煎熬的国营企业家们的追捧,人们从他的经验中看到了努力的希望,也从他的描述中饥渴地学习着基本的企业管理知识。① 长虹电器的倪润峰回忆说:"那时候,书店里根本没有什么管理书籍,我的这点管理知识都是从艾柯卡的书中读出来的。他刚到克莱斯勒时,看到的是秩序混乱、纪律松散、无人调度、各自为政,产品毫无竞争力。我当时就想,这跟长虹是多么的相似。"②

在河北石家庄,一位叫张兴让的厂长发明了"满负荷工作法",因而被树为典型红极一时。张兴让是石家庄第一塑料厂的厂长,他发现,尽管工人们天天按时上下班,但每天真正的劳动时间却很少,有些工作是一台设备几班人马,你干一会儿我再干一会儿,而且无效劳动很多。再扣除吃喝拉撒、聊天等时间,每人每天只有2小时40分钟在工作。于是,张兴让想出了一个改革的方案,他对企业内部人、财、物等要素进行了重新组合,把原来的粗放经营变成了集约经营,这种办法首先对企业各项工作提出奋斗目标,然后由低到高分步实施,层层落实,与个人报酬挂钩,形成体系。总的考核指标是人均效率、人均效益和企业资金利税率。具体实施上,他把质量、供销经营、设备运转、物资使用、能源利用、资金周转、费用降低、每人工作量和工时利用9项要素综合考虑,因是借用设备运转满负荷的概念,故称为"满负荷工作法"。③

他的尝试看来是有成效的,改革前,厂里有三台大锅炉,锅炉师傅,加上替班、拉煤、出渣、维修、置水等工作的职工,总共竟有70多人,占了全厂职工的1/6。而按照张兴让"满负荷"的标准,这三台锅炉只要

---

① [美]艾柯卡、诺瓦克著,周谦、叶进译,《艾柯卡自传》,河北科学技术出版社,1986年版。

② 参见晓健编制,《中国企业家20年偶像变迁路》,《新快报》,2004年12月10日。

③ "满负荷工作法"的核心是"人尽其力、物尽其用、时尽其效",即充分挖掘人的潜力,原材料与设备、劳动时间达到充分利用。1986年,张兴让以推行"满负荷工作法"而闻名全国,并因此获得了全国首届经济改革人才奖金杯奖。

18个人就够了。

张兴让在1985年开始推行他的工作法,两年后,他的做法引起了中央的高度重视,被认为"是一大发明",并在全国上万家企业中大力推广,张兴让成为与南方的步鑫生齐名的著名企业家。

在武汉,一个更富戏剧性的人物出现了,这是一个名叫格里希的德国人,在上一年的11月,64岁的他被聘用为武汉柴油机厂的厂长,这是新中国成立后第一位外籍的国营企业厂长。格里希是一个退休的发动机工程师,为了让这个外国人顺利工作,武汉市党委还专门成立一个由常委带队的九人工作组,他被看成是"新时代的白求恩"。

▲格里希厂长

格里希面对的是一个纪律涣散、管理混乱、领导层毫无责任感的国营老企业,他要求工人遵守8小时工作制,长期迟到和旷工的可能被开除,他每天带着放大镜、小锤子和吸铁笔下到车间里,现场处理管理上的难题,此外,他还把一个从来不到生产一线的总工程师调离到其他的岗位。他的这些做法被新闻记者总结为"洋厂长的三斧头"。一位中央领导在看到这篇新闻后批示说:"我们自己的厂长大概大多数还没有这么做。有的不是没有条件这么做,而是抓不住,有的是不愿和不敢这样做,当然也有因为身体、技能等条件实在不行,想这样做做不了。"格里希的做法被当成是最先进和新奇的管理奇招在媒体上迅速走红。

这位普通的退休工程师在中国成为一个传奇人物,他在这家工厂担任了三年厂长,让它的面貌发生了很大的变化。在这期间,他5次受到国务院副总理的接见请教,他还被联邦德国政府授予"十字勋章"。当他离开中国的时候，他写了一封信给中国政府，其中归纳了十多条国营企业的弊病并提出建议，包括"政府不应该像慈父护侍爱子那样对待企业；治理生产过程中的惊人浪费，提倡过节俭日子；加强对青年的就业前培训；中央成立设备调剂中心，把某些企业闲置的设备有偿调拨给缺少设备的企业"，等等。

在现代工厂管理的理论上，张厂长的"满负荷工作法"或格里希的"三斧头"，显然都不算是什么发明，不过在当时积重难返的国营企业中，这已经是最先进和最有效率意识的改革了。他们的实践最终都没有能够拯救中国的国营企业，这都是一些"围墙内的变革"，无法改变这些企业在竞争能力和产权自主性上的天然缺陷。张兴让的改革让他的工厂一度起死回生，成为国营企业改革的一个"标本"，但是在日益白热化的市场竞争中，这种没有涉及产权根本的改革显然不能让企业获得真正的活力。张兴让和他的工厂在1992年之后便再度陷入困境，2000年元旦，精疲力竭的张兴让与1 090名工人一起被宣布全体下岗，企业不复存在。格里希后来多次到中国，每次都受到政府官员的热情款待，不过他对自己曾倾注全部心血的武汉柴油机厂的日后命运并不真正了解，1993年，企业出现亏损，1998年全面停产。他最后一次访问武汉是2000年6月，当时已年届80高龄。在生命的最后几年中，他的中国朋友们始终不敢告诉他武汉柴油机厂的真相，怕他在心理上接受不了这一现实。2003年4月17日，格里希在德国家中逝世。两年后的这一天，武汉市政府在闹市中心的汉正街工业区广场中央，树起了一座2.78米高的铜像——上面刻写着"威尔纳·格里希"。他将长久地站在那里，像一个没落而偶尔被人提及的神话。

张兴让和格里希最终都没有能够拯救各自的企业，不过，他们所尝试和传播的管理新理念，在那个时期倒成为全国众多民营业主的免费教材。很多人在日后回忆说，他们对企业管理和经营的基础认知，都是从这些轰轰烈烈的、带有强烈启蒙色彩的改革运动中得来的。

1985年，中国人压抑了很久的民族自豪感正日益膨胀。5月19日晚上，第13届世界杯足球赛亚洲东区第2大组A组比赛，在北京工人体育场举行，国家足球队以1∶2输给中国香港足球队，因此被淘汰出局，失去了小组出线的机会。比赛结束后，现场观众情绪失控，许多人向队员投掷汽水瓶，任意毁坏车辆，围殴司机，打伤维持秩序的警察，拦截外国人乘坐的汽车，并恣意辱骂他们。北京警方当场抓获120多名肇事者。其中的38人，因在比赛中和比赛后行为恶劣过火，被拘留12天或15天，另有7人触犯了刑法，其中5人被依法逮捕并判刑。这是新中国历史上的第一次球迷闹事，它在当年被定性为"五·一九足球事件"。7月，有媒体报道美国激流探险队将漂流长江，为了赶在美国人前成为世界上第一个漂流长江的人，西南交通大学电教室职工尧茂书自长江源头，漂流了1 270公里，24日在金沙江段不幸触礁身亡。他的死亡让举国民众欷歔万分，自又搅拌出另一份的悲壮与自怜。到11月，还是那群意志坚定的女排姑娘让大家好好地出了一口气，在日本举办的第四届世界杯女子排球赛上，中国女排以七战七捷的成绩，蝉联世界杯冠军，并成为世界排球史上第一支连续4次夺得世界大赛冠军的女队。

就在民族情绪高涨的同时，到气派而又高薪的外国公司谋职以及出国留学正成为最时髦的选择。

秋天，刚刚获自学高考英语专科文凭的北京椿树医院护士吴士宏好奇地站在长城饭店的玻璃转门外，足足用了5分钟的时间来观察别人怎么从容地步入这扇神奇的大门。她辞职来应聘IBM公司的办公勤务。在面试的时候，主考官问她："你会不会打字？"从来没有摸过打字机的吴士宏条件反射般地说："会！"

离开考场后，她飞也似地跑了出去，找亲友借了170元买回一台打字机，没日没夜地敲打了一个星期，双手疲乏得连吃饭都拿不住筷子了。1997年，吴士宏因销售业绩出色被任命为IBM中国销售渠道总经理，成为一个有传奇色彩的职场女强人。

越来越多的青年削尖脑门儿往国门外面跑。到年底，出国留学生的总人数已达到3.8万人，其中自费留学生7 000人。在十来年后，这些人又大多回到了中国，开始创办自己的公司，中国未来的新技术和IT产业将由他们担负支柱。这一年，浙江农家子弟吴鹰进入美国新泽西州理工学院攻读硕士学位，10年后，他创办UT斯达康公司，靠一种叫"小灵通"的电信产品闻名一时。出身于陕西西安的张朝阳考取李政道奖学金，他赴美国留学，10年后回国仿照杨致远的雅虎网站创办了中国第一家门户网站搜狐。

一个叫唐骏的人，讲述了当时他出国留学的戏剧性故事：21岁的工人子弟唐骏非常想出国，尽管他考上了北京邮电大学的研究生，但北邮的出国名额已经用完。于是，他给北京的每个高校打电话，询问有没有剩余的出国名额。在打到北京广播学院的时候，他们说他们的出国名额没有用完。撂下电话，唐骏马上骑着自行车赶了过去，拿着考研的成绩单，要求转入北京广播学院读研究生。广院的老师说："你可想好了，我们这是二流院校，你就算转过来，也不一定出得了国。尽管我们有名额，但是你错过了时间，出国要由教育部决定。"唐骏没有犹豫，直接把档案转了过去。为了让教育部给他出国的名额，唐骏想了个办法：他打听到教育部主管此事的是李司长，于是他在教育部的门口站了整整4天。早上7点不到就到教育部门口去，见到李司长，唐骏说："李司长您早！"中午他出来吃饭，唐骏说："李司长您出来吃饭？"他吃完饭，唐骏又说："您吃好饭了？"再到下班的时候，唐骏再说："您下班了？"如此四天。第一天，李司长觉得这人很奇怪；第二天，李司长关注这个青年，怕他有什么偏激行为；第三天，他又觉得这个小孩子看上去很可怜；第四天，李司长忍不住好奇，终于开口问他到底有什么事。唐骏如实说了。第六天，李司长告诉唐骏：你可以出国了。

就这样，1985年唐骏到了日本。他第一次乘坐新干线，当时在新干线上售卖食品的列车员，在进入每一节车厢之后都会向乘客鞠躬，然后开始服务，在离开一节车厢的时候，也会再次鞠躬。当唐骏穿过一节无人的车厢的时候，他发现推着货车的列车员在向空无一人的车厢鞠躬。"这就是日本人100%的做事方式，秩序与细节，谨慎而努力，这是日本民族的精神。"很多年后，唐骏说这是他出国上的第一堂课。他后来又去了美国，1994年前后，卡拉OK开始在美国和日本流行，唐骏设计了一个卡拉OK机子上可以排名计数的软件，马上被一家美国投资商看中，用8万美元购买了专利。而在其后短短几年内，这个软件被用到了1亿多台VCD/DVD机上。"如果我当时采用微软的使用权方式收费，一台机子收取2~3美元，我就可以有2亿~3亿美元的收入。"2002年，唐骏成为微软公司的中国区总裁，两年后他跳槽到刚刚兴起的游戏公司上海盛大出任总裁，并帮助这家创办不到三年的公司在纳斯达克上市。[①]

---

① 汤维维，《唐骏：创业不需要激情》，《商学院》，2005年09期。

企业史人物 | 两面雷宇 |

从被降职的那一天起，雷宇就成了改革的"英雄"，在很多时候，他常常被与海南籍的明朝清官海瑞相提并论。1996年，当他61岁的时候，从广西壮族自治区副主席的职位上主动退下来，并声称回家侍奉九旬老母亲，由此再成新闻人物，一时颇受社会舆论的同情。

海南汽车倒卖事件在客观上，让封闭落后的海南一跃而成为开放的前沿，一向羞于商品交易的海南人如同经历了一场刻骨的金钱教育。80年代后期兴起的"海南热"与此大有关系。1996年，一位叫朱健国的财经记者在海南采访4个月，他发现："无论到什么单位采访，一提起海南今日的巨变之由，人们首先说，这真是多亏了雷宇啊！"

一个耐人寻味的现象是，雷宇之所以如此大胆，与当时很多人急于求变的心态是分不开的。据他后来回忆，20世纪80年代初，主政当局对各地的突破性举措颇有鼓励，他到海南到任之际，曾有中央领导说，中央和广东省对海南岛要无为而治，最起码三年内一不要打棍子，二不要给"绳子"。邓小平南方视察后，更有领导鼓励说，你在海南岛工作，胆子大一点，怎么快你就怎么搞。

汽车事件被公开处理后，北京的措辞固然看上去雷霆万钧，但是在依法处理上却可谓"高举轻放"，雷宇被谪贬为广东花县县委副书记，三年后，复用为广州市副市长，后又调任广西壮族自治区副主席。在官方的文件中，从来没有对海南事件有过任何的平反举措，不过，在2004年2月，海南省高级人民法院却做出了一个异乎寻常的判决，在一份编号为"（2004）琼刑再终字第2号"的判决书中，法院撤销了广东省高级人民法院的一个刑事判决，宣告原中共海南行政区委常委、组织部长林桃森无罪。林是"海南事件"中唯一被严判的高级官员，当年以"投机倒把"罪被判处无期徒刑，并于1996年去世。中共海南省政法委书记钟文、省高院院长曾浩荣等人到林家慰问，同时向家属道歉。

从个人品德而言，雷宇是共和国难得的能吏和清官，他为人刚正不阿，敢于抗上直言，行事霹雳，思路清晰，官声之佳，有众口为证。他在任职期间，努力于肃清"文革"后遗症，将岛上的所有"右派"都平反了。他有亲自处理人民来信的习惯，三年里，亲手批复了5 000多封写给他的人民来信，除了让秘书剪开信封口，每一封都是他自己亲自展读，亲自批复。在"汽车事件"的事后清查中发现，雷宇个人在热潮中从未倒过一辆汽车，没有受贿一分钱。也正因此，他在其后十几年，一直受人敬重和同情，在民间流传为一个侠客式的清官。

社会舆论对雷宇的评价，最生动地体现出中国改革过程中的观念紊乱和制度悖论，在相当长的一段时间里，对官员和企业家们的经济行为的法律判断一直非常迷乱，甚至带有很大的随意性和阶段性。

雷宇晚年定居广州，1999年，有记者登门采访时看到，午饭之后，他与99岁的老母亲一起参禅入定，宛若老僧。

1986
一无所有的力量

可你却总是笑我，一无所有。

——崔健：《一无所有》，1986年

3月26日，曾经担任过国务院副总理的山西大寨人陈永贵在酣睡中去世。30多年前，陈永贵带领一群穷棒子披星戴月，将一条700米长的黄土山沟，凿成一片能长庄稼的梯田，毛泽东向全国号召"农业学大寨"，陈永贵成为中国农民的偶像。他进京担任国务院副总理后，依然扎着白羊肚手巾，不改农民本色。重病期间，他每日将医生开的药吃一半留一半，积少成多，存了小半个抽屉，嘱儿子奉还国家。

陈的去世，没有引起很大的关注。人们似乎已经开始淡忘这位战天斗地、全国最著名的"永贵大叔"了。因为，在这一年，所有人心目中的"农民英雄"已经是另外一种形象。

乡镇企业厂长、农民企业家——他们的称谓中总带着点泥土的味道，事实上，他们看上去也是土拉巴几的，整个好像刚刚从农田里插完秧出来。他们无论穿什么牌子的西装总是不合身，很少有人会正确地打领带，他们最喜欢的服饰品牌是法国的皮尔·卡丹和香港的金利来，它们的标识都做得很大，老远就能清晰地看出来。他们的普通话都糟糕透了，还特喜欢把自己的照片登在企业介绍册和广告上，而形象都是一律的可笑：坐在偌大的办公桌前，右手在打电话，左手还按在另一台电话上，眼睛呆板地望着前方。德国《明镜周刊》在这一年的报道中说："在中国，农民胆大而鲁莽……从而给企业带来活力。"《亚洲华尔街日报》的评论则说，"很多农民企业家几乎没有任何商业方面的经验"，在7月9日的一篇新闻中，记者说他们"不知道如何管理一家工厂，不知道如何做财务报表，也不知道怎样才能生产出质量合格的产品"。但是，这家报纸惊诧的是，他们的事业正欣欣向荣地成长起来，就好像作家余华在很多年后的一部小说《兄弟》中写到的，"他们像野草一样被脚步踩了又踩，被车轮辗了又辗，可是仍然生机勃勃地成长起来了"。①

1986年前后，乡镇企业的崛起已经成为一个不争的事实。

在两年前的3月2日，国务院正式发出通知，将社队企业改称为"乡镇企业"。作为一个新的、独立的企业形态，乡镇企业第一次浮出了水面，据有关资料显示，当年中国的乡镇企业实际已发展到165万家，拥有劳动力3 848万人。而到两年后的1986年年底，乡镇企业的总数已经发展到1 515万家，劳动力近8 000万，向国家缴纳税金170亿元，实现总产值3 300亿元，占全国总值的20%，"五分天下有其一"的格局悄然出现。②

---

① 余华著，《兄弟》，上海：上海文艺出版社，2006年3月版。

② 在看待乡镇企业成长的问题上，邓小平有过一个十分诚恳的评价，他称之为"意料之外的异军突起"，1987年6月12日，他在接见朝鲜代表团时指出，乡镇企业的发展是农村改革中中央完全没有预料到的最大的收获，突然冒出来搞多种行业，搞商品经济，搞各种小型企业，异军突起。乡镇企业每年都是百分之二十几的增长率，持续了几年。这说明中央制定的搞活政策是对头的，这个政策取得了非常好的效果。

这一年的《人民日报》在3月和4月连续刊登两篇长篇报道，《史来贺风赋》和《乡土奇葩——记农民企业家鲁冠球》。

史来贺是共产党一直倡导的那种吃苦在前、享乐在后，全心全意为人民服务的圣徒式的乡村干部。1985年，史来贺和村党支部其他成员经过反复考察，决定引进一项高科技生物工程，建设一座全国最大的生产肌苷的制药厂——华星药厂。"这高、精、尖项目，咱'泥腿子'能搞成？"有人担心，"别打不到狐狸惹一身骚"。史来贺的回答是："事在人为，路在人走，业在人创。人家能干成的东西，咱们为啥干不成？"

1986年5月20日，刘庄人自己设计、安装的华星药厂正式投产。自此后，刘庄的经济迅速发展，很快成为"中原首富村"。

根据报道，几十年来，刘庄没有发生过刑事案件，没有出现过党员违纪。从计划生育、婚丧嫁娶到养老抚幼，刘庄的干部、群众自觉遵守社会主义道德风尚。村里14个姓氏、300多户、1 600多口人，没有宗族矛盾及派别之争，没有封建迷信、赌博、打架斗殴、婚丧事大操大办等不良现象。

2004年春天，史来贺在平静中去世。国内媒体的标准报道用词是"共产党员的楷模"。

刘庄和史来贺的存在，证明在中国的某些乡村，如果有一个无私而威权的领导者，他同时具备两种能力：其一，是极其善于利用一些优势和概念，为自己营造一个宽松而受扶持的执政氛围；其二，他有相当的市场敏感性，往往就能办起一家乃至若干家非常赚钱的工厂。

这位强人是以一种建立在人格魅力基础上的威权风格，在统治或者说管理着他的这个村庄。

所有的村民在他的统治下，获得了生活上的根本改善（有意思的是，这些村庄在过去往往是一个非常穷困的讨饭村），而在人格上彻底地依附于这位强人。

这个村庄，你很难说它是一个什么组织，在行政概念上它是国家最基础的行政单位,而在经济概念上它则是一个严密的营利组织,有些乡村甚至拥有一家上市公司,那些强人通常既是乡村的行政长官,同时又是公司的董事长,这种两权合一的模式似乎没有遭到任何人的质疑,而且看上去是唯一可行的方式。更耐人寻味的是,强人的家族在这个乡村往往是最有权势的一族,他们的子女在强人在世的时候便已经是乡村管理的核心人物,而当这些强人老去或死去的时候,他们往往把自己的权柄传给了自己的子女。

在过去的30年中,这类著名的中国村庄有河南的刘庄和南街村,天津的大邱庄,江苏的华西村,浙江的横店。它们作为一种很独特的人文标本和社区企业形态,很多年来一直散发出一种神秘而难解的魅力。

鲁冠球是一个看上去跟史来贺很相似,但本质上却完全不同的农民企业家——这个称呼始自鲁冠球,后来成为媒体上的一个通称。

早在几年前,善于经营的鲁冠球就是浙江当地一个小有名气的厂长,他很早就让自己的工厂走上了专业化的道路,专心于汽车万向节的制造,在1984年他还花8 000元向浙江大学"买"进了一位大学生,在当时,大学生进乡镇企业工作是一件不可思议的事情。《乡土奇葩——记农民企业家鲁冠球》的发表,让他真正成了一名全国性的新闻人物。

鲁冠球被视为"共同富裕的典型"。在这篇报道中,记者除了对鲁冠球的经营能力大加褒扬之外,更津津乐道的是,鲁冠球是一个无私的共产党员,是共同致富的带头人。记者借用鲁冠球的嘴巴说:"这把火(指通过创办企业摆脱贫困)要烧到围墙外面去,让全乡人民逐步富裕起来。"[1]记者还列举了很多事例,如鲁冠球把自己应得的25万元承包收入全部"捐"给了企业——事实上这后来成为万向集团产权改革的最大伏笔,当时,鲁冠球在接受法新社记者的采访时说:"如果我的收入与工人的收入悬殊太大,就会出现紧张关系,而我希望工人努力工作,如果他们看到我

---

[1] 林楠,《乡土奇葩——记农民企业家鲁冠球》,《人民日报》,1986年4月10日。

比他们拿的多得多,他们就会失去自己是工厂主人翁的感情,而这对于事业是不利的。"[1] 他还参与建设了乡里的中学教学大楼、农贸市场和饲料加工厂,他把乡里尚未安排的108名复员军人都招进厂里,全乡每十个人就有一个在他的工厂里工作。因为万向节厂的发达,所在乡还修起了四条贯穿全乡的大马路,有一半的家庭住上了"小洋楼"。很显然,这样的描述是极其蛊惑人的,它传达出的信息和展示的景象是,政府鼓励有能力的人创办企业,同时希望他们除了自己富裕之外,还应当承担起让周围的人都富裕起来的责任与义务。在某种意义上,政府甚至天真地认为,当年他们交付给国营企业的那些社会责任这次可以由乡镇企业来承担了,乡镇企业兴起之后,他们理应承担起相关乡村的所有社会功能,包括就业、社会设施配套、社会公共服务,等等。

这篇报道所体现的这种想法,是当时政府和社会的一个主流思想。自1978年后,农村联产承包责任制的成功,把数以亿计的农民从耕田中解放了出来,剩余劳力的出路成为一个"危险的资源"。对此,海内外学者的看法有很大差异,哈佛大学国际发展研究所所长帕金斯在《中国的农村发展》一书中建议说:"唯一现实的解决办法是允许农民,尤其是最贫困地区的农民进入城市,他们也许不一定非要到上海或北京去,但他们必须到某个地方的城市里去。"而在国内的研究者看来,大量的农民进城显然会造成不可控制的后果,况且,在城市里,国营企业的衰落和改革还"挤"出大量的下岗失业人口。于是,如何让农村剩余劳动力"离土不离乡",成为一个十分迫切而现实的课题[2],在这个意义上,乡镇企业的意外兴起无

---

[1] 《务实精神与理想主义造就了一个"八五年新闻人物"》,法国新闻社,1986年5月9日。

[2] 在这一年前后,出现了第一次农民进城寻找工作的高潮,北京、上海等大城市备受压力,社会秩序出现紊乱,据北京铁路公安分局北京站公安段的"神眼"刑侦队长李学刚说,1986年、1987年是他的"丰收年","有时候一天就能抓到6名罪犯,都是从农村来的"。

疑让政府找到了最好的解决方案。

鲁冠球被选为"共同富裕的典型"进行热烈的报道和称颂，便是在这样的情形下发生的。事实正是，在今后的很多年里，地方政府都坚定地持有这样的观点，而同时，几乎所有的乡镇企业经营者为了获得政府的支持和资源，也全部信誓旦旦地承诺他们将承担起这些职责和功能，因而，地方政府把大量的资源都低成本甚至无偿地输送给了那些乡镇企业。

这种趋势在1992年之后变得加速起来，那些善于利用和占有政府资源的乡镇企业迅速壮大，并以各种千奇百怪的方式完成了产权的清晰化，10多年后，鲁冠球和他的万向集团便成为中国最大的私人公司之一。

这是那些靠创办乡镇企业暴富起来的企业家们的"致富潜规则"——他们充分利用了各级政府的急切和天真心理，以创造公共财富和承担社会职能为理由和承诺，获得了低成本的政策扶持，与城市里的国营企业相比，他们有着体制上的宽松性，同时土地成本和劳动力成本的低廉让他们具备更强的竞争力——客观地说，这些乡镇企业确实活跃了一方经济，提供了大量的就业机会，带动当地民众走上了工业化的道路。

在三十年的中国企业史上，这看上去是一种很矛盾的状态：在金融和产业政策上，体制外蓬勃成长起来的民营公司一直遇到极大的困难，它一直试图将所有的改革成果装进国营资本这个大箩筐里，而与此同时，它却又"侥幸"地希望那些民营企业——特别是发起于农村的乡镇企业能够承担起改造农村、共同富裕的公共责任，为此，那些开明的地方政府在很多方面对之进行了扶持。从结果上来说，这是一种利益交错、此消彼长的过程：国营公司尽管被投注了大量的公共资源和政策，却因其体制的天然缺陷而进一步萎缩；乡镇企业一边遭遇政策压迫，另一边却在地方政府那里获得了支持，而当这些企业已经足够强大的时候，它们却又纷纷转型成了私营化的公司，政府原先所期望的"共同富裕"和"由乡镇企业承担农村社会服务体系"的目标却不可避免地大打折扣。

当史来贺、鲁冠球们作为一股新的势力崛起于田野的时候，这同时预示着中国企业成长的新主流已经展现出它的风采。2月，中国最知名的社会学家、76岁的费孝通悄悄来到了偏远的温州。50年前，这位自幼体弱的燕京大学毕业生回家乡吴江养病，他进行了20多次的田野调研，写出了《江村经济》，这本小册子后来成为中国社会学研究的巅峰之作。

他对温州感兴趣，是因为看到了一篇报道。在上一年的5月12日，上海《解放日报》的头版发表了题为《乡镇工业看苏南，家庭工业看浙南，温州33万人从事家庭工业》的报道，附发的评论首次提出了一个新的名词——"温州模式"。也是从此开始，集体经济的苏南模式与私人经济的温州模式，成为中国民营公司的两大成长模型。一直对家乡——苏南农村颇为熟悉的费孝通对传说中的"温州模式"发生了浓厚的兴趣。

"汽车驶进金华以南地区，只见公路两旁不时出现一块块木牌，上书'货运温州''货运山东'等字样，这是我在江苏未曾见过的新鲜事。"费孝通在后来的文章中写下了他对温州的第一个印象，那条国道线是当时国内最繁忙也是最危险的公路，翻车死人事件每天都在发生。跟集体企业为主力的苏南

▲雨中的苏南商贸市场

第二部　1984—1992　被释放的精灵　　213

相比，温州的基层政府要寒酸得多，没有高档接待室，也没有暖气设备，费孝通一行在乡镇政府的接待室里听介绍，四周窗子的玻璃是残缺不全的，冷风丝丝吹进，他虽然穿着呢大衣，可清鼻涕仍不由自主地淌下来，双脚也冻得难受，有点坐不住。不过，在温州看到的景象还是让这个睿智的老人很兴奋。在当时国内，对温州的批判和讨伐之声不绝于耳，"八大王事件"的余波仍在荡漾。而开明的费孝通则认为，"用割的办法是不能奏效的，割了还会长出来"。他撰写的长篇调研报告《温州行》在10月的《望》杂志刊出，产生了很大的影响，这位老人后来又三赴温州，每次都写下长文。

《人民日报》记者孟晓云也在这时到了温州，她写了新闻报道《市场篇》。在新闻的一开篇，她就用了一个颇有寓意的场景："傍晚，过了6点，国营商店关了门，个体户便活跃起来。"

乡镇企业最让人惊奇的地方是，它们是怎么从几乎空白的状态中突然发展起来的。在那些农村，没有工业化的基础，没有原材料，没有技术，没有熟练的工人，甚至连销售的渠道也没有。这些一无所有的农民是怎么占有市场，并击败装备精良（至少有设备、有工人，还受到国家政策上的支持）的国营企业的？唯一可能的答案便是，它们所有的生产要素都是从国营企业那里"借"来的，它们的很多设备是国营企业淘汰下来的，它们的技术是城市里的工程师在周末偷偷下乡传授的，它们的工人有不少在国营企业里受过最基础的培训，而它们的市场往往是国营企业不屑做的。这就是"创世纪"的状态，乡镇企业唯一可倚重的是，那些农民创业者比城里的厂长们更热爱他们的企业，他们认为这是自己的"事业"。这种态势到1986年已经发展得非常清晰，跟鲁冠球们的方兴未艾相比，国营企业在市场上的竞争乏力，已经日渐成为一个很难逆转的事实。

在这一年的报纸新闻上，出现最为频繁的字眼是"联营"。那些城市外的"泥腿子"们冲进了城里，他们以极低的价格买走了国营工厂里闲置的机器设备，它们被搬进粗粗建成、还没有粉刷过的厂房里，日以继夜地隆隆作响——与此相似的是，那些能够得到国家贷款支持的国营工厂正在大量购买先进的外国设备。越来越多的工程师接受农民厂长们的私下聘用，一到周末就坐上停在家门口的小汽车卷着图纸到乡下去上班了，而更受欢迎的方式是，乡镇企业与国营企业达成联营的协议，这样就可以用少量的资金获得后者的技术援助，以及使用那些培植了很多年的知名品牌。在江浙一带流传着一个关于"星期日工程师"的故事。1986年，浙江省萧山县一个叫徐传化的农民创办了一家生产液体皂的化工厂，他请了杭州国营大厂里的一个专业技术人员，后者经常在液体皂加工的最后一道程序时让徐家父子走开，独自从自己的口袋里拿出一包白色粉末倒入未凝结的液体皂中，完成徐家父子在几口大缸里的液体皂生产过程。在支付了几年技术服务费后，徐传化决定花2 000元钱买下那个神秘配方。在付了钱后，技术员告诉他，那包白色粉末其实就是盐。传化集团后来成为中国最大的印染助剂生产企业之一。

3月28日的《经济参考报》报道称，广西玉林县一家自行车厂与上海自行车三厂联营，生产当时国内知名度最高的"凤凰"牌自行车。除了玉林的那个工厂之外，"凤凰"这个品牌还被同时卖给了浙江绍兴一带的乡镇企业。4月的一篇报道则称，江苏无锡地区的数百家乡镇企业以联营的方式获得了生机，国营企业帮助它们培训技术工人、调试设备和进行产品研发、协助筹措外汇、提供品牌支援。

在河北、山东等很多地方出现了"经济联合体"，国营企业把自己的一些业务以承包或联营的方式转包给乡镇企业，以此形成联盟的格局。这种在前些年还属于禁止的行为突然受到了鼓励，它被认为是一种双赢的策略，通过联营，国营企业得以降低成本，甚至通过品牌的有偿使用直接获得利益。而对乡镇企业来说，则得到了市场的准入，以及人才、品牌、技术等方面的援助。尤其重要的是，联营的方式还绕开了国家政策上的很多管制，联营厂可以得到国家的战略物资，进入原先被禁止的行业，甚至以国营企业的身份对外开展各种业务。

联营被看成是国营企业获得活力的一个新药方,在这一年,政府对联营的热衷让人吃惊。辽宁省委书记全树仁在报纸上提出要"破思想阻力,促横向联合",他批评某些国营企业"热衷于自成体系,在联营中存戒心,留后手;缺乏战略眼光,把联合当成权宜之计;争当龙头,不甘做配角;怕自己的权和利联小了"。这种声音对联营的大规模尝试起到了强劲的推进作用。在很多地方,联营企业的多少成为衡量企业改革是否有进展的一个政治性指标。

事后表明,这种支援和联营,是沿海一带乡镇企业获得迅猛发展的重要原因之一,国营企业在联营中所获得的效应最终被证明只是暂时有效的,而灵活的民间企业则从这个体量庞大而体制僵硬的"大笨象"身上汲取了无尽的"血液"。数年之后,联营的乡镇企业迅速壮大,而被掏得资源一空的国营企业则更加羸弱不堪,于是,将很快出现"儿子吃掉老子"的现象。

日后成为全国炊具用品龙头企业的苏泊尔公司便是其中一个很典型的例子。沈阳双喜压力锅厂在1964年生产出中国第一口压力锅,一直是国内最大的专业工厂。1986年前后,浙江省玉环县一个叫苏增福的农机厂厂长北上找到双喜厂,用尽关系、费尽口舌,终于成为双喜的联营企业之一。苏增福回忆说:"当时很难,但正是双喜厂给了我们机遇。做配件挣了点钱,几年后,我们开始做压力锅。"他生产的压力锅以双喜牌的名义销售,很快,销量大大超过沈阳厂。到1993年,母厂一年就要从苏增福手中赚走500万元的品牌使用费,居然已超过它自身的产销利润。"子比母大"的结果是,双方日渐反目成仇,苏增福决定甩掉双喜,自创"苏泊尔",到1999年,它已抢走双喜的大部分市场份额,市场占有率超过48%,苏增福笑言:"我这跑龙套的一不小心跑出了个名角儿。"[①]

---

① 孟怀虎,《从夹缝中突围而出——访苏泊尔集团董事长苏增福》,《中华工商时报》,2003年3月18日。

苏泊尔与双喜的此起彼伏，是很多联营公司共同的命运轨迹。从零部件配套，到整机委托生产，再到品牌租用，最后被当作用过的"药渣"一样废弃在一边，国营企业在联营中由主动而变被动，步步后退，渐落下风，最终让出整个市场，从经营战略上，倒很像是"饮鸩止渴"。

乡镇企业在与国营企业的交手中，几乎每战必胜，不过这并不意味着它们的成长一帆风顺，相反，由于没有国家政策的任何扶持，它们将历经无穷的磨难。

费孝通走马温州，他当时的政治身份是全国政协副主席，自然被当地的干部们簇拥而行，看到的均为蓬勃的表层现象。其实，就在他行走温州的同时，一个名为"抬会"的地下金融游戏正狂热地在这片被金钱激活的土地上演出着。

"抬会"是浙江南部对民间融资活动的一种称呼。80年代初期，温州民间企业已经十分发达，对金融的需求迫在眉睫。1984年9月，在一家国营医院当收发室工人的方培林在苍南钱库镇办起了新中国的第一家私人银行——"方兴钱庄"。根据方培林后来的回忆，为了寻找政策上的依据，他四处翻寻中央文件，结果在当时中共中央（84）一号文件中发现了一句话："鼓励农民集资兴办各种事业，尤其是兴办开发性事业……"方理所当然地认为："集资如果合法的话，那么与股息性质相同的利息私人也可以拿了。"钱庄是在9月29日开张的，方培林在门上贴出一张比银行更为优惠也更为灵活的存贷表：长期存款月息1.2%，三个月以上结算；临时存款月息1%，随时存取；贷出款项月息2%，视情况而定。他的钱庄开到第二天，当地的农业银行就上门查封，方培林只好把招牌摘下来，日后他自嘲地说："新中国的第一家私营钱庄其实只见过一天的阳光。"

钱庄被查封，从此，温州的民间金融只好被迫转入地下。根据当时的金融政策，国内银行均不得对私人企业发放任何性质的贷款，私人业主无法从合法的渠道获得资金支持，又不可开办民间钱庄，资金短缺成了一个十分尖锐的难题。在这样的情形下，方培林的钱庄业务其实一直没有停止过，它得到当地镇政府的默许，可以在本地区内大胆地从事金融服务，而在另一方面，却始终得不到上级银行的认可，在法律上处于非法状态。方培林为了获取正式的身份，后来还多次向上级政府发出请求。1986 年，中国人民银行温州分行试探性地给总行写了一份报告，11 月 7 日，由当时行长刘鸿儒签字的电传回复：对于私人钱庄，请按国务院银行管理暂行条例规定办，不能发给《经营金融业务许可证》。

这种模棱两可的状态，是中国改革的一个很独特的现象。民间力量的崛起，使得原有的体制越来越无法适应，然而政策上的改变却迟迟不至，于是，对现行法律的违背与穿越变成改革者不得不为之的冒险行为。跟方培林的钱庄相似，一种被称为"抬会"或"排会"的信贷交易活动便悄悄地在温州各乡村开展了起来。它最初出现在几个人之间，每人都出一笔钱，形成一个互助性的"会"，用钱的人付给其他人高于银行的利息。资料显示，在 1984 年前后的温州，以这种方式进行流通的民间资金已超过了三亿元，成为当地私人企业发展最重要的资金动力。当时几乎所有的业主都从"抬会"中借贷或出贷过资金。曾经因为替美国海军陆战队制造军徽而闻名一时的金乡徽章厂厂长陈加枢回忆说："当时工厂要发展全靠地下渠道，最多一次可借到 1 000 万元。"

由于缺乏法律的保护与规范，"抬会"的运作纯靠乡亲间的个人信用保证，在平常时刻并无太大风险，然而到了经济快速成长和资金供求失衡的时候，就会引发意外的事件。1986 年，国内经济趋热，资金渴求陡然增大，常规的信贷效益无法满足越来越大的借贷需求，马上有人想到了高息融资，先是小心尝试，再是大胆扩展，很快，一种新的近乎疯狂的金钱游戏开幕了。

当时温州抬会的规矩是这样的：一个会员入会交 1.16 万元，从第二个月开始，会主每月付给会员 9 000 元，连续 12 个月，计 10.8 万元；从第十三个月起，会员再付给会主 3 000 元，连续付 88 个月，计 26.4 万元，会主仍然每月付出9 000元。如此循环滚动，一个会期为100个月。明眼人一看就明白，最大的风险在第一年，会主要把1.16万元变成10.8万元。有人计算过，一个1.16万元的会员要维持下去，到第六个月必须发展22个会员，到第十二个月，要发展691个会员，到第十八个月，就要发展20 883个会员。

诱人的投资，高额的回报，让抬会的会主们成了乡亲眼中的财神，一个"不可能的游戏"在侥幸、狂热和从众心态的集体驱使下，如火如荼地燃烧了起来。苍南一个叫叶三凤的妇女每月可净收入120万元，在乐清，共有大大小小的抬会1 346个，最大的抬会发展了12 122人，从1985年到1987年年初，温州九县两区有30万人卷入其中，会款发生额达12亿元之巨。根本不可能实现的效益比，自然造成抬会以呈几何级数的增速发展新会员作为其得以支撑下去的唯一手段。在当时，最疯狂的会员发展方式是所谓的"短会"：入会交1.2万元，第二个月就还给会员9 000元，第三个月再还9 000元，本息两清。会主虽然要亏损6 000元，但可以此来引诱更多的人入会。在抬会极盛时，当地官员几乎全数卷入其中，有些地方还出现了官会，此会专为官员而设，入会不必交款，而是先领款，三个月后再少量返回。这种会分10万元、5万元和1万元三种，视干部大小而定。

这个疯狂的游戏在政府完全失效管理的情形下进行了一年多。到1986年春夏，资金链出现断裂的迹象，各地相继爆出会主潜逃的消息，很快，形势急转直下，极度的亢奋即刻转为极度的恐慌，抬会体系瞬间雪崩。整个秋天，温州地区陷入空前的混乱，成千上万的讨债者疯似地冲向会主的家。苍南几十个讨债者拿着炸药包赶到会主家，逼迫他交出钱来，否则同归于尽；平阳两位会主被讨债者抓住，吊绑在柱子上，用竹签钉入会主手指，用铁钳焊烧胸肉，折磨三天三夜导致受刑人死亡；上百所小学被迫停课，原因是学生常常在路上被讨债的当作人质抓走。短短三个月中，温州全市有63人自杀，200人潜逃，近1 000人被非法关押，8万多户家庭破产。政府在这时候才如梦方醒，他们开始抓捕和通缉那些知名的会主，以杀一儆百的方式来平息民愤，李启峰、郑乐芬等人最后以投机倒把的罪名被判处死刑。

抬会风波以十分血腥而狰狞的方式留存了中国现代改革史上的一个片断。它表明，当一项公共需求无法通过合法的方式获得满足的时候，哪怕是最理智的人群也可能做出最疯狂的集体举动。其后十多年的事实是，温州人在民间金融上的试验一直没有停止过，就在1986年的11月1日，一个叫杨嘉兴的人集资31.8万元，创办了全国最早的"股份合作制信用社"——鹿城城市信用社，鹿城是温州市城区的另一个称呼。6天后，一个叫苏方中的家具厂厂长创办了由他私人独资控股的城市信用社，他用自己的家具商标来命名这个新生儿——东风信用社。由于缺乏法律上的明文支持，这些民间金融机构的命运如偷生私生的产物，日日危如卵累，时时面临被取缔和制裁的可能。

在1986年，温州抬会虽然轰动一时，不过其涉及面并未超出浙南地区。在今后，因金融管控政策的含糊与摇摆性，在北京、南京等地还将爆发更为惊人的融资风波。2000年年初，国务院再次进行金融秩序的整顿和清理，浙南和广东地区的民间信用社和农村合作基金会一一遭遇整治，或被取缔，或被强行并入国营的农村信用联社，广东共有2 000多家民间金融机构被关停并转，当年2月，苏方中被警方通缉拘捕，罪名是涉嫌非法接受公众存款罪及诈骗罪。

在1986年的第一期《时代周刊》上，邓小平再次成为封面人物，他继1978年之后第二次被评为"年度人物"。在上一年的10月，《时代周刊》派出一个采访团对中国进行了5天的采访，其中对邓小平本人进行了一个多小时的采访，它以"中国的第二次革命"为题，用几乎半本杂志的庞大篇幅对发展中的中国进行全方位扫描。

周刊高级撰稿人乔治·丘奇写道："仅仅隔几年重访中国的外国人简

直不敢相信他们访问的是同一个国家，丰富多彩的食品自由市场，农村如雨后春笋般盖起来的整洁小屋和充满生机的乡村工业，这些都是他们以及他们的东道主所没有见到过的。"在这篇报道中，邓小平被认定是"一位彻底的务实主义者，向来不太注重名称，他最著名的一句话是一个朴实的比喻：不管白猫、黑猫，抓住老鼠就是好猫"。周刊承认，中国已经解决了粮食问题，农民以承包制的方式被解放了出来，通过创办特区和优惠政策，越来越多的外资公司也正在源源不断地进入中国，城市改革和国营企业的改革已经被提到了议事日程上。

▲ 1986年，《时代周刊》封面上刊登的邓小平照片

11月，纽约证交所主席约翰·范尔森访华，他赠给邓小平一枚精美的证章——纽约证交所所徽。作为回赠，邓小平选中的礼物是新中国公开发行的第一张股票——一张编号05743面值50元的上海飞乐股票。邓小平告诉他，这只股票的资本金是165万元，发行了3.3万股，他是唯一的外国股东。范尔森高兴地说："我很荣幸成为社会主义企业的第一个美国股东。"这张飞乐股票后来一直被收藏在纽约证券交易所的陈列室里。在此前的一年，中国的第一家股票交易市场，即上海静安证券业务部，已于1985年12月31日正式开张了，当时仅允许现货交易。事实上，在更早的时候，深圳、北京和上海的一些企业已经尝试着向公众出售股票了，广东的幸福音响、北京的天桥百货和上海的飞乐音响相继发售了自己的股票。这当然只是一些实验性的举措，资本市场的真正活跃还要再等若干年。

▲邓小平向范尔森赠送飞乐股票

1986年，可以被纪念的事情很多，美国自由女神像建成100周年，德国人发明汽车100周年，全世界各地都进行了不同形式的庆祝。

1月28日，美国太空飞船"挑战者"号升空，这是人类第一次用电视直播飞船升空现场，数亿人无比吃惊地目睹了"挑战者"号的意外爆炸，美国总统在随后的演讲中坚定地说："在冒险扩大人类活动领域的过程中，这类痛苦事件在所难免，可是未来不属于怯懦者，未来属于勇者。"三个月后，苏联的核电站发生泄漏事件。

在商业史上，还有一个重大的事件必须被记录。面对咄咄逼人的日本公司，美国人除了在高科技产业上寻找对策之外，还在货币政策上发起了凌厉的反击，他们联合西方七国财政部长，强行要求日元升值，这个行动从1985年开始，第一次宣布美元对日元贬值25%，在1986年年初的几个月里又让日元升值40%，到1988年，升值达86%，最终形成了"超级日元"泡沫。骄傲自满的日本人不明就里，因货币的升值而雀跃不已，在未来的数年内，日本政府和公司大量购买美国国债和房地产，收购美国公司。从这一年起到1992年，日本人认购了一半以上的美国国债，还购买了价值720亿美元的美国房地产。正当他们雄心勃勃地炫示要"购买整个美国"的同时，泡沫日渐生大，危机如幽灵般地蹑足而至。

传奇的管理学家彼得·德鲁克发表《变化了的世界经济》，他预言：经济的内在结构已经发生了根本性转变，这一转变给发展中国家追赶发达国家增加了巨大的，甚至是难以克服的困难。他指出，第一，知识和资本正在加速取代体力劳动者，发展中国家所依赖的一个主要优势——劳动力丰富和价格便宜将会逐步丧失；第二，工业生产从基本上属于劳动密集型转向一开始就是知识密集型，譬如在半导体芯片和药品制造中，劳动力的成本分别只占到12%和少于10%；第三，信息和知识为基础的产业，正在取代以物质为基础的产业，成为现代经济增长的中心，这就要求一国的国民普遍具有很高的知识水平。

德鲁克的这些论断在1986年的中国还几乎没有人听到，或者说，即便在耳边大声朗诵也不会引起任何的关注。中国的企业距离这位管理大师的话还很远很远。

1986年，中国首次宣布允许私人拥有汽车（有趣的是，也是在这一年，苏联宣布出租车可以由私人来经营，这两个社会主义国家几乎在同时开始了市场化的试验，尽管后来它们选择了两种不同的模式），但那时的私家车很少是用来消费的，购买者多是用来跑运输或当出租车使用。11月，上海第一辆"Z"字私人自备车牌照代码0001号诞生，随后，私家车开始在深圳、广州等沿海城市及长春、重庆等拥有轿车生产厂的城市涌现。

人们开始把更多的心思花在怎么赚钱上，一些新奇的行业出现了。用信件来往是当时人们最重要的交流方式，而这一年，很多人收到信件时会发现贴在上面的邮票不翼而飞了。在重庆、上海等城市，倒卖和炒作邮票正成为一门新兴的生意。在很多城市邮政局的门外面，形成了一个邮票交易的集市，一张1980年发行的8分钱猴票，可以叫卖到25元，短短6年增值300多倍，这些邮票的炒作者很快将成为另一种票券——股票的主力军。

值得一提的是，一些日后将风云一时的人物也在这一年开始了他们的商业生涯。杨元庆从上海交通大学毕业了，他没有等学校给他分配单位，就跑进了中关村，那里已经出现了100多家开发性公司，《人民日报》将之描述成"电子一条街"和"中国的硅谷",杨元庆加入了柳传志的"部队",后者正热火朝天地推销倪光南发明的中文电脑。荣智健加入中信泰富,此时的中信已经成为一家正部级的大公司,它被特许赋予自主审批进口项目的权力,这在当时几乎就是一种无上的特权。在乌鲁木齐,一位名叫唐万新的大学肄业生用仅有的400元钱创办了"朋友"彩印店。

尽管做万元户和经商下海已经成为一件很值得炫耀的事情,尽管比基尼和奔驰也相继在这一年进入了中国,但是1986年还是一个属于诗人和歌者的年代。

一种叫"朦胧诗"的新诗体受到大学生们的热爱,一直处于地下状态的诗人北岛、舒婷、顾城等走到了前台,他们的诗歌被集结在一起出版,由北京大学教授谢冕选编的这本诗集风靡全国大学。尼采和存在主义思潮进入到了大学校园,"上帝死了","偶像的黄昏",神经质的尼采正迎合了人们对所有凝固思想的反叛,一切坚硬的东西都开始烟消云散。年轻人不再向往"安全而令人窒息的国营企业",外资公司以及刚刚兴起的民营公司成为他们新的选择。在中关村,出没着越来越多的大学生,他们当时典型的装扮是:一身百元西装,一个兜装支票,一个兜装发票,腰上别个BP机。后来创办了中国最大的新闻门户网站新浪的王志东,当时还在北大无线电系读书,他没等毕业就跑到中关村去打工了,很多年后他回忆说,我们白天在街上兜售盗版软件和二手电脑,晚上就去阴冷的地下室里听诗歌朗诵会。

春天,北京爱和管弦乐团的专业小号演奏员崔健创作出他的成名作《一无所有》,5月9日,在北京举行的"国际和平年百名歌星演唱会"上,当他穿了一件颇像大清帝国时期的长褂子,身背一把破吉他,两裤脚一高一低地蹦上北京工人体育馆的舞台时,台下观众还不明白发生了什么事情。音乐响起处,崔健唱道:"我曾经问个不休,你何时跟我走,可你却总是笑我一无所有。我要给你我的追求,还有我的自由,可你却总是笑我一无所有。脚下的地在走,身边的水在流,可你却总是笑我一无所有。为何你总笑个没够，为何我总要追求，难道在你面前我永远是一无所有……"

这是一个直指心灵的声音，它沙哑而高亢，愤怒而温情，在 5 月的京城之夜，它的每一个音符从远处奔袭而来，直接穿过所有年轻人的肌肤，跟血液融合在一起，然后温暖无比地爆炸。

企业史人物 | 郑氏之死 |

这个世界上，除了若干个心碎的家人，很少还有人记得曾经有过一个叫郑乐芬的温州妇人。1991年，她以投机倒把罪被执行枪决。

郑乐芬是1986年温州抬会事件的主角之一，在那次台风式的金钱游戏中，有30万人卷入其中，8万多户家庭负债累累，倾家荡产，当政府决心整治此事件的时候，郑乐芬被选中，成为罪大恶极的首犯。

郑乐芬是永嘉的一个家庭妇女，丈夫蔡胜南是县汽车客运站的职工。据熟悉的人回忆，郑长得圆脸胖身，为人热情大方，她没有读过几年书，结婚后就在家里做点针头线脑的小生意。永嘉是私人企业十分活跃的地方，早年十分出名的桥头纽扣市场就出在此县。当抬会风暴刮起的时候，头脑灵活、人缘颇佳的郑乐芬很自然地成了当地的一个小会主。后来发现，温州抬会的会主八成以上是由像郑乐芬这样的文化程度不高甚至是文盲的农村妇女担当的。郑后来在供词中描述当时的情景说："钱收进来，先在墙两头放着，不出两时辰，两头的钱就连在一起，一上午整面墙堆满了，到了晚上一间房子已全部堆满钱，脚都插不进，只有封门派民兵举刺刀看门，人们仍不肯散去，喊着要入会，把大叠的钱扔进来，民兵用刺刀让他们后退。"

郑乐芬所主持的抬会规模，在当时属于中等，她共发展了427人入会，收入会款6 200万元，支付会员会款6 010万元，收支差额为189.6万元，郑乐芬用这笔钱盖起了一幢三层楼的砖房，还拿出一些借给了邻里朋友。

抬会的链条在1986年春出现断裂崩盘的迹象，恐慌如瘟疫般地在各个乡镇飞散开来。3月23日，郑乐芬夫妻潜逃，4月30日，蔡在上海向公安机关投案自首，7月16日，郑在江苏金坛县被公安机关捕获。

事后对郑氏抬会进行账目清查，在对所有款项和资产进行追缴、变卖之后，会款实际损失49.7万元。1989年11月23日，温州市中级人民法院以投机倒把罪判决被告人郑乐芬死刑，剥夺政治权利终身，判决被告人蔡胜南无期徒刑，剥夺政治权利终身。

对郑案的判决在当时的法律界就引起了争议。有律师认为，抬会本身是一个骗局，郑氏主观上是以非法占有会员的钱财为目的，应定性为诈骗罪，以此论刑，郑氏罪不当死。

而法院则认为，被告之罪重点是侵犯了国家金融管理制度，应定投机倒把罪，根据情节，可处极刑。法院提供的证据表明，郑乐芬并没有诈骗钱财的行为，她与会员订立合约，签名盖章，双方对抬会的经营方式都是明知的和认同的。郑对会员收款、清点、记账、付款，均按约定的事件和数额办理。抬会崩盘后，当事人均认为，他们跟郑乐芬的交易属于你情我愿，没有骗取钱财的动机。

自20世纪80年代中后期起，沿海各地的民间金融活动从来就没有停止过，国家一方面对此行为严厉禁止，另一方面却又对加大私人企业的金融服务束手无策。温州抬会和郑乐芬事件正是这种时代背景下发生的悲剧。尽管在民间和法律界备受同情，郑乐芬的生命还是被强行终止了，1991年9月18日，最高人民法院核准浙江省高级人民法院的刑事裁定，维持以投机倒把罪判决郑氏死刑，立即执行。

《英国简史》的作者伍德沃德曾经写道："历史涉及的只是一个民族生活的极小部分，人民的大部分生活和艰辛创业，过去和未来都不会有文字记载。"[1]他还引用《便西拉智训》中的一段名句说："有的人湮没无闻，他们死去，无人知晓，仿佛他们从未来过这个世界一样。"

郑乐芬就是一个这样的人，她是中国企业史上最最微不足道的小人物，她是一个死刑罪犯，死时只有38岁，且没有留下一张照片。

---

[1] [英]伍德沃德著，王世训译，《英国简史》，上海：上海外语教育出版社，1990年版。

企业史人物 | 仁宝当家 |

中国有90多万个村庄,每个村庄都有一个村支部书记,吴仁宝可能是任职最长也是最著名的一个。他28岁起担任江苏省江阴市华西村书记,直到48年后才宣布退休,然后把这个职位又传给了自己的第四个儿子。

在他的治理下,华西村从20世纪60年代开始就成为"全国典型"。他刚上任时,这个苏南小乡村负债2.5万元,而退休的时候,已拥有固定资产30亿元,村办企业58家,全村2 000多名村民人均年收入6 000美元,每户均"分配"到了一辆小轿车,还有一栋400平方米以上的别墅。

尽管吴仁宝只读过几天私塾,但他被周围的人公认为是一个"农民政治家"。他能通过读报和看电视新闻,把准政治的脉搏,在48年时间里,华西村几乎是每个历史时期的中国农村典型:从"农业学大寨"先进典型,到科学种田典型、乡镇企业典型、扶贫先进典型、精神文明建设典型……在他退休前,中央提倡"三个代表",吴仁宝当即组织创作出三个剧本,歌颂"三个代表"。

▲ 2005年,吴仁宝父子登上了美国《时代周刊》封面

吴仁宝坦诚,1958年"浮夸风"时他虚报过产量,60年代,华西村是"全国学大寨"的"一面红旗",而同时,吴仁宝却开始抽调20个人在村里偷偷办起了小五金厂。"当时可千万不能让外面知道,正是割资本主义尾巴的时候呢。"他儿子回忆说,"田里红旗飘飘、喇叭声声,检查的同志走了,我们转身也进了工厂。"

为什么冒险搞工业?因为种田挣不到钱。当时全村人拼死拼活,农业总产值24万元,而只用20个人办的小五金厂,三年后就达到了24万元的产值。吴仁宝这么干,当然要冒风险,他曾经当上过江阴县的县委书记和江苏省委委员,但是却在一次选举中意外落马,他回到村里,继续当他的村支书。

1978年,"文革"过后,改革开放前夕,华西村盘点家底,共有固定资产100万元,银行存款100万元,另外还存有三年的口粮,而在当时,一包烟的价格是0.2元,整个江阴县的工农业总产值也仅仅数亿元。当时,全国各地都在搞"分田到户、土地承包"的改革,吴仁宝外出考察一圈回来后,却拒绝把村里的田分给个人,他说,按华西村的情况再怎么分田调动积极性也没法致富,他决定马上创办一个打农药用的喷雾器厂,1984年,光这一个厂,净赚200万元。

华西村真正完成原始积累,应该在1992年。当时,邓小平南方谈话在报纸和电视上发表了,吴仁宝当天晚上就把村里的干部召集起来,会议开到凌晨两点,他判断全国经济要大发展,于是下令动员一切资金,囤积三个月的原材料。吴仁宝此前一直坚持"既无外债,也无内债",这次却破天荒地向外借款1 000万元用于周转。华西村究竟动用了多少资金,如何筹措,最后又赚了多少钱,一直是个谜。吴协东后来只透露了一个数据:"村里当时购进的铝锭每吨6 000多元,三个月后就涨到了每吨1.8万多元。"

华西村完成的另一个动作,就是以村办之企业,染指历来由国家垄断的烟草制造业。吴仁宝利用他的影响力,特批出一种以"华西村"命名的香烟,由淮阴卷烟厂生产、华西村宝昌化纤公司总经销,再由江阴市烟草专卖局专卖。在1995年前后,仅此一项,华西村不需投入一分钱,从中可分享大约2 000万元的纯利润。1999年,华西村股票上市,这是中国第一个在资本市场上融资的村庄,华西村发行3 500万股,共筹资2.9亿元。2002年,吴仁宝投入12亿元,在河北唐山兴建年产量120万吨的"北钢"。

"政治优势要为经济建设服务,"吴仁宝从来不讳言他的政治经济学,"这一点华西村从来没有动摇过。"

在很长一段时间,华西村与天津的大邱庄并称"北大南华",它们的发展模式都非常相似，有一个强权而有政治智慧的领导者，以经营企业的思路来治理乡村，依靠发展重工业迅速致富。所不同的是，北方的禹作敏发达后骄横一时，与地方政府关系恶劣，而吴仁宝要圆润得多，江阴的地方官员说："吴仁宝在官场上很少树敌，即使是镇里的领导到华西去，吴仁宝也从不因其官小而轻慢，这点他和禹作敏完全不同。"

吴仁宝还组建了一个"特色艺术团"，专门用来招待各方来参观的领导。当过副团长的计丽静曾经说起这样一个细节：剧团备有一个特别节目《三杯美酒敬亲人》，一般团里接到通知演这个节目，肯定是有大领导来。这个节目的创意，是在表演进行中斟上三杯，突然下到台前敬酒，猝不及防之下，领导往往一愣，随即开怀大笑，这是一个宾主尽欢的时刻。

吴仁宝共有四子一女，四个儿子分别名为协东、协德、协平、协恩，据说是分别寓意纪念毛泽东、朱德、邓小平、周恩来。早年，吴仁宝曾经为他的子女们指定职业说："大儿子协东做木匠，二儿子协德做泥瓦匠，女儿学裁缝。"理由是，"有这几门手艺，家里可以自己盖房子、缝衣服，吃穿住都不愁"。但他万万没有想到，自己居然能把一个穷村庄搞成那么大的一个产业，而且有机会传给自己的孩子们。星转斗移，当他退休的时候，华西集团内部的分工是这样的：协东主管建筑装潢公司，协德主政钢铁产业，女儿凤英身为服装公司总经理，协平打理旅游服务公司，四儿子协恩则径直接了他的班。如果从经营控制权的角度来看，集体性质的华西村已经成了吴氏一门的家族企业。

2005年，吴仁宝退休后，有记者采访他的家，曾经细致地描写道："楼下共三间房，楼上卧室，没什么家具，也没法放家具，因为所有的房间墙壁上，都挂满几排照片，全部是前来视察的各级领导与吴仁宝的合影。每天傍晚6时过后，76岁的吴仁宝归家，吃一碗只放油盐的清汤挂面，夹一块只蘸些酱油的白豆腐，再剥两只茶叶蛋，只吃蛋白不吃蛋黄。"[1]

---

[1] 张立，《华西村换帅背后》，《南方周末》，2003年8月7日。

1987 / 企业家年代

> 你就像那冬天里的一把火,
> 熊熊火焰温暖了我。
> ——费翔:《冬天里的一把火》,1987年

河北石家庄造纸厂厂长马胜利在工厂的门口挂出了一块铜制的标牌,上面铭刻了5个大字——"厂长马胜利"。这在那时的国营企业是一件不可思议的事情,不过因为他是"马胜利",所以没有人觉得有什么不适当的。马胜利是当时中国最著名的厂长。

马胜利在两年前因承包而出名。1984年,石家庄造纸厂跟当地的很多老牌国营企业一样难以为继,800多人的工厂已经连续三年亏损,年初上级下达了实现17万元的利润指标,上任不久的厂长却迟迟不敢承诺下来。马胜利是厂里的业务科长,3月28日,他在厂门口贴出了一张"大字报"《向新领导班子表决心》,提出由他来承包造纸厂,年底上缴利润70万元,工人工资翻番,"达不到目标,甘愿受法律制

裁"。这个戏剧性的大胆举动轰动了石家庄,半个月后,市长王葆华组织了160人的"答辩会",在听了马胜利的承包演讲后,王当场做主让他承包造纸厂。

业务科长出身的马胜利主要在产品结构和销售激励上下了功夫。造纸厂生产的是家庭用的卫生纸,马胜利根据市场需求,把原来的一种"大卷子"规格变成了6种不同的规格,颜色也由一种变成三种,还研制出"带香味儿的香水纸巾"。为了鼓励业务员开拓市场,马胜利设立了"开辟新客户有奖",规定,开辟一个大客户,奖励10元,招揽一个小客户,奖励5元。这些措施让死水一潭的工厂顿时有了活力。承包第一个月,造纸厂就实现利润21万元,比最初整年的指标17万元还多,第一年承包期满,马胜利完成了140万元的利润。经新闻报道宣传,"马承包"立即闻名全国。在当时,4年前曾被树为"改革典型"的步鑫生已日薄西山,步履艰难的国营企业改革太需要出现一个新的"一包就灵"的传奇,马胜利的适时出现无疑满足了这个需求,他的试验让人们看到了企业承包的魅力,一时间,"学习马胜利"成为全国性的热潮。他的改革思路被总结成"三十六计"和"七十二变",承包制成为国营企业摆脱困境的灵丹妙药。

1985年7月26日,全国的报纸都刊登了新华社的长篇通讯,题目是《时刻想着国家和人民利益的好厂长马胜利》。跟步鑫生一样,马胜利很快成为炙手可热的新闻人物,他四处演讲,出版图书,获得各种荣誉,河北、山东等一些省份还由省政府发起了"向马胜利同志学习"的运动。与步相比,马胜利无疑更具备现代企业家的素质,他的工厂连续几年盈利增长,1985年实现利润280万元,1986年为320万元。1987年,如日中天的马胜利向社会宣布了一个让人兴奋的决定:他将创办"中国马胜利造纸企业集团",从现在开始,在全国20个省市陆续承包100家造纸企业。

他的这个动议成为当年度最具爆炸性的公司新闻。这实在是一个让人振奋的庞大构想,它极大地展现出新一代改革者的宏伟气魄,以及承包制即将散发出的魔力,而且对于很多苟延残喘的地方造纸厂来说,能够通归到马胜利的旌旗之下,无疑是起死回生的最佳生机。马胜利的动议传出后,来自全国各地的要求马去承包、投标的电报如雪片般飞来。第一个前来报名的企业是山东的菏泽造纸厂,马胜利的承包组到那里的时候,菏泽地区10个县市的上千名市长、书记和骨干企业厂长济济一堂,聆听马胜利布道式的承包报告。马宣布,承包基数为37万元,增盈10万元以内,马胜利与菏泽厂以二八分成,增盈10万元以上,双方以三七分成,承包三年,使利润翻三番。马胜利的演讲被一阵又一阵热烈的掌声淹没、打断,在人们充满敬意的仰望的目光中,站在光环中的马胜利仿佛是一位能够点石成金的神仙,记者戈红在报道《"马承包"新传》中描述说:"马胜利做报告从来不拿稿子,不照本宣科,他谈笑风生,话语幽默而又风趣,会场内外鸦雀无声,听得人们如痴如醉,长达三个小时的报告,竟无一人走动,有人憋着尿也不去厕所。"

　　这样的景象在以后的大半年里一再地重现。马胜利马不停蹄地奔波全国,他每到一地,都成为当地的头条新闻,他的承包成为一场颇具仪式感的改革演出,从政府到企业,从媒体到工人,人人都急切地渴望改变现在的艰难状况,马胜利似乎成了一根神奇的救命稻草。一次次地演讲,一个个地承包,一场场地签约,到1989年年初,归到他旗下的企业已达数十家,它们都是一些规模不大、效益亏损的中小造纸厂,马胜利在没有做任何调研和评估的情况下将之统统收入帐下。有一次去贵州省,新华社记者充满敬意地记录了他旋风般的"工作效率":26日晚上到贵阳;27日全天给贵州省企业干部做报告;28日到贵阳造纸厂洽谈承包事项,并看厂;29日签署承包合同,承诺第二年实现利润100万元,三年还完贷款,产值增加两倍,马就任贵阳市造纸厂厂长,使这个厂成为他拟议的集中的第六个企业。《贵州晚报》的一篇头版评论对此赞叹说:"这旋风般的节奏,本身就是一曲改革的颂歌,不是么?倘若换上别的某些同志,不知要研究多少天乃至一年半载呢!然而马胜利同志却在48小时之内做出了决策,这不能不给我们以有力的冲击。"

没有人去深思这种旋风式承包的可行性以及所蕴含的经营风险，没有严谨的实地调研，充满随意性的承包基数，没有资源整合，没有管理、人才和技术输出，没有集团化经营的战略构想，马胜利的承包是一种"归大堆"式的简单归并，在一些时候，他的承包甚至带着一种莫名的理想主义色彩。《杭州日报》在报道马胜利前来浙江考察的新闻时写道："马胜利所考察的绝大多数是亏损企业，他对这些企业的处境十分同情和关心，他说，改革应该体现社会主义优越性，越是困难，越是亏损，越是日子难过的企业，我们越要帮助和支持。"无疑，这样的言论让人充满幻想，临安县一家亏损的造纸厂厂长三上杭州求见马胜利，他还在厂内挂起了"坚决要求马胜利厂长承包我厂"的标语。马胜利的豪情还激发出了很多人的改革热情，他到杭州承包企业时，当地一位厂长在报纸上发表了一首打油诗："杭州城头插白旗，河北来了马胜利，自古钱塘多英杰，决战一番才服气。"

从1987年11月到第二年1月，马胜利"晓行夜不宿"（他在自传《风雨马胜利》[①]中的用词），在不到两个月的时间里对27家造纸厂进行了承包。1988年1月19日，"中国马胜利造纸企业集团"在锣鼓喧天中成立，北京的轻工部部长和河北省省长一起参加了成立大会。此前四天，《人民日报》刊登了海盐衬衫总厂厂长步鑫生被免职的新闻，"典型人物"的新旧更代让人眩目。

然而，令人始料未及的是，马氏神话的破灭竟比前人的衰落还要快速。仅四个月后，浙江媒体报道他承包浙江浦江造纸厂"失利"；7月，贵州报道"马胜利承包后的贵阳造纸厂处境困难"；8月，烟台蓬莱造纸厂因亏损与马胜利中止合同；9月，《人民日报》发表评论《由马胜利失利想到的》，首次将"马胜利失利"与"步鑫生沉浮"相提并论。可怕的多米诺骨牌效应发生了，到年底，马胜利宣布停止吸收新企业，今后不再跨省经

[①] 马胜利、高梦龄著，《风雨马胜利》，上海：东方出版中心，2000年版。

营，此时，已有16家造纸厂先后退出了集团。

在企业史上，马胜利被称为"企业承包第一人"，他不是第一个尝试承包制的厂长，却是最早因承包受到举国瞩目的人。到1987年前后，承包制成为拯救国营企业的灵丹妙药。这年8月，国家经委、中共中央组织部、全国总工会联合召开全面推行厂长负责制工作会议。会议提出，全国所有的大中型工业企业1987年内要普遍实行厂长负责制，把厂长负责制作为企业的根本制度，加快改革的步伐。根据公布的数据，截至1987年6月底，全民所有制工业企业中实行厂长负责制的占同类企业总数的63.9%。这项改革已经从试点进入了全面实行的新阶段。

马胜利的承包旋风和集团化梦想，便是在这样的宏观背景下出现的，这是那个时期国营企业经营者最富想象力的实验，它试图通过承包，也就是市场化的手段，以一人之力拯救百家亏损企业。尽管马胜利的石家庄造纸厂是一个不到千人的中等规模国营企业，然而它所展现出来的改革成果和雄心却让所有人为之一振。马胜利所收购的造纸厂有一半是地方集体企业，有的还是乡镇企业，国营企业在改革运动中的主导角色更是让决策层颇有欣慰感。就在他马不停蹄地奔波全国期间，媒体记者一路跟踪，政府官员翘首以待，经济学家运用各种理论阐述其改革意义和推广价值，然而，这个庞大计划的迅速崩盘却让所有的人产生了巨大的失望。

后来的评论者认为，马胜利的失利，对那种"一改就灵"、"一包就活"的改革理念是一次意外而重大的打击。

除了马胜利，这一年最让人难忘的企业家还有那个因"东方魔水"而一夜成名的李经纬。

11月，在广州举办的全国第六届运动会上，第一次出现了中国企业与跨国企业同场竞争的场面。广东省这时候已经展现出它在对外开放中的领跑者风采，大量外资企业和新型民间公司如雨后春笋般地出现，在过去的7年里，广东直接利用外资43亿美元，占到全国总额的66%，一共引进设备50万台（套），生产线700条，外贸出口占全国总出口的1/7。六运会的举办，成为广东企业在全国民众面前展露手脚的最佳时机。

两年多前在洛杉矶奥运会上一鸣惊人的健力宝公司此时风头正健，为了得到"六运会指定饮料"的名号，当时已是全国最大饮料企业的健力宝与可口可乐展开了竞争，后者愿意出资100万元，而李经纬则一口气把价码抬高到250万元，并外加赠送价值10万元的饮料，结果当然是健力宝如愿以偿，而可口可乐只得到了"可乐型"饮料的指定权。这个细节被当时的媒体记者津津乐道了很久。赛会期间，在新建成的广州天河体育中心，大到墙壁，小至痰盂、垃圾桶，都铺天盖地地印上了健力宝的广告。最夸张的景象出现在闭幕式上，在当日会场的入口处，两百多名工作人员均被要求穿上清一色印有健力宝标志的运动服装，他们还向所有入场的8万名观众每人赠饮一瓶健力宝饮料，放眼环形运动场，星星点点全部是健力宝的饮料罐，简直成了一个橙红色的海洋。

在六运会上，各家企业的广告大战已经开打。英美烟草用100万元和300万支香烟，换取了比赛参观券的背面广告，富士胶卷向1 200名记者提供一件上面印有广告的"太空背心"，工作证和记者证被"美国宝丽莱公司赞助"占去了，大会车辆通行证上则印了"麦氏咖啡"和"施乐复印机"。

跟跨国公司和李经纬的财大气粗相比，另外一些广东饮料厂则动足了其他脑筋。举重决赛日，放鹅仔出身的广东运动员何灼强两破世界纪录，在实况转播的录像镜头前，何突然拿出一罐"亚洲汽水"，大叫——"亚洲汽水支持了我！"这个露骨而绝妙的广告行为通过中央电视台被传送到了全国观众的眼前。在当时，这一点也没有引起人们的反感，反而，从公众到媒体均对亚洲汽水厂的这个"策划"赞颂不已。

健力宝的成功，极大地激发了人们的想象力，一群极富野心的创业家纷涌进入了饮料食品领域。1987年，几乎同时，在广东和浙江，诞生了两家保健品厂，它们将在以后的10年里一起统治中国的保健品市场。

8月，36岁的怀汉新在东莞县黄江镇办起了黄江保健品厂，之前他当过广州市体委的司机，李经纬的传奇故事让他陡然萌生了创业的冲动。怀汉新的岳父在广东省体育医院工作，不久前，他为广东体工大队研制出了一种将鸡和蛇的提取液进行混合、用于治疗厌食和失眠的滋补液，在试用之后效果很是不错。怀汉新便带着这个配方和5万元，跑到黄江镇办起了一个小工厂。

就在产品还没有量产成功的时候，怀汉新就学上了李经纬当初的招数。1988年1月，国家体委在广州召开第24届奥运会中国代表团专用运动饮料营养补剂评选会议，怀汉新带着他的尚未面市的"生物健"四处公关，评选结果颁布，生物健口服液一举荣获奥运会中国代表团专用运动补剂和中国运动营养金奖。便是带着这样的光环，怀汉新开始了他征服中国市场的旅程。为了让自己的企业更具有现代气质，怀汉新在获奖后，将厂名、商品名和商标都统一为"太阳神"，他还聘请广告公司设计出了中国第一套"企业形象识别系统"（CI），太阳神在形象和包装上给人耳目一新的感觉，它一出现就从众多平庸而简陋的国产品牌中脱颖而出。

正当怀汉新在广东跃然而出，在杭州的一个狭小、潮湿的街巷里，47岁的宗庆后办起了娃哈哈儿童食品厂。他是一个地道的杭州人，长相平和，不擅言辞，是一个让人很难一眼记住的人。他早年被下放农村，在舟山海岛上晒过盐，在绍兴茶场里烧过窑。1979年，为了让儿子能够回到城里，在一家校办工厂①当工人的母亲提前退休，把"岗位指标"让了出来。顶替回杭的宗庆后在杭州城区里推销课本和卖雪糕，烈日炎炎中，他常常一个人骑着三轮车在小学门口贩卖各种小商品。1985年前后，他开始替一家保健品厂代销花粉口服液，由此他看到了保健品市场的潜力。一个偶然

---

① 当时很多学校都办有自己的"第三产业"，从纺织厂、印刷厂、电视机厂到书店、渔场，1990年前后，全国有68万家校办工厂，年产值85亿元。

的机会,已经当上了校办工厂经营部经理的他获悉浙江医科大学有一位教授研制出一种儿童营养液,他上门拜访,终获配方。这是一种以桂圆肉、红枣、山楂、莲子等为原料提取而成的口服液,宗庆后为它设计了一句朗朗上口的广告词:喝了娃哈哈,吃饭就是香。

怀汉新和宗庆后的事业都开始得异常顺利。那是一个商品短缺而需求日渐旺盛的年代,只要产品质量过得去、包装稍有特色、营销手段稍具创新,便可以迅速得到市场的青睐。宗庆后日后回忆说,当时打全国市场,跑到一个城市,先是跟当地的报社、电视台见面,签下广告投放合同,然后就拿着这个合同去拜访当地的糖酒食品公司,请他们吃货、铺货、卖货,再然后就是昏天黑地的广告轰炸,不出一个月,一个城市就"打下来了"。如果糖酒公司对产品没有兴趣,我们就躲在一个小旅馆里,翻开当地的黄页电话簿,给当地的商场、百货店、区经销公司一家一家地打电话,就问一个问题:你们这里有娃哈哈营养液卖吗?第三天,糖酒公司的人就开始满世界找娃哈哈了。

这几乎是当时所有成功公司的共同经验,它将在后来的十多年里非常有效。到1990年,娃哈哈的销售额将近1亿元,而太阳神则达到2.4亿元,占有全国保健品市场份额的63%,创下令人称奇的纪录。

9月,10年前参加过全国科学大会的那个任正非此时正在深圳,他创办了一家叫华为的"民间科技公司",而事实上,他对自己的未来依然一无所知。在这之前,他的生命可以用灰色来形容。

他出生在一个有7个兄妹的大家庭,父亲是一个曾经在国民党工厂里任过职的"异己分子",所以生活一直压抑而贫穷。任正非回忆说:"我经常看到妈妈一到月底就到处向人借三五块钱度饥荒,而且常常走了几家都未必借到。直到高中毕业我还没有穿过衬衣,我家当时是两三个人合用一条被盖,而且破旧的被单下面铺的是稻草。"高中三年,任正非的理想就是吃一个白面馒头。大学毕业后,他进入基建工程兵部队,因为技术突出，受到重用，但是由于父亲的历史问题，他一直没有受到嘉奖，也没有办法入党。1982年，中国大裁军，工程兵部队成建制取消，任正非退伍到了南方，在一家电子公司当副经理，在一次生意中他不小心被骗，丢了饭碗。1987年，他已经43岁了，患上了严重的糖尿病，心脏也不太好，但是仍然一事无成。秋天，为了糊口养家，他和五个朋友一起合股组建了华为公司，注册资本为2.1万元，业务为代理进口香港康力公司的模拟交换机。

跟那个年代的所有创业者一样，任正非有着一个十分卑微的开始。十多年的荒芜岁月，让一代人不再风华正茂，他们被岁月嘲弄，被苦难打磨，在底层社会的滚打历练和理想幻灭，让他们对生活有着近乎残酷的清醒，他们具备起了"狼"一样的素质，如果命运给了一次翻身的机遇，他们会把所有一切都用上，豪情一搏。任正非是个沉默寡言的人，平时不修边幅，无任何业余习好，他是电话通信方面的专家，在为香港公司做代理的同时，他开始悄悄研制自己的数字交换机。今后的四年仍将是艰难而平淡的，到1991年，华为公司还只有20多个职员，任正非常常为了贷款四处奔波。他后来说："很多年来我天天思考的都是失败，对成功视而不见，也没有什么荣誉感、自豪感，而是危机感，也许是这样才存活了下来。"直到1992年，他研制的大型数字程控交换机面世，命运才开始对他露出第一缕迟到的微笑。

在任正非办公司后不久，11月26日，他所在的深圳市政府划出一块面积为8 588平方米的土地，进行50年使用年限的有偿出让拍卖。这是新中国第一次将土地作为商品来交易。媒体记载，有44家企业举牌竞投，拍卖从200万元起叫，一共叫了20多轮，17分钟后，深圳经济特区房地产公司以525万元中标。深圳的这个尝试受到广泛的关注，中共中央政治局委员、国家体改委主任李铁映飞赴深圳，观看了这个拍卖过程。一个月后，广东省人大通过《深圳经济特区土地管理条例》，规定土地使用权可以有偿出让、转让。又过了4个月，北京通过《宪法修正草案》，把禁止出租土地的"出租"两字删去，规定"土地的使用权可以照法律的规定转让"。

当时正在深圳欢快地倒卖批文和外汇指标的王石显然注意到了这个发生在身边的新闻。他意识到，自己公司的那种发展方式走到了一个瓶颈，必须要去寻找新的产业，而土地制度松动后的房地产业将可能是一个很有前途的事业。也就是在这时，这位日后中国房地产业的标志性人物开始涉足地产业。

在很多时候，"准确的预见"对于企业家来说是一种莫名的天赋。就好像王石在土地拍卖中窥见了房地产业的曙光，在北京，柳传志在喧嚣中看到了个人计算机的方向。

在中关村，一些早起的"鸟儿"们似乎活得都还不错。那些有远见的公司都把自己的未来押在了即将兴起的计算机行业上，所不同的是它们选择了不同的产品，因而拥有了不同的命运。当时中关村知名度最高的是万润南的四通公司，它在成立三周年的庆典上，隆重地向客人们展示了它的新产品——MS-2401打字机，万润南高声说："我们不能再错失电脑时代。"而在他看来，电子打字机将是中国电脑市场的主流选择，而"四通打字机在中国文化史上是一个创举"。

而公司规模比四通万润南要小很多的联想柳传志则不这么看。这时候的联想每年销售6 000多套汉卡和代理销售1 000多台IBM微机，营业收入有7 000多万元，公司员工过百，它还在国内各地培育起1 000多个经销商，形成了一张不小的销售网络。而此时，国内汉卡公司日渐增多，各种版本和系统层出不穷，联想开始陷入价格苦战。便是在这时，柳传志敏感地意识到，"未来中国的计算机市场一定是个人计算机的天下，公司早晚会走上这条路"。在这个判断上，柳传志和他的同伴们发生了激烈的争吵，公司内部的科学家们都认为，已经有点基础的联想应该依托计算所的科研实力,投入大型计算机的研发,承担起提高中国计算机研究水平的"历史责任"。而柳传志则坚持,"联想未来的方向,不是我们定出来的,而是人家需要什么。因而,市场需求的导向是联想成长的前提"。日后的事实证明,现实的柳传志是正确的,正是他的那个判断让联想成为中关村最伟大的公司。

在这一年,柳传志做出的另一个重要决定是,离开 IBM——与这个蓝色巨人的分分合合,将是柳传志职业生涯的一条主线。当时,最早进入微机市场的 IBM 正处巅峰时刻,它的股价在 8 月 20 日超过 170 美元,创下公司的历史纪录,世界上所有的电脑公司都打出"与 IBM 兼容"的口号,并以此为荣。也许是烦透了同行们的"搭车",IBM 决定独吞整个市场,它强势推出新的"P/S"系列微机,此款机器完全基于自己的操作系统和自制芯片,其他用户的软件系统均无法兼容,IBM 试图通过这种垄断性的策略,独霸微机市场。这个封闭战略是 IBM 在 20 世纪 80 年代犯下的最严重的失误,它直接导致众多生产兼容机的公司乘虚而入,已经奄奄一息的英特尔公司当即宣布开放系统平台,SUN 和微软等后起之秀随即崛起,PC 工业的横向垄断遭到粉碎式的打击,开始走到了纵向分工产业的时代。

作为 IBM 在中国的最大代理商,柳传志可能是第一个意识到这个错误的中国商人,IBM 的策略让所有汉字输入系统——包括联想汉卡无法在它的机器上运作。秋天,柳传志南下深圳,带回一款名叫 AST 的兼容机,他宣布中断与 IBM 的合作,转而代理销售 AST。一个巨人的

▲联想汉字微机系统

错误,将催生出另外的一群巨人,IBM 在 1987 年犯下的错误让英特尔和微软成就大业,在中国,联想把 AST 推销成最成功的微机产品,三年后,柳传志顺势推出了自己的联想微机。

就在可口可乐跟健力宝在广东六运会上正面"交火"的时候,另外一些跨国公司也开始进入中国。尽管很多人都已经嗅出了中国市场的广阔前景,但是,它们中的不少还将为自己的固执和不熟悉付出学费。

这一年,法国最大的食品公司达能来到了中国,日后它将以"产业购并者"的形象出现在中国的饮料食品领域。8月,达能与广州市牛奶公司合资,投入 569.5 万美元组建广州达能酸乳酪有限公司,生产和销售"达能"牌鲜乳制品。它是中国市场上第一个生产酸奶的企业,但是,一出手就惨遭失败。达能酸奶属活菌发酵,有较高的营养价值,但是它的成本较高,每瓶零售价要 3 元多,不是当时的普通消费者能够接受的,更要命的是,活菌酸奶在销售中需要保持冷藏。它的一位销售经理跑到中国最繁华的商业街——上海南京路,从东头跑到西头,整条南京路上所有的食品商店只有一家有冰柜,这位经理后来说,达能酸奶的惨淡命运从这个细节就已经注定了。

联合利华和雀巢在这一年相继来到中国,前者选择了上海,后者则令人困惑地在黑龙江的偏远小城双城开出了工厂。当时的双城没有一条像样的路,电话是手摇机,与外界通话很困难,在银行开个账户需要等三个星期。雀巢从欧洲派来一支专家队伍,建立起一套鼓励奶农积极性的牛奶采集网络和收购制度,而且还向当地农户教授照顾奶牛的技术和采奶技术,它看上去是一个有耐心的公司。中国液体奶的市场要到 15 年后才进入成熟期,而那时,率先获得成功的是内蒙古的两家中国公司,伊利和蒙牛。

跟达能和雀巢相比,也是这一年到来的摩托罗拉似乎要务实一点。摩托罗拉是全球无线电通信的龙头企业,它能够拿到中国来生产和销售的产品很多,但是它却选中了不起眼的寻呼机。无线电寻呼机又叫作 BP 机,它专门用来接收由无线电寻呼系统发来的信息。上海在1983年开通了第一个模拟寻呼系统，几年后，用寻呼机来充当联络通信工具，成为中国青年和商人最时髦的装备，漫步在当时的中国城市街头，随处可听到一阵阵"嘟、嘟、嘟"的响声。摩托罗拉开在天津的第一个工厂就以寻呼机为主业，由此切入，它很快成为在中国市场上第一批赚钱，也是品牌知名度最高的跨国公司。寻呼机行业要到1996年才被日渐普及的手机淘汰，而到那时，摩托罗拉已成为中国最大的无线通信产品制造商之一。

11月12日，肯德基在中国的第一家餐厅在北京前门繁华地带正式开业。它任命了一个在中国出生、在美国求学，又在肯德基工作多年的职员出任中国公司总经理，从一开始就实施了全面融入中国饮食文化的聪明策略。它进入的时间比另一家美国快餐巨头麦当劳早三年。而这三年的先入优势，麦当劳后来花了近20年也没有追上。

▲ 开在北京前门大街的第一家肯德基快餐店

1987年，彼得·德鲁克出版了他著名的《创新与企业家精神》[①] 一书。在这本划时代的著作中，他第一次将创新（innovation）和企业家精神

---

① 该书中文版2000年由海南出版社引进出版。——编者注

第二部　1984—1992　被释放的精灵

（entrepreneurship）视为企业成长的基因，并系统性地阐述了如何将创新导入企业经营运作的可行性方案。同时，德鲁克极具远见地指出，美国已经进入了一个"企业家经济"的时代。他充满激情地写道：企业和企业家正成为美国经济成长的动力之源，"企业家经济"的出现，是美国经济和社会历史中最有意义、最富希望的事情，在不远的未来，日本、欧洲，包括所有正在进行经济革新的现代国家都将无一例外地接踵而至。

在中国，这年第一次出现了"企业家"这个名词——它第一次出现在《辞海》上的时间是1989年，之前，他们都被称为厂长或经理。

在年初，美国《幸福》杂志评选全球50位最引人注目的企业家，中信公司的荣毅仁榜上有名，跟他并列的有日本住友银行的小松康、美国通用电气的杰克·韦尔奇和韩国大宇汽车的金宇中等，这是社会主义中国的公司经营者首次进入国际性的企业家排行榜。杂志甚至还评论说："70岁的荣毅仁是复活的资本家，他正领导着邓小平制定的海外投资工作。"

▲ 1987年前后的荣毅仁

4月，国家科委主任、国务委员宋健在四川考察时专程去了新津刘家四兄弟的鹌鹑场，他们那时候已经声名远播，所生产的鹌鹑松花蛋销路颇好。宋健去的时候，四兄弟筹资20万元刚刚创办了"希望"科技研究所，宋健临别题词，把他们的研究所名称巧妙地嵌了进去："中国的经济振兴寄希望于社会主义企业家。"就在8月的那次全面推行厂长负责制工作会议上，国家经委宣布将评选首届"中国优秀企业家"，评选方式是由各地政府推荐，在下一年初正式宣布。在这一年的企业故事中，我们日渐感受到越来越多的商业气质，无论是失败的马胜利还是与可口可乐正面交手的李经纬，亦或与IBM分手的柳传志等，他们开始真正地、运用商业的手段和规律来经营一家企业。经过将近10年的曲折发展，中国的消费市场逐渐放大，从民间崛起的力量开始展现他们的能力，这也为现代企业的出现创造了最好的土壤。

从宏观经济的角度来看，在历经了几年的高速发展后，中国经济又走到了一个十字路口。10月，《人民日报》的三位青年记者祝华新、曹焕荣和罗荣兴发表了长篇政治观察文章《中国改革的历史方位——时代的挑战与中青年理论工作者的思考（上）》，这是中国记者第一次站在全球化的角度对中国的改革进行带有理性色彩的思考。[①]

在140年前的1847年，马克思和恩格斯发布了《共产党宣言》，在70年前的1917年，阿芙乐尔巡洋舰的炮声引发了苏联革命，而在1987年，社会主义阵营已经发生了巨大的变化。戈尔巴乔夫正在苏联领导一场前途未卜的变革，他的《改革与新思维》在这一年出版，这本书在第一时间被翻译引进到了中国，他警告说："拖延改革就会在最近时期造成国内局势的加剧，直截了当地说，这种局势包藏着发生严重的社会经济和政治危机的威胁。"也是在这一年，美国耶鲁大学教授保罗·肯尼迪出版了《大国的兴衰》，他在对过去500年的大国兴衰史进行考察后预言："大国兴衰的进程仍未停止，各大国力量增长和技术进程的速度各有不同，这将使全球经济力量对比发生变化。"[②]肯尼迪没有预见到两年后柏林墙的倒塌，也没有预言三年后苏联的解体，不过他所提出的命题却让全世界的政治家们悚然自醒。

正是在这种充满着动荡、求变的氛围中，中国的观察家显得非常的焦急，在《中国改革的历史方位——时代的挑战与中青年理论工作者的思考

[①] 《人民日报》于1987年10月6日刊登了《中国改革的历史方位——时代的挑战与中青年理论工作者的思考（上）》，接着，7日又刊登了它的下篇《改革阵痛中的觉悟——时代的挑战与中青年理论工作者的思考（下）》。

[②] 该书中文版于2006年由国际文化出版公司引进出版。

（上）》一文中，三位青年记者急切地呼喊，"中华睡醒的巨龙该惊起了"、"加快改革！我们的时间已经不多了"。他们同时观察到，中国社会正从温饱型向小康型转轨，人均GDP进入400~1 000美元的区间，而这正是一个社会不稳定期，当时32岁的复旦大学副教授王沪宁称之为"发展中国家的政治不稳态"。在这期间，民众的改革期望上升，消费欲望膨胀，而社会体制则相对落后，国家的宏观治理能力跟不上迅速衍变的产业形势。

当时的现状确实正是，全民性的心态失衡已经暴露无遗。人们对自己的生活和工作普遍不满，每个人都在打听赚钱的门道和机会，在沿海一带，搞"第二职业"成为一个新的时尚，广东人称之为"炒更大军"，据当地的一份调查称，国家职工从事"炒更"的已达27%。新加坡《联合早报》记者在中国采访时发现，无论是公务员还是国营企业的职员，大家都热衷于用公家的设备赚取外快，没有人对本职工作感兴趣，报道说："眼下在中国受益的有两种人，勤奋聪明善于钻营的人，和贪污枉法的奸诈小人。"

抱怨和牢骚到处都是，一些顺口溜在民间广为流传，其主要的情绪是对那些靠搞流通率先富裕起来的人们的不屑和不满，如"手术刀不如剃头刀，造导弹不如卖茶叶蛋""老大（工人）靠了边，老二（农民）分了田，老九（知识分子）上了天，不三不四赚了钱""工人乐，农民笑，知识分子光着屁股坐花轿"。

很显然，在一个转型时代，所有的价值观都亟待重建。人们似乎仍然对那些率先富起来的人们抱有朴素的幻想。媒体也很想找到一些例子，来说明这些富起来的人是有"良心"的。当年的《广州日报》便报道了一则这样的新闻：当地有一位制鞋的个体户叫何炳，据说他的总资产已经超过了20万元，却依然十分节俭，家里连一台冰箱也舍不得买。有一家国营鞋厂亏损多年，请他去解救，他带了6个人去干了一个多月，为鞋厂设计了五六种新样式，使鞋厂走出了困境，何炳却一分钱也不肯收，连带去的6个人的工资也是他支付的。何炳的"事迹"上了报纸，被人津津乐道。

这个例子似乎想告诉人们，这些富起来的人是不会走得太远的，他是会回过身来帮助落后的人和陷入困境的国营企业的。

《人民日报》的三位记者提醒说："改革是一项特别复杂的社会系统工程，不可能在事先设计得天衣无缝的情况下进行，改革过程中不同利益群体的摩擦和碰撞是不可避免的。"这样的声音在当时听来非常的刺耳，绝大多数的人们仍然沉浸在对改革的膜拜中，他们还没有完全意识到这场经济变革对中国社会可能造成的制度冲击、观念颠覆和阶层分野。

企业史人物 | "承包典范"马胜利 |

石家庄造纸厂门口那块"厂长马胜利"的铜字招牌是在1994年被勒令拆除的,又一年,58岁的马胜利提前退休,造纸厂因资不抵债,向石家庄中级法院申请破产。

马胜利一直认为,他的退休是一场"阴谋"的产物。自从1989年《人民日报》刊登了评论《从马胜利失利想到的》之后,他就跟一些媒体和政府关系紧张,他终日为自己辩护,占用大量精力和时间。此外,先后加入造纸企业集团的有36家企业,其中2/3为亏损企业,此起彼伏的冲突、纠纷也让他精疲力竭。随着"造纸托拉斯"梦想的土崩瓦解,马胜利走到了尽头,1995年10月,石家庄第一轻工业局领导找他谈话,称"你如果辞职,我们接受,如果不辞职,那就免职",谈话共5分钟。

马胜利退休后孤独之极,躲在家中三个月没有下楼,因为觉得没脸见人,他认为上级部门将他这位功勋级的厂长如此轻易地打发,实在不可思议。他每月领130元退休养老金,跟老妻和两个女儿挤在两间破旧狭小的平房里。几个月后,他在石家庄市火车站北边的清真街上,租赁房子开出"马胜利包子铺",帮手是他的妹子、女儿和老伴。当时的马胜利闻名全国,不少人借买包子的机会去看望他,两个包子卖一元钱,一些好心人经常放下100元,什么也不拿就走了,据他日后说:"最多的时候,一个月能卖3 000多元!但我确实放不下造纸。"

就在办包子铺的同时,他的一位旧部下召集了几十名下岗职工搭起了一个造纸厂,让马胜利承包,厂子的名字就叫"马胜利纸业有限公司",马胜利给新公司的产品起了两个很古怪的品牌名,卫生纸的品牌是"援旺",餐巾纸的品牌是"六月雪",前者与"冤枉"谐音,后者则有"窦娥沉冤,六月下雪"之意,其满腔悲愤,溢于言表。工商局不让注册,马胜利却照用不误,他笑说:"这种名字,除了我用,没有人会仿冒的。"

这家新公司一直萎靡不振,几年徘徊后便渐渐消失了。此后他还去满城、徐水、石家庄等地先后承包了四家工厂，但都起色不大，相继不了了之。马胜利当年名重一时，可以说是"天下无人不识君"，他的一举一动都招惹媒体关注，外人及他自己的期望都很高，在这种情形下，要从头开始东山再起，却比寻常人都还要艰难。

马胜利的时代一转眼就过去了，而他本人却还在幻想的轨道上继续前行。2003年冬天，杭州青春宝集团的冯根生突发奇想，把1987年当选"首届中国优秀企业家"的幸存者全部邀请到杭州西湖相聚，马胜利也应邀前往。当聚会的大屏幕上出现马胜利当年奔波全国的照片时，现场的他不禁老泪纵横。"这是我第一次流泪！"他伤感地对旁边的年轻记者说。

在这次会后，同为首届优秀企业家的青岛双星集团总裁汪海邀请马胜利加盟双星，他竟一口答应，于是在随后几个月里又爆出"马胜利重出江湖"的新闻，此时的他已经65岁，雄心虽在奈何天，新闻在余波荡漾中又没有了下落。

马胜利提前退休后，曾闭门写出自传《风雨马胜利》，他评价自己说："我生来爱出个头，干点事，所以一生就好像是走钢丝一样，遇到的困难和风波很多，酸甜苦辣，大起大落，困难总是一个接着一个。"[1]

马胜利是回族人，外貌平易随和，内心宁折不屈。如果他当年不在厂门口贴那张"大字报"，也许一直就是一个悠闲的销售科长，如果他没有动念头去承包100家造纸厂，也许他会在光荣中安然地退休。

在中国企业史上，马胜利被称为"企业承包第一人"，他曾在1986年和1988年两次获得全国"五一劳动奖章"，全中国只有他一人两次获此荣誉。

---

[1] 马胜利、高梦龄著，《风雨马胜利》，上海：东方出版中心，2000年版。

1988
资本的苏醒

摆个小摊，胜过县官；
喇叭一响，不做省长。

——北方民谚，1988年

  1988年12月6日，24岁的国务院机关事务管理局财务司副科长王文京和他的伙伴苏启强一起来到位于中关村的北京海淀区工商局，他们今天是来领公司执照的。那时的中关村，创业氛围已经非常好，不久前，它刚刚被确定为中国高科技发展的试验区，每天都有热血青年赶来开办自己的企业。

  在企业登记处，办事员热情地问他："你想注册成国有性质的还是集体性质的？"王文京说："我想办自己的企业。"办事员说："那你走错门了。"在当时要注册高新技术企业，除了国有和集体，没有别的选择，有不少人为了图便利，便顺便挂靠一些国营或集体企业，日后引发的很多产权纠纷便因此而生。

被拒绝的王文京不甘心,他转身走进了旁边的个体科。两个小时后,他领到了一本个体工商户的执照。

好不容易丢掉令人羡慕的公务员"铁饭碗",却只能当一个个体工商户,这对于王文京来说,好像有点屈辱。不过,在他看来,让自己的企业有一个清晰的产权似乎更重要。

王文京当时不太清楚的是,就当他在海淀区领个体执照的同时,北京市的第一批私营企业已经开始注册,不过,政府选择了东城区作为试点。第一批8家私营企业从全市12万个个体户中被挑选出来,其中,"冰糖葫芦大王"魏希望雇有26名员工,雇员中包括一位教授和两位工程师;50岁的郑宝铃,注册资金78万元,是北京市首家私营涉外饭店的女老板;最年轻的私营企业老板,是一位20岁的姑娘,她招收的工人都是残疾人,从事装潢设计。王文京创办的用友软件公司在1990年登记成了私营企业。2001年,已经是国内最大财务软件企业的用友被核准上市,因间接持有总股本55.2%,王文京名下的资产一度高达50亿元。他没有像很多同一代的企业家那样受到产权归属的困扰,其原因便在于12年前的那次企业登记,他去领了一本"身份低贱"的执照。

1988年可以被看成是这样的一个年份:在此之前,中国民间公司的出现和发展是无意识的,它们更多的是为了让自己免于饥饿,而在此之后,对资产的追求成了新的主题。那些先觉者开始把目光放得更远,他们思考企业的归属与命运。日后的事实将证明,这些先觉者最终因为超前的远见得到了回报,而那些回避或没有思及这一问题的创业者将付出惨重的代价。

产权意识的苏醒,意味着从计划体制中成长起来的第一代中国企业家开始了资本人格上的独立,在某种意义上,这是一个标志性的事件。尽管在事实上,它只体现在若干个先觉的企业家身上,不过,其本质上的意义却是十分的鲜明。

第二部 1984—1992 被释放的精灵　　251

如果说，王文京的资本意识的觉醒是天生的话，那么，另外一些已经走在创业路上的企业家们则开始认识到产权的重要性。对他们而言，一切都不可能重头再起，但他们开始考虑采取一些隐晦或曲折的方式，为日后的产权清晰留下腾挪的空间。他们可能是那个年代堪称天才的企业家，当然，这是一个很冒险的行动。

1988年1月的一个下午，正在九龙街头匆匆行走的香港商人吕谭平接到北京联想总经理柳传志打来的一个电话："吕先生，你考虑一下，咱们两家可以合作办一个公司，将饼做大。"吕谭平是一个电脑代理商，他的香港导远电脑有限公司在业界名不见经传，三年前，他跟联想开始做一些代理生意。

柳传志决定去香港办一家贸易公司，他觉得这是联想业务发展的必要一步。他选中替代IBM微机的AST微机便是由一家香港电脑公司生产的，新创办的香港联想公司将代理北京联想的所有进口业务，在某种意义上，它既是一个代理中间商，又是一个重要的利益变压器。柳传志选中了两家合作者，一家是中国技术转让有限公司，选中它的公开原因是"这家公司的背景就是能大量贷款，在借钱方面有根儿"，而当时不为人知的是，这家公司的董事长是柳传志的父亲柳谷书，另一家就是吕谭平的香港导远公司。根据协定，北京联想、中技转和导远各出资30万港币，均分股份，总经理由吕谭平出任，公司所需要的流动资金由中技转解决。一年后，香港联想代理的微机营业额达到2亿元，利润将近2 000万

▲ 1988年6月23日，香港联想成立仪式上的柳传志

元，投资者的当年回报率超过20倍。

吕谭平的好运还没有到头。1993年，柳谷书退休离任，中技转公司随即退出香港联想，香港联想宣布增资扩股，大股东之一的吕谭平宣称自己没有钱，于是，柳传志又借552.58万美元给他，使其股权从33.3%增加到43.3%。1995年，柳传志与倪光南关系极端恶化，吕谭平便成为其中最具争议性的一个因素。1996年，柳传志将吕从香港联想劝退，后者以当时市值将所有股份兑换成现金，因而成为第一个因联想而成为亿万富翁的自然人。

在中国企业史上，吕谭平式人物的出现，既不是意外，更非偶然。当企业发展到一定规模的时候，任何经营者都会不由自主地考虑自己与企业的关系。1988年的柳传志显然已经开始直面这个问题。联想是中科院计算所的全资国有企业，柳传志尚没有变动资本性质的胆量和方式，不过在新办子公司的时候，他想到了引进私人合资者的办法。在后来的十多年里，这一直是很多国有企业在悄悄尝试的办法：通过引进私人投资者的方式，组建一个产权清晰的子公司，以此形成一个新的资本操作平台，来推动乃至完成母公司的资本改造。在这个过程中，任何公开的或灰色的资本组合都可能出现，而吕谭平式人物便成了这个游戏中非常微妙而关键的自然人。对联想而言，它的资本蝶变才刚刚开始，一些新的故事将在日后以更戏剧性的方式展开。①

另一个资本觉醒者，我们将说到鲁冠球。在杭州郊区的一片稻田边上，这个日后中国最大家族企业的当家人坐在工厂的三楼办公室里，开始

---

① 跟曲线操作、只做不说的柳传志相比，中关村里另一个名声更大的企业家，四通公司的万润南则把自己逼上了公众舆论的聚焦中心，当时有人对四通的所有制性质提出疑问，他在《经济日报》上撰文称："四通在没有国家投资、没要人员编制、没要特殊政策的前提下发展起来，四通的财产既不是国家所有，也不是任何私人所有，它属于四通企业所有，任何个人无权分割。因此，四通是一种真正的公有制。"他的言论引起一场激烈而对立的讨论。1989年6月，万润南出逃国外，四通自此日渐式微。

琢磨自己、政府与工厂的关系。

这时候的鲁冠球非昔日可比,他已是一个闻名全国的企业家。1985年,美国的《商业周刊》就以《中国新时代的英雄》为题报道了鲁冠球和他的万向节厂,这是鲁冠球第一次出现在海外新闻媒体上。1986年的那篇《乡土奇葩》更是让他成为中国乡镇企业的一个榜样人物。在这一年由当时发行量高达600万册的《半月谈》评选出来的"全国十大新闻人物"中,他高票入选,对他的介绍是:鲁冠球,杭州万向节厂厂长,他把一个乡镇小厂办成了能与发达国家相匹敌的企业,生产的万向节打入了美国市场。他被誉为"从田野走向世界"的企业家。1987年,他当选中共十三大代表,在会议期间,作为唯一的企业界代表出席中外记者招待会,接受采访。

跟其他改革典型不同的是,面对鲜花、荣誉,这个修车匠出身的中年人从来没有头脑发热过。他拒绝把工厂的总部搬进杭州城,也没对汽车配件以外的行业发生太大的兴趣。在工作之余,他把很多时间花在读书和学习上,在大学教授的辅导下,他提出了"企业利益共同体"的新概念,在一篇发表在《求是》上的文章中,他直言:"国营企业的整体素质比乡镇企业高,技术力量比乡镇企业强,为什么有些国营企业经济效益反而低于乡镇企业?我认为,主要是因为相当一部分国营企业在推行承包责任制的实践中,并没有真正解决两权分离的问题,在分配形式上没有彻底打破'大锅饭',还没有确立职工在企业中的主人翁地位。而乡镇企业在这些方面有明显的优势。"在这年10月8日在北京召开的全国经济体制改革理论研讨会上,鲁冠球发言:"承包应该是全权承包,应该将自主权充分地交给企业,如果没有人事权、投资权,企业就无法到市场上去竞争,无法打入国际市场。"

鲁冠球已经看到了承包制的局限性,它无法从根本上解决职工及经营者对资产的终极要求。他所经营的万向节厂在资产关系上属于他所在的宁围乡政府,尽管他以强势的作风拥有绝对的领导权,但是,谁也不能保证在某一天,乡政府以一纸公文就让他卷铺盖走人——这样的故事将在后来的10多年里一再地上演。于是，从"企业利益共同体"这个概念出发，鲁冠球进而提出了"花钱买不管"。他将万向节厂的净资产评估为1500万元，然后与镇政府谈判，提出将其中的750万元归乡政府，其余归"厂集体"所有，乡政府的利益以基数定额、逐年递增的上缴利润来体现。

鲁冠球幸运的是，他在自己声誉的顶峰期完成了这次界定——有异曲同工之妙的是，5年后，柳传志在联想跌入最低谷的时候完成了同样性质的一次界定。尤其高明的是，这个产权设计外部边界清晰，内部边界模糊，鲁冠球没有为自己争取个人股份，他聪明地绕开了最敏感的地带，却为日后的渐变留下无限的可能性。通过这次产权界定，鲁冠球获得了对企业的绝对控制权，却又没有丧失"集体企业"的性质，如他日后所说的：万向的产权架构有自己的特点，越往上越模糊。我们的产权是企业所有，是企业的员工"全员"所有，这样我们就能享受一些优惠政策。什么都明晰了，水至清则无鱼；每个人都有隐私，企业也有自己的"隐私"。

在1988年前后的中国企业界，王文京、柳传志和鲁冠球只是极少数的资本先觉者，绝大多数的厂长经理们仍然在承包制的大圈圈里绕来绕去。在上一年初，国家经委与北京、天津的16位国营企业厂长搞过一个"直接对话"，《经济参考报》在头版头条对此进行了报道，经委副主任袁宝华在对话中明确指出，厂长们要在所有权与经营权的两权分离上下功夫，但不要在改变所有制上做文章。具体来说，可以选择少数有条件的大中型国营企业进行股份制试点，但不能损伤国家利益，小型国营企业可以试行租赁、承包经营试点，但这一部分企业必须是微利的、亏损的和濒临破产的，一定要有所控制。袁的讲话代表了当时决策层的主流思想，在相当长的时间里，推行两权分离的承包责任制一直是企业改革的主题。

4月2日，首届全国优秀企业家评选揭晓，20位企业家荣获由国家经委授予的这个荣誉称号，他们清一色是当时各省因为承包制而出名的厂长经理。这是他们第一次被称为"企业家"[①]。据入选的青岛第九橡胶厂厂长汪海回忆,当时能不能用这个称呼,社会上还进行过一次激烈的争论。4月21日,在中共中央的议事中心——北京中南海的怀仁堂,举行了对这些企业家的颁奖仪式,当时中央的主要领导人都一起兴致勃勃地参加。据《人民日报》的报道,在集体照相的时候,中央主要领导人问身边的马胜利:"马承包,你包了多少?"答:"36个。"问:"包字是不是那么灵?"答:"包和不包大不一样,包了就是有效果。"问:"你不是还有36计吗?"笑答:"是。"中央领导最后诙谐地连声说:"包为上策,包为上策。"

就在中央领导连声说"包为上策"的时候,他不知道眼前的马胜利其实是在强颜欢笑。一个月后,从浙江就传出马胜利承包浦江造纸厂"失利"的新闻,承包百家造纸厂的计划很快便陷入了泥潭。在农村一包就灵的承包制,一旦运用到企业上,其先天的缺陷从一开始就呈现了出来。首先,厂长们对企业的承包责任状,全部是包盈不包亏的,最多也就拿出家里的几万元钱来象征性地做抵押——1983年,鲁冠球承包万向节厂的时候,就是用自留地里价值两万元的苗木来做抵押的。承包制使得经营者以盲目地、极限性地扩大生产为己任,那两年出现大量产品积压和通货膨胀现象,与此颇有关系。其次,是经营者与工人出现紧张关系,承包制造成一大批厂长一夜致富,而普通工人从中获得的利益却很少,他们更多地被要求"奉献"和加班加点,日本式的严格的工厂管理正被广泛地采用,张兴让式的满负荷工作法被当作经验在全国推广,工人开始质疑改革的目的性,报纸上开始讨论,承包者与工人的关系到底跟"掌柜"与"伙计"有什么区别。最后,承包制无法解决经营者与政府的矛盾关系,作为企业的

[①] "企业家"一词在过去的几年里曾经是一个"贬义词"。北京大学教授张维迎曾回忆说,在1984年,他写了一篇题为《时代需要具有创新精神的企业家》的文章,决定采用此文的《读书》杂志编辑跟他商榷:"企业家"要不要改成"实业家"?企业家的"冒险精神"要不要改成"探险精神"或"创新精神"?张维迎回忆道:"因为在当时的情况下,这两个词都是贬义的,在中国人的词典里面都是有负面意思的。"

主管和产权所有者，政府对之的直接指挥仍然非常严重，经营者的权利随时可能被轻易地剥夺。《南华早报》在8月份的一篇报道中，列举了承包制未能收到预期效果的四大原因：国家与企业的承包合同导致后者不顾后果地使用固定资产；在承包制的借口下，国家干脆放手不管那些本来应由国家补贴的机构，如医院、学校、研究所等都一下子涌进了承包的潮流；关系人经济代替了公开招标制，很多承包合同缺乏公正性；承包制无法解决国家既是资产拥有者又是宏观管理者的双重矛盾，这构成了利益冲突和不公平竞争的巨大可能性。在1988年，这些问题并未普遍地爆发出来，不过在一些先发的地区，如华东和华南地区，已经暴露得非常明显。到年底，第一个著名的牺牲者终于在广东出现了。

这个牺牲者名叫邓韶深（又名邓绍深）。1983年，邓承包广州市二轻机修厂，当时那是一个只有100人的亏损小厂，他从日本松下引进了国内第一条冰箱生产线，开始生产万宝牌冰箱。由于起步最早，邓韶深的工厂迅速崛起，万宝冰箱一度达到全国冰箱40%的市场占有率，成为全国最大的家电制造企业。到1988年，万宝冰箱产能规模超过100万台，年总产值10多亿元，名列中国电子电器100强之首，全国所有企业综合实力排名的第41位。而此时，张瑞敏的青岛海尔才达到20万台的规模。

万宝在产权上属于广州市二轻系统，是一家集体所有制的企业，在参照行政体系的级别序列中，邓韶深是一个小小的"副处级干部"。在快速成长后，邓韶深希望在资本上对企业进行改造。于是，在他的四处奔波下，1988年年初，国家体改委将之列为全国企业股份制改革的四大试点集团之一，中央有关部门开始直接参与万宝的发展战略与产权改革事宜。矛盾就在这种变革中悄然萌芽。

在万宝冰箱形势大好的情况下，广州市二轻系统先就把一大堆"烂苹果"一股脑地往邓韶深身上推。万宝组建集团，先后吃下24家亏损的中小工厂，这些久转不动的企业日日消耗万宝的利润和邓韶深的精力。

与此同时，企业内部的争斗日渐激烈，上级指派下来的党委书记与邓韶深不和，两人对企业的发展战略各持己见，前者无条件听令主管部门的指挥，而邓则有自己的一盘棋。他后来也承认，"当时万宝的很多规划及具体的经营决策，直接来自中央办公厅和国家体改委，这给地方政府的感觉就是邓韶深已经尾大不掉"。

尾大于体，总归有掉的一天。

从表面上看，万宝的悲剧是因产销失衡而造成的。从6月开始，全国通货膨胀加速，广东跟国内所有地方一样出现抢购潮，在万宝厂门口等冰箱的车队从生产车间一直排到了厂门外很远的马路上。上级部门找到邓韶深，命令他尽快拿出三万台冰箱投放广州市场，以平抑日日见涨的家电物价。邓韶深一方面下令车间三班轮产，日夜加班制造，同时又从其他地方紧急调拨冰箱，以解广州之急。没有料到，到1989年年初，因为物价闯关失败，国家实施宏观调控，家电商品顿时陷入滞销。邓韶深向上级紧急报告，称仓库已经爆棚，流动资金严重积压，万宝需要停产整顿、检修设备和消化库存。而上面则严斥他"影响领导决策"，要求万宝继续生产，"以备万一"。就这样，数亿元资金积压，现金链迅速断裂。

▲万宝冰箱车间，摄于1985年。当年产量突破20万台，为全国第一

当上面也发现情况有点不妙的时候,他们又认定这是邓韶深销售不力造成的。在党委书记的决策下,企业改变原来的销售方式,由之前的销售公司统一经营,改为集团内部的冰箱制造厂"分级销售",于是,销售体系和批零价格大乱。各地的经销商乘机大量吃货却不付款,万宝在短短时间内出现将近8亿元的呆坏账。1989年秋天,心灰意冷的邓韶深不辞而别,远赴加拿大闭门不回。就这样,中国改革开放后出现的第一个家电巨子——万宝电器一蹶不振。

万宝的陨落,看上去是经营不善所致,而其内在的矛盾纠葛无一不与体制有关。承包制所能激发的创造力在企业崛起之后就迅速地消退了,当邓韶深想在产权清晰化的道路上继续有所动作的时候,他选择了一个非常冒险的方式——跳过现有的产权所有人,以改革试点为名,谋求更高行政部门的支持,他刚刚迈出第一步,就立即遭遇致命的狙击。在这一部中国企业史上,邓式命运并非孤例。

邓韶深不辞而别,在当年被定性为"出逃"。广州市一位市长曾提出要通知国际刑警组织通缉邓韶深,但因为要花费20万美元,最后不了了之。新华社记者顾万明曾经撰写长文对此案进行报道,从他披露的材料看,对邓韶深的指控都是一些猜测性的,如:万宝先后引进三条冰箱生产线,耗资6 000万元,公司员工对此怀疑说:"按国外惯例买方至少有5%~10%的佣金,邓韶深为何不拿回来交公司呢?"此外,还传言邓与新加坡的一位袁老板关系不同寻常、有不正当的男女关系等。

然而,富有戏剧性的是,这位声誉扫地的"出逃贪污犯"在5年后,又堂而皇之地回到了国内,他改名为邓米高,在广东一带再次创业。他先是在从化县开办一家空调厂,三年后,因一笔3 000万元的货款被骗,邓米高倾家荡产。工厂清盘后,已经年届60岁的他受聘到惠州的乐华空调公司出任总经理,又两年,因与董事会"磨合不了",再转到威力电器公司,负责空调项目的产销。2002年,邓米高在威力公司任上接受记者采访,谈及万宝当年事,已是满额皱纹的邓称:"那时说我出逃卷走几千万资金,后来审计结果出来了，我是清白的。"他说这句话的时候，那家曾睥睨天下的万宝电器已沦落成不值一提的二流工厂。

邓韶深"出逃"，在华南企业界引起过一阵不小的骚动，很多人都认定他是东窗事败，卷款潜逃，几乎没有人从体制的角度思考这起事件。十年后，跟他同一代的企业家，如健力宝的李经纬和科龙的潘宁，都无一例外地落入了同样的命运陷阱。

在当时的南方，跟身败名裂、倒霉透顶的邓韶深相比，深圳的王石要幸运得多。

王石的万科在1984年组建后，就与它的母公司——深圳特区发展总公司（以下简称"深特发"）摩擦不断。在1985年，母公司想要从万科账上调走800万美元，王石抵死不从，自此在万科的控制权上，双方就一直明争暗斗。1986年前后，深圳市政府要在国营公司系统推行股份制试点，当时国营企业的日子还比较好过，很多人认为搞股份制设置董事会，又增加一个"婆婆"，所以没有企业响应。只有王石自告奋勇，他意识到，"万科正处在十字路口，股份制改造是一个让万科能独立自主经营的机会"。而深特发对此则断然拒绝，时任董事长对王石说："你就是孙悟空也跳不出我如来佛的手心。"王石对人感慨地说："万科不是孙悟空，却感到一只无形的手掌摊在下面，随时可能收拢。"

角力从此开始。王石通过朋友介绍，结识了深圳市政府领导的秘书们，市委书记兼市长李灏不定期约见王石，用王石的话说，"这种安排完全避开上级主管公司、政府有关部门，属于市委书记的秘密渠道，有点地下工作的味道。"到1988年，万科的股份制试点被提到议事日程上，当深特发得悉市政府准备下文同意万科股改方案时，派了一个请愿小组到市府办公厅，强烈要求撤回股改文件，理由是"政府越权干涉企业内部的正常管理"。办公厅只好暂停同意万科股改文件。

倔强的王石只好铤而走险，直接向李灏告状。他记录当时景象：市委书记的办公室很小,李灏坐在办公桌后面,手握一支毛笔,边听汇报边练习书法。听王石倒完苦水,他把笔一搁,一字一顿地说:"改革是非常不容易的事,你们年轻人不要急躁,要沉住气,困难越大,就越是要注意方法和策略。"

在李灏的暗中支持下,万科的股改方案在被搁置一个月后终获通过。12月,万科发行股票2 800万股,每股一元,当时万科的净资产仅为1 324万元。王石亲自带队上街推销股票,他在深圳的闹市区摆摊设点,走街串巷,对居民区进行地毯式搜索,有几次甚至跑到菜市场里和大白菜摆在一起叫卖。他还请工商局帮忙,由个体协会出面邀请个体户开会,王石在会上反复宣传股票发行的意义和股票的投资价值,台下的人听得不耐烦了,便站起来大声说,"不用讲这么多了,该摊多少我们就捐多少吧。"①

一年多后深圳股市开张,万科以0002号正式上市。商业作家王安在《股爷,您上座》一书中感慨说:"第一个吃螃蟹的人,要么死去,要么免费。"②

事实是,倒霉的万宝"死去",幸运的万科"免费"。

王石与深特发的抗争还将继续12年,一直到2000年8月10日,在王石的妙手运作下,深特发同意将所持万科股份转让给中国华润总公司,这场"母子斗"才算告一段落。在第二天上午8点,王石在网上发帖写道:"在第十六个年头,万科总算彻底脱离深特发。本来一肚子的牢骚,在脱离的昨天却瞬时消失全无。回想风风雨雨,面对深特发大厦,默念着:再见了,老东家。"

从1984年起,到1988年前后,全国各地像万科这样发行股票和债

---

① 根据《王石这个人》作者周桦的采访,当时主动要求购买万科股票的只有两家企业,一是中创集团,二是刚刚组建不久的华为公司,任正非一下子买了30万股,还掏钱请万科的推销员吃了一顿晚饭。

② 王安著,《股爷,您上座》,北京:华艺出版社,2000年版。

券的企业并不在少数，《经济参考报》的报道称"全国已经有6 000家企业实行了股份制"，它们的初衷与日后的资本市场并没有太大的关系，主要是为了解决企业资金短缺的难题。关于哪只股票是"新中国第一股"，一直存在争议，其中参与竞争的有：1980年12月成都工业展销信托公司发行的股票；1983年深圳宝安联合投资公司发行的股金证；1984年9月，北京天桥百货股份有限公司发行的定期三年股票；1984年11月，上海飞乐音响公司发行的股票。因为邓小平将一张飞乐股票赠送给了纽约证券交易所总裁约翰·范尔森，所以，它的认可度最高。飞乐股票实行的是"保本保息，自愿认购，自由退股"的原则，股票分为集体股和个人股，股息率分别相当于企业一年定期存款和一年期储蓄存款的利率，与真正意义上的股票还有一定的差距。当时，大型国营企业从银行贷款能够获得优先，集体企业要困难一点，乡镇企业则没有可能；于是，首先获准发行债券的都是一些经营困难的、没有办法从银行贷款的国营企业，以及与政府关系比较密切、发展情况较好的集体及乡镇企业。这些债券的发行金额都不大，上海有1 548家中小企业发行了债券，总金额只有2.4亿元，向社会公开发行的只有飞乐和延中两家，金额也只有500万元。这两家企业在上海均为名不见经传的小型公司，前者是一家股本只有50万元的制造低档音响的小工厂，后者则更加微不足道。在那几年，上海的就业压力很大，很多街道便组织返城待业青年、家庭妇女以及残疾人创办了服务社区的小食品店、电器维修店及理发店等，延中实业股份有限公司便是静安区政府为了管理这些"里弄生产组"而组成的一个管理机构，它的注册股本也只有50万元。谁也没有想到，正因为早走了几年，它们后来竟名声大噪，宛若上海公司的标杆。

在普通的市民中，股票、债券也完全是新玩意儿，敢于下水一试的人没有几个。1986年，上海工商银行开设了全国第一个股票柜台，当日卖出延中和飞乐股票1 700股，后来每天交易维持在30股左右，近乎于"死市"；1988年，深圳发展银行和万科先后在深圳上市交易，也是日日无人问津，像两条懒洋洋的热带鱼。美国《旧金山观察家》记者法兰辛·布雷维提说："吹嘘得很厉害的上海股票市场实际上是一个不确切的错误名词。大约有140家本地企业已发行了股票，然而只有两家企业被中国人民银行批准上市出售。"

很显然，如果没有一个规范化的资本市场，那些发行了股票和债券的企业无非是向一群陌生人借到了一笔钱而已。

1988年8月，36岁的华尔街马基罗斯律师事务所合伙律师高西庆和纽约证券交易所交易员王波明相约从纽约回到北京。没有人请他们回来，对国家建设的热情是唯一的动力，他们回国的目标是：筹建中国的股票交易所。两人约定，回国后干5年，如果干不成事，一个去修自行车，一个去卖包子。

他们很快在国内找到了同道。在那个夏天，这群30多岁、精力旺盛的青年人常常聚在国家体改委宏观司女处长李青原的家里热烈地讨论。李家在北京城西的灵镜胡同，院子里有一棵柿子树，大家常常在树下争吵建立证券交易所的细节。柿子树的叶子很茂盛，到了盛夏就会开出一朵朵的小花，接着结出星星般的青果子。高西庆开玩笑说，以后交易所起来了，这棵树就和美国那棵树一样有名了。美国的那棵树在曼哈顿，1792年，纽约24个股票经纪人聚在一棵梧桐树下决定成立一个新的股票市场，至今纽交所楼前还立着一块铜牌："这个买卖证券的中心市场，1792年为每日聚集在附近一棵梧桐树下的商人所建。"

高西庆们写出了一份《中国证券市场创办与管理的设想》，这是第一份系统阐述中国股票市场的建设性文本。11月9日，国务院副总理姚依林和中央顾问委员会常委兼中央财经领导小组秘书长张劲夫一起在中南海听取了这群青年人的汇报。张透露说，今年的中国改革到了一个关口，出现了通货膨胀、经济过热和抢购风，农业、工业和商业，都面临一系列的困难。中央决定，花三年时间搞治理整顿，怎么改，可以归纳为四个方面的改革，两个是宏观调控方面的，一个是企业制度，到底该怎么看股份制，以及该不该推广股份制，还有一个就是建立资本市场这件事。

在这次汇报会上，中央领导首先关心的还不是如何建资本市场，而是该不该建。国家经济委员会副主任吕东提出的问题便是："公有制为基础的企业与私有制为基础的企业，股票上市有何区别？"另一些领导则关心："公有制企业上市后，它的所有制性质会不会改变？"在当时，"姓'资'还是姓'社'"是所有经济改革要回答的第一个是非题。为了回答，或者说"绕开"这个问题，高西庆们想出一个"集体股份制"的新名词。①

这次汇报会，是中国筹建证券交易所的第一次正式会议，其间中央决策层与专家们得出的结论是，中国搞证券交易所，"一是条件不成熟，二是非搞不可"。

就在北京的高西庆和王波明为资本市场的筹建忙得不可开交的同时，在上海，另外一些人则已经卷起袖子干了起来。

年中，上海先后组建了三家证券公司，分别是中国人民银行上海分行（后来转给工商银行上海分行）的申银、交通银行的海通和股份制的万国。前两者受体制内管束较多，而股份制的万国则天然地显出它的优势，其总经理名叫管金生，他后来有"证券教父"的名号。

管金生出生在江西一个小山村的贫寒之家，1983年在比利时布鲁塞尔大学获商业管理和法学两个硕士学位。毕业归国后，在很长时间里他无所事事，被派到上海党校的一个"振兴上海研究班"里去"深造"。等

---

① 在当时，还出现过一份激进的国营企业改制方案，起草人是曾担任国家计委预测中心总工程师、时任中国人民银行体制改革办公室主任的宫著铭。他在题为《中期改革综合纲要》的报告中认为，企业改革要前行，必须明确财产所有权，必须有人负担企业的亏损而不是完全由国家和社会来负担。宫著铭设计的方案是，将现有的国有企业和大部分集体企业向有限公司过渡，按"工者有其股"的原则，向企业内的所有职工无偿发股票，从而将绝大部分国营企业改造成股份制的集体所有制企业，国家只是一个"裁判"和"秩序维护员"，不再是一个主要的所有者和经营者。

到万国证券创办之际，41岁的管金生总算被挖掘了出来，出任这家拥有3500万元股本金的证券公司总经理。

万国创办，管金生第一眼瞄上的是国库券。中国从1981年开始发行国债，按国际惯例称为国库券，在相当长一段时期里，由于缺乏流通性，所以很不受欢迎，国务院为此专门组建了国库券推销委员会，由财政部牵头，国务院秘书长出任主任，人民银行、国家计委、中宣部、军委总后勤部、全国总工会、共青团中央和全国妇联等一起参与，阵容空前强大。即便这样，推销国库券还是每年的头痛事——对那时的基层官员来说，天下有两大"难事"，一是搞计划生育，二是推销国库券。不少地方政府以党性为号召，要求所有党员和公务员必须购买，有的政府和企业索性在工资中强行摊派发放。到后来，很自然地出现了国库券地下交易，一些人以五折、六折的低价收购国库券，还有的企业用国库券变相降价，来推销积压产品。由于各地的收购价格不同，便形成了一个有利可图的"黑市"。这些行为虽属违法，但却日渐蔓延，已成无法遏制之势。到1988年3月，财政部被迫做出《开放国库券转让市场试点实施方案》，允许国库券上市流通交易。4月，上海、深圳、武汉等7城市率先试点开放，6月又开放了54个城市。

管金生是第一个从国库券流通中嗅出商机的机构券商。当时，全国银行并无联网，所以各地的国库券价格相差很大，万国只有10多个人，管金生率众倾巢而出，跑遍了全国250个大中小城市和偏远乡村，到处收购国库券。有一次，他亲自到福州去采购，一出手就吃进200万元的国库券，这些从无数散户手中收来的券额都是5元、10元的，足足塞满了几个大麻袋，他租了一辆汽车直送上海，装不下的两个大旅行袋，他一手拎一个坐飞机回去。在机场安检入口，他好说歹说硬是没有让安检人员打开旅行袋检查，到上海的时候，袋子的底部已经撑破了，他连拉带抱地总算出了机场。到1989年，万国的营业额做到了3亿元，成为当时国内最大的证券公司，其中绝大部分的业务来自国库券的倒卖套利。

如果说，双硕士出身的管金生是一个商业高手的话，那么，上海城里一个姓杨的仓库管理员则算得上是"天才"了。

1988年4月，上海铁合金厂的仓库管理员杨怀定一气之下辞职了。春节前后，厂里仓库丢了一吨多铜材，因为杨怀定的妻子承包的电线厂所用原料是铜材，所以他成了重点怀疑对象。很快案子破了，跟杨怀定没有关系，不过，受了一肚子气的他却决定不干了。

杨怀定订了26份报纸，那时还没有互联网，所有的信息都悄悄地藏在一行行枯燥的官样文字里。他在报纸上看到，从4月开始，中央相继开放了7个城市的国库券转让业务。他的眼皮狠狠地跳了一下。

在此前，国库券的黑市交易早就已经不是什么新闻了，但是，在政策管制上还是违法的。半年前的1987年10月，上海还出过一则新闻，公安人员在工商银行上海分行静安营业部门口当场抓住了一家棉纺厂的青年工人赵德荣，当时他正以100：71的价格倒卖国库券，公安人员缴获人民币1 800元和国库券2 000元，还从他家里查出国库券2.6万元。不过如何处罚赵德荣却成了问题，公安部门认定倒卖国库券属于投机倒把行为，而管投机倒把的工商局说，这种黑市交易都是在银行的交易柜台门口进行的，银行不来找我们，我们也不好管，银行则说，我们只管门内，门外的事情我们管不了。赵德荣最后被没收"赃款"，教育了一番就释放出来了。

跟"触霉头"的小赵相比，半年后的杨怀定就要幸运得多了。他在看到报上的新闻后，第二天就凑了10万元直奔安徽合肥。他的算盘是，当时各地的国库券价格都不同，只要有价差就能赚到钱。果然，他在合肥银行的门口吃进10万元国库券，然后倒给上海的银行，前后三天获利2 000元。杨怀定收进的国库券上有合肥银行的标志封条，他怕上海银行看破其中的诀窍，进行银行间互相调剂，便很有心机地撕掉封条，把编号弄乱，让迟钝的银行摸不到他赚钱的法门。

在随后的一个月里，杨怀定日夜兼程，把上海之外的其他6个开放城市跑了一个遍，当时上海银行国库券日成交额约70万元，他一人就占去

1/7。就这样,一条匆匆出台的中央政策成全了一个仓库管理员的致富梦。杨怀定是中国第一个靠资本市场发财的普通人,他后来以"杨百万"闻名早年的中国股市。

早在1988年的秋天,杨怀定就已经结识了年长他3岁的管金生,对国库券异地套利的共同嗅觉让他们成为上海滩上的"亲密知己"。杨怀定在2002年写的自述《做个百万富翁》中,讲到过当年的一个细节:

1989年元旦刚过,管金生告诉杨怀定,他去中国人民银行上海分行金管处串门,看到处长张宁桌子上压着一份文件,内容是1988年国库券准备在不久后上市。如果谁知道这个消息,黑市价75元买进,一上市可能就是100元,暴利25元,这是个发大财的机会。于是,杨百万成了万国证券的授权代表,拿了一台万国的点钞机,在海宁路1028号自己的办公室内大张旗鼓地收购,短短时间内竟买走了上海市面上一半1988年的国库券。管、杨的狂收行动引起了金管处的注意,张宁在某日赶到万国突击检查,管金生想出了个绝招,把所有的国库券从地下室的金库转移到自己的办公室里,从地上一直堆到天花板。张宁来检查,一无所获而归,万国证券躲过一劫。数月后,1988年国库券上市,价格为104元,作为当时国内最大的两只"国库券鼹鼠",管金生的万国证券和杨怀定完成了惊险而丰厚的原始积累。①

暗潮涌动的资本故事,暂且告一段落。这是一个新的利益游戏的开始,前景并未完全清晰,规则还在混沌之中。在很多年后,当人们回忆起1988年的时候,会更多地谈论当年惊骇一时的"物价闯关"和席卷全国的"抢购风"。

1988年的宏观经济再趋紧绷,三年多的高速成长让中国列车再次驶入经济周期的敏感地带。随着轻工产业的发展加快,企业数目剧增,物资

---

① 杨怀定著,《做个百万富翁》,上海:上海人民出版社,2002年版。

供应的紧张更趋激烈,而推行了四年的物价双轨制在此时终于释放出它所有的负面效应。早在上一年的4月,国务院系统各部委组成了一个生产资料价格监督检查组,分为28个小组到各地实地调研,在9月向国务院的报告中,它论定"生产资料乱涨价乱收费相当严重,部分地方和领域已到了无法无天的地步"。其后一段时间,尽管中央三令五申,但是仍然无法阻止越来越多的政府机构和国营机构投身到物资的倒卖中,人们利用手中或大或小的权力,从双轨制中牟取利益。《日本经济新闻》报道了一个很夸张的案例,在南京,1 000吨钢材原地不动被炒卖了129次,价格上涨近三倍,参与这一事件的有江苏、广东、安徽和湖北的83个部门,主要当事者是拥有专营权的南京物资交易中心等物资流通部门。

这一年的前5个月,北京新增公司700家,上海猛增3 000家,由中央国家机关系统开办的各类公司达2万家,其中很多是专门从事物资倒卖的"皮包公司"。民间开始流传民谚:"十亿人民九亿倒,还有一亿在寻找。"7月,国家工商局排出95起倒卖生产资料的要案大案,其中58起是物资主管部门搞的,"它们利用权力将国家定价的生产资料平价调出,而后投入市场,转手高价卖出"。《经济日报》提出了"官倒祸国论",它论定,"生产资料价格飞涨,国家三令五申禁止乱涨价却收效甚微,造成这种局面的,主要是那些政企不分,官商不分的公司"。利用价格管制而牟取私利的现象一直没有杜绝。2005年,汉口火车站站长刘志祥被判刑,他把持"计划配票权",把大量紧俏车票指令分配给自己的合作者,然后加收"手续费"再投放市场,"一般是座位票最低加5元,春运期间加30元"。刘靠倒票及受贿,9年非法得4 745万元。北京大学的经济学家周其仁在分析此案时说:"价格管制是天下最事与愿违的政策。"[①]

跟尘埃飞扬的中国经济同时的是,国际环境正在朝自由市场主义的方向快速地转型。在这一年,英国经济学家、1974年诺贝尔经济学奖得

---

① 周其仁,《价格管制是天下最事与愿违的政策》,《经济观察报》,2006年5月22日。

主哈耶克的《致命的自负》①出版,在这部影响巨大的著作中,他认为对高度计划经济的追求是理性主义者的一次"致命的自负",他系统地论证了计划经济的局限性,在题为《社会主义是个错误吗?》的导论中,哈耶克写道:"未经设计的情况下生成的秩序,能够大大超越人们自觉追求的计划。"这部作品为西方资本主义世界及时地提供了理论上的武器。

在这一年,1976年诺贝尔经济学奖得主米尔顿·弗里德曼访问中国,受到了中央领导人的接见。弗里德曼是当时国际最知名的价格理论和货币理论大师,在会谈中,一向坚持自由市场的他极力主张中央政府应该放开价格管制,他认为中国的改革到了"最后的时刻",香港《信报》引用他的观点说,"不应该把放开价格与通货膨胀混为一体,如果放开价格,仅是部分商品会涨价,在最初几天,人们可能会感到痛苦,但很快会发现价格并不一定会轮番上涨。"在四川考察时,弗里德曼对四川省长说:"如果你想把老鼠的尾巴砍断的话,不要慢慢地一截截地砍,一下砍掉就行了,长痛不如短痛。"省长请教说:"教授先生,你知道我们中国的老鼠是不同的,它们有很多不同的尾巴互相纠缠在一起,您先砍哪一根?"弗里德曼耸耸肩,没有回答。事后,一位经济学家发表文章说:"我是有答案的,但我当时没有说,我的答案是,把所有的尾巴都一同砍掉。"2001年4月,这位经济学家在中山大学演讲时承认:"弗里德曼一向主张放开价格管制,1988年我们向中国的领导人推荐这一点,结果一团糟。"

跟弗里德曼等人一样,想把"中国老鼠"的尾巴一次性砍掉的,还有当时中央的一些高层领导。他们显然意识到,当前物价的不正常波动是计划体制和价格双轨制所造成的,要摆脱体制怪兽的缠绕,就要用非常的霹雳手段,让物价迅速地进入到市场调节的轨道之中。价格大师弗里德曼的建议给了中央领导层理论上的依据,而中国经济体制改革研究所对基层

---

① 该书中文版于2000年由中国社会科学出版社引进出版。

企业职工进行的一次抽样调查则让中央信心倍增，那次调查的结果表明，75.3%的人赞成"只要改革能改好，我们生活水平暂时低一点也行"。于是，中央决定放开管制，取消物价双轨制，进行"物价闯关"。

闯关行动是3月份从最大的工业城市上海开始的，当月，上海调整280个种类商品的零售价，这些商品大都属于小商品或日常生活必需品，涨价幅度在20%~30%之间。4月，国务院推出主要副食品零售价格变动给职工适当补贴的方案。5月19日，新华社发表通电："中国的物价改革是一个大胆行动，要冒一定的风险，但是中央有信心把这件事办好……"

这一调价政策的出台，迅速波及全国。从5月开始，全国中心城市的猪肉和其他肉食价格以70%左右的幅度上涨，其他小商品迅速跟进。出乎弗里德曼和邓小平意料的是，"物价闯关"很快就呈现全面失控的可怕趋势，各地物价如脱缰的野马，撒蹄乱窜。当时，全国居民的存款为3 000亿元（1992年为1万亿元，2005年为14万亿元），并不是一个很大的数字，但是由于公众的看涨恐慌心理，却造成全国性的抢购风，这似乎应了凯恩斯的那句名言，"社会心理决定了人类永久的经济问题"。根据当时的报纸报道："人们像昏了头一样，见东西就买，既抢购保值商品，也抢购基本消费品，连滞销的也不放过，电视机有图像就抱，电风扇能转就买，电冰箱有冷气就要。"不同寻常的是，民众的抢购已经与实际的供求脱节，以电扇为例，当时全国有200多家电扇厂，年产量达3 400万台，成为世界最大的生产国，从两年前开始，国内产销就出现供大于求的状况，电扇积压非常严重，但是在抢购风中，国内仓库里的所有电扇均被一抢而空。在贵州、云南等偏僻省份，人们甚至为了抢购毛线而在大街上大打出手。物价上涨让全国各个阶层的人都大呼"吃不消"。一些大学的教师因为物价飞涨，无法维持生计，公开在校园里摆摊卖起了馄饨、面包、鸡蛋和冰棍。新华社在当年发表的一篇通讯中，不寻常地引用一位"部长级干部"的话说，他家的保姆不敢去买菜，一花就是10元钱一张的大票子，看着眼晕。

抢购风诱发通货膨胀的同时,还造成了生产物资的空前紧张。5月,上海市所有电厂存煤不足两天,数十万家企业奄奄一息,到任上海市长不久的朱镕基不得不做出一个保证上海煤炭供应的决定。

8月28日,上海抢购狂潮进入最高潮,市政府不得不采取紧急措施,实行凭票供应食盐和火柴,铝锅只能以旧换新或凭结婚证和户口证申请购买。9月26日的美国《商业周刊》以《中国改革路上的弯路》为题报道说:"今天,中国的改革正在失控。为了应对危机,物价改革在上个月被冻结。突如其来的政策转向给中外投资者带来了一段前景不明的困惑期。中国目前正在进入紧急控制状态,澳大利亚使馆的一位经济学家说:我们正在见证一场旨在恢复消费者信心的地毯式运动……"

▲由于通货膨胀,上海市民疯狂抢购金银手饰等硬通货

国家物价局的《中国物价年鉴》记载:"1988年是我国自1950年以来物价上涨幅度最大、通货膨胀明显加剧的一年。在国家计算零售物价指数的383种商品中,动价面达95%以上,全年零售物价总指数比去年上升18.5%,这个上升幅度又是在持续三年物价累计上涨23.7%的基础之上。"

"物价闯关"被认为是1978年改革以来最大的一次经济失控,它在10月就宣告失利,中央开始调整政策,再次提出"宏观调控,治理整顿"的方针。此次失利,表现为商品抢购和物价飞涨,它对于宏观经济所产生的影响虽然是负面的,但并没有招致毁灭性的生产崩溃,然而它对全国民众的改革热情则是一次重大的挫败,在通货膨胀中利益受到损害的民众对"价格双轨制"下大发横财的"官倒"更为痛恨,并由此产生了"改革造成社会不公"的印象。

由于受到闯关失利的影响,1988年的中国企业乏善可陈。以打破"铁饭碗"而著名的步鑫生在这时已日薄西山,而河北马胜利承包100家造纸厂的计划虎头蛇尾,到年中就出现了危险的信号。中国政府和民众都从未见识过的经济危机正在可怕地发生。

4月,中国知名度最高的运动员、26岁的"体操王子"李宁在获得了第106枚金牌之后宣布退役,他放弃了进大学、当教练、当官员的机会,南下广东,出任李经纬的健力宝集团总经理特别助理,两年后,他创办广东李宁体育用品有限公司,并亲任总经理,再过10年,"李宁牌"运动服跟耐克和阿迪达斯在中国市场上平分秋色,坐拥中国体育用品半壁江山。

8月,全球最大的日化公司美国宝洁与广州肥皂厂、香港李嘉诚的和记黄埔公司合资成立广州宝洁有限公司。它在前几年一直坚持在中国独资办厂,却始终得不到准许。在很长一段时间里,生产日用消费品的跨国大公司要在中国办厂,都必须与当地的同行国营企业合作,比如,可口可乐和百事可乐的各地工厂都与中粮集团旗下的地方工厂合资,而宝洁和联合利华则被要求与地方的日化工厂合资。当月的美国《商业周刊》发表评论说:"自从邓小平1978年打开国门以来,美国公司一直试图打入巨大的中国消费市场。但中国政府却在打另外的主意。他们希望外国人将投资放在出口产品和高科技项目上,那些想把产品卖给十亿中国人的公司一直面临着无数的障碍。比如可口可乐和肯德基都被牌照限制着,只有很少的企业从合资公司中真正获益。但现在情况正在发生变化，那些在美国家喻户晓的企业正和中国伙伴做成新的交易。除了宝洁将在中国开始洗涤和个人护理用品的业务之外，其他的新来者还包括博士伦、强生、纳贝斯克等。不久中国的消费者就可以买到中国生产的纳贝斯克饼干和邦迪创可贴了……"

9月，国内最长（871米）、采用计算机控制、日产能力200辆的轿车总装线在上海大众公司落成。自从1983年组装成功第一辆桑塔纳轿车之后，德国与中国专家一直在致力于汽车的国产化。年初，上海市政府对上海大众董事长陆吉安下了死命令："今年国产化率要完成25%，明年50%，不能少，否则你就引咎辞职。"到年底，桑塔纳的国产化率从12.6%提高到了30.6%，这组统计数字被看作是当年最具光彩，也最有战略意义的成果。

12月15日，北京大学研制出新一代电子出版系统。在这一天举行的"北大华光电子出版系统技术汇报会"上，来自首都及各省的报社、印刷行业的300多位代表观看了这个系统的表演。一段1 000字的横排文章，版面编辑想把它变成直排的形式，一位技术娴熟的拼版师傅至少需要十几分钟的时间，才能用手把一个个铅字扭过来。现在，只需轻击几下键钮，不消一分钟光景就能实现。这项技术的发明人是北大教授王选，他因此被誉为"当代毕昇"，他创办于中关村的方正集团成为中国最大的电子照排系统供应商。

企业史人物 | 廿人沉浮 |

1988年4月,当第一批"全国优秀企业家"评选出来的时候,中国社会对企业家这个称谓还十分的陌生。此前一年,彼得·德鲁克发表《创新与企业家精神》,他对企业家的定义是,"企业家是那些愿意把变革视为机遇,并努力开拓的人"。从这个定义出发,这20位入选者都当之无愧。他们是当时承包制改革中涌现出来的杰出者,他们领导的企业在之前都死气沉沉,而在改革后则焕然一新。

2003年11月,在首届全国优秀企业家评出后的第15年,幸运者在杭州聚会。人们发现,这20人到此时是"病的病,死的死,逃的逃,抓的抓,退的退",仍在企业家岗位上工作的,只有杭州青春宝的冯根生、青岛双星的汪海以及烟台港务局的朱毅三位。

年过70的冯根生仍然在岗,是因为他在1993年把国营企业青春宝药业有限公司的控股权卖给了泰国正大集团,当时媒体的报道是"换上洋

▲ 2003年,首届优秀企业家们聚会杭州的合影

衣，买个机制"，据称正大对冯的承诺是，"可以干到不愿意干了为止"。

20人中最年轻的朱毅则还没有到退休的年龄。烟台港务局在1998年后就陷入低迷，2003年，拥有8 000名员工、20多个子公司的港务局只有100万元利润。朱毅拒绝接受媒体的采访，他的部下说："已经过去十多年，大家的境遇和心态都不一样了，朱局长现在不想再说什么。"

汪海则是一个"异数"。志愿军出身的他个性张扬决断，像一只碰不得的老虎，在他的经略下，双星成为全国最大的旅游鞋制造商。1989年宏观调控，根据上级规定，国营企业和所有政府机构一样，请客只能四菜一汤。汪海就用大盆盛菜，每个盆里有四个菜碟，纪委为此前来叱问，他说，"你们也没有规定盛菜的时候不准用盆盛"。汪海还在双星给自己封了一个职务——"终身总裁"，这当然不符合国资委的管理条例，但是他要这么干，也没有人敢改变。2005年，汪海请北京一家资产评估所评估双星和他个人的无形资产价值，结果，企业评到了492亿元，他个人评到321亿元。不过，他对此不太满意，在他看来，个人的无形资产应该比企业的还要高，他对电视专访节目《财富中国》的主持人说："我觉得这个有点不太符合现实。为什么这么说呢？应该是有企业家才有了这个企业的发展，也就是说，有了汪海才有了双星。"

20人中，有三位后来成了官员，级别最高的是第二汽车制造厂的厂长陈清泰，他任过国家经贸委副主任、国务院发展研究中心副主任，属副部级官员。山西潞安矿务局局长尚海涛在1995年被调任煤炭部总工程师，之前，他尝试在企业实行股份制，并试图在香港上市，但都一一搁浅落空，对他来说，升迁是一种无奈，他对记者抱怨说："我不愿做官。做官受约束更多，不如做企业实在。那时候，两种因素促使我同意上来。其一，我在企业，什么事也干不了。我想干事不能干。我感到在企业再没有用处，在那待也没太大意思。其二，当时非要提拔我，你去这儿吧，你去那儿吧，非要我去不行。不去也得去，说到这一步了。我并不想出来当官，想当官我早出来了。"

这一群人里，最臭名昭著的是武汉的于志安，他于1995年出走菲律宾，曾经轰动一时。于志安12岁从军，16岁入党，先后就读中南政法学院法律系和武汉大学哲学系。1981年，他出任亏损大户——武汉汽轮发电机厂厂长，当年使企业扭亏，在他的领导下，武汉汽轮发电机厂迅速壮大成为辐射全国20多个省、市、横跨10大行业、拥有国内外200多家单位的大型跨国集团——长江动力集团，1991年，企业跻身"中国500强企业"。于志安是国内最早提出国营企业产权改造的企业家之一，也被认为是20人中最有战略观的一个，早在1988年，他就提出企业产权这一敏感问题，认为企业可以不属于国家，而当时，几乎所有的国营企业厂长还在小心翼翼地讨论所有权该如何与经营权分离。1993年，即将到退休年限的于志安在菲律宾以个人名义注册50万美元，成立长动集团菲律宾公司，并承接了一座水电站的修复营运工作，两年后，他赴菲不返。在之后的大量报道中可以发现，在后期，于志安与当地政府主管部门的关系已经非常紧张，他以敢于顶撞"婆婆"和省市领导而闻名湖北企业界，长江动力集团归口武汉市机械局行业管理，但于志安"根本不买账，连一份财务报表都不送给机械局，长动也就由此变成了一家'无上级主管'的企业"，每年当武汉市有关职能部门派人前往长动做例行检查时，于志安经常派厂保卫人员将他们拒之门外。1995年前后，在中国知名企业家中，有红塔集团的褚时健和于志安同时在59岁退休年限前出事落马，出走菲律宾的于志安被列入"外逃贪官名录"。据报道，"后经中方努力，流失出去的65万美元的国有资产被追回"。

入选全国首届优秀企业家的20人，没有一个最后完成了企业产权的清晰化改造，到2006年，一半企业陷入困境或已经消失。其中不少人的晚景让人欷歔。当年知名度最高的是河北的马胜利，1995年他被免职后，每月只能领到130元的退休金，不得不去开包子铺以维持家用。湖南的邹凤楼在退休后一度面临生活危机，每月只领500元，还不能解决医药费，当地媒体曾公开讨论"邹凤楼现象"，他的退休金因此被特批涨到900元。

2003年11月的西湖聚会,可能是他们最后一次集体亮相。当时的状况是这样的。

冯根生:1934年生,时任杭州第二中药厂厂长,后任正大青春宝集团有限公司董事长。

邹凤楼:1931年生,时任湖南醴陵国光瓷器厂厂长,1989年被免职。

尚海涛:1940年生,时任山西潞安矿务局局长,"不情愿"地升任煤炭部总工程师,后退休在家。

李华忠:1935年生,时任鞍山钢铁公司经理,后在家照顾老伴,他称自己为幸福地"还债"。

陈祥兴:1938年生,时任南京无线电厂厂长,后来为一家咨询顾问公司工作。

孟祥海:1931年生,时任佳木斯造纸厂厂长,后为广东东莞一家私营造纸厂打工。

汪海:1941年生,时任青岛双星集团公司董事长,现任双星集团"终身总裁"兼党委书记。

马胜利:1938年生,时任石家庄造纸厂厂长,1998年组建马胜利纸品有限公司,后赋闲在家。

朱毅:1944年生,时任烟台港务局局长,2003年仍在任。

杨其华:1930年生,时任广州铁路(集团)公司董事长,1996年被推举为粤海铁路通道有限公司董事长。

周冠五:1918年生,时任首都钢铁公司总经理,后遭撤职,赋闲在家。

齐心荣:1940年生,时任上海澎浦机器厂厂长,1997年突发脑溢血成植物人。

殷国茂:1932年生,时任成都无缝钢管厂厂长,1996年企业严重亏损,被免职。

徐有泮:1933年生,时任沈阳电缆厂厂长,1995年接受沈阳物业投资发展股份有限公司的聘请。

霍荣华：1941年生，时任吉林化学工业公司总经理，病逝。

应治邦：1934年生，时任西北国棉五厂厂长，1997年以玩忽职守罪被判有期徒刑一年，缓刑两年，后隐居深圳。

于志安：1932年生，时任武汉长江动力公司总经理，后出逃在外。

黄春萼：1940年生，时任大连石化公司总经理，后升任中国石油化工总公司副总经理、国家有色金属工业局副局长。

邢起富：1935年生，时任天津飞鸽集团总经理，1996年退休后被推举为天津自行车协会会长。

陈清泰：时任中国第二汽车制造厂总厂厂长，后来担任国务院发展研究中心党组书记、副主任。

1989 / "倒春寒"

我有一所房子，

面朝大海，春暖花开

——海子：《面朝大海，春暖花开》，1989年

北大诗人海子，把25岁的头颅放在冰冷而漫长的铁轨上。这是1989年3月26日的深夜，中国最具才华的诗人在山海关卧轨自杀。两个月前，他刚刚写下了诗歌《面朝大海，春暖花开》，它日后将常常被人传诵：

"从明天起，做一个幸福的人／喂马，劈柴，周游世界／从明天起，关心粮食和蔬菜／我有一所房子，面朝大海，春暖花开／从明天起，和每一个亲人通信／告诉他们我的幸福／那幸福的闪电告诉我的／我将告诉每一个人／给每一条河每一座山取一个温暖的名字／陌生人，我也为你祝福／愿你有一个灿烂的前程／愿你有情人终成眷属／愿你在尘世获得幸福／我只愿面朝大海，春暖花开。"

这是一首幸福而清淡的诗歌，谁也没有想到它的主人会在两个月后选择自杀。这个世界，人心与世事一样难料。

我们先来看看1989年的全球局势。

在政治上，这是一个动荡变幻的年份。横亘在东西方世界的铁幕正在倒塌中，戈尔巴乔夫在苏联发动的改革冲击了计划体制的理念，瓦文萨的团结工会在波兰如火如荼。日裔美国教授弗朗西斯·福山在这年夏季的第十六期《国家利益》杂志上发表了《历史的终结？》一文，认为西方国家实行的自由民主制度也许构成了"历史的终结"。这一观点很快成为西方社会的主流思想，也深刻地影响了全球各国的思想家对这个时代的整体思考。在这种国际时事和思想背景下观察这一年发生在中国的一切，也许会有更真切而客观的结论。

在经济上，日本的经济扩张走到了巅峰时刻。9月10日，一则令人震惊的消息在纽约和东京同时宣布，日本索尼公司以34亿美元收购美国哥伦比亚影片公司。10月30日，又一个新闻轰动全球，日本三菱房地产公司以8.46亿美元收购美国洛克菲勒公司51%的股份，其中，位于纽约曼哈顿中心、一向被视为"美国的象征"的洛克菲勒广场归属三菱旗下，此外，还有5家日本房地产公司以3亿美元买下了得克萨斯州休斯敦市的4幢综合大楼。当月的《新闻周刊》封面刊登了被收购的哥伦比亚影片公司的标志——站在基座上、手持火炬的女士，并让她穿上了日本和服，头发梳成日本的发型，一条标语上写道："日本入侵好莱坞。"几乎就在同时，日本右翼政治家石原慎太郎和索尼公司创始人盛田昭夫合著出版了轰动一时的政论书籍《日本可以说不》[1]，全书洋溢着不可一世的信心。日本经济从20世纪70年代开始复兴，在过去的18年里，国民生产总值增长了450%，民族自信心更是空前膨胀。

---

[1] 该书中文版于1990年由军事科学出版社引进出版。——编者注

在当时，全世界没有一个人会预想到，1990年9月，东京股票交易所的市值将在4天内下挫48%，股市惨况远远超过1987年华尔街的"黑色星期一"，再过三年，日本地产泡沫彻底破灭。

耶鲁大学的汉学家史景迁在考察中国历史时曾经得出结论："我们所考察的历史在其演进的过程中充满了崩溃和重构、革命和进化、征服和发展的循环交替。"① 在某种意义上，1989年，便是这种"循环交替"中一个比较敏感而动荡的一环。

从元旦开始，全国上下就弥漫着阴郁的紧张空气，1月1日，一向严谨而慎言的《人民日报》在《元旦献词》里非同寻常地写道："我们遇到了前所未有的严重问题。最突出的就是经济生活中明显的通货膨胀、物价上涨幅度过大，党政机关和社会上的某些消极腐败现象也使人触目惊心。"尽管中央政府开始采取强硬的宏观紧缩政策，过热的经济开始降温，然而因通货膨胀和闯关失利而造成的社会心态失衡并没有很快地消退。

2月，刚刚过了春节，百万民工"进城潮"就弄得各地政府手忙脚乱。从上年底开始的治理整顿，迫使很多建设项目下马，约有500万农民建筑工返乡，而此时在乡村，整顿也使得大量乡镇企业倒闭萧条，民工们只好再次拥回城市里找工作。春节后，从河南、四川、湖北等人口大省出发的数百万民工就把全国的铁路、车站挤得客流爆满，各大中城市的就业和治安面临巨大压力。3月9日，国务院办公厅发出"紧急通知"，要求"严格控制民工盲目进城"。

在整个年度里，经济发展的速度降到了1978年以来的最低点，尤其是刚刚萌芽不久的私营经济停滞不前甚至倒退。据《中华人民共和国经济史》记载，1989年下半年，全国个体户注册数减少300万户，私营企业从20万家下降到9.06万家，减少一半多，这个数字要到1991年才略有回升。

---

① 史景迁著，黄纯艳译，《追寻现代中国——1600—1912年的中国历史》，上海：上海远东出版社，2005年版，第4页。

经济局势的动荡，加上苏联和东欧地区的政局持续"恶化"，使意识形态的争论变得非常敏感，一些人士担心私营企业的膨胀发展最终将造成社会主义中国的"变色"，那些针对改革政策的质疑从四面八方射来。《人民日报》评论员马立诚在《交锋》一书中记录说："那些密集的连珠炮似的批评文章满天飞。这是'文化大革命'结束之后十分罕见的现象。"[①]

便是在这种思潮的影响下，自1981年以来规模和力度最大的、针对私营企业的整顿运动开始了。

整治首先是从对私营企业的偷漏税打击开始的。民营经济发达的江苏省从5月开始重点普查私营企业的税收，得出的结论是"当前个体户偷漏税情况非常严重，占到企业总数的80%"，到6月20日，全省就补缴税金5 170万元，私营经济活跃的武进等县市通过"民主评议"，私营企业的补缴税收比上年增长一倍多。从8月开始，国家税务局下发《整顿城乡个体工商户税收秩序的通告》，提出"加强个体税收刻不容缓，个体工商税收要有突破性进展"，要求工商户在20天内自查并如实报告，各工商和税收部门则全面出击清查，重点是"个体工商户中的大户、名为集体实为个体的承包户和个体经营中的重点行业"。一个全国性的打击偷漏税行动开始了。

整治的第二步，是开始清理整顿国营体系外的新兴企业。它们被认为是与国营企业争夺原材料、造成通货膨胀和市场失控的罪魁祸首。新兴的家电业成为整治的重点，其中，增长最快的冰箱业则是重中之重。当时，随着家庭消费的复苏，冰箱成为最受欢迎的紧俏商品，而国内全部的冰箱企业都是装配型工厂，也就是直接从国外进口压缩机，然后进行组装销售，技术含量普遍不高，因而造成冰箱厂林立的局面。早在1985年，国家为了保护国营企业，便由国家计委、经委和轻工部联合签发"红头文

[①] 马立诚、凌志军著，《交锋——当代中国三次思想解放实录》，北京：今日中国出版社，1998年版。

件",在国内20个省市选中了42个厂家作为"定点"冰箱生产企业,其选择的依据是"兼顾各条条块块间的平衡",其中绝大多数当然是国营企业。定点厂的好处是:国家供应进口压缩机等零配件,贷款、销售及广告宣传等也有优先,那些没有"上榜"的企业则被宣告要停产停业。在过去的三年多时间里,尽管各部门对非定点企业大加压制清理,按规定它们不得进口一台压缩机、得不到一吨钢材,甚至不能得到检测报告、不得在媒体上做广告,但是,这些企业还是通过各种渠道——也就是拜各路"倒爷"之赐——搞到了国产或进口的原材料。非定点的冰箱厂非但没有减少,反而是越建越多,其中最密集的"重灾区",是民营企业发展最快的浙江省杭州市,居然有66家大大小小的冰箱工厂,其中一些非定点企业已经达到年产10万台的规模,比很多定点企业都要庞大而先进——与之相映成趣的是,根据报道,一些国营企业在得到定点资质的4年后,都没有装配出一条生产线,连厂房也没有封顶。

这种状况无疑让政府既尴尬又棘手,于是在各部门的协作配合下,更大力度的整顿开始了。其主要的手法有两种,一种是直接宣布它们为"劣质产品",然后强行停产关厂;另一种是以违反中央文件为由,要求其停止生产,市政府甚至发文,严令各工商局在某月某日后,不得再给非定点的冰箱工厂发放执照。靠着这样的多管齐下,杭州的冰箱工厂一下子锐减了44家,但还是有20多家顽强地活了下来,当北京的报纸记者前去采访之时,那些胆战心惊的幸存者大倒苦水:"我们都是经过合法登记注册的,凭什么用一纸文件就剥夺了我们生产和做广告的权利?""仅仅凭几封投诉信就宣布我们为劣质产品,用这样的舆论手段来打击我们,太不公平。""定点的可以吃皇粮,非定点的连活下去的权利都没有,这不是新的铁饭碗吗?"

这些质疑听上去十分凄凉而不无道理,当记者以此询问轻工部家电局时,一位叫周晓秋的干部回应说:"杭州的非定点厂利用国家控制其他省份的机会所造成的真空,迅速发展,获取高额利润,给消费者和国家造成了损失,这是一种短期行为,国家实行定点是站在更高的高度上考虑问题,从长远看对杭州有好处。"到年底,又有将近10家工厂被勒令关门大吉。

在严厉的税收和行业整顿之外,另一个措施就是对流通环节开始清理。当时,全国已经出现了数千个专业市场,它们成为城乡消费品的集散地,也成为乡镇企业倾销和采购的枢纽,于是对之的整顿便成"蛇打三寸"之举。8月,上海市连续4天突击检查北京东路的"五金一条街",理由是"近年来,外省市不少个体户假借当地国营、集体企业的名义到这里经销生产资料",4天没收非法所得209万元,还处罚了5家"庇护个体户搞非法经营的国营、集体企业"。这种对专业市场的整治很快蔓延全国,在后来的一年多时间里持续进行。

9月25日,"傻子"年广久终没能逃脱第二次牢狱之灾,这个大字不识、账本都看不明白的文盲,因贪污、挪用公款罪被捕入狱,"傻子瓜子"公司关门歇业。两年前,这个全国闻名的"傻子"跟芜湖郊区政府联营办了一个瓜子厂,他看不懂按会计制度制作的规范账目,于是企业里的财务自然是一本糊涂账,他抗辩说:"我知道进来多少钱,出去多少钱就行了。"

他的案子拖了两年,最终认定他虽然账目不清,却并不构成贪污和挪用之罪,不过,法院最终还是以流氓罪判处他有期徒刑两年。有意思的是,到了1992年,邓小平在南方视察的一次谈话中,突然又说起了这个"傻子",一个多月后,年广久就被无罪释放回家。

作为早期改革的标本人物,年广久在1989年的遭遇并非偶然事件。这一年,中国的企业改革陷入了"倒春寒"。

来自政治和经济上的双重压力,使很多私营老板产生了极大的恐慌心,当时距离"文革"还不太远,人们仍然对十多年前的极左年代记忆深刻。10月16日的《经济日报》在头版头条承认:"近一段时期,一些地方的个体工商户申请停业或自行歇业，成了社会的一个热点话题。"新津刘家兄弟之一的刘永行回忆说，那一年大环境很紧张，没有人愿意来私营企业工作，希望集团几乎招不到一个人。浙江省萧山县那个花2 000元买回一勺盐的化工厂厂长徐传化则想把自己的工厂关掉，镇长怕失去这个纳税大户，便在年底给他申报了一个县劳模，这才最终让他安下心来。

为了避免遭到更大的冲击，一些人主动地把工厂交给了"集体"。王廷江是山东临沂市沈泉庄的一个私人白瓷厂厂长，9月，他突然宣布把千辛万苦积攒下来的家业——价值420万元的白瓷厂和180万元的资金无偿捐献给村集体，同时，他递交了一份入党申请书。在捐献财产的两个月后，他当上了村委会主任，接着又当选全国劳动模范和第十届全国人大代表。跟王廷江很相似的还有江苏宜兴一位27岁的电缆厂厂长蒋锡培，他也把自己投资180万元的工厂所有权送给了集体，由此获得了"集体所有制"企业的"红帽子"。在这一年，把工厂捐掉的还有后来靠造汽车出名的李书福，他当时在台州建了一家名叫"北极花"的冰箱厂，这当然是一个没有出生证的非定点厂，就在杭州对非定点冰箱厂一片喊打声中，他慌忙把工厂捐给当地乡政府，然后带上一笔钱去深圳一所大学读书去了。

王廷江后来的经历是：他无私捐产后，立即成为全国知名人物，山东省政府还展开了一个"向王廷江同志学习"的活动，他创办的企业也由此

▲杂乱的水果交易市场——1989年，重庆

第二部　1984—1992　被释放的精灵

获得了当地政府更大力度的贷款和政策支持。到了1996年年底，沈泉庄的村办企业发展到20家，村民人均收入达到6 000元，一跃成为沂蒙山区的首富村。2005年，王廷江领导的华盛江泉集团总资产将近70亿元，他拥有对这家企业的绝对调配权。王廷江的一些亲属开始成为亿万富翁。在当年度《新财富》杂志推出的500富人榜排名中，王廷江最小的弟弟王廷宝名列第233位，拥有6.6亿元财富。他的侄子王文光据估算也拥有3.3亿元家产。另据《21世纪经济报道》披露，"王廷江的一子一女也早已家财万贯"。蒋锡培在捐产后也同样当选为全国劳模和全国人大代表，他在2002年通过回购股权，又成为企业的资产所有者，据估算当时他的资产已超过10亿元。

王廷江与蒋锡培的经历带有一定的普遍性。日后，那些在1989年"私产归公"的企业绝大多数又都通过各种形式恢复到了原来的产权性质，而在当时这确乎是人们恐慌心理的某种体现。在民间经济最为发达的广东省，则出现了一次企业家外逃的小高潮，除了最知名的万宝邓韶深之外，还有深圳金海有机玻璃公司的胡春保、佛山中宝德有色金属公司的余振国等。根据新华社记者顾万明的报道，到1990年3月为止，广东全省共有222名厂长经理外逃，携款额为1.8亿元。

宏观调控所造成的经济骤冷，对通货膨胀下的投资过热确是起到了遏制的效应，不过却也让所有的商业活动变成一局乱棋。

首先，匆忙恢复计划性调控，造成商品从过热陡然变成滞销。以彩电为例，在1988年的抢购狂潮中，全国仓库里的彩电被一抢而空，国家某些部委大概认为这是一块"大肥肉"，从2月开始征收高额的特别消费税和国产化发展基金，4 000元左右的18英寸彩电要交900元，同时，宣布实行彩电专营。上海市2 000个销售点被砍到120个，广东省东莞县29个乡镇竟只有3处被允许卖彩电，仅6个月后，全国库存猛增到172万台，还没有从抢购的喜悦中回过劲儿来的厂家顿时遭遇"冰火两重天"，叫苦不迭,供求瞬间倒置,厂家给商业渠道的回扣从零增加到8%,最多到了30%。专营政策让刚刚蓬勃起步的彩电业受到致命一击,全国62家主要彩电企业的平均产销率仅不到70%,一些反应较慢的国营企业则被库存压得喘不过气来,从此江河日下。

更为严重的是,因为政策的紧缩变动,企业之间原本正常的货物和资金往来瞬间紊乱,资金的循环拖欠构成了一个无始无终的怪圈,于是一个新名词很快成为经济界的头号难题——"三角债"。

从年初开始,来自各地的消息就很不妙。在民营企业发达的浙江省,企业之间互相拖欠货款造成资金全面紧张,工厂没钱备料,商业无款进货,外贸收购压单,不少企业只好停工停产。在山东,全省三角债高达43亿元,由此带来的苦恼远远超过煤炭、电力紧张造成的困难,辽宁的三角债为45亿元,黑龙江和吉林为60亿元,江苏则更突破了100亿元。据银行的托收承付款统计,到3月末,全国企业超过正常结算期的拖欠总额已达1 085亿元,再加上一些没有列入托收承付的拖欠,其数额远远超出了正常的商业信用范围。

这其中,受到冲击最大的是那些原本就反应不太灵敏的国营大型企业。亚洲最大的重型机器制造厂——齐齐哈尔富拉尔基重型机器制造厂因"三角债"拖累,被迫熄火停产,走投无路的厂长接连两次给国务院总理李鹏发了告急电报。全国最大的钢铁基地——鞍山钢铁公司,因"三角债"搞得账无存钱,库无存煤,公司只好在20万职工中发动集资解困,总经理李华忠在集资大会上含泪鞠躬,久久不起。

当读到李华忠鞠躬不起的新闻时,沈阳电缆厂厂长徐有泮的心里更不是滋味,因为鞍钢还拖欠他300万元的货款。在机电部的8月座谈会上,他承认:"现在外面欠我1.19亿元,收不回来,我也欠人家5 400万元没法还,说句丢脸的话,我为这事急哭了三次。今年1、2月,我的日子过不下去,四处乞求,找老朋友签了3 000多万元,这都是靠老交情'骗'回来的,眼看人家再也不给了,成了一局死棋。"徐厂长其后的一段话最有意思:"改革虽然已经10年了,但从企业现状看,眼下还不能没有'婆婆'。企业不但要找市场,还得找市长,政府不帮助解决,光靠企业,没有那么大的本事。"国营企业家"既要找市场,又要找市长"——这句妙论就是从这里出来的,它后来成了所有国有企业经营者的不二法门。

9月,北京举办了新中国成立以来的"第一届易货贸易会"——后来就没有办过第二届,短短三天,做成8亿元的易货生意。《北京日报》用悲喜难测的语气评论说:"易货贸易虽然是比较原始的交换方式,但在当前资金普遍紧张的情况下,不失为一条灵活而有效的克服困难的途径。"跟北京的易货贸易会相比,一些受害颇深的地方政府则显得更加急迫和极端,浙江、黑龙江、河北等省份相继采取措施,设置过境检查,限制外地产品入境销售,改革后初步形成的全国大市场面临再次被肢解的危险。

在这一年的火车、飞机上,到处可以见到形迹匆匆、愁眉苦脸的讨债人,厂长经理们的办公室门口也日夜被这群人包围,据说在很多地方,"讨债学习班"成为最受欢迎的课程。5月,国务院宣布,在中国人民银行的牵头下,工商银行、农业银行、建设银行、中国银行和交通银行联合起来,在全国范围内有组织地清理企业"三角债"。这项工作由于牵涉面广、关联复杂而推进得非常艰难。黑龙江的一次清欠行动曾经被当作典型广为宣传:宁安县百货公司拖欠牡丹江市糖酒公司货款近200万元,而后者又拖欠宁安县糖厂货款140万元。经过两地政府和银行协商,先由工商银行牡丹江支行贷给糖酒公司140万元,支付给糖厂,然后由工商银行宁安支行收回糖厂的40万元货款,再贷给百货公司,用于偿还所欠糖酒公司的货款,最后由工商银行牡丹江支行从糖酒公司收回了同额贷款。通过这种复杂的"对等清欠",总算解开了三家公司的280万元"三角债"。这个案例的特别之处在于,债务发生在两个县市之间,而如果"三角债"的拖欠半径稍稍扩大一点,其操作难度便会大大地增加,此外,银行在其间起到了中介的作用,可是一旦它也套进去,则会产生一个新的债务关系。因此,到11月底,各地政府和银行费了九牛二虎之力总算清欠约700亿元,但是由于前清后欠，债务链总额仍然高达1 000亿元以上。

"三角债"的解除要等到1993年经济再次复苏后才逐渐完成，在客观上，它是经济结构严重失调和银行紧缩银根造成的，而在深层次上，则直接映射出全社会信用体系的重大危机。从几年前的晋江假药案以来，受到商业利益的驱使，以及没有相应的法律及时予以约束，公众的价值判断开始发生紊乱，全社会的商业道德终于露出了塌陷的裂缝。

银根紧缩，消费降温，工厂开工不足，乡镇企业大面积倒闭，失业人员增加，资金流通不畅。1989年的中国公司，一派萧条气象。

9月，全国工业总产值仅比上年增长0.9%，创下改革开放以来的最低纪录。与此同时，原材料市场也出现异常的滞销现象，在太原召开的秋季全国生产资料交易会上，多年来见原料就抢的情况突然不见了，交易会可供原料60亿美元，实际成交额为4亿美元。

1989年就是这样的一个年份。在之前的11年，人们开始从政治化的生活中逐渐脱离出来，转向经济建设。在这过程中，新旧体制的冲突非常严重，原有的国营企业日渐陷入困境，新的私人资本开始了血腥的原始积累，绝大多数的人们还无法从心态上完全接受这种起落，于是，一种不平衡的全民心态在悄悄地积聚。正是在这样的过程中，由于体制和政策上的设计，出现了一个官倒阶层，一群人利用自己的职权将体制内的资源源源不断地输送到体制外，它在一方面为民营经济的迅猛发展提供了一条灰色的通道，另一方面也因敛聚了大量的资产而被民众诟病痛恨。

从6月底开始，国家着手对一些风议较大的公司进行整顿，全国各级党政机关开办的公司被要求清理整顿，共处理了17 930个，占党政机关公司的90.5%。8月16日，国家审计署公布了对中国康华发展总公司、中国国际信托投资公司、光大实业公司、中国工商经济开发公司和中国农村信托投资公司的处罚意见，认定它们存在违反行政法规的问题，共被处以罚款和补交税金5 133万元，那些违规的行为都很有代表性，如炒卖美元、擅自进口汽车、倒卖煤炭钢材、漏缴税收、擅自提高信贷利率等。其中最引人注目的是康华公司，在过去的几年里，它是国内最大的进口设备商和出国旅行代理商之一，同时因为隶属于中国残疾人福利基金会而能享受特别的减免税政策，在上一年的 10 月，国家税务局已经专门发出通知，取消康华公司减免税优惠，按规定缴纳 55% 的所得税和能源交通基金。而在这一年底，它被关闭。

1989 年的中国是困难的，12 年改革所积累出来的变革形象及成长锐气遭到了挫折。美国政府宣布对中国进行制裁，《财富》杂志观察到："大多数在中国的西方公司已经停止运行，只是静观其变。一位美国商人说，那种感觉就像在参加一场大游戏之前被锁在屋子里。我们的确认为我们能够通过重开合同并且利用新的杠杆来做更多有利的交换。但当我们走出去，我们发现其实无处可去。"

《洛杉矶时报》驻中国记者吉姆·曼出版了一本名叫《北京吉普：美国企业在中国的短暂而不幸的婚姻》的书，它被《财富》杂志列为年度推荐商业书籍。这是一个描写美国汽车公司 AMC 与北京汽车制造公司合作生产并销售吉普车的故事。吉姆得出的结论是：中国想要的是能使其成为世界强国的技术，而美国公司想要的是 10 亿中国消费者以及中国的廉价劳动力，以便使它们能够在与日本的竞争中取得优势。

20 世纪 80 年代初，北京吉普项目是美国公司在中国合办制造业的第一次，而且是最大的一次。合资公司成立于 1983 年，根据协议美国汽车和北京汽车制造公司将在中国共同生产吉普车。吉姆写道：它是两国领导人最常拜访的地方。吉普是中国人确实需要的，而美国汽车公司正处于困境，需要北京吉普可能贡献的每一点销售额。

双方从一开始都认为这是一个天作之合，然而到 1989 年前后，梦境与现实发生了冲突。吉姆在书中写道："中国的确有 10 亿消费者，但很少有人消费得起这家美国公司制造的东西——尽管劳动力成本已经很低。而且，中国的劳动力也并没有像美国人期望的那么廉价而高效。此外，还有无法避免的文化冲突,美国人无法忍受中国人午饭后要午休的习惯,而中国人无法忍受美国式的诅咒。在中国人的眼中,这意味着,你没有被教育好。中国人从来不尊重说坏话的人。"

这位擅长描写的记者还记录了一个景象,当时,中美合作双方在美国赌城拉斯韦加斯举办了一场签约仪式:夜幕平静降临,交易商似乎喝了不少,但仪式上他们似乎很沉着。美国汽车公司的新总裁乔斯·戴德沃德(Jose Dedeurwaerder)向交易商致辞,交易商吃完甜点后,灯光变暗,渐渐响起的音乐将晚会推向高潮。两辆红色的 AMC Comanche 卡车开始在餐厅的地板上巡游,穿着比基尼的姑娘在后面空地上掷着排球,两个印第安土著卷起演奏台的帘子,"沙滩小子"开始演出——这个摇滚乐队是专门为 AMC 的中年交易商们找来的。整个嘈杂的环境中,中国代表处于中心,他们只是静静地围坐在一张圆桌旁,一声不吭。不久,中国高级官员吴中良(音译)起身,面无表情地离开了会场。

1989年夏天以后,北京吉普的合作项目就渐渐变得黯淡起来,尽管美方投注了大量的资金和技术力量,中方也在财政支持上不遗余力,但是,企业效益却始终不理想。吉姆在书的最后无奈地说:所有的人都怀着梦想,然而这些梦想各不相同,北京吉普的这个例子就是很好的说明。

在1989年的外商投资案中,最引人注目,也是最为蹊跷的是广东惠州的熊猫汽车投资案,一直到很多年后,它仍然笼罩在一层神秘的浓雾之中。

根据公开披露的信息,熊猫投资案的大致经过是这样的:一个叫金昌源的美籍韩国商人,据称长期从事汽车零部件进出口贸易,1988年9月,他在美国特拉华州注册登记了一家名叫"熊猫汽车公司"(RMC)的企业,当月,他首次与惠州方面接触,宣称将在此地建造一个大型汽车工厂,规划用地81平方公里,投资10亿美元,年产30万辆轿车,并且全部出口。当年12月,双方签订备忘录,1989年4月征地,熊猫公司在6月27日举行奠基典礼,熊猫公司董事长、美国"二战"名将麦克阿瑟的孙子亲临剪彩。

这个项目很像一块突然从天上掉下来的馅饼。它有很多值得回味的地方:公司名称既为"熊猫",那当是专门为中国而办的公司,然而蹊跷的是,这家号称年产30万辆的汽车制造工厂居然没有专业国际汽车商的背景,它选择投资的惠州,也不是汽配行业的基地,没有汽车制造的产业基础。但是如果说它是一个骗局,却似乎又不太像,根据惠州政府对外的公告,熊猫公司的第一期投资2.5亿美元在奠基仪式前就已经到位,而且厂房也很快进入施工建设。为了证实项目的真实性,国务院和广东省派出了一个高级技术、法律专家小组,专程赴美对投资者的背景、资信、市场等进行调查,据称专家们参观了熊猫公司购买的冲压和发动机生产线等设备,还试坐了已经研制出来、据称市场零售价仅为6万元的小排量微型轿车。专家们得出的结论是:"熊猫公司的资金实力雄厚。投资者有战略远见。他们瞩目于下一个世纪。"

号称10亿美元的熊猫汽车投资案是当时中国最大的外来独资项目,它受到广泛的关注,并被寄予厚望,在其后的两年里,几乎所有的中央领导人都曾前去视察。尽管不少人对它的背景和真实动机抱有怀疑,但是仍然希望它是一块"真实的馅饼"。对于投资地惠州来说,熊猫汽车的到来顿时让它成为一块投资和投机的热土,南方媒体喊出"80年代看深圳,90年代看惠州"的口号,当地的土地价格在很短时间内暴涨,地产公司纷纷进入,最多时有1000多家,中心市区房价从每平方米200元被炒到了1.1万元。汽车工厂所在的淡水镇在三年里从两万人口急速增至20万。1990年年底,《南方日报》记者林钢前往采访,"地下管道和浇灌混凝土等基础工程已经完成,正在吊装钢梁钢柱,据介绍这是美国最新的钢结构厂房。听说明年要出车,可是现在我连一台设备也没有看见"。熊猫公司执行副总裁理查·康明斯的回答是,"我对原设计不满,做了些修改,工期略有拖延。但是,明年6月底7月初,满足第一期装配所需的设备,一定可以安装完毕。8月，第一辆车可以下线。"

然而事实却是，熊猫从奠基之后，就陷入一轮又一轮的谈判，外商改变了100%出口的承诺，转而要求30%内销中国市场——种种迹象表明，熊猫的投资人带有一种赌徒般的心态，他们希望以全部出口的名义进入中国，然后再谋求内销的可能性。由于这个项目是"凭空掉下来"的，从一开始就没有进入国家汽车主管部门的规划之内，而且还有很多人对项目的真实动机存在质疑，因此，能否内销以及内销比例成为争吵的焦点所在。1991年，熊猫公司最后一次向北京申请，提出给"熊猫汽车"让出国内市场两年，而且两年中"产品主要在国内销售"，遭到中国政府委婉的拒绝。此后，项目陷入全面停滞。一直到2004年，人们去淡水镇，仍然能够看到一个硕大无比、占地16万平方米的银灰色城堡，这便是已经建造到一半的、号称亚洲最大的熊猫汽车组装车间，它在一片长满野草的荒野上方方正正地伫立着，像一个始终没有解开的谜。

在6月24日结束的中共十三届四中全会上，62岁的江泽民从上海市委书记的岗位上被选拔出来，当选为新的总书记。用邓小平的话说，江泽民是中共新一代领导的核心。

11月13日，邓小平在人民大会堂会见日中经济协会访华团，并借这个机会，正式向政治生涯告别。

邓公侃侃而谈。这位已经85岁高龄的老人亲手发动了中国的经济变革，在过去的11年里，他遭遇险滩无数，始终信心满满，他告别政治生涯前的最后一次讲话，仍然坚定于改革的继续，这无疑给全国的改革者以无限的信心。更让大家始料未及的是，三年后，他还将以一种十分新奇而意外的方式，再次启动中国经济快车的引擎。

必须指出的是，1989年的中国，尽管经济严重滑坡、政治氛围空前紧张，所有行业出现了种种的不顺利，然而，几乎全球重要的媒体都在评论中认为"中国改革不可能倒转"。美国的一家独立调研公司对《财富》

500强CEO开展了一次调查,其中涉及对中国未来的看法,调查的结果显示:"尽管经济改革看似进展困难,但西方的投资者们仍然把赌注下在长远的发展上。美国的执行官们仍然认为这个国家对于美国的产品和服务始终具有极大的潜在价值。而且CEO们都相信中国的经济在未来5年内将更加开放,更加市场化。尽管这一进程可能比预想的更久,更曲折,但他们认为这一天的到来终将不可避免。"一些已经在中国开厂的跨国公司也表明了自己留守的决心,意大利菲亚特汽车制造公司的驻华首席代表秦诺迪对国务院副总理李岚清说,我们从来没有想过要撤离。

举国萧条中,并非全无亮点。

至少有一个细节就很值得一提,在当年度《财富》评选出的世界500强排行榜中,中国银行成为第一个上榜的中国公司。这意味着在全球的商业观察家眼中,中国企业已经成为一个不容忽视的群体。在当时国内,这条新闻几乎没有被人关注到,直到1996年前后,"进入世界500强"才突然间成为中国公司的共同梦想。

在潮湿而温热的南方,尽管也受到宏观调控的影响,但是那些年轻的企业还在成长中,一群有野心的青年人正纷纷抛弃"体制盔甲",义无反顾地南下创业。

当年在华南工学院同窗共读的那三个大学生现在都已经崭露头角。毕业后就分配到惠州的李东生在今年终于当上了厂长,他主持的TCL电话机产销量已经雄居全国同行业的第一名,班长黄宏生几经创业,总算在香港注册成立了一家遥控器厂,取名创维。有一天,李东生途经香港,跟黄宏生碰面,两人谈及各自的行业都规模偏小,缺乏扩张性,李诡秘地说:"我现在看中了一个新的行业。"黄盼顾四周无人,低声说:"是不是搞彩电?"两人相视大笑。很快,TCL和创维都转型到彩电制造业。另一个叫陈伟荣的同学,则在毕业后分配到了深圳的康佳电子公司,后又去日本留学了两年,回来后被任命为总经理助理,主管公司所有的彩电生产业务,两年后，他成为公司的领导者。日后，创维、康佳、TCL与四川长虹一起被并称为"中国彩电四强"。

在珠江三角洲一带，一些乡镇企业的装备和规模已经不稍让于国营工厂。《经济日报》记者在对广东珠江冰箱厂的访问记中惊讶地写道："这家位于顺德容桂镇的乡镇企业拥有固定资产8 000万元，进口设备占45%，许多大中型国营企业都不具备如此好的条件。该厂的原则是，谁的最好就买谁的，整条生产线长达6公里，全是由欧美、日本的最好设备配套组成的，这又是许多大中型企业望尘莫及的。"这家由潘宁创办的冰箱厂在这时已经声名远播，他在"冰箱热"中引进世界上最先进的生产线，跳过单门冰箱，直接制造双门直冷式冰箱，因而在国内大受欢迎，自万宝电器受邓韶深出走事件影响一蹶不振后，潘宁的"容声"冰箱成为珠三角最知名的家电品牌。

▲ TCL的创办人李东生

在这一年的3月，还发生了一件趣事。潘宁某日在《经济参考报》读到一篇头版头条的新闻，一个刚满30岁、名叫顾雏军的青年科学家发明了"顾氏循环热力理论及技术"，据称他的技术应用于冰箱和小型空调可以节能20%~40%，而且不用氟利昂，报纸对他的技术称羡不已，还配发了一条《快抢财神顾雏军》的评论。潘宁专门剪下报纸，让部下去认真了解一下，一个月后，部下汇报，说是顾雏军年轻气盛，自称已有100多家国外的冰箱公司在跟他接触，并且不太愿意把技术转让给国内的冰箱公司，这件事情就这样不了了之。谁也没有料到的是，12年后，这位"财神"科学家会以极其暧昧的方式入主科龙（1994年，潘宁将珠江冰箱厂变身为科龙集团，同时进入空调制造业），并最终将之送上了衰落的不归路。

第二部　1984—1992　被释放的精灵

一个叫靳羽西的华裔美国人在夏天来到了深圳。这个留着一头童花短发、会讲一口地道的纽约英语、中文也非常流利的甜美女子正成为中国妇女的新偶像,她主持了一档叫作《世界各地》的电视节目,每周两次在中央电视台里向数亿观众介绍地球上有趣的异域风情,这对于久未外出的中国人来说,无疑有强烈的诱惑力,她在中国的知名度迅速上升,被合众国际社称为"新的中国超级明星"。就在节目热播的同时,这位很有商业头脑的女性在深圳开始筹划创办一家口红工厂,两年多后,靳羽西化妆品(深圳)公司成立,它很快成为中国知名度和销售量均为第一的化妆品制造商。2004年,靳羽西把自己的公司股份悉数出售给全球最大的彩妆企业欧莱雅,据《中国企业家》的估算,收购价格为7 600万欧元。

也是在深圳,7月,精瘦讷言的安徽青年史玉柱一脸茫然地站在宽敞而脏乱的大街上。7年前,史玉柱以全县第一的成绩考进了浙江大学数学系,三年前,他又考到深圳大学读软科学管理,毕业后他被分配到安徽省统计局。已经在深圳的创业氛围中浸泡了三年的史玉柱实在无法忍受内地机关单位的平静和呆板,仅仅几个月后,他便毅然辞职,又回到了那片狂热而充满了机遇的南国土地。此时,史玉柱的行囊中,只有东挪西借的4 000元以及他耗费9个月心血研制的M-6401桌面排版印刷系统软件。

史玉柱长相文弱,一眼望去便是一副南方书生的模样,可是他有着超出寻常的惊人的豪赌天性,这种天性在他今后的创业历程中将一再展现。便是在初到深圳的那几天,他做出了一生中的第一个豪赌决定,他给《计算机世界》打电话,提出登一个8 400元的广告"M-6401:历史性的突破",唯一的要求是先发广告后付钱。"如果广告没有效果,我最多只付出一半的广告费,然后只好逃之夭夭。"事后,他这样说。

13天后,他的银行账号里收到了三笔总共15 820元的汇款,两个月后,他赚进了10万元。这是他经商生涯中的"第一桶金",他把这笔钱又一股脑儿全部投进了广告,4个月后,他成了一个默默发财的年轻的百万富翁。1990年1月,史玉柱一头扎进深圳大学两间学生公寓里,除了一星期下一次楼买方便面,他在计算机前待了整整150个日日夜夜。这次他拿出来的是M-6402文字处理软件系列产品。当他天昏地暗地走出那间脏乱的学生公寓的时候,发现家里的所有家具都已不翼而飞,数月未见的妻子不知去向。可是,他却站在了一个新的事业起点上。他从深圳来到珠海,这位身高一米八、体重不到120斤的瘦长青年给自己的新技术公司起了一个很响亮的名字——巨人。他宣布,巨人要成为中国的IBM,东方的巨人。

从一开始,史玉柱的豪赌天性以及他在营销上的超级天才就毕现无遗。在公司刚刚成立不久,他就做出了一个所有部下都反对的决定:全国各地的电脑销售商只要订购10块巨人汉卡就可以免费来珠海参加巨人的销售会。一时间200多位经销商从天南地北齐聚珠海,史玉柱以数十万元的代价,闹腾腾地编织起了一张当时中国电脑行业最大的连锁销售网络。第二年,巨人的汉卡销量就击败联想、四通和北大方正等公司,一跃而居全国同类产业之首,公司获纯利1 000多万元。随后,史玉柱又连续开发出中文手写电脑、中文笔记本电脑、巨人传真卡、巨人中文电子收款机、巨人财务软件、巨人防病毒卡等产品。从产品特征可以发现,所有的巨人产品都是针对中国市场的"汉化"产物,它在技术上并不复杂,却比中关村里那些只知道一味引进、专事倒卖的电脑公司有竞争力得多。巨人很快成为中国知名度最高、成长性最好的高科技企业。

史玉柱的故事符合人们对"创业牛仔"的所有想象:一个身无分文的边城少年,孤身来到冰冷陌生的大城市,凭着自己的本事,在最短的时间里打拼出一片新天地。史玉柱很快成为全国知识青年的偶像,"到深圳去当史玉柱"成为当时无数学子昂然南下的梦想,他被评为"中国十大改革风云人物""广东省十大优秀科技企业家"。这个从不安分的安徽青年迎来了他企业家生涯的第一个巅峰。在未来的十多年里,他的生命将像"过山风"一样地跌宕、传奇,他将陷入疯魔,然后破产,然后再在争议和质疑中重新倔强地站起来。

1990 / 乍热骤冷

轰隆隆的雷雨声在我的窗前，
怎么也难忘记你离去的转变，
孤单单的身影后寂寥的心情，
永远无怨的是我的双眼。

——罗大佑：《恋曲1990》，1990年

1990年被认为是一个带有幸运色彩的年份。

曾经出版了《大趋势》的美国未来学家约翰·奈斯比特在2月发表了《2000年大趋势》，他试图向人们预测未来10年的走向。"千禧年这一伟大象征具有何种意义，完全取决于人们对它的理解。"这位乐观的学者写道，"它可能标志着旧时代的结束，也可能标志着新时代的开始。我们相信，人类已经决定要抓住积极的一面。人类的心灵深处有一种对生命、对理想世界的承诺。"北京的中共中央党校出版社在6月就引进出版了这部新著的中文版。

后来的事实也正是，跟乍热又骤冷的中国经济

相比，在这一年的世界上，发生了更多让人惊奇的大事情。3月，非洲大陆最后一块殖民地纳米比亚独立；5月，亚洲的南北也门统一；7月，叶利钦宣布退出苏联共产党；8月，伊拉克入侵科威特，美国策划"沙漠风暴行动"决定对伊拉克宣战；10月，在"柏林墙"倒塌一年之际，分裂了45年的德国终于统一；12月，波兰、匈牙利、捷克斯洛伐克等东欧社会主义国家相继发生剧变。

很显然，人类茫茫然地闯进了一个更为动荡的年代。

1990年的中国，是在一片打击假冒伪劣的讨伐声中开始的。浙南的温州再次首当其冲。

在中国的改革史上，温州是一个很容易让人产生"误读"的地方。这里是中国私营企业最早萌芽的地方。在一些人士的眼中，它是"资本主义的温床"，是一颗必须被割除的毒瘤。而在另一些人的心目中，它却好像是市场经济的"麦加"，是民间力量突破旧体制的急先锋。在很长一段时间里，对温州的评价，成为改革立场的"选边战"和温度表。每当政策走向出现变动的时候，往往在这里可以嗅出最初的迹象。

温州商人被称为是"中国的犹太人"，他们从很小的时候就背井离乡，外出闯荡，他们是中国最早具备了市场意识的那群人，也是第一批在商业活动中赚到钱的人。在温州，出现了中国最早的贸易商人、第一批专业市场、第一个民间银行、最初的股份制企业，在很多年里，他们像一条条搏命的鲶鱼，出现在每一个有盈利机会的领域里：他们贩运小商品，炒卖各地房产，去山西承包小煤矿，在陕西打地下油田，到新疆倒卖棉花……他们是最早的商业活动实践家、新观念传播人、新产品推广者，也是最早的走私商、偷渡客、伪劣产品制造者，他们总是游走在法律的边缘，总是能够奋不顾身地在第一时间捕捉住刚刚萌生出来的商业机遇。

一个关于温州商人精明的故事流传颇广：一位东北的国营企业厂长来

温州洽谈生意，双方在价格上卡壳了，温州人当即将其拉进最好的海鲜餐厅，一顿大吃大喝后，东北人的肠胃不出所料地抵挡不住，于是深夜急送住院，温州老板马上派出自己的老婆，在床前日夜端盆伺候，东北人自然被感动得无以复加，两人立刻称兄道弟，价格上的"小小"分歧当然就不在话下了。

温州某贫困县还出过一个匪夷所思的、颇有黑色幽默意味的经济案件：当地农民向全国各地的国营企业投递信函，订购各种各样的二手机械设备，这些设备到了泰顺后，当即被就地倒卖。然后，那些农民就去报纸上用假名刊登死亡讣告，等那些外地企业追上门来讨债的时候，就有人哭丧着脸把讣告拿给他们看：人也死了，向谁催债？就这样，一个村庄的农民全部参与了这场很诡异的诈骗游戏，当地还因此形成了浙南最大的二手机械设备交易市场。

20世纪80年代末，凡是去温州的人都对当地餐饮文化叹为观止。在那里，有派头的人请客，必上两道汤：一道汤是海鲜大盆中漂浮一只百元美钞折成的小船，是为"一帆风顺"；另一道汤是海鲜大盆中再浮一小盆，上面有规则地摆了10只进口手表，在座各位一人一表，是为"表表心意"。

在当时，另一个让全国民众很难接受的现象是，先富起来的温州人掀起了一个让人瞠目结舌的"造坟运动"。《中国青年报》记者麦天枢曾用惊讶的笔触描写1990年前后的温州："船行瓯江，迎面扑来的是成百上千的坟墓。满山遍野白花花的，便是闻名天下的温州椅子坟，这些堂而皇之、居高临下、傲视天地的椅子坟包藏着的，不只是温州人祖先们的骨血，这是来自传统的精神的流向，这也是来自市场的新财富的流向。一个地方的富裕程度往往可以从观察椅子坟轻易地得出结论：哪个村镇最富有，哪里的坟墓就最辉煌气派。"

早期温州商人在商业上所表现出来的智慧和狡黠，与硬骗强取截然不同，却将原始积累过程中的那种没有道德底线的狡黠与血腥，展现得淋漓尽致。伴随着市场繁荣和民众富裕的是，原有商业秩序的破坏、淳朴的公共观念的淡漠和生态环境的破坏。确切地说，温州现象并非孤例，它同样存在于所有商业活动率先活跃起来的地区，如广东的珠三角及潮汕地区、福建的晋江地区、江苏的南部地区等。我们只能说，那是一个缺乏善恶感的时代，在"摆脱贫困"这个时代主题面前，一切的道德价值评判都显得苍白无力。

温州商品的质量低劣，在很早的时候就为人诟病。此地与福建晋江、福建石狮被并列为全国"三大制假中心"（还有人将充斥了低劣电脑产品的中关村也列入其中，并称"四大假"），其中尤以温州名声最大。早在1985年前后，温州出产的皮鞋、皮带便以质量低劣而闻名。1987年8月8日，不堪其扰的杭州人在闹市中心的武林门广场上点起一把大火，将5000多双温州的假冒劣质鞋一起烧掉，构成一桩轰动全国的新闻。

1990年前后，假冒伪劣产品对中国市场的冲击已经成为一个民怨沸腾的话题，国家有关部门下定决心将打击假冒伪劣作为治理整顿的一个重点，它一方面可以净化市场，提高消费信心，另一方面则可以对体制外的中小企业进行整肃。早在年初，一些重点区域就已经被圈定，一向颇受批评的温州再度成为焦点。这次被选中拿来当"典型"的，又是那个当年发生过"八大王事件"的温州乐清县柳市镇。

经过几年的发展，此时的柳市镇已经成为全国低压电器的产销聚集地，小小柳市居然有上千家电器作坊，其质量上的良莠不齐现象非常严重。新华社记者胡宏伟在那里采访时看到：刚刚放下锄头把的庄稼汉们正在一台台斑驳陆离的机床边，把从全国各地国有企业收购来的废旧交流接触器肢解，用砂纸和鞋油将之擦得锃亮。河边的埠头上，挤满了一群群村妇，她们清洗着一筐筐电器，然后在河滩空地上晒地瓜干似的晾开成片的电器零件。炉火彤红的锅灶旁，老眼昏花的太婆们一面煮饭，一面慢悠悠地摇着漆包线……

为了赚钱，那些电器作坊中的温州商人无所不用其极，他们用稻糠换下熔断器的石英砂，以铁片代替白银充当继电器触头。国家规定低压电器必须凭许可证生产，而柳市大批企业中，有证企业不到1%，有证产品不到0.1%，经多次检测，无证的产品全部不合格。为了销售，柳市商人花钱买下一些国营企业的标牌，将电器出厂地全数标明为北京、上海。1989年，国家技术监督局对低压电器市场展开调查，在《总结报告》中，调查人愤怒地写道："这次全国共检查了近7 000个经销单位，查出的伪劣低压电器产品超过170万件（台），价值3 000多万元。各地在检查中发现，大多数伪劣低压电器，均来源于浙江温州地区，特别是温州乐清县的柳市镇。"与此同时，发生在全国各地的事故也频频把柳市的劣迹曝光天下：黑龙江鸡西煤矿由于柳市劣质电器漏电，引发严重的瓦斯爆炸，多人死伤；河南一家钢铁公司建成剪彩，一包钢水正要倾倒却突然卡壳，上百万元的产品全部报废，一查，还是柳市低压电器惹的祸。

　　5月，国务院办公厅史无前例地为柳市一个镇"单独发文"——《关于温州乐清县生产和销售无证伪劣产品的调查情况及处理建议的通知》。6月，国家七部局成立了联合督查组到乐清督查处理，浙江省、温州市相继派出工作组进驻乐清，乐清也抽调了154名县直机关工作人员进驻14个乡镇，按照"打击、堵截、疏导、扶持"的八字方针，查处整肃柳市电器。此次整顿前后持续5个月，根据公开报道披露，全镇1 267家低压电器门市部全数关闭，1 544家家庭生产工业户歇业，359个旧货经营执照被吊销。公安部门立案17起，涉及18人，检察院立案26起，涉及34人，工商部门立案144起。

　　如此大规模的整顿，让柳市乃至温州全境噤若寒蝉，仿佛"八大王事件"重演。然而，从结果上看，却并没有让柳市走上毁灭之路。就是在这一过程中，一些有实力的企业脱颖而出，经过一年的整治，25家规模稍大的企业最终获得了补办的生产许可证。就在年底，一家名叫求精开关厂的企业一分为二，修鞋匠出身的南存辉和裁缝出身的胡成中各自成立了正泰和德力西，他们引进外国设备和技术，相继以合作制的方式整合了上千家小型加工厂，日后发展成中国最大的低压电器企业。到2000年前后，柳市的低压电器产量占到全国市场份额的60%，已俨然成为一个现代化的产业集群地。

对柳市的整顿是1990年治理整顿的一个缩影。当时，在广东、浙江等沿海各地，以打击假冒伪劣为主题的整顿活动此起彼伏。9月，新华社播发了一篇题为《商业部长买鞋上当记》的新闻稿，将这次打击涂上了一层戏剧化的色彩。新闻称，7月12日下午，商业部长胡平到湖北调查研究，逛了武汉百货商场。在皮鞋柜台前，胡平看中了一双带网眼的棕色牛皮鞋，于是付款49.5元买下了这双鞋，并当场穿上这双新鞋，继续参观。13日下午回到北京，谁知到家一脱鞋，就发现右脚一只鞋的后跟已掉了一块。17日，在11城市商业局长会上，胡平讲了这件事，又深有感触地说："劣质产品泛滥，太可恶了。这个问题，生产者有责任，商业企业进货把关不严，也有责任。"21日，轻工部长曾宪林约见胡平，说："鞋的质量问题是当前消费者反映最强烈的问题，轻工部已打算专门举办一个假冒伪劣鞋的展览会。"胡平当即表示："我支持，如果你搞这个展览会，我希望我买的那双鞋也能作为一件展品，曝曝光。"

这个新闻用最生动的方式，让全国读者都看到了假冒伪劣产品对人们日常生活的侵扰，也因此可以团聚起全民的讨伐气焰。不过，另一个正在发生的事实是，对假冒伪劣的整治，在有些时间，也会成为各级政府保护国营企业既得利益的某种手段和理由。

辽宁省丹东市是我国射线仪器的工业基地，当地的仪表元件厂、丹东射线仪器厂是国家重点企业，它们分别在20世纪60年代初生产出中国的第一只X光管、第一台X射线探伤机。从80年代中期开始，一些人离开国营工厂，就在附近开办起了十多家生产同样设备的私人企业。据报道，这些私人小厂"没有经过行业主管部门审查批准或立项，没有完备的质量检测手段，没有完善的防射线污染设施，没有完整的技术文件、产品图纸、工艺要求"。就在这种赤手空拳的情况下,它们开始与大厂抢食:小厂到大厂挖人才,工人兼职每月 300 元,技术员 800 元,调试一台设备外加 500 元;大厂里的设备、零部件老是失踪,然后在小厂里出现;大厂研制出新的产品,过不了多久,图纸就出现在小厂厂长的办公桌上了;大厂用美元与外商结算,小厂则可用人民币,而且价格还便宜很多;小厂到处挖大厂的客户,拉交情,给回扣,弄得客源日日流失;最后连大厂的营销员也被小厂拉拢去了,小厂给出更高的提成,甚至"卖出 10 台,可以给一套房子"。《经济日报》对此评论说,对许多国家骨干企业的厂长来说,本身既受到种种体制上的束缚,动弹不得,外部又受到那些精灵般的、不按牌理出牌的私人工厂的骚扰,唯一能做的就只有苦笑了。在此次治理整顿中,这些小厂受到了严厉的整治,其理由是"盲目发展、重复布点、重复建设,严重影响国家行业规划"。此类整顿在几乎所有私人工厂日渐活跃的行业内都在发生。

这种专门指向体制外企业的针对性整顿,在客观上,让一些行业秩序得到了恢复,也的确打击了日渐蔓延的假冒伪劣之风,但不可否认的是,同时造成了民营公司很大的困扰。1 月 5 日的英国《金融时报》在观察这一现象时说:"在北京重新调整中央计划和加强政府控制的时期,私营企业正在受到严格的控制,虽然它们得到允许可以与较大的国营企业并存,但是,国营企业被放在优先位置上,绝不允许被取消。"新华社主办的《中国记者》杂志在 1990 年 5 月发表《光彩的新概念》一文也认为:"近来报纸和刊物上,有关个体户的报道少了。原因呢?不少编辑感到'拿不准'。至于社会上,则更有甚者。在有些人眼中,个体经济已成了背时之物,最好是'从重从快'惩罚打击。有的人误以为'中央已经收了,取缔是早晚的事'。新闻界在一段时间内的沉默,无形中增加了这种不安的情绪。前几个月全国个体户锐减 360 万人,不能说和这种氛围没有关系。"

在那个时期,乡镇企业被戏称为"气候经济",也就是随着政策的松与紧而波动性成长。与此相关的另一个事实是,民间公司的崛起确实已经成了很难被忽视的现状。在广东以及江浙一带，乡镇企业已经在很多行业（尤其是电器零配件行业）获得了领先的市场地位。萧山鲁冠球的万向节厂生产的万向节占到全国50%的市场份额，张家港电子计算机厂生产的计算机存储器、常熟电视机元件厂生产的偏转圈、上海联合灯泡厂生产的铁路信号灯等，都成为全国行业冠军。这些企业将从一个专业性很强的行业出发，逐渐成长为一家现代大公司。也是从这一年起，国家统计局在统计全国工业增长的时候，把乡镇所办的工业企业包括了进去，采用了"乡及乡以上工业总产值"的概念，统计专家承认，乡镇工业约占全国工业的1/3，而在此之前，这些企业在国家统计数据中是"不存在"的。很多欧美的经济学家在研究中国公司时，都会被90年代初的那些戏剧性的数据迷惑，其实那些年前后的乡镇企业数量及产值的"猛增"，是统计所造成的。1990年，全国工业增长为6%，乡镇企业的列入至少提高了三个百分点。

在10月的一次座谈会上，农业部副部长陈耀邦承认："行业不正之风使乡镇企业受到损失。如一些部门借治理整顿之机，向企业乱收费、乱摊派、乱罚款。有的部门借行业管理、发放生产许可证、产品评优或供应平价物资等为由，划走、平调乡镇企业或改变乡镇企业的隶属关系。"

陈耀邦的这段讲话，还只是陈述了事实的一部分。在过去的很长时间里，一直存在着一种现象：一些私营业主为了自我保护及得到政策上的支持，便将自己的企业"挂靠"在乡镇集体上，每年缴纳一定的管理费用，其余的资产处置则一切自主。它们被称为是"挂户经营企业""红帽子企业"或"假集体企业"。其挂靠原因主要有三：政治原因——避免受到政治歧视和间歇性的整顿打击；经济原因——可以享受集体企业的一些优惠政策，合法获得原材料等；运营原因——在初期，私营企业不受消费者和经济交往单位的信任。在相当长的时期里，这一部分企业的存在给统计和调查部门造成了困惑，以致人们无法准确地了解私营企业的真实状况。

1989年之后，随着宏观形势的紧张和政府对私营企业的严厉整治，这股"挂靠风"突然升温。像山东的王廷江和江苏的蒋锡培那样,把自己的企业捐给集体的案例毕竟不是普遍现象,更多的私营企业主选择了折中的"红帽子"方式,数以十万计的私营企业主纷纷挂靠或归属到国营、集体企业的旗下。据统计,在广东汕头地区,此类企业就有 1.5 万家之多,占集体企业注册数的六成左右。1990 年中期后,政府及媒体突然关注到了这一现象,并对之进行了深入的调查,《经济日报》记者马立群在一篇调查中认为:"假集体现象是私营企业趋利避害的行为,不足为怪,但是由于这种现象损害了国家的利益便不能不引起我们的关注。这种企业的大量存在,从表面上看似乎是壮大了集体经济,其实大谬不然。这些企业享受的税收、信贷政策优惠,使国家财政受到了损害。有的地方假集体企业占到注册登记集体企业的 80%,如果对其进行清理,国家税收无疑可以有可观的增加。"马立群的这种观点代表了当时相当一批观察家和政府官员的立场。很快,在国务院有关部门的督导下,各地开始了对"红帽子企业"——也就是假集体企业的清理工作。

这个清理工作前后持续了 4 年,其间,在治理执行过程中出现了错综复杂的情况。对政府部门来说,自然是希望对"公皮私骨"的假集体企业进行清理,不让自己所提供的优惠政策放错了"篮子",给错了对象。而对某些此前挂靠了集体的私人业主,则心情十分复杂,一方面他们还想戴着"红帽子"继续享受优惠政策;另一方面,则也希望通过身份的清晰化,让产权恢复到原来的面目,以免后患无穷。特别是那些已经稍具规模的"红帽子企业","摘帽"对它们来说其实更有利于今后的发展。一个更为隐秘的现象是,在清理过程中,有的"真集体企业"也悄悄地挤了进来,其经营者以各种方式"证明"这家企业属于"红帽子",然后顺理成章地将之归为己有。没有数据显示,在前后 4 年的清理中,到底有多少真假"红帽子企业"最终完成了产权的清晰,不过,在 1992 年之后,各地的私营企业数目猛增,其中既有"南巡效应",也是大批私营企业"摘帽"的结果。

与"红帽子企业"同时出现的另外一个企业事件,则是在浙南和珠三角地区开始流行一种全新的企业模式：股份合作制企业。

股份合作制企业又是精于变通、擅长"绕着红灯走"的温州人发明的。据记载，第一家股份合作制企业是温州市城郊的瓯海登山鞋厂，它是1985年5月由26个农民集股7.2万元创办的，这些农民既是工厂的股东，又是员工，所以被称为"股份合作"，是一种"新型的集体经济"。不过，这种合作制一旦规模大起来，就经不起推敲了，因为不可能让后来招用的工人都一一地成为股东。到1988年，聪明的温州干部又找到了一种更有说服力的产权模式。这年8月，苍南县在一家名叫桥墩门啤酒厂的小企业搞试点，设计出"股份合作企业章程"，此章程的微妙之处在于，它规定"企业财产中有15%是企业全体劳动者集体所有的不可分割的公共积累资金"，"它的独立存在，是股份合作制企业区别于合伙私营企业和作为集体经济组成部分的重要标志之一"。正是有了一部分公共积累，股份合作制企业被理所当然地归入了集体经济的范畴。这一企业股权的设计举世皆无，可说是中国基层改革派面对所有制禁区的一次大胆创新，它被认为是一种"非驴非马经济"，却在理论上能够自圆其说。一家私营企业要"改造"成股份合作企业也可谓非常之便捷：只要宣布本企业15%的资产为"全体劳动者的公共积累"即可。

温州的这种新型企业模式很受改革派理论人士的青睐，当私营企业备受一些思潮侵扰之际，股份合作制成了一个理想的过渡模式和"避风港"。1990年2月，农业部发出第十四号令，颁布《农民股份合作企业暂定规定》，并附《农民股份合作企业示范章程》，其蓝本便是桥墩门啤酒厂的那个章程。在农业部的主导下，沿海各地纷纷推广股份合作制，很多集体企业也乘机进行了产权改造，由于各地情况不同，那条15%的"公有制的尾巴"也有粗有细，有些只有10%，有的则高达50%，不过无论如何，这种模式的尝试削减了一些人对私营企业的无休止的清算，也让企业部分地完成了资产所有权的清晰化。

这便是发生在1990年前后的一个事实：政府出于宏观整顿和维护集

体经济的目的，发动了对"假集体企业"的清理，间接催生出一种新的股份合作制企业模式，最终意外地演变成为中国改革开放以来第一次大规模的企业产权清晰运动。江浙及珠三角一带的很多私营公司，以股份合作制的面目发展了相当长的时间，在政策日渐宽松后，它们又以各种手段剪掉了那条仅仅在名义上存在的"尾巴"，恢复其本来的产权性质。

1990年的中国，以9月的亚洲运动会为界，泾渭分明。前面的大半年全力搞整顿，经济从过热迅速转入平稳，之后则重新启动开放与发展的主题。

1988年的物价闯关失利以及发生在1989年的社会动荡和经济低迷，让中国的决策者对未来的改革模式有了新的思考。激进的思路渐渐退潮，一种渐变式的改革理念成为新的主流。1989年，邓小平曾提出，中国的问题，压倒一切的是需要稳定。此后，"稳定"成为一个频繁出现的名词，《人民日报》在新年元旦社论中写道："只要保持稳定，即使是平平稳稳地发展几十年，中国也会发生根本性的变化。"

"稳定压倒一切"与"摸着石头过河"，以及"不管白猫、黑猫，抓住老鼠就是好猫"，都是邓小平的改革名言，细细咀嚼，其中意蕴一以贯之。

从1989年下半年开始的治理整顿，让全世界对中国政府强有力的调控能力留下了深刻的印象。出乎很多国际观察家的预料，中国经济并没有在通货膨胀中继续失控地滑行，而是迅速地从过热中冷却了下来。在1989年，全国物价总水平上升了17.8%，下半年更是高达40%，用《纽约时报》的话说，"物价狂涨几乎可以跟1949年共产党接管这个国家时相提并论"。然而，到1990年6月，物价指数就已经降到远低于危险界线的3.2%，抢购风潮退去，社会恐慌心理随之就平静了下来。

在通货膨胀被强行控制住之后，消费的持续低迷立即成为一个新的全国性苦恼。老百姓开始持币惜购，银行存款猛增，所有消费品和物资市场一片萧条。从7月开始，一个新名词开始被频频讨论——"市场疲软"。到八九月间，全国的工业成品库存积压比去年同期增加了21%，达到1067亿元，而国家预算内国营工厂的库存更是增加了45.9%，实现利润下降56%，平均每100家工厂里就有33家出现亏损。

很显然，这种日趋冷却的经济态势，同样是可怕的。于是，"启动市场从何入手"又成为全国媒体热议的主题，《经济日报》甚至开辟专栏讨论"煤炭多了，煤炭行业怎么办"，这个设问放在一年多前几乎就是天方夜谭。各地政府开始筹划如何让经济升热的措施。总书记江泽民视察了海南，重申中央政府全力支持海南的特区开放政策，在媒体上引发出新一轮的"海南热"。

9月，第十一届亚洲运动会在北京隆重举办，这自然成为政府凝聚人心、提升全民热情的大舞台。为了这个运动会，北京市投入25亿元，建造了20多个大型的体育设施，一些原先被卡住的基础建设项目投资开始悄悄恢复。全球媒体的瞩目，以及数十万人的参与，也让沉闷了两年多的

▲ 1990年9月，第十一届亚运会召开，体育再次展现出它推动经济繁荣的能力

第二部　1984—1992　被释放的精灵

企业界得到了很多商业机会。新华社热切地评论说:"亚运会主要带来的是机遇,是可能性。"美联社也认为:"亚运会对北京政府是一个福音,体育再次展现出它推动经济繁荣的能力。"在这一届的运动会上,年轻的计算机产业展示了自己的成果,长城、联想等公司自主开发了运动会所需的软件系统,90%的计算机采用了国产货。不过,为了防止出现意外,组委会还是请IBM公司来承担信息备份的工作。

到下半年,所有关注中国经济的人都把目光对准了上海和深圳,在那两个城市,因为社会经济动荡而中断的资本市场试验,终于修成正果。

在1988年年底的中南海汇报会后,高西庆和王波明们就搞起了一次"证券交易所研究设计联合办公室",着手证券交易所的筹办事宜,但是,工作很快就被突如其来的动乱打断了。在将近大半年的时间里,他们一直无所事事。王波明后来说过一个很有趣的细节:他和另一个叫章知方的同事每天在办公室里面面相觑,某日,章实在坐不住了,说:"我有点事儿,先走啦。"不久,王波明也实在待不下去了,就跑到附近的电影院看电影,待摸黑走进影院,突然发现前排座位上的那个人非常眼熟,定睛一看,果然就是"有事先走"的章知方。

王波明讲的笑话很有戏剧性,不过要记录的是,尽管实际工作停滞了下来,但是在当时清醒而务实的高层人士中,对证券交易所的谋划一直没有停息过。1989年12月2日,上海市委在康平路小礼堂开会筹划开发浦东,身兼上海市委书记和市长的朱镕基明确要求加快上海证券交易所的筹备,当场有一些干部对此颇有迟疑,银行官员担心交易所起来,会分流银行信贷资金,政策人士担心证券买卖有点像赌博,不利于精神文明建设,国营企业向个人发行股票,会不会搞成变相的私有化?主管意识形态的干部则担心,开交易所会不会在上海滩上又培育出一代资产阶级?朱镕基的表态才使这些干部的思想稳定下来。

上海对资本市场的热情有着特殊的情结。中国的第一张股权证便是于1859年在这里出现的,当时美国公司琼记洋行花10万银洋定造火箭号轮

▲ 1990年4月18日,上海市人民政府浦东开发办公室和浦东开发规划研究设计院正式挂牌,举手致意者为时任中共上海市委书记、上海市市长的朱镕基

船,中国商人入股1万元。1877年,李鸿章创办轮船招商局,共招商人入股37万两白银,是近代中国史的第一个股份制企业。在1949年之前,上海一直是远东地区最大的金融城市,很多史家认为,正是因为它的衰落才成就了香港的辉煌。此刻,作为国家最大的工业城市,上海每年上缴财政占全国的1/6,而在改革开放的各个领域却都已经落后于广东,若没有特别的手段,上海振兴将无从谈起。1990年2月,专程南下到上海过春节的邓小平提出要开发浦东,并反思如果搞4个经济特区时就加上上海,现在长江三角洲,整个长江流域,乃至全国改革开放的局面,都会不一样。4月18日,国务院总理李鹏宣布:中共中央、国务院同意上海市加快浦东地区的开发,在浦东实行经济技术开发区和某些经济特区的政策。浦东开发政策的确立,让上海再度成为中国经济成长的龙头,其长远效应可谓巨大。从1990年到2004年,浦东的GDP从区区60亿元增加到1790亿元,

浦东以上海1/8的人口、1/10的土地面积，创造了上海1/4的GDP和工业总产值、1/2的外贸进出口总额和1/3的利用外资总额，等于在15年里再造了一个上海。这里成为中国金融的核心区，以及跨国公司总部最密集的区域。按1990年的中央规划，浦东的优惠政策将享受15年，到2005年，就在这个期限到来之时，国务院又批准浦东新区进行综合配套改革试点，将其试点效应继续延伸和扩展。

如果说，浦东开发是上海起飞的战略一翼，那么，证券交易所的建立则无疑是另外一翼。早在3月，朱镕基出访美国、新加坡等地，在抵达最后一站香港时，他在记者招待会上不动声色地说，上海证券交易所将在年内成立。此时，上海的金融官员对这个时间表都闻所未闻。6月，35岁的中国人民银行上海分行金融管理处副处长尉文渊受命筹建证交所。

尉文渊空手上任，10年后他对友人说："当时年轻，如果知道以后的沟沟坎坎，就不接这个总经理了。"他受命后的第一个电话打给了正在不亦乐乎地炒卖国库券的万国证券总经理管金生，管在电话那头笑道："我知道迟早会接到这个电话，无非不知道会是哪个人打来。"尉文渊当时面临的状况是，全上海可作为会员的证券公司只有3家：万国、申银和海通，比较成型的股份制企业也只有11家，够上市资格的则只有6家。就这么"三把蔬菜""六块肉"，尉文渊硬是把它炒成了一桌菜。

12月19日，上海举行上海证券交易所开业典礼，朱镕基致开业辞，尉文渊敲锣开市。有目击者称，尉敲完锣后，激动得当场晕倒，被人搀扶着离开

▲上交所的第一任总裁尉文渊

了热闹的现场。①

当日，有30种证券上市，国债5种，企业债券8种，金融债券9种，公司股票8种。毕竟有40年没有搞资本游戏了，所有人都手忙脚乱，第一笔交易对象是电真空股票，由海通证券抛出，未达三秒便被万国证券抢去，于是宣布无效。再次竞价，申银证券吃进，成交价365.70元。如此，三大券商在共和国证券史上的第一笔交易中都亮相了。

上海即将开市的消息，在南方的深圳引起了连锁反应。在过去的一年多时间里，深圳一直在向中央申请开办证券交易所，然而迟迟未得回复。尉文渊在上海一阵紧锣密鼓，让深圳人不再坐等。11月22日，深圳市委书记李灏约见深交所筹备组负责人禹国刚，问："什么时候可以开市？"禹答："如果你们今天拍板，我们明天就开业。"

12月1日，深圳证券交易所抢在上海之前"试开市"。由于当时还没有得到中央政府的正式批文，深圳就没有像上海那样大张旗鼓，直接催生者李灏没有出现在开市仪式上，而是委派了深圳市资本市场领导小组的副组长董国良出席。由于仓促抢跑，深市在交易工具上也没法跟拥有电脑交易系统的沪市相比，股市第一天成交安达股票8 000股，采用的是最原始的口头唱报和白板竞价的手工方式。深交所的正式批

▲筹办深交所的禹国刚

---

① 时任申银证券总经理的阚治东回忆，开所前夜，尉文渊发着高烧四处奔忙，结果锣声响过，他就支撑不住了。

第二部　1984—1992　被释放的精灵

文要到1991年7月才下达,当月3日,全国人大常委会副委员长陈慕华、李灏等人都热热闹闹地出席了"开业仪式",用禹国刚日后的话说:"孩子生出来了,还能再按回娘肚子里不成?"

不过,无论创市的过程是怎样的幼稚忙乱,中国的资本市场在1990年年底总算形成了自己的"双市格局"。以这两个交易所为中心,中国公司将演出一轮又一轮的商业大戏。

正如运动员赛跑,最容易在拐弯处比出高下,中国众多公司的此起彼伏,也每每是在周期性的宏观调控中变幻着各自的命运。开始于1989年年初的治理整顿,让无数企业备感压力,也让那些有远见和能力的企业获得了快速成长、超越同类的机会。

在经历了早期求大于供、粗放经营的阶段后,一些国营企业家开始把注意力放到质量的提升和新技术的开发上。在青岛,靠率先引进日本生产线、在"冰箱热"中赚到钱的张瑞敏比他的同行更有市场眼光。他在福建跑市场时发现一个怪现象,到了夏天,人们洗衣服洗得特别勤,洗衣机反而卖不动。很快他找到了原因,当时市场上只有容量4公斤、5公斤的洗衣机,夏季每天要洗的衬衣、袜子,用大洗衣机洗又费水又费电,不如用手洗方便。其实并不是夏天人们不需要洗衣机,而是没有适合的小洗衣机。于是,海尔的工程师们马上研制出了"小小神童"洗衣机,洗衣容量为1.5公斤,三个水位,最低水位可以洗两双袜子。这种洗衣机投入市场后立刻就供不应求。秋天,张瑞敏从北京领回了"国家质量管理奖",他还送了4台冰箱到德国参加样品展示会,并提出"三个1/3"的企业发展战略目标,即今后海尔冰箱将在"国内生产国内销售1/3、国内生产海外销售1/3、海外生产海外销售1/3"。在这个稍显粗糙的规划中,人们已经可以看到中国成为"全球性制造基地"的雏形。

北京联想的柳传志获得了第二届全国科技实业家创业奖金奖,联想成为继四通(这家公司的创始人万润南在上一年出逃国外)之后最大的电脑销售商，开始自主生产、销售微机板卡。公司办公室主任郭为想出了一句牛气十足的广告词："人类失去联想，世界将会怎样？"这则广告从下一年起投放，立即风靡全国。

在偏远的四川绵阳，一家名叫长虹机器厂的军工企业突然跃升为全国最大的彩电制造企业。它在1980年率先转型，与日本松下合作，成为国内首批引进生产线批量投产彩电的企业。就在彩电炙手可热的1988年，厂长倪润峰又研制出第一台立式遥控机型，他还组织了200多名销售员"上山下乡找市场"，一番"拳打脚踢"之后，长虹成为全国首批45家国家一级企业之一，而且是西部唯一的一家。

无论是海尔、联想还是长虹，1988年之前的国营企业序列中都是寂寂无名之辈，也没有得到国家政策的特殊倾斜，然而它们都因为有一位杰出的领导者，并且在各自的行业中率先完成了技术改造和管理提升，因而在市场竞争中站住了脚跟，得以迅速地脱颖而出，相继成为新一代国营企业的翘楚。而那些试图寻找政策保护，甚至期望通过治理整顿"净化"行业秩序的老牌大型公司则不可避免地持续沉沦，最终成为时代的落伍者。

▲把长虹带入辉煌的倪润峰

麦当劳急匆匆地在深圳开出它在中国大陆的第一家快餐店，这已经是1990年的10月8日。

刚刚参加完高考的深圳女孩邱洁云是第一批参加面试的服务员，她说："我本来以为应聘服务员，顶多是擦擦桌子，没有想到第一天就被分配去洗厕所。我当时觉得很委屈，一边洗厕所一边掉眼泪。"她后来当上

第二部　1984—1992　被释放的精灵

▲ 1990年10月8日,第一家麦当劳餐厅在深圳市解放路光华楼西华宫正式开业

了这家深圳店的经理。麦当劳匆忙开店,是因为它实在无法忍受一个事实:比它早进来三年的肯德基早已赚得钵满盆满了。《纽约时报》在报道中羡慕地说:"每天一到吃午饭的时候,北京三家肯德基炸鸡店就门庭若市,排队的人里三层外三层,两块炸鸡、一点土豆泥、一点卷心菜沙拉和一块面包就要8.5元。天安门附近的分店创下肯德基单店最高销售纪录,它是世界上规模最大、盈利最好的连锁店。"

那些早早来到中国的外国品牌都尝到了甜头。最早来到中国的法国服装品牌皮尔·卡丹开在北京的一家专卖店每天就有2.3万元的销售额,一件不起眼的服装标价就高达1 500元。9月,皮尔·卡丹本人又来了一次北京,他被特许在以前的皇宫紫禁城里举办了一场热闹的时装秀,在过去的几百年里,这是破天荒的第一次。这位很有商业头脑的时装大师还同时代理了迪奥、瓦伦蒂诺等意大利品牌在中国的销售权。香港《文汇报》撰文《洋货狂袭中国》,它从吃穿住用等方面分析洋货对国货以及消费者观念的冲击,作者惊呼:"任凭洋货长驱直入,充斥市场,其严重后果令人不寒而栗。"在这样的言论背后，人们似乎已经看到，在不久的将来，必定会有一次国货振兴的运动。

那一年，几乎所有向往时尚生活的中国消费者都知道在深圳有一条"中英街"，那里可以买到最便宜的洋货。这是一条长约250米，宽不足4米的小街，位于深圳与香港交界的沙头角。从1979年开始，这里就成为一条特许的免税街，内地的游客参加指定旅游公司组成的旅游团，办理完"特许证"就可以进入购物。每天，在入关处排队的游客宛如长龙，人们领到"特许证"后就立刻挤进小街，先是站在标有"中英地界·光绪二十四年"字样的石质界碑前拍照留影，好奇地眺望一眼近在咫尺却无比神秘的香港岛，然后就冲进300多家小店铺里疯狂抢购各种时髦的小商品。一位叫刘福来的店主后来回忆说："那时候早上从开门一直到落闸，生意都很好，内地的观光客对这边的东西不论什么都感兴趣，录像机、照相机、金首饰、衣服，甚至连力士香皂都抢着买，基本上不说价。"一直到

▲ 繁荣一时的"中英街"街景

第二部 1984—1992 被释放的精灵

1997年香港回归前后,"去中英街购物"都是无数内地消费者最向往的购物行动之一,这里每天有超过1万人次的游客,节假日和高峰期游客数量超过10万人次,一年游人量达1 500万以上,成为全国知名度极高,也最奇特的购物观光地。

在中国,曾经让人们无限憧憬的1990年,就这样出乎预料地展露出全民商业化的面貌,它跟1978年刚刚开始改革时的向往实在有太大的出入。人们变得越来越实际,如何尽快地改变自己的生活状态,如何发财致富享受生活,成为一个公开而荣耀的话题。几年前还被视为靡靡之音而遭到禁止的台湾歌手邓丽君,现在成了最受欢迎的流行偶像,台湾女作家琼瑶的言情小说和香港作家金庸的武侠小说,成为大中学生们最喜欢的文学作品,这些作品的盗版图书摆满了全国所有城市的大小书摊。还有一个叫汪国真的青年诗人以一本轻佻而快乐的《年轻的风》[①]狂销100万册,创下有新诗以来的出版纪录,他最出名的诗歌是《我微笑着走向生活》[②]。也许,他真的说到了人们的心坎儿里。

[①] 汪国真著,《年轻的风》,广州:花城出版社,1990年版。

[②] 《我微笑着走向生活》是汪国真第一首比较有影响的诗,全诗原文为"我微笑着走向生活,无论生活以什么方式回敬我。报我以平坦吗? 我是一条欢乐奔流的小河。报我以崎岖吗? 我是一座大山庄严地思索! 报我以幸福吗? 我是一只凌空飞翔的燕子。报我以不幸吗? 我是一根劲竹经得起千击万磨! 生活里不能没有笑声,没有笑声的世界该是多么寂寞。什么也改变不了我对生活的热爱,我微笑着走向火热的生活!"

1991 / 沧海一声笑

沧海笑，滔滔两岸潮，浮沉随浪记今朝。
苍天笑，纷纷世上潮，谁负谁胜天知晓。
　　　　　　　——黄霑：《沧海一声笑》，1991年

　　日渐世俗和商业化的时代特征，让中国不再像过去那么充满神秘感和难以琢磨。不过，在意识形态领域，两种不同的声音仍然还在隔空交锋。如果仅仅从报章上的争论来看，1991年的中国弥漫着"改革是姓'社'还是姓'资'"的硝烟。而事实却是，争论如江面上迷眼的乱风，实质性的经济变革却如水底之群鱼，仍在坚定地向前游行。

　　三年多来的宏观调控，让过热的经济趋于平稳，各项经济指标大大降了下来，人们在改革上变得缩手缩脚，尽管中央提出了浦东开放，并重申海南特区政策不变，但是，在总体的发展思路上，各级官员仍然摸不透未来的方向。这时候便需要有影响力的大人物出来，重新唤起所有人的热情。这个使命又落到了已经宣布"完全退出政坛"的邓小平身上。这两年,邓小平都是在上海过的春节,2月15日至3月22日,上海《解放日报》根据他在上海期间的讲话,先后发表三篇署名"皇甫平"[①]的评论,提出要继续坚持解放思想,敢冒风险,大胆改革,不要再囿于姓"社"姓"资"的诘难。

这组社论甫一刊登,便在一派沉闷的舆论界掀起轩然大波,因为它并未标注出思想的来源,便引起一些人士的指责和围攻。某杂志在4月20日发表《改革开放可以不问姓"社"姓"资"吗?》一文,说:"不问姓'社'姓'资',必然把改革开放引向资本主义道路而葬送社会主义事业。"[②]另一本杂志推出《重提姓"社"与姓"资"》一文,说:"一切不愿做双重奴隶的中国人,在改革大道上前进时,有责任也有权利问一问姓'社'姓'资',时刻提防不要偏离改革的方向。"[③]8月和9月,北京报纸相继发表《问一问姓"社"还是姓"资"》和《当前改革的三个问题》,认为:"实行改革开放必须区分姓'社'还是姓'资'。原因很简单,因为现实生活中确实存在着姓'社'和姓'资'两种不同的改革观。"

这样的争论将持续一年,直到下一年邓小平在深圳的视察被公开报道后才戛然而止。在各个领域,一些大胆的人们都已经迫不及待地重新出发了。中国改革史的一个特点便是,人民的实践有时候会走在中央政策的前面,一切的改革和突破尽管会阶段性地受到意识形态争论的影响和干扰,但是并不能真正地阻挡它前行的脚步。

5月,李瑞环去温州视察,就在这个月,有位离休干部刚刚给北京写了一封信,揭发温州老板个个"五毒俱全","骑的是本田王,穿的是A底王,睡的是弹簧床,抱的是花儿王"。此信直接导致中共中央派出一个调查组前往温州核实调研,刚刚从柳市整顿事件中喘过气来的温州再次风声

---

① "皇甫平"之意为"来自黄浦江的评论",其撰文作者为《解放日报》总编辑周瑞金、评论部主任凌河及上海市委政策研究室的施之鸿。
② 流波,《改革开放可以不问姓"社"姓"资"吗?》,《当代思潮》,1991年第2期。
③ 邓力群,《重提姓"社"与姓"资"》,《真理的追求》,1991年7月号。

鹤唳。颇有改革风范的李瑞环当然知道温州干部所承受的巨大压力，当地官员在向他介绍"股份合作制"企业时，再三小心翼翼地论证说，这是一种"新型"的集体经济，跟私营经济有"本质上的差别"。李瑞环当时的态度令当地官员悬着的心放下了一小半。

"姓资姓社"的争论，在经济领域便体现为公有制经济与私营经济的比例问题，有些人士担忧的正是后者的迅速增长将改变社会主义国家的性质。①

最近这段时期，国营企业在市场竞争中所表现出来的乏力实在让人失望。1月12日的《中华工商时报》刊登了一篇新闻：北京袜子、手套等日用小商品严重积压，东城区就有数百家这样的国营中小企业，东城区工商局为了让区内的国营企业多一些销售的机会，就主动安排它们进入集贸市场，并动用行政手段让它们占据最好的摊位，结果却是事与愿违，数以百计的积压厂家只有17家前来登记申请，最后只有六七家到市场里去设了摊。记者在北京最大的和平里综合集贸市场上看到的景象是，"国营、个体的摊位泾渭分明，前者的守摊人缩着脖子，躲在柜台后面，一副十足官商作风，个体练摊的则又是叫卖，又是拿着样品比画，热热闹闹地吸引绝大部分的顾客。在刺骨寒风中，个体练摊的照旧天亮出，天黑收，而国营的推销员却按部就班，实行8小时工作日，若要延长营业时间，就涉及奖金、加班费，牵一发而动全身"。这些国营摊位的销量不及私人摊户的1/4，很快就被淘汰出了市场。记者最后无奈地说："虽然使国营企业在场地、产品、流通环节等硬件上与个体形似，但是在利益机制、市场机制上的神合却难以达到。"这是一个带有很强寓意性的新闻，它展现出国营企业在充分竞争领域中的被动与尴尬。

---

① 这一年，乡镇企业取得了标志性的成绩，全国乡镇企业总产值突破万亿元大关，就业员工也同步超过亿人，达1.062 4亿。

此时的国营企业改革再没有80年代中后期那股"一改就灵"、"一包就活"的意气风发,更多的时候,它带有了悲壮而无奈的气息。在全国两会上,一位北京代表说:"我们心头像是压上了一块大石头,这石头就是国营的大中型企业。"从1984年起,各项改革措施年年创新,从利改税、承包制、政企分开,到优化组合、股份制、租赁制,药方开出了一帖又一帖,却罕有成效。近年来,即便是在诸多"倾斜"、"保护"以及创纪录的大批信贷资源源源注入之后,国营企业的表现依旧让人们无法轻松起来:生产回升缓慢、效益下降、亏损翻番。新华社评论员在一篇述评中忧郁地说:"人人皆知倘若大中企业不能振作,则今后10年中国经济断无成功之望。"在当时,唯一对这个"共识"不以为然的是来自四川的经济学家蒋一苇,他一直反对"鸟笼经济"的做法,认为国家应该放弃对国营企业的偏执性倾斜,以更大的包容和宽阔的视野来平等对待不同的所有制经济,对于国营企业,他的观点是"吃任何药都不如不吃药,不管就活"。①《人民日报》记者凌志军在采访归来后写道:"我颇看重此说,却想不透其中含义。"

蒋一苇的观点不但让凌志军想不透,也得不到广泛的认可。事实上,所有人对国营企业的绝望不是一天形成的,而是历经了20多年的痛苦拯救与反复的。正如凌志军所困惑的:"在过去的这些年里,对国营企业开了无数药方,每用一剂,大家便道'活了',到现在已'活了'不知多少次了,定下心来再看,却发现仍是'不活'。莫非我们今后把这些药重吃一遍,就真能见效?"

5月,还发生了一件很有趣的事件,那就是新闻媒体替改革开放后投资最大的钢铁企业上海宝钢讨债。据报道,在过去的几年里,这家中国最现代化的钢铁基地一直受到三角债的困扰,累积至今已经高达20多亿元,

---

① 蒋一苇另一个观点是"黑匣子"论,他认为,"政府对于企业,可以从外面管,但不要把手伸进里面去。退一步讲,做不到'黑匣子',至少也该搞成'玻璃匣子'"。

占到流动资金的1/3,濒临难以为继的境地。国家计委、全国清欠办公室以及上海市政府都出面替宝钢协调清欠,但是效果却始终不彰,百般无奈之下,只好使出了最后的一招:把那些主要的欠账大户(总共有113家国营制造企业和流通公司)的名单在《中华工商时报》刊登了出来。随后的几个月里,在媒体的一一追问和督促下,欠债大户们才纷纷开始还债。时报的一位叫张文学的记者还跑去欠宝钢4 400万元的长春第一汽车厂,促使该厂还出了800万元。由媒体来扮演催债角色,实在是一个很有点黑色幽默意味的事件,这也从侧面表明,在国营企业的调控和管理上,有关职能部门已颇为乏力。

发生在河北廊坊市的刘森林辞职风波,则展现出国营企业治理中的另一种尴尬。1985年,25岁的刘森林挂靠廊坊农工商总公司开办了一家化学清洗公司,他用家产做抵押向农工商借了5万元创业,6年后,这家公司不断滚大,资产达到1 040万元,拥有300多名员工。按协议,刘在1990年可得150万元的承包报酬,农工商却以不合政策为由拒绝兑现。于是,刘森林与"婆婆"的关系迅速恶化,刘提交辞呈,宣称要带着骨干员工自办私营公司。这个事件经媒体报道,引起广泛的关注,围绕"刘森林该不该离开"展开了热烈的讨论。风波最后的解决方案是,在廊坊市政府的斡旋下,刘森林的公司与农工商脱离隶属关系,成建制地挂靠到另外一个"婆婆"——市轻化局,此事才算平息下来。这个风波表明,随着企业自主能力的提高,它们与主管机构的矛盾将变得越来越突出和难以化解。

种种迹象表明,传统意义上的国营企业已经在日渐激烈的市场环境中日薄西山了,两年来的治理整顿和市场萧条,让那点仅有的进取心也被消磨殆尽。农业部提供的数据表明,在1990年里,乡村集体企业实现利润265.3亿元,首次超过国营企业的246亿元,前者的销售利润率为5.6%,相当于后者2.6%的两倍多。农民企业家鲁冠球用一句顺口溜表达乡镇企业与国营企业竞争的自信——"老虎出山好,猴子照样跳",他甚至在北京两会期间预言,到2000年,乡镇企业无论产值还是利润都将超越国营企业,在国民经济中扮演"老大哥"的角色。当然,这只是一个农民企业家的个人豪言,但此言一出,举国学界竟没有人与之讨论。国家开始重新思考国营企业的振兴战略,让每一家国营企业都获得生机看来是不可能了,因此,除了继续千方百计在政府扶持、体制松绑上下功夫外,一个更为明智的做法似乎是:收缩战线,让那些实在扶不起来的"阿斗们"自行了断。

8月15日,每天都在讨论如何搞活国营企业的《经济日报》刊登了评论员詹国枢的一篇述评《少数企业"死"不了,多数企业"活"不好》,文章称:"产业结构调整之所以困难,症结就在于我们的少数企业(尤其是国营企业)死不了——风浪来了,大家匍匐在地,风浪过了,全都站起身来,产业还是那个产业,结构还是那样的结构。不是我们不想让一些企业活,而是客观环境不允许这些企业活。"此文刊出,顿时引发广泛的关注,很多人感觉到了政策调整的先兆。《经济日报》此时已隶属于国务院系统,它的很多观点代表了官方的态度。此后数月内,《经济日报》选中四川省为典型,又展开了一轮"死一块活一片"的连续报道,记者们相继提出"让抢救无望的企业'安乐死'""红白喜事一起办"等十分尖刻的观点。

事实上,让那些实在活不下去的国营企业死掉,不仅仅是一个观念解放的问题,还有很多实际上的困难,最主要的便是下岗工人的善后问题。多年以来,国营企业的工人接受主人翁教育,以厂为家,以身为工人阶级为荣,从来没有下岗的思想准备和再就业的能力,在很多老牌企业里,更是全家上下都在一厂工作,其"工人身份"甚至是可以传代世袭的。要让这些企业一死了之,必定会引发强烈的社会动荡。深圳市于1990年4月起,率先向外商出售国营企业。到1991年,深圳已经出售了40多家国营企业的产权,交易价值1.9亿元。媒体的观察是:"在产权转让中,最难处理的是职工的转让,新业主往往不要原企业的职工,都想重新招工,致使原来的职工失业。深圳市有关部门正想办法解决这个难题。"

四川让特困企业"安乐死"的主要办法，是让活得还不错的国营企业，兼并那些亏损的同行，同时，政府给予前者更多的优惠政策和扶持。成都的无缝钢管厂就兼并了6家亏损的工厂，厂长对记者说："兼并是企业行为，但绝不是企业的自发行为。"言下之意，如果没有足够的优惠，他们不会吃下那些烂苹果。为了兼并一家钢铁厂，钢管厂与政府谈判了15个月。这个经验在后来的数年内得到推广，不少地方因此组建起由归并而形成的规模庞大的国营企业集团，它们往往因此得到上市融资的"指标"，在财税上更是享受特别的优待。在这过程中，像钢管厂那么"强势"的企业似乎不多，绝大多数的兼并都是政府意志的体现，"归大堆"带来的后遗症又将引发新一轮的企业兴衰。

1991年11月25日，上海牌轿车宣告停产，至此，新中国成立后的两大汽车品牌——红旗牌轿车与上海牌轿车均告消亡。不少工人闻讯从市区赶到安亭，争相与最后一辆上海牌轿车合影，有人眼里还泛起了泪花，还有人则手抚车身，依依惜别。上海牌轿车于1963年开始批量生产，改革开放之初，它是国家专控商品，只有县团级以上的干部才能乘坐，普通人和私人企业均无权购买。1983年之后，日渐出现生存危机的汽车厂开始私下向社会出售轿车，每辆定价2.5万元。工厂老人回忆说："每次卖车的时候都害怕极了，提心吊胆的，生怕犯什么政治性错误。"

就在上海牌轿车羞羞答答地在市场边缘徘徊的时候，德国大众在华投资却逐年增加，它出产的桑塔纳年产6万辆，竟接近上海牌轿车在过去28年里的总产量，已俨然成为中国市场的第一轿车品牌。8月的美国《商业周刊》评论说："1990年，上海大众的税后利润一举超过了大众的全球盈利目标，其原因之一是，只有在中国这样的国有经济条件下，一辆普通的大众桑塔纳轿车才能卖人民币17.8万元，几乎6倍于该产品的世界平均价格。"很显然，惊人的利润空间，是导致中方最终决心放弃上海牌轿车的重要原因。自从在1985年组建上海大众汽车之后，原来的上海汽车厂名存实亡，全厂2 900人中的业务骨干共1 600人全都去了新的合资厂，政府主管部门也不再对原来的生产项目再投入，上海牌轿车在形同被弃的情形下苟延数年，终于无法支撑。在1991年5月，国家有关部门决定，在未来4年内报废170万辆在1974年前制造的老汽车，绝大多数的上海牌轿车都在此列，这对于中国汽车产业来说无疑是一个天大的利好，可惜那些老迈的国营老厂已经无缘分享"蛋糕"。《南华早报》引用物资部门官员的话说："政府将为机关和企业用新车替换旧车提供财政方面的帮助，这些新车主要是由中国与美国、日本、德国和法国的合资工厂生产的。"

上海牌轿车的消失，是一个象征性事件。在跨国公司和新兴民间企业的双重冲击下，曾经红极一时的老牌国营企业品牌都相继凋零，一个时代终于在恋恋不舍中褪去了它最后的一道余晖。

关于国营企业的"生死讨论"，事实上意味着一场即将绵延十多年的资本盛筵已经悄然开始了。对陷入困境或处于市场边缘的国营资产的分割、重组与出售，将成为财富积累和改革成果分配的重要方式。如果说，在1988年，"资本"这个曾经被视为洪水猛兽的万恶名词已经重新归来，那么在今年，它已经散发出越来越迷人的金色光彩，那些最早认识到它的人们将一一成为新的财富宠儿。而让人感到意外的是，这些人中的相当一部分正是从庞大无比却又貌似僵化的国营资本这座"大金山"上，挖取到了各自的"第一桶金"。

今年，一直对自己的商业天才深信不疑的四川万县人牟其中，终于证明了自己的"天才"。

在离开家乡之后，他一直在深圳、北京和海南等地寻猎，他的南德公司做过各种各样的贸易，从贩卖钢材到批发毛线。向来喜欢天马行空的他，从不放过任何一个可以露面的"大场面"，1989年，他受到邀请去瑞士达沃斯参加世界经济论坛，这是中国企业家第一次参加这个知名的非官方论坛。达沃斯的物价奇贵，牟其中不敢吃饭店里的食物，便天天跑到小巷里找最便宜的馅饼。会期半个月，他住了4天就受不了要回国，临结账时才被告知，作为受邀嘉宾，他的食宿都是由论坛方面全包了的。

达沃斯归来不久，他在从万县到北京的火车上认识了一个河南人，从后者口中，牟其中得知正面临解体的苏联准备出售一批图-154飞机，但找不到买主。于是，异想天开的他觉得这是一个值得冒险的生意。南德既没有外贸权，也没有航空经营权，更没有足够的现金，要做成飞机贸易简直是天方夜谭。但是，牟其中却决意一试。他打听到一年前刚开航的四川航空准备购买飞机的消息，便七拐八弯地前往洽谈，川航同意购进苏联飞机，然后，牟其中又从四川当地的国营企业中组织了罐头、皮衣等大批积压商品，准备用以货易货的方式达成这笔生意。牟很能抓住人的心思，他接待苏联航空工业部官员的地点选在北京钓鱼台国宾馆，在开始谈判之前，他"很荣幸地"告诉客人，这里便是不久前戈尔巴乔夫同中国领导人会谈的地方，一向唯上的苏联同志当然立刻肃然起敬。就在牟其中的空手倒腾之下，这笔"不可能的生意"居然变成了现实。1991年年中，南德、川航与苏联方面达成协议，中方用价值4亿元的500车皮日用小商品换购4架苏制图-154飞机。这笔贸易经媒体报道后，牟其中顿时成为全国热点人物，他自称从中赚了8 000万元到1亿元。牟的运作其实一直游走在政策的边缘，2000年7月，川航对外拍卖当年购进的一架图-154飞机，其名义是"走私飞机"。

"罐头换飞机"令牟其中一夜成名，更让他对自己的"空手道理论"深信不疑，他对来访的记者说："过去的经济规律已经变得十分可笑了，工业文明的一套在西方落后了，在中国更行不通，我们需要建立智慧文明经济的新游戏规则。有人说我是空手道，我认为，空手道是对无形资产尤其是智慧的高度运用，而这正是我对中国经济界的一个世纪性的贡献。"在今后的10年里，牟其中将他的这套理论一再地付诸行动，他策划了一大堆听上去就吓死人的"宏大计划"，其中包括将喜马拉雅山炸开一个宽50公里、深2 000多米的口子，把印度洋的暖湿气流引入中国干旱的西北地区，使之变成降雨区。在整个20世纪90年代，牟其中一直是媒体的焦点,他获得了"中国十大民营企业家""中国改革风云人物""中国十大实业家"等众多称号;南德集团被称为"中国改革开放的试验田""中国真正的民营企业";在1994年,美国《福布斯》杂志将牟其中列入当年度的全球富豪龙虎榜,位居大陆富豪第四位;同年,中国的一本名为《财富》的民间杂志把他定为"中国第一民间企业家"和"大陆超级富豪之首",这位充满商业想象力和改革空想热情的四川人也因此成为第一个被冠以"中国首富"的企业家。

牟其中在1991年前后的冒险成功,不是一个偶然的事件。在经历了13年的改革之后,计划体制已经在内外交困中走到了逐渐瓦解的边缘,缺乏市场开拓能力而造成货物积压仍然是困扰很多国营企业的最大难题,这无疑给很多像牟其中这样的大小"倒爷"提供了巨大的运营空间。通过创新的方式在流通环节中获取利益,成为这些冒险家屡试不爽的致富手段。不过,由于缺乏规范的资本工具和游戏规则,这些经营活动便往往非常的传奇和诡异,也充满了种种的不确定性。

如果说牟其中"罐头换飞机"的故事从一开始就脍炙人口的话,那么,几乎同时,另一个人的资本操作则显得要低调得多,而事实上这个连名字都很神秘的安徽人,却可能是第一个真正掌握了现代资本游戏规则的中国企业家。

很多年后,人们仍然对仰融的身世知之不多,据说他原名叫仰勇,是一个毕业于西南财经大学的经济学博士。采访过他的记者描述说:"仰融是一个思想上天马行空的人,你跟他坐在一起,总是被他牵着走,很难把握自己的节奏。跟其他企业家相比,他显得更桀骜一些。如果说仰融自己身上只有20万了,而且明天就要全部还掉,但是他今天能请你吃10万元的饭,并且面色如常。"仰融曾经向人背诵过莎士比亚的一段名言:"世事的起伏本来就是波浪式的,人们要是能够趁着高潮一往直前,一定可以功成名就,要是不能把握时机,就要终身蹭蹬,一事无成。"在后来的十多年里,他也确实是这么做的。1989年,受知名金融教育家、中国金融学院党委书记许文通的赏识，仰融赴香港创办华博财务公司，其初始出资方为许文通担任董事长的海南华银。

人在香港，心系内地，仰融深知国营企业的资本变革将带来巨大的利益空间。沈阳金杯汽车是东北第一家尝试股份制改造的大型国营企业，1988年它向国内外发行1亿元股票，历时一年有余却响应寥寥，公司甚至曾在国家体改委的大院里贴布告卖股票，整整一天也只卖出了2.7万元。便在此时，仰融上门洽谈，1991年7月22日，仰融以1 200万美元买下金杯汽车40%的股份，之后他又安排了一次关键性的换股，将控股比例扩大到51%，成为该公司的绝对控股方。仰融为此专门在太平洋小岛百慕大设立了一个项目公司——华晨中国汽车控股有限公司，此公司由华博100%控股。这时候，仰融还悄悄完成了对华博的资本改造，其股权结构改为仰融占70%，另一自然人占30%，法定代表人仍是仰融。据2003年的《21世纪经济报道》披露，有档案显示，仰融一手策划华晨收购沈阳金杯，其所有投入的现金则均来自许文通掌控的海南华银。而仰融本人在2003年接受凤凰电视台采访时声称，他投入金杯的资本，一部分是向其兄长仰锆借的，另一部分是在上海炒股所得。

在完成了这一系列长袖善舞的资本组合之后，天资聪慧、视野开阔的仰融开始筹划在美国的纽约证券交易所上市。当时，中国还没有成立证监会，仰融的一切运作均无先例可循。为了让上市公司有一个更为合法、合理的身份，仰融筹划成立了非营利性的"中国金融教育基金会"，发起人是中国人民银行教育司、华晨控股、中国金融学院和海南华银四家，注册资金210万美元，其中200万美元由华晨控股支付。就这样，仰融戴上了一顶有众多垄断性国营资本背景的显赫的"红帽子"，它让这位资本枭雄得益于先而倾辙于后。1992年10月，"华晨中国汽车"在纽约成功上市，融资7 200万美元。这是中国企业海外上市第一例。对纽约证交所来说，这也是来自社会主义国家的第一只正式挂牌的股票。它在当年的美国股市轰动一时。

仰融在1991年前后的这一系列资本操作，已经表现得非常娴熟——以少量资金控股资本质量良好却暂时陷入困境的国有企业、在免税天堂设立"壳公司"、以"中国股"概念在海外上市套现。跟喜欢高调行事的牟其中相比，其精妙圆融和国际化特征有过之而无不及。而两人共同的特点则是，他们不约而同地发现了计划体制削弱过程中的机遇，都试图用各自的霹雳手段火中取栗，攫取财富。在日后的很长一段时期内，这将成为无数商业奇才崛起和沦陷的重地。

就在牟其中、仰融等人开始翻江倒海的时候，在改革观念颇为超前的江浙一带，还出现了跨所有制兼并的事件。三年前由宗庆后创办的杭州娃哈哈儿童食品厂现在已成为国内最大的儿童营养液企业，作为一家区级校办工厂，娃哈哈一直苟居在一个三层小楼的街道车间里，根本没有扩张的余地。11月，在杭州市政府的协调下，宗庆后兼并了已经濒临停产险境的全国第四大罐头企业——杭州罐头厂，在华东媒体中，这一新闻被称为"小鱼吃大鱼"，宗庆后在购并后迅速购进生产线，推出儿童饮料娃哈哈果奶，仅仅100天时间，罐头厂便恢复正常生产，实现了扭亏为盈。

在山东潍坊，一个刚刚上任的年轻市长走得更远。

这个时年35岁的市长名叫陈光，年初，他由潍坊团市委书记调任潍坊市下辖的一个县级市诸城市当市长。就任后的第一次调研，就让他手脚发麻，市属全部150家独立核算的国营企业，有103家明亏或暗亏。原因是"企业产权关系不明晰，利益关系不直接"。陈光在新公布的中央文件中找到了一句话"国有小型企业有些可以出租或出售给集体或个人经营"，由此，他决定把这些企业统统卖掉。

第一家被选做试点的是总资产270万元、职工277人的诸城电机厂。市政府最初拿出的改革方案是国家控股51%，职工买断49%，但陈光提出要改就由职工全部买断，最终定下来的方案是，9个厂领导每人出4万元，20多个中层干部每人出资2万元，普通职工每人出资6 000元。这场改制搞了一年多，在新公司的成立会上，陈光说："十年改革，改来改去企业还是躺在政府的怀抱里。从今天开始，咱两家的关系变了，变成你注册我登记，你赚钱我收税，你发财我高兴，你违法我查处，你破产我同情。"在之后的两年多时间里，陈光通过股份制、股份合作制、无偿转让产权、破产等7种形式，将全市272家乡镇办以上国营或集体企业都出售给了个人，陈光因此得下一个绰号——"陈卖光"。

"陈卖光"的胆大妄为，理所当然地引起一些人的攻击。主掌经济工作的国务院副总理朱镕基派出以国家体改委副主任洪虎为组长的联合调查组赴诸城调查，最后得出的结论是：县属企业改革探索，阻力大，困难多，诸城市在这种情况下取得成绩，是难能可贵的，为"放活国有小企业"创造了经验。陈光后来于1997年调任山东菏泽地委副书记、常务副专员。那里又是一个国营企业的亏损重灾区，县属以上的工业企业亏损面达90%。陈光仍旧是一派"善财童子"的做法，能卖的企业全数出售，没人肯买的企业，则"送给"优势企业。2002年，菏泽市以国营企业数量锐减的代价把亏损面下降到了12%。陈光因此得了一个新绰号"三光专员"——"陈光，陈卖光，陈送光"。

在企业史上，陈光被称为国企产权制度改革"第一官"。自20世纪80年代初开始的国有企业改革，仍是以改善政府部门和企业间的关系为主，从放权改革到承包制，各地政府和经营者尝试了无数种改革的模式和方法，但却始终没有触及最致命也是最敏感的产权制度变革，企业的产权关系依旧不明晰。用陈光的话说，"还是工人当家不做主，厂长有权不落实，企业盈亏不负责"。直到1991年前后，在百般施计无效、政府无力全数承担的情况下，地方的中小国营企业终于被相继放弃，而此时，民间的私人企业也具备了购并的能力和需求。陈光在诸城的做法在当时国内并非仅见，无非因为他的"卖光"做法实在太惊世骇俗，才引起那么多的关注。

在陈光把诸城搞得"天下大乱"之后的第二年，一个叫黄鸿年的印尼华人将来到中国，他以"印尼第二富豪"之子的身份从国营企业改制这个大锅里狠狠地撩走一大碗。

1991年前后，全球乃至中国的新技术产业都处在一个突变的前夜。

当时，美国硅谷正浮游着一股不安的气息：在全美便携电脑市场，日本公司的产品占去了43%的市场份额，而便携机是计算机硬件行业中增长最快的部门。令硅谷感到绝望的是，日本已经控制了全世界DRAM（动态随机存取存储器）的生产。2月，麻省理工学院的查利斯·富格森教授做了一个很让美国人泄气的试验，他打开了一台康柏便携电脑，里面赫然显露出日本原产的显示器、动力管理系统及微缩技术。由这些硬件内部的空虚，富格森表达出对美国电脑公司战略性脆弱的极大忧虑。

也是在这年的7月，安德鲁·S·瑞普波特和S·哈利维在《哈佛商业评论》上发表了《不生产计算机的计算机公司》，瑞普波特和哈利维在一开始就断言，"这种竞争力的减弱是不确定的，但是这种恐惧却是不应该有的"。而随后他们做出的预言在10年后看来几乎就是事实本身："到2000年，最成功的计算机公司将不再是那些生产计算机的公司，而是那些购买计算机的公司，这些领导者将会充分利用价格低、性能高的硬件来创造和提供新的应用。"

他们尖锐地指出，美国在生产份额上的减少，"对于众多顶级的计算机公司来说是个好消息——假如它们忘记过去，并对技术、生产和营销战略进行重新定位来迎接新的现实。美国计算机公司的战略目标不应该是制造计算机，而应该是在计算中创造永恒的价值"。

瑞普波特和哈利维所提出的观念，影响了美国IT产业的走向，他们所提出的三个新的投资点最终造就了三家最成功的美国电脑公司：软件开发——微软；系统整合——IBM；营销——戴尔。1991年就是这样一个具有分水岭意义的年份，有远见者重新发现了世界。

也是在这一年的某个月份，美国德州仪器（TI）主动找到台塑的"台湾经营之神"王永庆，洽谈合作开发半导体事宜。当时的王永庆如日中天，他拒绝了德州仪器的项目提议，后者只好转而与宏碁合作，施振荣抓住了这次机遇，迅速组建德碁半导体公司。1995年，在长子王文洋的极力说服下，王永庆才勉强同意创办南亚科技，生产半导体上游原料硅晶圆，后来南亚科技成为台塑的重要产业支柱，王文洋遗憾地说，台塑进入半导体晚了6年。这6年成就了下一代台湾商业精英：施振荣和宏碁、郭台铭和鸿海科技。

跟全球性的产业演变相呼应的是，那些率先在市场上成长起来的中国大陆公司也第一次面临了全球化竞争的压力。

在当时的计算机市场上，联想无疑是最耀眼的明星，它成了中国公司"走向世界"的典范。柳传志后来算账说："1990年前后，联想以3.39万元的价格向内地市场出售386型电脑，去掉进口商的折扣、关税和营销成本，还有24%的纯利润。"谁都算得出这个行业的暴利性，颇有远见的柳以"走向世界"为名，去香港办贸易公司，然后再甩掉合作方AST公司，推出自主的联想微机返销内陆市场，自然是赚到手软。

然而，到1991年春天，情形突然大变，国际计算机大公司集体降价，全球微机芯片价格一日三变，以进口组装为核心力的联想自然受到最大的冲击，公司仓库里的芯片存货价格竟跌去70%。①

在此前不久的国内报纸上，记者们发现，"45岁的柳传志看上去似乎显得很疲倦"。而到这时，他已经急如热汤中的青蛙，在短短三个月里，香港联想亏损5 000多万元，柳传志飞到香港亲自督战，他断然决定，不顾任何公众影响，把组装生产线从香港撤回深圳，将香港联想的100名工

---

① 联想集团副总裁李勤回忆说，当时，IT业上游原材料价格和产品的市场价格一天一变，而联想的财务结账周期需要15~30天，而且数据还不准确。这就意味着这个月的经营状况与产品、物料的库存数量要到下个月才能知道，经营和决策只能凭借管理者的感觉来把握。李勤说："我们just是在'瞎管'公司。"1998年后，联想引进ERP管理系统，情况才得到根本改变。

人全部裁掉，同时，大规模缩减公司的行政和市场开支。另外，重拾代理业务，替跨国品牌在国内销售打印机、绘图仪和扫描仪等，多管齐下，总算到年底熬过难关。连月操劳的柳传志把联想带出了泥潭，却在身体上被击溃，某日正在说笑之间，他忽然头晕目眩，一头栽倒，醒来时已经躺在医院。医生宣布，他患上了严重的美尼尔症。

联想在这次黑色风暴中的表现，可以被看作是中国新型公司冲击全球市场的第一次挫败。此后将近10年的时间里，柳传志一再宣称"中国市场是最大的国际市场"，直到2005年，已非昔日可比的联想在争议声中收购了IBM的PC事业部。

如果说，柳传志所遭遇的黑色夏天，是一起发生在家门口的国际商战，那么，在更广泛的欧洲和美国市场上，针对中国商品的战争也已经拉开了序幕。正如《经济学人》在1979年就已经评论到的，价格低廉而制作略显粗劣的中国商品将展现出它强大的竞争能力，这个预言在1991年前后变成了事实。

1月21日，欧共体（1993年11月正式易名为欧盟）在历经两年的调查后，宣布对中国的小屏幕彩电征收临时的反倾销税。根据欧共体的数据，1985年，欧洲从中国进口小屏幕彩电5.5万台，到1988年就猛增到125万台，占去了16.9%的市场份额，为了与低廉的中国货竞争，欧共体各国厂家不得不削价30%，由此，欧共体委员会认定中国彩电倾销，需要征收15%~20%的反倾销税。这一消息的宣布，对于刚刚在规模化制造上尝到甜头的中国企业来说无疑是当头一棒。

在美国，华盛顿一直在争论是否应该延长中国的最惠国待遇。到这一年的7月，中国对美国的贸易顺差已经攀升至90亿美元，仅次于日本，成为第二大贸易顺差国。《商业周刊》披露说，美国海关组织了300名报关代理人、贸易专家正在进行一项涉及面空前广泛的调查，牵涉到了20多家与美国进行贸易的中国公司。纽约的美国检察办公室正在准备对这些中国公司提出多达100项的指控，包括贸易欺诈和洗钱。海关调查中心指控中国在货运物品的价值上欺骗了美国政府，一些中国公司还漏报了一些在美国市场的销售数据。涉案产品包括一些布料和成衣。《商业周刊》认为："有一点是确定的：那就是海关官方一直将枪口瞄准中国的纺织业，这是中国的第二大出口收入部门。"①

另一个值得记录的事实是，就在欧美对中国相继展开反倾销的同时——这是欧美第一次联手对中国开展大规模的反倾销，跨国公司在中国的倾销性行动则加快了步伐。以感光材料行业为例，美国柯达和日本富士公司在中国市场上采取了廉价倾销的策略，富士彩卷在日本国内市场售价为每卷600~800日元，在欧洲市场为每卷6~8美元，但出口到中国市场的到岸价为人民币7.15元，仅为日本国内售价的13%。在其低价策略的冲击下，中国本土的感光材料企业日渐萎缩，"四大国营胶卷企业"中的上海申光公司破产，公元、福达公司开工率不足5%，在20世纪90年代中期相继被柯达公司控股合资，行业最大企业河北乐凯胶片公司的市场占有率也逐年下降，一直在盈亏边缘徘徊。在其他行业如新兴建材、洗涤用品、食品饮料等，国内企业都因跨国公司的低价竞争而逐渐丧失了市场。

尽管越来越多的外国公司开始进入中国，用《纽约时报》的说法，"在北京开设办事处的计算机公司简直就是全球计算机产业的名录"，但是中国还是觉得它们的速度太慢，那些有远见的地方官员已经认识到，要推动本地区的经济成长，靠迟钝和体制僵硬的国营企业是不太可能的，靠刚刚成长起来的民营企业则规模太小，不解渴。于是，引进外资，尤其是跨国大公司的投资，是最快捷的一条道路。5月，天津市宣布开设"保税区"，

---

① 据杨仕辉的研究，从1979年到1989年，国外对中国的反倾销数为65起，最低为1979年、1980年、1981年和1987年的两起，最高是1988年的11起；从1990年到1998年，反倾销数为275起，最低为1990年和1995年的19起，最高为1994年的42起。

很多地方设立"经济开发区",对外资企业实行"三免两减半"的优惠政策。在所有的区域中,珠江三角洲仍然是最耀眼的一颗明珠。

《商业周刊》用羡慕的笔触写道:

"年轻繁荣的深圳几乎可以与香港媲美。本地的商人们带着他们的移动电话和寻呼机来去匆匆。深圳的人口已经从1980年的5万发展到了今天的170万。成千上万的人从中国其他地区蜂拥而至,寻找优厚的工作机会。深圳的工业产值已经从1 100万美元飙升至38亿美元,其中80%是出口,而且仍在以每年40%的速度增长。麦当劳在这里开出了中国第一家分店,很多人在这里用港币而不是人民币购买巨无霸。

"在广东省省会广州,火车站的马路对面竖着巨大的广告牌,上面不是毛主席语录,而是海飞丝洗发水、真维斯牛仔和七喜饮料的广告。广州的自由大道上,塞满了巴士、出租车和摩托车。而商店里是可以随意购买的派克笔、索尼CD播放机和芭比娃娃。从去年开始,新上岗的雅芳小姐

▲移动电话进入中国人的生活

带着化妆品开始挨家挨户地推销产品——这是1949年之后，中国首次出现直销。

"每天傍晚收录机、万宝路香烟等从香港运到广东海岸。它们合法吗？也许不，然而根本没人在意。每个月，上百辆高档汽车被偷运抵广东。其中最受欢迎的是：梅塞德斯-奔驰、宝马和丰田。"

《商业周刊》的描述让人看到了正在恢复自信和商业活力的、忙乱而骚动的中国，正如记者在文章的最后所说的："广东是一个范例，中国的其他地方也将慢慢改变。它不得不变，因为每个人都想过上高水平的生活。美国（或者随便什么人）可以加速，也可以减缓这个过程，但是，阻止不了。"过不了多久，那个在过去十多年里一直掌控着中国改革航标的老人也来到这里，他将再次让改革的篝火熊熊燃烧起来。

企业史人物 ｜ 牟氏幻觉 ｜

  自从达成"罐头换飞机"的传奇贸易后，牟其中再没有认认真真地做过一笔生意。1999年1月7日，他坐着黑色奥迪车到公司上班途中，在门头沟附近一路段，一名交警上前拦车，此时，早已布控守候的北京、武汉两地警员快速跟上，将之抓获。整个过程前后不到三分钟，路人均无察觉。牟其中遭拘捕时似乎并不吃惊。警员在他身上搜出一封信件，信中他请熟人在自己出事后照顾自己的孩子。

  在中国企业史上，牟其中是最奇特的一个种类。如果不是后来经商，他可能会是一个很不错的中学教员、业余政治评论家或有野心的县政府公务员。他对这个剧烈变动中的时代充满了冒险的激情。他的"空手道"在当时为人津津乐道，也很是启迪了一代渴望财富的人们。然而，他却耻于做具体的实业，对资本经营则无限痴迷。

  自"罐头换飞机"一战成名后，牟其中就一直在全国各地飞来飞去，宣布了一个又一个的惊人项目。1992年，他提出由南德出资150万美元独家赞助举办"华人经济论坛"，每年在中国大陆举办两次，邀请全球各地华人企业家和华人经济学家参加；然后，他宣布在北京建立1 000亩的高科技开发区，准备进行高技术项目的开发生产，南德投资5 000万元在全国每个县建立一个高蛋白饲料工厂；1993年，他与重庆大学签署了联合办学协议，同时双方决定将重庆火锅快餐化，推向世界各国，在5年内做到销售收入1 000亿元，南德投入2亿元成立重庆麻辣火锅快餐公司，将从1 000亿元收入中拿出15亿元建立重庆大学教育基金。此外，牟其中宣布收购重庆当地的一家柴油汽车修配厂。同年春天，牟其中宣布投资100亿元独家开发满洲里，建设"北方香港"，11月，他又与张家界市签署了一项协议，计划投资10亿元进行区域开发。

  1994年，牟其中被《福布斯》列入全球富豪榜后，名声盛极一时，成为当时最显赫和让人敬畏的企业家，那股挥斥方遒的牟氏气魄似乎也越来越大。他提出建一个118层高的大厦,地点考虑在北京或上海,下边的广场就叫邓小平广场,投资100亿元。他还走马考察陕西,情绪激动地表示,准备在陕北投资50亿元;3月,南德宣布要搞三大项目,分别是中华巨塑、世界华商大会和南德别墅,此外他还在一次情绪激昂的记者会上宣布将出资31亿美元给中国海军买一艘航空母舰;1995年,牟其中在一次演讲中提出要办一所"南德儒商大学",投资5亿元;1996年,他宣布对辽宁的三家国有企业进行2亿元的投资改造,3月,他提出将喜马拉雅山炸开一个口子,将干旱的中国西北地区变成降雨区,继而他又提出采用定向爆破的办法,在横断山脉中筑起一座拦截大坝,可以为黄河引入2 017亿立方米的水量,投资额为570亿元;同年9月,他对外公布投资总造价为1亿美元的"国际卫星–8号"……

这一个个庞大的投资计划,一次次像炸弹一样在全国媒体上爆炸,一次次地把牟其中聚焦在耀眼的镁光灯下,使他和南德公司光芒夺目。牟其中是一个天才的演说家,他先后提出"99加1度""平稳分蘖"等让人耳目一新的观点,在当时的企业家群体中颇有思想家和战略家的气派。作为一个公司经营者,他在数据上向来有信口开河的习惯,南德公司的资产和盈利像橡皮筋一样难以测量。一次,一位叫顾捷的公司顾问问他,你的钱在哪里?你怎么赚来的?你缴多少税?牟回答说:"谁来查我?怎么查我?"

牟其中是最早看到国营企业解体及体制转型将带来巨大商业契机的人,他早年倒卖座钟及"罐头换飞机"都与此有关。1992年之后,在中央决定对中小国营企业进行第一次产权改造的时候,他敏感地认识到这将是一场百年一遇的资本大盛筵,对陷入困境的国营企业的重组与倒卖是下一轮财富累积的主要手段。他提出的"99加1度"理论,就是"充分挖掘计划经济中的闲置资源,实现市场经济的超额利润"。在他看来,国营企业和政府资源就是那"99度",南德和他牟其中就是让水沸腾的"最后的一度"。在南德集团的大厅里,他赫然立起一条金字标语"为搞活国有大中型企业服务，振兴社会主义经济"，并以此为南德经营战略的目标。一位经济学家走访南德，见此标语后莞尔一笑道，它实在应立在国家某部委的大厅里。牟其中还提出了一个搞活3 000家国有大中型企业的"765工程"，即为每家国有企业注入7.65万美元的启动资金，以达到迅速完成企业体制转型、资产转活的目标。他还具体地谈到了执行的时间表："第一年搞它300家，计划引资18亿美元，四年完成整个中国的工业化。"

后来者读到这些文字，大概都会把这个四川万县人当成是妄想症患者。然而，在20世纪90年代中期，它却一再地被刊登在国内所有的严肃报纸上，牟其中确乎是真正看到了国营企业被全面改造的命运轨迹，无非他表达的方式实在太过夸张和炫目。从本质上来讲，牟是一个企图在政治资源与经济领域的灰色地带攫取利益的寻租者，他确实也与当时一些很有政府背景的国有金融机构，如中国农业信托投资公司等有密切的往来，他所有的项目其实都是为了从各地的金融机构融到资金，以空手套白狼的方式在企业转型中获取利益，在其后的十多年里，无数"商业天才"用这样的方式一夜暴富。牟其中的错误在于，在这种"见不得阳光"的寻租过程中，他又渴望表达自己的思想和理论，同时还显示出一副十分醒目的异端姿态。他连续不断的、让人瞠目结舌的、恶作剧式的承诺最终让他在政界、经济界、传媒界和社会公众层面多重失信。

牟其中的身败名裂发生在1997年。9月，一本非法出版的杂志增刊突然从地下冒了出来，其书名骇人听闻——《大陆首骗牟其中》，据称是由"三个曾经投奔南德的高级打工仔冒着被追杀的生命危险"写作而成的，它把牟其中描述成一位"上骗中央、下骗地方"的中国第一大骗子。在书的封面上，它以牟其中前任律师的话高呼：牟其中不亡，天理不容。这本非法出版物以迅雷不及掩耳之势铺遍了全国大小书摊，牟其中百口难辩，原本就建在沙土上的南德集团因此分崩瓦解。在这期间，经济检察部门也开始秘密调查牟其中，发现他在中国银行湖北省分行有骗开信用证的行为，涉嫌诈骗金额7 507万美元。2000年5月30日，在被拘捕一年多后，武汉中级人民法院以"信用证诈骗"判处59岁的牟其中无期徒刑。

牟其中是这部中国企业史中最耐人寻味的人物之一。《第一财经日报》总编辑秦朔描述过采访他的感受："有一年，我去访问牟其中，当时关于他的江湖传闻很多，如生活腐化、睨世傲物等。可是见到了却是一个略显疲态、喜欢自言自语、梳着一款毛式大背头、有着一副仓库管理员体格的中年人，他请我到南德公司街对面的小店吃廉价的火锅，涮羊肉的时候满桌数他声音最响。牟其中不停地说他的理想，说自己坎坷的经历，坐牢，流浪，孤独，不被理解，他说自己听到国歌就会流泪。讲到这里，我分明看到他眼中似乎闪出湿润。在某一瞬间，我竟有点着迷。几年过去了，每当我回想到那次经历的时候，仍会有一种莫名的怅然。"

1992 / 春天的故事

> 1992年，又是一个春天。
> 有一位老人在中国的南海边写下诗篇，
> 天地间荡起滚滚春潮，征途上扬起浩浩风帆……
> ——蒋开儒：《春天的故事》，1992年

从年初开始，人们就在揣测87岁的邓小平在南方到底讲了一些什么话。从1月18日到2月21日，邓小平视察武昌、深圳、珠海、上海等地，其间他断断续续地讲了不少话。他的此次南下显得非常神秘，连惯例应当随行的新华社记者也没有带上，媒体没有做任何相关的报道。当时负责接待工作、后担任广州市政协主席的陈开枝那时正在南海度假，他回忆说，广东省委书记谢非突然打来电话，说了一句只有他们才听得懂的话："我们盼望已久的老人家要来了，请你马上回来。"陈开枝对南海的官员说："有很急的事情要回去，也许很快可以告诉你们，也许永远不能告诉你们。"

邓小平在视察期间的讲话后来都被整理成文——"基本路线要管一百年，动摇不得。""判断各方面工作的是非标准，应该主要看是否有利于发展社会主义社会的生产力，是否有利于增强社会主义国家的综合国力，是否有利于提高人民的生活水平。""社会主义的本质，是解放生产力，发展生产力，消灭剥削，消除两极分化，最终达到共同富裕。""计划多一点还是市场多一点，不是社会主义与资本主义的本质区别。""改革开放胆子要大一些，抓住时机，发展自己，关键是发展经济。发展才是硬道理。""中国要警惕右，但主要是防止'左'。""要坚持两手抓，两手都要硬。两个文明建设都搞上去，这才是有中国特色的社会主义。"

这些讲话的核心其实便是，对无所不在的意识形态争论给予了断然的"终结"，他似乎已经没有耐心继续在"理论"的层面上对那些纠缠不清的问题进行讨论了。事实上，早在1月1日《人民日报》发表的《元旦献词》中，中共中央总书记江泽民已经把主要阐述集中于经济方面，涉及意识形态的话题只轻轻掠过。邓小平在南方的讲话则把这一思想推到了极致。根据凌志军的记录："邓小平的这些讲话先由小道上传来，但官方不予证实，国内人们到处打探消息，境外报界纷纷扬扬，北京的新闻界则遵守新闻的纪律不让此事见报，静待上级指示。"

▲邓小平到达深圳

3月26日，一篇1.1万字的长篇通讯《东方风来满眼春——邓小平同志在深圳纪实》在《深圳特区报》刊发，第二天，全国各报均在头版头

条转发。以往，此类重大报道均由《人民日报》或新华社统一首发，这篇通讯的非同寻常实在耐人寻味。而通讯的发表之日，正值北京召开两会期间，它所诱发的轰动和新闻效应可以想见，一时间，解放思想、加快改革步伐，成为舆论之共声。

在中国的改革史上，"邓小平南方视察"是一个重大事件。在有些时候，它甚至被认为是一个历史性的转折点。从1978年改革开放以来，中国的发展主轴已经向经济成长转移，然而围绕经济领域中出现的种种新现象，仍然有不少人以意识形态的标尺去丈量和批评。每当宏观经济出现波动的时候，便立刻会有批评和指责的思潮出现。这已经成为阻碍中国经济持续增长的最大的思想屏障。从上一年开始，《解放日报》发表皇甫平系列社论，对一些思想进行系统化的批评，当时引起某些人士的猛烈反扑，然而，加快改革与开放，毕竟已成为全民的共识，此次邓小平的南方谈话，是对僵硬思潮的致命一击。从此之后，在公开的舆论中，姓"资"姓"社"之类的讨论日渐平息。

邓小平的南方谈话很快成为中央的决策主轴。6月9日，江泽民在中央党校向省部级学员发表讲话时，提出了"社会主义市场经济"[①]这个概念，他的论述将之前围绕着商品经济与计划经济而展开的种种争论给予了澄清。10月，中国共产党第十四次代表大会召开，大会报告明确提出了建立社会主义市场经济体制的目标，同时将有中国特色社会主义理论和党的基本路线写入党章。邓小平出现在大会的闭幕式上，这是他最后一次出现在党的代表大会上。

历史在此刻完成了一个周期。1978年12月，在邓小平的主持下，中共十一届三中全会提出"把全党工作重点转移到社会主义现代化建设上来"。15年后，又是在他的一力主导下，十四大确立了市场经济体制的目

---

① "市场经济"这个概念则是邓小平在1985年10月23日第一次提出的。

标。①之后的中国经济进入一个加速发展的阶段,各项投资明显加大,在主要的经济指标上竟与宏观过热的1988年有得一比,国民生产总值增长12%,工业增长20%,全社会固定资产投资增长36%,1988年的这三个指标分别是11.2%、17.7%和25.2%。②

1992年的春天,给喜好"大历史阐述"的中国人留下了太深的印象,以致在后来的很多记忆中,这一年整个儿都是春天。

邓小平异乎寻常的南方视察旋风,不但在政治上造成了空前的震动,同样在经济上形成了强烈的号召力。那些谙熟中国国情的人,都从中嗅出了巨大的商机,很显然,一个超速发展的机遇已经出现了。这时候,需要的就是行动、行动、再行动。在江苏的华西村,每天准时收看新闻联播的吴仁宝一看到邓小平南方视察的新闻,当晚就把村里的干部召集起来,会议开到凌晨两点,他下令动员一切资金,囤积原材料。为此,他整日奔波,一方面四处高息借贷,另一方面到处要指标、跑铝锭。他的大儿子吴协东后来透露,"村里当时购进的铝锭每吨6 000多元,三个月后就涨到了每吨1.8万多元"。

吴仁宝显然不是唯一一个行动起来的人。南方视察之后,全国立即出现了一股前所未有的办公司热。从2月开始,北京市的新增公司以每个月2 000家的速度递增,比过去增长了2~3倍。到8月22日,全市库存的公

---

① 词作家蒋开儒创作于1992年底的《春天的故事》风靡一时,他用诗化语言描述了邓小平前后15年的两次决策:"1979年/那是一个春天/有一位老人在中国的南海边画了一个圈/神话般地崛起座座城/奇迹般地聚起座座金山……1992年/又是一个春天/有一位老人在中国的南海边写下诗篇/天地间荡起滚滚春潮/征途上扬起浩浩风帆……"

② 到年底,在1988年频繁出现过的一些字眼也再度浮现:生产资料价格急剧上升,交通运输全面紧张,结构矛盾更加突出,经济出现超速增长的危机。大中城市的通货膨胀率已超过了10%。

司执照已全数发光,市工商局不得不紧急从天津调运一万个执照以解燃眉之急。在中关村,1991年的科技企业数目是2 600家,到1992年年底冲到了5 180家。四川、浙江、江苏等省的新增公司均比去年倍增,在深圳,当时中国最高的国际贸易中心大厦里挤进了300家公司,"一层25个房间,最多的拥挤着20多家公司,有的一张写字台就是一家公司"。

3月9日,珠海市宣布重奖科技人员。珠海生化制药厂厂长、高级工程师迟斌元从市长梁广大手中接过价值29万元的奥迪轿车钥匙、三房一厅的产权证书和26.718 4万元的奖金,上百家海内外媒体拍下了他热泪盈眶的情景。珠海重奖新闻很快诱发连锁效应,辽宁锦州市政府拿出76.7万元奖励5个科技人员,四川用80万元奖励一位农学家和他的助理们,山东、安徽和江苏等省纷纷用现金、轿车、住房或家电等奖励当地的科学家。几年前还偷偷摸摸的"星期六工程师"现在被允许公开承包项目,江西省规定,科技人员搞技术承包,可与所在企业分成,承包者所得不低于50%。

除了科技人员,那些有商业创意的人也成为了新的明星。7月29日,《中国青年报》在头版头条别出心裁地刊出一条独家新闻:《何阳卖主意,赚钱40万》,消息称:"思想、策划、主意也能卖钱。北京一位名叫何阳的发明家光靠给企业出谋划策,赚了40万元。他创办的和洋民用新技术研究所,目前已获中国专利20多项,技术转让总收入100多万元。"

何阳大学毕业后被分配到北京一家化工厂,1988年,32岁的他辞职下海,成了一个"知识个体户"。他想去《北京晚报》登招聘人的广告,报社让他先去人才交流中心开证明,中心的答复是个体户不能登招聘广告,他情急之下就满大街去贴广告,结果下午果然来了4个人,定睛一看,是四个市容检查队的,让他一张招贴罚款一元钱。就这样,何阳的"研究所"几年下来只有他一个职员,而他却靠给企业出点子闯了一条路出来。一家塑料厂的一次性塑料杯大量积压,何阳出点子说,把京广铁路沿线站名印在茶杯上,再印个小地图,在铁路沿线的火车上卖。塑料厂一试,果然大灵。一家灯具工厂的台灯卖不出去,何阳想起海湾战争中大显神威的爱国者导弹，便建议工厂设计一种爱国者导弹形台灯，样品拿到香港的博览会上居然脱销，何阳收到6万元酬金。浙江的金华火腿已有800年历史，但近年销路不畅，何阳出点子说，为何不把火腿开发成罐头食品呢？就这一句话，何阳收到10万元的点子费。

在任何时代，像何阳这样的聪明人都是一个"宝"，而在20世纪90年代初期的中国，产品积压和缺乏创意是所有大小公司共同的困扰，何阳似乎总是能够一语点破天机，通过一些聪明的主意让滞销商品顿时变活。在《中国青年报》的报道之后，何阳迅速成为全国知名的新闻人物，他被誉为"点子大王"，各地找上门来求教的企业络绎不绝，他四处演讲，成为最受欢迎的"商业智多星"，他的演讲会常常成为现场的咨询大会，台下的人报出一个滞销商品，何阳一眨眼就能说出一条"救活的点子"。一年后，他顺势出版了一本名为《何阳的点子》[①]的小书，发行量超过50万册，其中例举了数十个新奇的产品创意，包括"刻着星期的筷子""避孕泡泡糖""魔术酒瓶"等。"何阳热"直接催生了一个"咨询策划产业"，在他的身后出现了很多类似的聪明文化人，他们以善于策划和出点子闻名，成为中国商业界一群活跃的身影。

何阳的出名，让每一个对商业没有恶感的人都感受到了"知识就是金钱"，在一定程度上激励了青年人投身到商业活动中去。[②]

---

① 何阳著，《何阳的点子》，北京：北京大学出版社，1993年版。

② 出名后的何阳，继续靠出卖点子赚钱。为了证明自己的确智力出众，他告诉记者说："我成人后经北京权威医院的机构测定，智商仅差了两分就获得满分，为超超常。"他当过北京创造学会的副秘书长，被聘为联合国工业发展组织的中国专家，还担任北大博士生、中国人民大学MBA的授课辅导工作，任十余所高校的兼职教授，1997年，何阳被评为"中国十大策划人"。1999年11月，银川市公安局接到宁夏酸妞野生饮品公司总经理夏虹钢的报案，称何阳以帮其公司产品制作广告并在中央电视台播出为名，诈取人民币100万元。一个月后，何阳在西安被捕。2001年3月，银川法院判处何阳有期徒刑12年，处罚金5万元。何阳在狱中读书、写字，他对来访者说："我不再憎恨任何人。"

同样是受南方谈话的影响，在政府的中低层官员中出现了一个下海经商热，后来他们管自己叫"92派"。香港《亚洲周刊》引用辽宁省委组织部的数据说，该省在1992年前后有3.5万名官员辞职下海，另有700名官员"停薪留职"去创办企业。据《中华工商时报》的统计，当年度全国至少有10万党政干部下海经商。

陈东升是"92派"这个名词的发明者。1992年，他在国务院发展研究中心做宏观经济研究，同时还担任了一本管理类杂志《管理世界》的常务副总编。有很长一段时间，他一直在兴致勃勃地策划一个评价体系，想仿照美国《财富》杂志的模型，搞一个中国500家大企业的排行榜。就在这时，国家体改委出台了《股份公司暂行条例》《有限责任公司暂行条例》，陈东升认为这两个条例"是中国企业发生真正变革的转折点"。他后来说："当时想创立企业，可是不知道资本从哪儿来，有了这两个文件后，就可以去募集资金，可以去依据一种商业模式寻找投资人来投资。"5月，陈东升辞职下海了，选择当时在国内一片空白的拍卖业，成立了嘉德拍卖公司，"那个时候就是满腔热血，当时都没有拍卖的概念，除了在电视上看过，什么都不懂。今天请教这个，明天请教那个，还去香港把拍卖过程录下来，回来大家一起看"。很有学术素养的陈东升相信"创新就是率先模仿"，"要做拍卖，就得像索斯比（全球最大的拍卖公司），对一流企业就要跟踪它、学习它、追随它"，到了1996年，嘉德已经成长为国内首屈一指的大型拍卖公司。就在这一年，陈东升又募资创办了泰康人寿保险公司。

毛振华是陈东升在武汉大学经济系读书时的同班同学，他在中南海的国务院政策研究室上班，到了周末经常晃晃悠悠地骑着自行车到崇文门陈东升的家瞎聊，夜深了便抵足而眠。就在陈东升办嘉德的半年后，他下海创办了中国第一家评估公司——中国诚信证券评估有限公司，他的目标是要做中国的标准普尔和穆迪。

在物资部对外合作司工作的田源是陈和毛高三届的校友，他在12月创办了中国第一家期货经纪公司——中国国际期货经纪公司。此前，田源是政府系统中对期货最有研究的专家，他在两年前受国务院发展研究中心选派，到美国科罗拉多大学和芝加哥期货交易所进行访问研究，他还是中国期货市场工作小组组长，正是在他的主导下，设计出了第一套期货管理条例，而就在这个条例颁布之后，田源创办了自己的公司。期货是一个高风险行业，成败往往转瞬达成，为了提醒自己和员工们注意控制风险，田源在公司的门口设计了一块"风险台地"，由凹凸不平的石头铺成，每日进出都磕磕绊绊的。

跟上述三人相比，国家体改委干部郭凡生的下海经历则要曲折得多。极善言谈、近乎于"侃爷"水准的郭凡生少年得志，1982年他从中国人民大学工业经济系毕业后，自愿回家乡内蒙古工作，自治区党委政策研究室专门成立了一个战略组，由郭凡生等8个大学毕业生组成，他们对内蒙古的发展提出了一系列让人耳目一新的战略研究报告，发行量超过100万册的《中国青年》杂志专门发表了《20多岁的"战略家"们》，对他们褒赏不已。郭凡生后来调进国家体改委，1990年，对宦途升迁意兴阑珊的他已经身在曹营心在汉，去一家科技贸易公司当兼职副总经理。南方谈话后，郭凡生决意脱下"官服"下海创业。在北京官场，他几无任何人脉和资源可以利用，于是只好白手起家。善于观察的他发现，在喧闹嘈杂的中关村，每天都在进行着各种电脑用品的交易，但没有人对这些信息进行整理。于是，他办起了一家慧聪公关信息咨询公司，其主要业务就是每周油印一本《慧聪商情广告》的小册子，每天，郭凡生就带领20多人骑自行车穿梭在中关村的各家商户之间。慧聪的业务竟非常好，几年后，他成为中关村最大的商情信息提供商。"战略家"出身的郭凡生在管理企业时，仍然不改制度创新的本色，他制定了一些很古怪的规定，比如新员工入职都要去爬十三陵水库的一座山，不能在规定时间爬上去就坚决辞退。他还设计出一套"全员劳动股份制"的制度，规定"任何人的分红不得超过总额的10%，股东分红不超过总额的30%，每年分红的70%给不持股的职工"。这个制度一直执行到1999年。在互联网兴起的2000年前后,慧聪转型成一家电子商务公司,后来发展成仅次于阿里巴巴的第二大B2B公司。

5月,郭凡生的同事、中央党校法学硕士、在国家体改委任过职的冯仑决定到海南去碰碰运气。他一年多前就辞职下海了,此前曾经给南德的牟其中当过一段时间的幕僚,每月领250元的顾问费。今年,他通过关系,用数万元"换"来了一家信托公司500万元的投资,然后扛着"万通实业股份有限公司"的招牌兴冲冲地南下到了海南。

此时的海南,用冯仑的话说,"已经热得一塌糊涂了"。由于受特区开发政策的影响,海南一直颇受投资商的关注,据称从1990年开始,每年都有10万大学青年渡海淘金,到了南方视察之后,热浪终于席卷全岛,而首先遭到爆炒的就是房地产。在1991年6月之前,海口的公寓房售价是每平方米1 200元左右,而到1992年6月,售价已上涨到每平方米3 500元。炒卖地皮成为最快的暴富手段,冯仑回忆说,一些从北京南下的人,靠政府背景拿到一块地,仅凭一纸批文就可以获利上千万元,看得让人心惊胆战。很多楼盘一拿到报建批文就登广告,连地基还没有开始打,价格已经驴打滚一样地翻了几倍,海南重现当年倒车时的疯狂景象。据经济观察家阎卡林的统计,海南省这一年共出让2 884公顷的土地,而实际在建和竣工的竟不到20%,大量土地闲置,被用来囤积炒卖。

冯仑在海南碰到了5个志同道合者——王功权、潘石屹、易小迪、王启富和刘军,这伙人合称"万通六兄弟",后来均成了中国商业界的风云人物。他们都是从政府部门辞职出来的,受过良好的高等教育,在汹涌迷乱的海南,他们倒卖批文、炒作土地,很快掘到了第一桶金,"那个时候很好玩,很快活,像是大姑娘初婚,很幸福,幸福又糊涂"。冯仑后来说,"几乎是游侠般的生活,江湖日子。江湖和游侠在中国实际上就是脱离体制边缘的一种自由状态。都是生人,谁也不欠谁,不管你过去是怎么样的，海南不相信眼泪，不承认过去，大家都这样，然后该求人的就求人，没钱了就去蒙，这吃一口，那吃一口，人都没有身份感了"。有意思的是，就是这样的过程中，他们清醒地看到，"海南的好景长不了"。一年后，6人就撤离海南，冯仑和潘石屹再回北京，后者离开万通创办了红石房地产公司，他从开发SOHO现代城开始，成为中国地产业的标志人物。

财经作家、《中国企业家》主编牛文文评论"92派"说，他们是中国现代企业制度的试水者，和之前的中国企业家相比，他们应该是中国最早具有清晰、明确的股东意识的企业家的代表，这些人往往在政府部门待过，有深厚的政府关系，同时又有一定的知识基础，具有前瞻性的预测能力，创立一个行业并成为行业的领头羊。这些从体制里出来的人，对"中国""国际"等字头仍有相当的好感，这或许能契合他们未了的一种情怀。在他们看来，带中国字头的企业是"局级单位"，可以在全国范围内开展经营，而且天然地就好像是中国第一。

4月，一个身材高大、脸庞饱满的44岁印尼华裔商人来到了中国。他可能是最早从南方谈话中读出商机的外籍企业家。这个名叫黄鸿年的中年人有一个显赫的家族，他是印尼第二大财团、金光集团董事长黄奕聪的次子，黄家当年靠贩卖椰干和食用油起家，成就10亿美元的家产。印尼华商的崛起，大多与政府主政者有丝缕关系，所以也特别注重维系与官方的互动。或许正因为如此，20世纪60年代初，黄奕聪把他的第二个儿子黄鸿年送到了高干子弟云集的北京26中就读中学，黄鸿年参加过红卫兵，还短暂地到山西农村下乡插队。30年后，当他转战中国的时候，那些已经当上了领导职务的学兄学弟们自然为他提供了大量的方便。

在离开北京后，黄鸿年一直没有介入金光的家族业务，而是独辟蹊径，在新加坡和香港等地的股市从事资本活动，他嗅觉灵敏，多次狙击获利，竟有"金手指"的雅号。为了实施他的进军中国策略，黄鸿年收购了香港股市一家名叫红宝石的日资亏损公司，将之易名为中策，自称"配合中国改革开放策略"之意。中策除了黄鸿年以30.5%控股之外，李嘉诚的和黄公司、金光集团及美国摩根士丹利等大证券商也是重要股东，此外，他还与日本的伊藤忠财团等有很密切的关系，其资本背景十分复杂。很显然，那些隐身在背后的资本大鳄们都想靠黄鸿年的突击，获取利益。

黄鸿年试水的第一家企业是在他当年插过队的山西省。黄回忆说："我去山西，有一天吃完晚饭的时候，当时的省委书记王茂林同志问我，'明天有事吗？'他要去考察一个他蹲点的工厂，当时叫作太原橡胶厂，我可以跟他一起去。看了工厂以后，当时的厂长谢功庆做了一个汇报。这个企业的设备、厂房都是典型的老国营企业，王书记问我有没有兴趣合资，我当场就答应了。从我们讨论合资到签约，到新公司开业，到我们资金到位，前后也就一个多月的时间。"

在山西得手后，黄鸿年转赴杭州，在市长王永明的一力促成下，黄收购了两家效益很好的企业——西湖啤酒厂和杭州橡胶厂，同时还"搭购"了一家亏损的电缆厂。黄自嘲说，在中国计划经济体制下，80%的农民决定了小农经济，小农经济决定了意识形态，讲究配套，配了一个亏损的电缆厂，我也莫名其妙地答应了。

黄鸿年在杭州的购并引起了媒体的关注，"中策现象"由此而生。南方谈话后，发展意识复苏，举国期盼开放而不得其法，黄鸿年高举"为改造国企服务"的大旗，自然一呼百应。通过前两年的改革，各地对于通过引进外资来改造国营企业已渐成共识，黄鸿年凌空而降，自然让各地官员大喜过望，国内媒体也对黄的到来寄予厚望，以为靠黄鸿年的资本和机制双注入，将可能是改造积重难返的国营企业的一剂良药。

杭州之后，黄鸿年来到祖籍所在地福建泉州。黄说："市委书记和市长跟我谈了很久，希望我能在泉州搞个项目，我就问市长，你们泉州市总共有多少个厂？市长说总共有41个企业，我说一起合了行不行？市委书记当场给省里的陈光毅书记和贾庆林省长打电话，这个事情就这么定下来了。两天两夜内,我们喝了一两瓶茅台酒,把这个项目签了意向书。很快,在 7 月 1 日党的生日前夕,我们在香港签下正式合约,向党的 71 岁生日献礼。"

从以上三地情节来看,中策购并基本上都是"市长工程",黄鸿年的做法如出一辙:与政府一把手直接沟通,借南方视察东风,用好政治牌,高举高打,以气造势。泉州之后,"中策现象"已经非常轰动,黄鸿年趁热打铁又在大连一揽子收购了 101 家国营企业。从 1992 年 4 月到 1993 年 6 月间,中策集团斥资 4.52 亿美元购入了 196 家国营企业,随后又陆续收购了 100 多家,后虽因中国政府的干预中止了部分合同,但中策仍在短短的时间内组建了庞大的企业帝国。

马不停蹄的黄鸿年像割稻子一样地四处收购企业,看上去跟几年前的马胜利非常相似,但是,其实质却有很多的差异:马的收购对象大多为陷入困境的中小企业,而黄专选资本质量好、有赢利前景的国家骨干企业;马收进企业后,没有将之改造的能力,而黄从一开始就做好了打包出售的计划。

在收购之初,黄鸿年把重点放在了橡胶轮胎和啤酒两大行业。他将太原和杭州的两家橡胶厂纳入在百慕大群岛注册的"中国轮胎控股公司"名下,而后增发新股并在纽约证券交易所上市。然后,他又用募资所得的一亿美元先后收购了重庆、大连、银川等地的三个轮胎橡胶厂,中策所得的 5 家工厂中有 3 家是我国轮胎行业的定点生产厂。在啤酒行业中,中策收购了北京、杭州以及烟台等地多家啤酒厂,组建了在百慕大注册的"中国啤酒控股公司",在加拿大多伦多招股上市成功。数年后,黄鸿年又将手中所持股份整体出售给日本伊藤忠,伊藤忠再售予朝日啤酒。黄鸿年还策划进入医药行业,后因国家有关部门干涉,未能成功。

中策一揽子收购某地全部国营企业的做法,则显得十分大胆和图谋深远。在泉州一案中,中策与泉州国有资产投资经营公司合资成立泉州中侨集团股份有限公司,中方以全部 41 家国有企业的厂房设备等固定资产作价投入，占股40%，中策出资2.4亿元占股60%。中侨公司拥有大量土地储备，其后续的地产经营前景十分可观。

就当黄鸿年在各地大肆收购的同时，尾随其后的是由理论界和传媒界人士组成的庞大的"啦啦队"。他的出现让改革派理论家们似乎看到了让国营企业摆脱旧体制的曙光，于是，对之的称颂便有点"上纲上线"，有些竟带有幻想的玫瑰色。很多经济学家认为，"中策现象是国营企业重组的有效模式"，"是中国经济体制改革深化的时代产物"，黄鸿年的购并终于让国营企业实现了多年未有突破的产权多元化，这将使得国营企业改革彻底地走出笼子里改革的老路子。中国社会科学院副院长、经济学家刘国光更评论说，可以利用中策熟悉国外企业上市的原则和渠道把一些国营企业经过重整后，转换成为具国际性的企业，陆续在国外上市，更多地吸引国外资金来投入国内企业发展。

这些热烈的言论给予了中策现象以无比崇高的改革定位，使之收购行为"超越"了商业利益的自身逻辑。在众多媒体的轰拥下，黄鸿年和中策意外地成了中国企业改革新的风向标。黄鸿年后来回忆说，中策进中国，一开始是来试水的，没有想到会受到如此大的欢迎，其收购成本又能如此优惠和低廉，其后便一起热昏了头，很多项目是糊里糊涂地定下来的，泉州和大连的两起"一揽子计划"更是在热浪中匆忙实施的"不可能任务"。

黄鸿年在1992年的热走，彻底炒热了"资本经营"这个名词，后来不少经营者在谈及中策时，均印象深刻，认为其启迪"超过100本教科书"。外来的中策现象，加上国内的牟其中"罐头换飞机"，让人们生动地看到了资源流通所带来的神奇效益。

黄鸿年的新闻出现在各大报刊的财经版头条，自然让各地的国企厂长们暗慕不已，他好像是一个"天使"：背着钱袋从天而降，用一堆真金白银换走一张股权证，然后人不换，事不管，却可以让企业从此摆脱"婆婆"们的束缚，换来一个全新的"老板机制"。泉州的41家企业被收购后，泉州轻工局、商业局便被撤销了，厂长们只需对黄鸿年一人负责。中策提供的模式似乎可以绕开所有发生在国企改革中的难题。

中策的突然成功自然引发了其他国际公司的效仿。就在他收购了杭州啤酒厂之后，与他背景十分相似的泰国华裔首富正大家族的四公子谢国民则来到了杭州青春宝药业公司。①这家公司的总经理赫赫有名，是清末红顶商人胡雪岩创办的胡庆余堂的关门弟子冯根生，他于1972年白手创办这家企业，研制开发出畅销一时的保健药品青春宝，1988年，全国第一届优秀企业家评选，冯根生是浙江企业家中入选的第一人。青春宝当时是华东地区最赚钱、也是品牌度最高的药厂，冯善于经营，性情刚直敢言，某年，正当他为了市场销售忙得不可开交的时候，上级主管部门通知他去参加一场经营管理考试，他愤而罢考，闹了一出不大不小的风波。到1992年，冯根生已经59岁，按照惯例他将在一年后退休。便在这时，在他的极力主导下，正大集团于第二年以净资产核算的低廉价格获得了青春宝的控股权。谢国民对冯根生做出承诺，他可以做到不再想做的那一天。一直到2007年前后，冯根生一直是正大青春宝的总裁。他也因此成为近30年来最"长寿"的企业家。

青春宝被正大控股，引发了一场"靓女该不该先嫁"的争论。在之前人们的观念中，拿出来与国外合资的都应该是一些濒临倒闭、实在经营不下去的"丑女"，像青春宝这种赢利能力很强的"靓女"与外商合资，很有国有资产流失的嫌疑。日后来看，这个争论基本上是一个"伪命题"，因为那些国际资本并非慈善组织，如果没有升值的潜质，则根本不具备被收购的可能。冯根生在评说青春宝合资一事时，自称是"被迫披洋衣，欣

---

① 正大集团创办人为广东潮州人谢易初，以菜籽生意起家，为亚洲最大的饲料集团之一。正大在1979年就进入中国，它在深圳、珠海和汕头创办的公司都领到了该市"001"号中外合资企业营业执照，1989年，正大以赞助中央电视台的《正大综艺》节目而广为人知。谢易初生四子，以"正大中国"为序，谢国民接掌正大，2004年以17亿美元列《新财富》华商富人榜第32位，为泰国首富。

然换机制",言下之意,是通过出售控股权的方式摆脱原有的体制。而客观上,他也因"披上洋衣"而得以继续掌控这家由他创办,却在资产上跟他没有关系的企业。

如果说,突然间冒出来的黄鸿年提供了一种搞活国营企业的"另类办法",那么,除此之外,确乎是看不到有什么新的奇特招数。国务院颁布的各项通知,仍然是"继续转换企业经营机制","继续限产压库","继续抓好品种质量效益","继续清理三角债"。在这期间,还发生了一起半途中止的"破三铁"改革运动。

由于效益不彰,搞活无策,庞大的冗员越来越成为国营企业不堪其重的负担,一些调查显示,在绝大多数国营企业中,在岗而没有工作可做的工人占到了一半以上的比例。从2月开始,因讨论国营企业"生死"而声名大噪的《经济日报》刊发一组《破三铁,看徐州》的稿件,继去年报道"四川企业安乐死"之后又掀起了一股"破三铁"的热潮,这一改革措施得到了中央的首肯,并迅速在国营企业中广泛实施。

"三铁",分别为"铁饭碗"、"铁交椅"和"铁工资",实指国营企业的劳动用工、人事和分配制度,它们被认为是国营企业的传统优越性所在,也是其内部机制僵化累赘的症结。所谓"破三铁",就意味着企业可以辞退工人,工作岗位将不再"世袭",企业管理人员(之前称为"干部")不再终身制,员工的工作也不再是铁板一块,而将根据效益和绩效浮动。根据报道,江苏省徐州市在过去的一年多,针对"企业办不好,厂长照样当;工厂亏损了,职工钱照拿;生产任务少,谁也减不了"的现状,通过"破三铁"让企业恢复了活力。《经济日报》在不到一个月的时间里发稿36篇,它坚决地认为,"破三铁"是国营企业改革的一次"攻坚战"。新华社也发表述评,称"破除三铁,是今年企业改革的主旋律"。到3月底,全国"破三铁"试点企业已逾千家。

"破三铁",是企业改革15年来,第一次把改革的矛头对准了企业中的一般职工，在此前，所有的改革理念和措施都是针对经营层与国有资产管理层的。"破三铁"，其实也就是解除了企业与工人的"终身劳动契约"。在某种意义上，大张旗鼓的"破三铁"是一次无可奈何的观念运动，它让人们意识到，他们一直以此为家的国营企业不再是永远的保姆和不沉的大船。在媒体的热烈鼓噪和"徐州经验"的启发下，本溪钢铁厂宣布10.6万名职工全部实行全员合同制，它被认为是中国大型企业第一次打破"铁饭碗"，上海、四川和北京等地的老牌国营企业也纷纷以深化改革为名义大幅度裁员，大批工人下岗回家。有些地方政府官员更直接提出，以三铁精神（铁面孔、铁手腕、铁心肠）来破三铁。

三铁既破，然而社会保障体制却没有健全，成千上万的工人下岗，一下子变成了无依无靠的社会弃儿，严重的失业迅速演变成一场社会危机，一些地方相继发生被裁员工人跳楼自杀和行凶报复的事件。4月，地处京畿的天津市盛传天津手表厂搞"破三铁"出了乱子，工人罢工、女工自杀、厂长免职，此类传言迅速飞散整个华北地区。后经媒体调查，手表厂事件有点出入，然而，满城风云并非空穴而来，"破三铁"因缺乏相关社会福利制度保障而可能诱发的社会动荡却引起了决策层的警惕。在5月召开的中国经济体制改革研究会上，有人明确提出，转换企业经营体制不能简单地归结为"破三铁"。新华社旗下的《半月谈》刊发权威人士言论，称"破三铁，要谨慎"。一位叫贺中天的经济学家批评说："徐州搞破三铁，市委规定亏损企业工人扣多少，厂长扣多少，政府职能不转变，光扣厂长工人的工资，企业转换不了机制。"北京大学校长吴树青更论证说："试图用皮鞭加饥饿的办法搞活国营企业是行不通的，每个公民都有宪法赋予的劳动权利，砸铁饭碗是违法的。"

于是，到年中，这场轰轰烈烈的运动就戛然而止了。

7月，改革策略重新回到原来的放权主题上，国务院发布《全民所有制工业企业转换经营机制条例》，宣布赋予企业14项经营自主权，其中包括产品销售权、物资采购权、资金支配权等。① 从《条例》的文字表述看，企业经营者的所有权力都已经被全面地下放，因此，它被认为是政府自1978年放权试点、1984年颁布《关于进一步扩大国营工业企业自主权的暂行规定》之后，第三次大规模的放权行动。从实际的执行情况看，这些权限中，有的早已下放，如销售和采购权等，有的定义模糊，如资金支配和投资决策，有的缺乏政策配套，如进出口权始终被国家外贸系统所垄断，其他企业根本不可能染指，还有的则根本不可能落实，如拒绝摊派。在新华社开展的对百家国营企业厂长调查中，90%的厂长承认"即使有拒绝权也不敢用"。作为国有资产所有者的国家，到底该如何管理和控制国营企业，始终在"收与放"的悖论间徘徊，进退维艰。

邓小平在南方视察期间，专门就证券业说过一段话，认为证券和股市要坚决放开试，错了可以纠正。

或许就是受这段话的刺激，这一年的股市从春天开始就呈现亢奋的态势。5月21日，尉文渊宣布上海证券交易所全面放开股价——此前一直执行涨跌停板制度，上证指数从20日的616点连日上蹿，到25日已高达1 420点，豫园商城的股价升到10 009元，空前绝后。当时，全上海只有证交所这么一个交易点，股民每天把这里挤得水泄不通，尉文渊突发奇想，包下上海一家有半个足球场那么大的文化广场，作为临时的交易场所。媒体记载：文化广场是一个露天大棚，股民席地而坐，广场每隔5分钟播报一次股票行情，委托点接受单子后，马上通过电话传入上交所处置。这个交易大棚风雨无阻，一直开了一年半才关闭。在办了文化广场之后，尉文渊又发明出"大户室"制度，那些有钱的人可以交一笔钱进入

---

① 14项自主权分别为：生产经营权，产品劳务定价权，产品销售权，物资采购权，进口权，投资决策权，税后利润支配权，资产处置权，联营兼并权，劳动用工权，人事管理权，工资奖金分配权，内部机构设置权，拒绝摊派权。

一些封闭的、有专线电话、能坐能睡能喝茶的"大户室",这里的股票行情是即时通报的,买卖更是有优先权,比文化广场几分钟才报一次行情当然要优越得多。中国股市从一开始就把股民在制度上分成了散户和大户——后来又有了"庄家",成为富者越富、穷者越穷的游戏场。①

在深圳,股市之热有过之而无不及。前几年无人问津的股票现在已成了万人争抢的宝贝,发行新股只好实行抽签的办法。8月7日,深交所发布1992年度《新股认购抽签表发售公告》,宣布发行国内公众股5亿股,发售抽签表500万张,中签率为10%,每张抽签表可认购1 000股。认购者凭身份证办理有关事宜,一证可花100元买一张抽签表,每个认购者最多可持有10张身份证买抽签表。发售工作将在两天后开始。

公告一出,深圳邮局当即被雪片般飞来的身份证淹没,其中最大的一个特快专递包裹有17.5公斤,里面是2 500张身份证。当时深圳有60万常住人口,两日内一下子涌进150万人,广州到深圳的软座火车票30多元,黑市竟炒卖到200元。许多人没有边防证进不了特区,当地农民自告奋勇带路钻铁丝网,每位40元。从7日下午开始,全市300个发售点就排成了长龙,有人拿来长长的绳子,男男女女紧紧抓住绳子甚至把绳子绕在手腕上,在最紧张的时候,人们紧紧抱住前面人的腰,不敢松手,深圳市内到处弥漫着难以分辨的恶臭味。

9日上午,抽签表准时出售,仅两个小时就宣布发售完毕,各发售点的窗口全数拉下。上百万人兴冲冲而来,两天两夜苦候,却没有几人买到抽签表。怒火迅速地在深圳遍地蔓延,无法控制情绪的人们潮水般地涌向市政府,市中心各大马路全部瘫痪,商店被砸,警车被烧,政府出动大批防暴警察并拉来了高压水炮。中国股市上的第一个恶性事件在猝不及防中

---

① 中国股市第一个自杀者是上海市民康柏华。1992年4月,康以每股293.35元吃进107股延中股票,其后股价数度反复,他赔了6 500元,5月12日,康柏华悬梁自尽。5月25日,股市大涨,延中股票一度逼近1 000元。

爆发。11日凌晨,深圳市政府紧急宣布,增发50万张认购申请表,当晚市长郑良玉发表电视讲话,事态才渐渐平息下去。

事后的调查表明,抽签表的发售工作出现了集体舞弊的事件,涉及金融系统4 180人,各发售点平均私分私购达44.6%——很多知情者认为,事实应该远远高于这个比例。舞弊事件对股民信心造成沉重打击,在之后的4天内,两地股市大跌,上证指数的跌幅更高达45%,几乎跌去一半。深圳事件生动地展现出中国早期股市灰色、暧昧和野蛮的一面,它直接促成了证券管理机构的诞生。10月12日,国务院证券委员会成立,朱镕基副总理兼任主任,其办事机构是中国证券监督管理委员会,简称证监会,它成为中国股市的最高直接管理当局。证监会首任主席为刘鸿儒。

百万股民的空前热情、股市的暴涨狂跌,乃至发生在深圳的舞弊事件,让决策层以最直观的方式看到股票市场这个金融工具的可利用性。当时,全国民众的银行储蓄已经超过1.3万亿元,成为一只随时可能诱发通货膨胀的可怕的"笼中虎",而中央政府的财政则十分拮据,几无可能对国营企业的资金需求提供帮助,而股市的火爆让决策者们突然发现,这可能是拯救已经陷入泥潭,而政府无计可施、无血可输的国营企业的最佳手段。一些经济学家纷纷献策论证,认为,"通过股票市场融资,是搞活和增强国营企业实力的战略选择"。在此之前,"冒险上市"的企业几乎清一色是沪深两地的中小企业,各大型骨干企业唯恐避之不及,而现在,事实让人们一夜之间转变了观念。证监会成立后的第一项重大决策是,把两市的上市指标权"上缴"中央,证交所再无决定权,从此后,上市指标变成了"资本输入"的代名词,证监会成为最有权势的机构之一。[①]

---

① 在解决国有企业的融资问题上,一个最普遍的做法是"拨改贷"和"债转股",也就是把之前国家财政的拨款投入转成贷款,然后再将这些贷款债务转变成国家股,在此基础上,国营企业被改造成股份公司,在股市上挂牌上市融资。

深圳舞弊事件爆发期间,一位名叫吕新建的自由撰稿人目睹了惊心动魄的整个过程,他以"吕梁"为笔名写了一篇很生动的新闻通讯《百万股民"炒"深圳》[1],被包括《北京青年报》在内的不少媒体采用,很是让他赚了一笔稿费。也是从此开始,吕新建成了深交所里的常客。谁也没有想到,10年后,以"吕梁"行名的这个人将成为中国股市最凶猛和神秘的"庄家"。

另一个在此次认购大戏中获益的,还有远在乌鲁木齐、靠开彩印店起家的唐万新。从1986年起,他搞过服装批发,办过挂面厂、化肥厂等,都有亏无盈,直到1990年开始做联想电脑和四通打印机的代理生意,才赚到了钱,这年初,他注册成立了新疆德隆实业公司。深圳的发售公告一登报,他就嗅出了金钱的气味,于是,他花钱一下请了5 000人以出去玩一圈的名义到深圳排队领取认购抽签表,这些人一排就是三天,领到的抽签表很是让德隆公司赚到了一笔钱。从此,唐万新迷上了"来钱最快"的股市。十多年后,他叱咤风云,构建起一个总资本高达1 200亿元的"沙地上的帝国"。

在中国股市雏形初成的时候,丑闻就已经如一道无法摆脱的影子随身而至了。4月,深圳最早上市的"老五股"之一原野公司爆出大股东彭建东恶意操纵股价事件。

彭建东的起家极富传奇色彩。1982年,32岁的彭建东还在深圳的贫民窟里向往着好日子,他后来对《亚洲华尔街日报》记者说:"我经常带着妻子出去,把一个月的工资花在一顿好饭上。"1987年,善于钻营的彭建东组建深圳市原野纺织股份有限公司,注册资金150万元,其中两家国有企业占股60%,港资20%,他和另外一个人各出15万元,分占10%,而他的钱则是向香港的一位舅舅拆借来的。在不到两年的时间里,原野完成6次股权转换,最后一家国营企业占股5%,彭建东控制的香港润涛公司占95%,他此时已摇身变成一位"知名的外商"。1990年2月,原野成

---

[1] 吕梁,《百万股民"炒"深圳》,首发于1992年8月的《中华工商时报》。

为深交所最早上市的5家公司之一，在上市招股说明书上，董事长及主要股东一栏中居然都找不到彭建东的名字。在此后的两年里，原野公司11次变更股权，屡屡发布诱人的投资预期，导致股价节节上升，彭建东则多次乘机抛股套现，在1990年6月到9月间，就向社会转售法人股1 843万股。彭建东成为南粤的资本明星，他用560万美元在香港购置了一幢华贵的滨海住宅，还出4 400万港币在半山买下一栋日式花园别墅，在他的边上住着全球华人首富李嘉诚。这个贫民窟里出来的穷小子用不到10年的时间实现了他"过好日子"的梦想。

1991年年底，管理层发现了原野的操纵股价问题，调查结论认为："原野问题的基本线索是：注入资本（或他人代垫）成立公司——获取贷款搞基建——转换股权转走资金——评估资产将升值收益分配汇出境外，并扩大账面投资额——转让法人股获利，增大年度经营实绩。这是一个投机取巧钻管理上、政策上空子的案例。"1992年4月，人民银行深圳分行发出公告，向公众披露原野问题。

遭到质疑的彭建东铤而走险，他分别起诉人民银行和工商银行，并频频在香港媒体上质疑管理当局的做法。矛盾由此变得公开化。人民银行宣布原野的大股东香港润涛公司将原野的1亿元外汇资金转移境外，还有2亿元的贷款逾期未还。7月7日，原野成为中国证券史上第一只被停牌的股票。

原野被停牌后，彭建东便失踪了。8月，他辞去公司的一切职务，据《证券市场周刊》披露："在中央有关部门的安排下，香港的一家中资机构接管了原野。"1995年9月，深圳市中级人民法院以挪用公司资金罪和侵占罪，判处澳大利亚籍的彭建东有期徒刑16年，附加驱逐出境。

事实上，当法院判决书下来的时候，穿着一身休闲服的彭建东正在悉尼市郊一幢价值200万美元的别墅里悠闲地浇水养花。他是第一个在诡异扭曲的中国股市上浑水获利的商人，但肯定不是最大的一个。

中国在加快改革和开放上的姿态，让美国人和欧洲人大大地松了一口气。自1989年以来，弥漫在中国与西方世界之间的不信任的迷雾逐渐散去。

跨国公司迫不及待地纷纷加大对中国的投入，一度搁浅的通用汽车、摩托罗拉、杜邦等公司的投资已全数恢复，克莱斯勒公司正在商讨扩大北京吉普的运营，波音、惠普和通用电气等制造商正在四面八方展开大规模的销售，在比尔·盖茨亲自督导下，微软在北京开设了办事处。雅芳的一位产品经理说："我们对市场非常乐观，自1990年11月开张以来，我们已经签约了8 000名销售小姐。"而宝洁说它在中国的业务正在以50%的速度往上涨。

夏天，通用电气的CEO杰克·韦尔奇来到中国，他此时在美国商界已经是一个传奇人物了，自从10年前接掌那个庞大而笨重的企业之后，他大刀阔斧地裁撤了350多个部门，管理层级由12层锐减至5层，副总裁由130名缩减至仅仅13名，他也因此落下一个"中子弹杰克"的绰号。此外，他还通过一系列的购并让通用电气的资本迅速膨胀，日渐构筑成全美最大的产业集群。韦尔奇是邓小平南方谈话后第一个赶到中国来的重量级跨国公司CEO，让人不解的是，当时的国内和海外媒体竟均对此没有任何的报道。在上一年，通用电气已经在南京办起了第一家企业——嘉宝照明工程有限公司，投资生产民用灯泡，韦尔奇出任CEO之前一直在照明集团工作，这可能也是他亲自来中国鼓劲的原因之一。他在北京看到的景象令他非常兴奋，他对属下们说，中国是目前世界上最激动人心的市场，通用电气将在80多年后重返中国。

从1月开始，中美贸易谈判者在华盛顿就保护美国公司在中国的版权和专利问题，进行激烈的商讨，双方几乎已经走到了贸易战的边缘。几个月以来，关于中国的纺织品问题引发了激烈的争论。假如谈判失败，华盛顿威胁要对即将到岸的价值15亿美元的中国出口产品征收100%的惩罚性关税。同样，北京也威胁对美国公司采取同样的报复手段。

但僵局在触及美国底线之前被打破。根据协定，中国答应查办盗版软件并保护农业化学产品和药品的专利。而华盛顿则承诺不把中国从贸易最惠国名单上去除。6月，恢复中国的贸易最惠国待遇几乎已成定局，这一消息令所有在中国内地和香港经商的美国公司松了一口气。麦当劳的副总裁托马斯·库里肯对《商业周刊》说："我们咬着手指等了很久，谢天谢地，他们终于都同意了。"此外，一个更让人期待的事实是，中国一直在努力争取恢复关贸总协定缔约国地位，所有的人都知道，唯有这样才算是真正地加入了全球自由贸易的大循环中，而这将是一条没有退路的全球化旅程。

《福布斯》用一种戏剧化的口吻写道："在这个世界上，任何意外都可能发生，而像中国总有一天会崛起成为经济强国这样确定的事情已经很少了。"时任世界银行首席经济学家、后来出任过美国政府财政部长的劳伦斯·萨默斯预言，根据对中国 GNP 的购买力平价估计，中国到 2014 年时可以在总产出上超过美国。这自然引起不小的震动。这一年，在西方的主流媒体上，还出现了一个新的经济名词——大中华区（Greater China）。《财富》高级编辑路易斯·克拉拉在一篇题为《没有疆界的崭新中国》中指出，来自中国台湾和香港的金钱和管理经验正在把中国大陆的南方变成整个亚洲的产业发动机。他写道：这是亚洲南部的某条街，商店里出售着日本相机、锐步鞋、法国白兰地、摩托罗拉手机和 M&M 糖果，夜里人们涌进卡拉 OK 厅、有大屏幕的咖啡吧，昏暗的舞厅挤满了身穿紧身衣的年轻人……这里是香港吗？不，这里是广东的东莞。这个离香港 50 英里的地方，有港台商人投资的近 6 000 家工厂，出口的玩具、塑料和服装源源不断从这里出来。

路易斯·克拉拉继而分析说，随着中国香港、台湾地区和滚滚向前的中国南部之间的经济界限越来越模糊，这里正成为世界经济增长最快的地区。"大中华区"既不是一个政治实体，也不是一个组织有序的贸易区，但它却在同一种文化和共同对发展渴望的驱动下，连成一体。它整合了中国台湾的技术和财力、中国香港的国际市场经验和中国内地巨大的土地、劳动力资源，还有野心。大中华区是一股非常有潜力的经济力量，亚洲唯一有可能与日本抗衡的力量。

与日渐开放的中国相比，全球政治和经济也进入了一个新的时期。

11月3日，46岁的民主党候选人威廉·杰弗逊·克林顿以压倒性多数票获胜，成为第42届美国总统，他终结了共和党人长达12年的统治。在这之前，罗纳德·里根让低迷的美国经济重新回到了强劲成长的轨道上，这位前好莱坞明星与英国首相撒切尔夫人崇尚的自由经济主义被称为是"里根－撒切尔经济学"，他一手策划了"星球大战"计划，让苏联没有办法集中精力于经济发展，在他的任期内，苏联解体，柏林墙倒塌，持续了将近半个世纪的东西方冷战结束了。而他的继任者乔治·布什则发动了海湾战争，使得美国在国际事务中独霸天下。正是在这种一国独大的格局中，世界以前所未见的速度进入了全球化的商业世纪。

一个更伟大的技术事件也是在这一年发生的。9月的某日，蒂姆·伯纳斯·李打电话给同事格纳罗，要他帮忙将一些"CERN女郎"的照片扫描并放进他刚刚发明的万维网（WWW）上。虽然格纳罗当时实在不太清楚这个所谓的"万维网"是什么，但是他还是用Mac电脑扫描并用FTP格式上传到CERN的官方网站 info.cern.ch——全球首个WWW网站上。这幅图片是LHC歌唱组合的合照，也是互联网上首张可通过浏览器点击查看的图片。生于伦敦的蒂姆·伯纳斯·李后来被尊称为"互联网之父"，正是他在一年前写出了世界上第一个超级文本浏览程序，它使得人们能够将各种知识在超级文本网上结合起来。

这几乎是一个创世纪的时刻。在中国进行了15年的变革之后，世界把它的左脚踏进了互联网的河流之中，在这个意义上，中国是幸运的。

尽管上苍令中国这头巨狮沉睡了很久，但它还是让这个国家在1949年结束了漫长而残酷的战乱，然后举全民之力开始了一场颇有军事色彩的农业和重工业建设，在1978年以后，它又让国家的成长主题从主义之争重新回到经济发展的轨道上。于是，在十多年之后，当互联网这个幽灵从美国东海岸的实验室里蹿将出来，搅乱整个商业世界的游戏规则时，已经初步完成了体制和观念转轨、特别是形成了一定的民间资本力量的中国正好踩在了这个转型点上。很难想象，如果中国的经济改革再迟10年，或互联网的浪潮提前10年到来，中国的今天和未来将会是一番怎样的格局。

就当蒂姆·伯纳斯·李发明了万维网的时候，中国的网络英雄们正奔波在各自的命运之路上。三年后即将创办中国第一家网络公司瀛海威的张树新正在中关村与新婚不久的丈夫忙碌地做着传呼机的生意；同样在中关村混日子的软件设计员王志东创建了新天地电子信息技术研究所，他在家里研发出"中文之星"中文软件平台，后来创办著名的新闻门户网站新浪；全球最大的B2B电子商务公司阿里巴巴的创建人马云那年还是一个28岁的英语教师，他在杭州办了一家小小的海博翻译社；创办了中文搜索引擎公司百度的李彦宏时年24岁，正在美国布法罗纽约州立大学攻读计算机科学硕士学位，比他小三岁、创办了网易的丁磊则在成都一所大学里读三年级；看上去跟互联网走得最近的，是刚刚从美国麻省理工学院拿到物理学博士学位的张朝阳，他结识了学院里一位失意的新媒体研究教授尼葛洛庞帝，后者在两年后出版了著名的《数字化生存》[①]，也是在尼葛洛庞帝的鼓动和投资下，张朝阳下决心回国创办搜狐网站。

1992年，就是这样一个充满了起点感的年份，中国公司的成长故事正在路上。

在青岛，张瑞敏的海尔已经晋升为国家一级企业，他先后兼并了青岛的电镀厂、空调器厂、冷柜厂和冷凝器厂，构筑起了多元化的家电制造格局。企业效益很好，因而成了远近知名的明星企业，每天有络绎不绝的

---

① 该书的中文版于1996年由海南出版社引进出版。——编者注

人从全国各地赶来参观学习，张瑞敏整天陪看、陪讲、陪吃，一天往往要接待十几批人，实在不堪其扰。于是，青岛市政府专门下了个文件，要求市内企业减少去海尔公司参观的次数，也恳请各地考察团尽量不要在旺季"骚扰"企业。

柳传志的联想公司正试图从上一年的黑色风暴中缓过气来，当时全国一年的电脑销量只有20万台，主要销售对象是政府和企业用户。柳传志敏锐地感觉到，电脑家庭化的时代好像已经到来了，他委派年轻的杨元庆担任新成立的微机部总经理，推出了中国第一个家用电脑品牌"联想1+1"，"人类失去联想，世界将会怎样"的广告词风靡大江南北。

靠贩卖科技器械起家的万科，现在已经变成了一家以房地产为主业，同时又无所不做的"集团公司"，王石先后办起了连锁超市、建材工厂、影视文化公司和酒店经营公司等，旗下公司超过50家。很多年后，他打趣地说："这样说吧，就是除了黄赌毒、军火不做之外，其他的基本上万科都涉及了。"

在深圳的任正非，迎来了人生的一个转机，华为自主研发的大型交换机终于在这年研制成功，当时国内的城市通信设备市场已经被阿尔卡特、朗讯和西门子等跨国公司把持，很喜欢读《毛泽东选集》的任正非想起了"农村包围城市"的战略，以低价和城镇市场为突破点，到年底，华为的销售额超过了一亿元。

那些崛起于乡土的乡镇企业家们也走到了事业的一个转折点。他们的企业已经占据了中国经济的半壁江山。

1月底，邓小平在南方视察期间到潘宁的珠江冰箱厂视察，这家国内最大的冰箱制造工厂装备了全世界最先进的生产线，站在宽敞而现代化的车间里，邓小平显得非常惊奇，他想了解这到底是什么类型的企业，随行回答说："如果按行政级别算，只是个股级；如果按经济效益和规模算，恐怕也是个兵团级了。"邓小平在厂区参观时，对乡镇企业竟能有如此规模和装备感慨不已。

▲ 家电业的传奇人物潘宁

萧山的鲁冠球击败国内所有的万向节专业制造工厂，他的产品拥有全国 60% 的市场份额。这一年，他让自己 21 岁的儿子鲁伟鼎出任万向集团的副总裁，而他自己则忙着飞北京跑公司上市事宜。在证监会，连门卫都不给他好脸色，到了中午只能坐在台阶上吃盒饭。一年后的 11 月，"万向钱潮"股票在深圳证券交易所上市。天津的大邱庄成了全国第一个亿元村，禹作敏靠创办钢铁企业硬是把这个当年的团泊洼公社变成了中国首富村，然而，没有人料到的是，岁末的 12 月 13 日，大邱庄一个名叫危福合的公司职员因涉嫌贪污，被严刑逼供，殴打致死，禹作敏包庇下属，引发一场惊天大地震。

一个时年 37 岁的吉林人沈太福办起北京长城机电科技产业（集团）公司，他声称自己发明了一种交流无级调速电机，可以节能 30%。他在北京和各大城市的报纸上猛打广告，想通过社会集资的方式来投资开发他的新技术，为此他开出了 24% 的惊人年息。他的设想听上去确实非常吸引人，连老资格的社会学家费孝通都为之心动，他专门写了一篇文章《从"长城"发展看"五老"嫁接》①，予以热情地推介。

也是在深圳，已经成为全国青年楷模的史玉柱决定建造巨人大厦。当时的巨人资产规模已经超过 1 亿元。最初的计划是盖 38 层，大部分自用，

---

① 1993 年 1 月，费孝通先生撰文《从"长城"发展看"五老"嫁接》，对长城模式进行"理论"上的论证。他所谓的"五老"是老大（国有企业）、老乡（乡镇企业）、老九（知识分子）、老外（外资企业）、老干（政府官员）。

并没有搞房地产的设想。这年下半年,一位领导来巨人视察,当他被引到巨人大厦工地参观的时候,四周一顾盼,便兴致高昂地对史玉柱说,这座楼的位置很好,为什么不盖得更高一点?就是这句话,彻底改变了史玉柱此后的人生。他当即把大厦的设计从38层升到了54层,再后来,又有消息传说广州正计划盖一幢63层的全国最高楼,在众人的怂恿下,史玉柱一口气把楼层定在了70层。就这样,危机潜伏其后,导火线已呲呲地冒出青烟。

4月,广州举办了一场盛况空前的赛马邀请赛,然而由于实在太火爆了,政府担心滋生出地下赌博业,便没有再举办第二场。

在上海,各家银行门口每天围聚着很多身份不明的人,见到一个路人,他们就低声问道:"有外汇哇,要外汇哇?"他们被称为"打桩模子",都是炒卖黑市外汇的下岗工人,总数大概有5万人。在上海,已经形成了外汇倒卖的行业链,有在街上四处兜售的"打桩模子",还有中间周转的下家,最后是一些资本稍大的倒卖公司。

20世纪70年代初,为了对付"随时可能发生"的世界大战,北京和上海等大中城市都修建了众多的防空洞,多年来它们一直阴冷地空置着,现在,善动脑筋的人们突然发现这里是做生意和娱乐的最佳场所。路透社的记者看到,北京市有14万人在这些地下军事工事里工作,他们开出了数以百计的乒乓球馆、卡拉OK中心、电影院和地下旅舍,单是旅舍床位就多达4万个。每当夜幕降临,穿着牛仔裤的长发青年们就涌进那里,空气潮湿而浑浊,彩灯在昏暗中旋转。人们在这里消耗过剩的精力、倒卖外汇、尝试新的生活方式。

棉纺工人出身、早已名声遐迩的张艺谋导演了一部名叫《秋菊打官司》的电影,它获得了第49届威尼斯国际电影节最佳影片大奖——金狮奖。这部电影讲的故事是,一个叫王庆来的农民为了自家的承包地与村长发生争执,被村长一怒之下踢中了要害,王整日躺在床上干不了活,他的妻子秋菊挺着怀孕的大肚子一次又一次地外出告状。放在15年前,这是一个很让人难以理解的故事,而在这一年,它却引起了广泛的共鸣。在一个传统意义上的道德是非观念日渐模糊的商业社会,人们突然怀念起秋菊那种认死理的性格,"讨个说法"成为当代社会的一个流行词。

这真是一个矛盾重重的年代。人们常常困顿于眼前,而对未来充满期望。

正如发现了"创新"奥秘的美国经济学家熊彼特所言:"发展是一个突出的现象,它在流动的渠道中自发地、非连续地变化,是均衡的扰动,它永远地改变和取代着先前存在的均衡状态。"中国社会的发展也正如此,它一直在"自发地变化",它来自一个单纯而僵硬的均衡状态,经过15年的发展,一切秩序都被颠覆,一切价值观都遭到质疑,一切坚硬的都已经烟消云散。

在过去的15年里,观念的突破一直是改革最主要的动力,哪些地方的民众率先摆脱了计划经济的束缚,哪里就将迅速地崛起,财富向观念开放的区域源源不断地流动。而很多的改革又都是从"违法"开始的,那些与旧体制有着千丝万缕关联的规定成为改革的束缚,对之的突破往往意味着进步,这直接导致了一代人对常规的蔑视,人们开始对制度性约束变得漫不经心起来,他们现在只关心发展的效率与速度。查尔斯·达尔文在《物种起源》中那段有关"丛林法则"的经典论述,正成为中国企业史的一条公理:"存活下来的物种,不是那些最强壮的种群,也不是那些智力最高的种群,而是那些对变化做出最积极反应的物种。"[1]

1992年是一个新阶段的起点。当市场经济的概念终于得以确立之后,面目不清的当代中国改革运动终于确立了未来前行的航标,改革的动力将从观念的突破转向制度的创新。在之前,人们认为,中国之落后主要在于

---

[1] [英]达尔文著,周建人、叶笃庄、方宗熙译,《物种起源》,商务印书馆,1995年版。

科技，只要大量地引进生产线和新技术，就能够很快地迎头赶上。而现在，很多人已经意识到，观念突破和技术引进所释放出来的生产力并不能够让中国变成一个成熟的现代国家，经济学家吴敬琏因此提出"制度大于技术"。

在此之后，我们即将看到，中国开始从观念驱动向利益驱动的时代转型，政府将表现出热烈的参与欲望和强悍的行政调控力，国营、民间和国际三大商业资本将展开更为壮观和激烈的竞争、博弈与交融。

企业史人物 | 黄家"天使" |

印尼巨贾之子黄鸿年很懂中国的政治。在一次演讲中,他半开玩笑地说:"我是成长在 60 年代动荡的中国,如果我还是留在中国大陆的话,现在大概最多可以当个人民公社副社长吧。但后来我走了,25 年后,我这个流失的'人才',却为中国带来了数以十亿计的投资和开创了国营老企业的嫁接改造,为解放生产力和发展生产力的一场中国特色的工业革命而努力奋斗。"

这样的讲话让听者非常的入耳。他一点也不像一个外商,而似乎是流放归来反哺母亲的游子。

在很多接触过黄鸿年的国营企业经营者心目中,黄鸿年绝对是一个"人物",最重要的表现是,"他能经常与中央领导人聊天"。他有不少张照片,一些中央领导人抱着他的女儿与他全家快乐地合影。每到年底,各地的中策公司总经理前来北京汇报工作,他必包下中央领导接见外宾的钓鱼台国宾馆某号楼,总经理们进来都要验证登记,每个人汇报时间不超过 15 分钟,其气氛既轻松又肃穆,很让来者肃然起敬而终生难忘。

在商业运作上,黄鸿年充分利用了中国现行法规的某些漏洞。原中外合资法规中允许外资分期到位,中策的收购往往预付 15%~20% 的投入就控制了国营企业,将头批企业在海外上市后所获资金再投入滚动式收购。又,中国法律规定外资合资方不得转让其合资股权,中策却转让了持有这些股权的海外控股公司股份。同时,中策利用中国对合资企业的各种税收优惠、汇价双轨制等获利匪浅。他收购红宝石改组成中策时,公司尚亏损 1 476 万港币,而仅一年后,该公司净利润竟高达 3.12 亿港币,成为香港股市上的一只"奇迹股"。

黄鸿年本人从无实业经验,也对此毫无兴趣,他收购上百家企业,从来没有派驻一个人,全靠原来的厂长们继续经营,总部仅有两三位财务人员全年巡回审计。收购之初,由于体制解放自然可激发生产力,出现了反弹式的效益增长,然而随着大陆经济氛围的日趋市场化,体制优势日渐消失,原有的产业型态落后、设备老化、新产品开发不力、人才结构不合理等国企老问题一一凸现。黄鸿年收购有余,整合无力,进入迅速,退出犹豫,以致最后陷入具体的经营泥潭。中策旗下企业,除了橡胶和啤酒两个行业群整合出售获利颇丰外,其余都成尾大不掉之势,泉州的一揽子方案后遗症无穷无尽,手笔大到让人吃惊的大连"101 计划"更是半途而废。这时候对中策现象的批评之声也频频出现,有人指责黄鸿年的"空手套利"是"既无技术又无管理经验的商业投机","炒卖企业使国企肥水外流现象严重"。

到 1997 年,东南亚爆发金融危机,黄鸿年损失惨重,他遂将大部分股份分次出让,套现约 7 亿港币,彻底脱离与中策的关系。据香港媒体报道,黄鸿年经过一系列收购和售股行动,获利超过 26 亿港币。1999 年,与黄鸿年已经无关的中策"中国轮胎"及其他在中国的合资公司共亏损 2.32 亿港币。

在结束了"中策游戏"之后,黄鸿年宣布将公司转型至咨询科技和电子商贸相关的业务上,公司亦易名为"China Internet Global Alliance Limited"。他曾试图控股中国第一家互联网公司瀛海威,最后不了了之。2000 年 11 月,黄与国务院下属的中国兴发集团签约合组一家公司,名为中兴策略有限公司,中策希望借此"以'中中外'方式,参与仍未开放的电信、金融等敏感业务"。中兴策略的注册资本为一亿美元,由中策占 45% 股权。这一计划在公布之际颇为轰动,然而后来也再无下文。

黄鸿年是第一位把"资本经营"这个概念带到中国来的国际商人,那时,中国和他都没有做好准备,所以他只赚走了一些有争议的钱,而并没有能够把产业的"根"扎在这片留有他的青葱记忆的土地上。

人物索引

A

艾柯卡　1978、1985

B

步鑫生　1983、1989

C

陈春先　1980、1984
陈伟荣　1978、1989
陈　光　1991
迟斌元　1992
陈东升　1992

D

戴　尔　1984
邓小平　1978—1992
段永基　1978
段永平　1984
邓韶深　1987
丁　磊　1992

F

冯　仑　1992
冯根生　1992

G

盖　茨　1984
格里希　1985
郭台铭　1983
高西庆　1988、1989
管金生　1988
顾雏军　1989

H

韩庆生　1982
亨　达　1978
胡福明　1978
黄宏生　1978、1989
黄文麟　1984
霍英东　1979
怀汉新　1987

何　阳　1992
黄鸿年　1992

J

井植熏　1982
蒋锡培　1989

L

拉里·埃利森　1979
雷　宇　1985
李东生　1978、1984、1989
李光耀　1978
李嘉诚　1978
李经纬　1984、1987
梁伯强　1982
刘桂仙　1980
刘天竹　1980
刘永行三兄弟　1978、1983、1987
柳传志　1978、1984、1987、
　　　　1988、1991、1992
柳市八大王　1980、1982
鲁冠球　1978、1980、1981、
　　　　1983、1986、1988、1992
骆锦星　1980
李　宁　1988
李书福　1989
刘森林　1991
刘　军　1992
李彦宏　1992

M

马蔚华　1978

墨　菲　1978
牟其中　1979、1983、1984、1989
马胜利　1987
毛振华　1992
马　云　1992

N

南存辉　1978
倪光南　1984
倪润峰　1985、1990
年广久　1979、1982、1989
牛根生　1978

P

潘　宁　1984、1989
皮尔·卡丹　1979、1990
潘石屹　1992
彭建东　1992

Q

乔布斯　1984
乔光朴　1979

R

任正非　1978、1987
任仲夷　1981、1982
荣毅仁　1978、1981
荣智健　1978、1986

S

史来贺　1986

史玉柱　1984、1989、1992
松下幸之助　1978
苏增福　1986
沈太福　1992

T

唐　骏　1985
唐万新　1980、1986、1992
田　源　1992

W

万润南　1984、1988
王　安　1983
王洪德　1984
王　石　1978、1983、1984、1987
王永庆　1983
韦尔奇　1980、1981、1992
吴仁宝　1978、1992
吴　鹰　1985
王文京　1988
王波明　1988、1989
王廷江　1989
王功权　1992
王启富　1992
王志东　1992

X

项　南　1981、1985
谢高华　1983
谢国民　1992

Y

杨小凯　1978
杨元庆　1986、1992
于光远　1978
禹作敏　1978、1981
袁　庚　1979、1980
杨怀定　1988
仰　融　1991
易小迪　1992

Z

张朝阳　1985、1992
张明瑞　1985
张瑞敏　1984、1990、1992
张兴让　1985
张征宇　1978
赵新先　1984
郑乐芬　1986
周冠五　1979
周耀庭　1985
宗庆后　1987、1991
张树新　1992